R. Tavernier

PS, MS, GS

Pour découvrir le monde à l'école maternelle

Guide pour l'enseignant

Cet ouvrage est le résultat du travail d'une équipe d'enseignants :
professeurs des écoles, professeurs d'I.U.F.M., C.P.A.I.E.N., I.E.N.

La mise en forme a été assurée par :

M.-J. Coqblin

J. Lamarque

M. Margotin-Passat

M.-A. Pierrard

R. Tavernier

avec la participation de M. Hibon,
inspectrice de l'Éducation nationale

Bordas

Vous trouverez dans ce guide pour l'enseignant...

Les textes officiels
B.O. du 14 fév. 2002
(page 28)

Des comptes rendus de séquences vécues à l'école maternelle
(pages 38, 59, 63, 68...)

Des suggestions précises pour utiliser les documents sélectionnés dans les quatre albums écrits pour les élèves de votre classe
(pages 32, 94, 152, 204)

Des chapitres généraux

En particulier :

- La découverte du monde dès l'école maternelle : pourquoi ? (page 10)
- La découverte du monde à l'école maternelle : comment ? (page 17 et pages 72, 96, 206...)

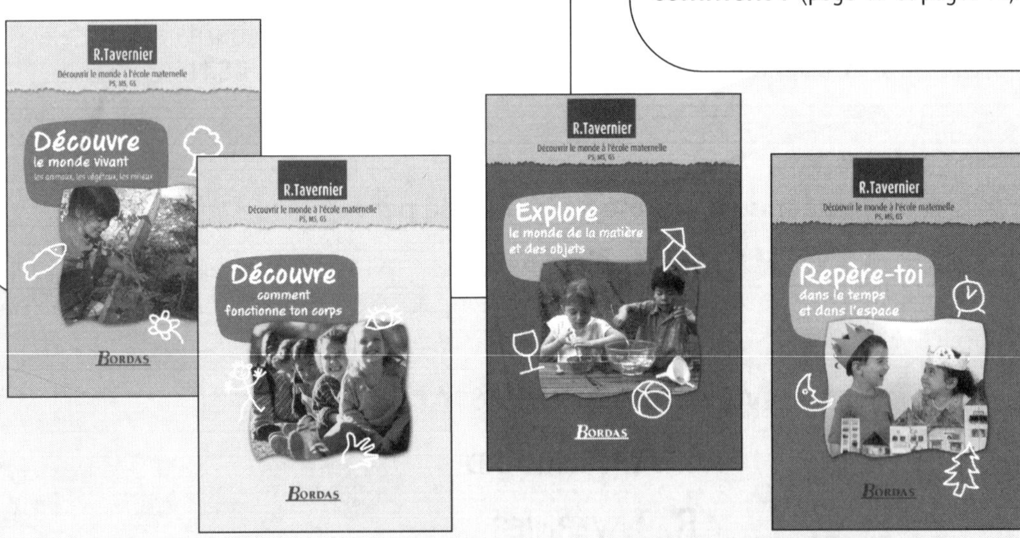

Des informations scientifiques pour l'enseignant
(pages 36, 71, 96, 134, 145, 206...)

Toutes les activités proposées dans cet ouvrage ont été réalisées dans des classes d'école maternelle

ISBN 2-04-729959-4

Sommaire
du guide pour l'enseignant

Préface

• Pourquoi ce livre ?

Les nouvelles instructions sur les programmes de l'école maternelle accordent une très grande place à « la découverte du monde ». Celle-ci constitue le prélude à l'enseignement scientifique et technologique qui sera développé dans les classes élémentaires puis au collège et au lycée.

Dans cette découverte du monde, les domaines envisagés sont très vastes : le monde vivant, le monde de la matière et des objets, le fonctionnement du corps, la structuration du temps…

Ce livre a pour objectif de fournir aux enseignants, sur tous les points du programme, des suggestions pour mettre en œuvre les situations d'apprentissage, construire les premières bases des connaissances scientifiques et développer les compétences transversales (analyse d'images, chronologie, manipulations, comparaisons, etc.) nécessaires à la réussite de la suite de la scolarité.

• À qui s'adresse ce livre ?

Ce livre est destiné aux **enseignants des trois niveaux de l'école maternelle** et aux **étudiants de l'IUFM**.

Le choix n'a pas été fait d'attribuer tel sujet à un niveau précis. En effet, on peut semer des graines, s'intéresser à ce que mangent les animaux, ou découvrir certains aspects du fonctionnement de son corps aussi bien en petite section qu'en grande section.

Le niveau de formulation atteint, l'approfondissement de la découverte ou l'analyse du phénomène dépendront de l'âge des élèves. Le choix du sujet d'étude revient donc à l'enseignant.

• Que contient ce livre ?

Ce guide de l'enseignant contient, pour chaque grand domaine du programme :
- un rappel des connaissances qui permet à l'enseignant d'être à l'aise sur le sujet pour l'aborder efficacement avec ses élèves ;
- des activités concrètes à réaliser avant d'utiliser les albums pour les enfants ;
- des commentaires pour chacune des doubles pages des albums ;
- des activités complémentaires possibles.

Nous souhaitons que cet ouvrage apporte aux enseignants une aide efficace pour éveiller la curiosité de leurs élèves, susciter leur émerveillement et contribuer à développer chez eux une culture scientifique indispensable dans le monde actuel.

Quelques remarques
sur la présentation de ce livre pour l'enseignant

Écrire un guide pour les enseignants, c'est fournir des informations, développer certaines réflexions, proposer des options pédagogiques qui ont pour objectif **d'aider l'enseignant** dans sa tâche quotidienne. Mais, dans la présentation d'un tel ouvrage, il y a toujours des risques : celui de ne pas s'exprimer avec suffisamment de clarté et donc d'être mal compris. Les lignes qui suivent veulent seulement éviter certains malentendus.

• L'ordre des sujets proposés

Le découpage de ce guide ne suit pas un programme pour une année scolaire. L'ordre des sujets abordés est celui des textes officiels pour l'école maternelle. Il est évident que l'enseignant est totalement libre de l'ordre dans lequel il abordera les différents points du programme. De plus, les activités proposées à l'école maternelle sont toujours de courte durée. Elles s'intègrent dans un thème de travail retenu pour la classe pendant une ou plusieurs semaines et qui fait appel à des domaines variés : activité motrice, éveil artistique, maîtrise de la langue...
Par exemple, après avoir vu des oiseaux dans la cour de l'école, les avoir regardé voler, se poser... on amène les enfants à s'interroger. Les observations s'enrichissent alors avec les documents proposés dans l'album sur les animaux. À ce moment-là, on ne s'intéressera pas aux autres modes de déplacement, marche, course ou nage. Ceux-ci seront abordés à un autre moment et dans des circonstances très différentes.

• Pourquoi un si grand nombre de sujets ?

Pour chaque partie du programme, nous avons tenu à proposer un choix de sujets assez vaste pour que l'enseignant puisse trouver celui qui correspond aux possibilités de sa classe, à l'âge des enfants, aux compétences qu'il souhaite développer et au niveau de connaissances qu'il souhaite atteindre.

• Les informations scientifiques pour l'enseignant

Pour aborder un sujet, l'enseignant doit bien le maîtriser et, tout en le simplifiant pour les enfants, ne pas introduire de notions approximatives qui pourraient devenir, dans la tête de ceux-ci, des inexactitudes ou de graves erreurs sur le plan scientifique.
C'est pourquoi nous avons développé, souvent de façon très détaillée, les informations nécessaires pour l'enseignant. Il est bien évident qu'elles débordent très largement le niveau de l'école maternelle et même celui de l'école élémentaire. Cette remise à niveau, faite de façon aussi simple que possible et en utilisant le minimum de vocabulaire scientifique, est là pour aider l'enseignant et lui éviter d'aller faire des recherches dans des ouvrages spécialisés. Il retrouvera le niveau à atteindre pour les enfants de l'école maternelle d'une part dans l'album pour les enfants (sous la rubrique " connaissances visées "), et d'autre part dans des suggestions d'utilisation des albums, fournies dans cet ouvrage.

• Pourquoi ne pas indiquer le niveau d'utilisation ?

Certaines pages des albums conviennent aussi bien pour la petite section que pour les autres niveaux : par exemple, l'éclosion de l'œuf du poussin, le développement du têtard, les doigts de la main...
D'autres seront mieux adaptées à la grande section : par exemple l'étude des graines, l'approche des différents milieux...
Cette affirmation doit cependant être très nuancée car elle dépend surtout de la manière dont les documents seront utilisés, avec ou sans aide de l'enseignant, en petit groupe ou en grand groupe, comme document de motivation ou comme support à un contrôle des acquisitions...

Quatre albums écrits pour les élèves de l'école maternelle

Il ne s'agit évidemment pas de « manuels scolaires » mais d'une sélection de documents bruts, non interprétés où le travail de recherche de sens est à faire par les enfants. L'iconographie répond au programme officiel et intervient, selon les cas, à différents moments de la démarche.

A - Pourquoi des albums pour les élèves à l'école maternelle ?

Les textes officiels sur les nouveaux programmes (parus au Bulletin Officiel de l'Éducation nationale, en février 2002) se caractérisent par trois points :
– ils fournissent un programme de sujets très précis à développer au cycle 1 ;
– ils précisent les compétences et les connaissances visées à la fin du cycle ;
– ils définissent avec précision la démarche pédagogique à adopter.
C'est la première fois que des textes de programmes de l'école maternelle donnent à l'enseignement scientifique une place aussi importante, et imposent une liste de sujets aussi vaste.

De plus, dans la démarche d'investigation proposée comme démarche pédagogique, ces textes soulignent **l'importance de l'emploi de documents imprimés**, et insistent sur la nécessaire **éducation aux images** dont l'impact est si grand dans notre société.

« L'école maternelle suscite toutes les occasions d'une découverte active du monde et en sollicite des représentations. L'enrichissement des connaissances s'appuie sur des expériences vécues, mais passe aussi par la découverte de documents grâce à la médiation de l'adulte qui lit, explique, commente les textes comme les images ou les schémas. Dès son plus jeune âge, l'enfant est mis en présence d'un grand nombre d'images, analogiques ou numériques, fixes (photographies, affiches, albums…), ou animées (vidéo, télévision, cinéma…). D'abord sensible aux impressions qu'elles produisent, il apprend à les percevoir aussi comme des documents ». (B.O. de l'Éducation nationale - Février 2002).

Ces textes justifient l'existence d'albums documentaires à mettre entre les mains des élèves.

B - Le choix des documents proposés

Les quatre albums que nous vous proposons couvrent l'ensemble du programme et sont conformes à son découpage :
- **Découvre comment fonctionne ton corps**
- **Explore le monde de la matière et des objets**
- **Découvre le monde vivant : les animaux, les végétaux, les milieux**
- **Repère-toi dans le temps et dans l'espace**

1 - Une grande variété de documents

Dans chacun des albums pour les élèves, on trouve des documents variés :
– des photographies d'enfants en situation (réalisant une expérience, effectuant des plantations…) ;
– des photographies de paysages ou de milieux (une forêt, un paysage d'hiver, un étang…) ;
– des photographies plus « scientifiques » (des oiseaux en vol, des poissons qui nagent, des fleurs en gros plan, des cônes de résineux…) ;
– des dessins (les étapes du développement d'un papillon, des objets à identifier avant de les classer…) ;
– des schémas (montage d'un lance-fusée, pliages…) ;
– et même des dessins humoristiques en introduction de chaque double page, dont le commentaire oral par l'enseignant peut être intéressant.

2 - Des utilisations diversifiées

Dans chacun des albums pour les élèves, on trouve des documents qui peuvent être utilisés dans des situations différentes :
• des documents qui complètent une observation réelle faite dans la nature, ou dans les élevages de la classe (exemples : l'éclosion d'un œuf de poule, les phases d'envol et d'atterrissage d'un oiseau, les étapes du développement d'une chenille en papillon…) ;

• des documents qui fournissent des informations pour une fabrication (exemples : la recette pour faire des petits pains, la réalisation d'un moulinet, la confection de boîtes à odeur…) ;
• des documents qui permettent de parler d'une activité déjà réalisée ;
• des documents qui peuvent être utilisés pour une évaluation (exemples : flotte ou coule, mou ou dur…) ;
• des documents qui motivent la mise en œuvre d'activités (exemples : le travail des jardiniers, joue avec des miroirs…) ;
• des documents permettant de réaliser une synthèse (exemple : un arbre ne se déplace pas, c'est pourtant un être vivant…).

Des suggestions précises pour l'utilisation des différentes doubles pages des quatre albums sont fournies dans ce guide de l'enseignant.

3 - Une grande diversité de textes écrits

L'écrit n'est pas absent de ces albums pour enfants ; il est présent sous des formes très variées. Vous trouverez ainsi :
– des comptines qui permettent aux enfants de jouer avec les mots, leurs sonorités, et d'exercer leur mémoire si vous les leur faites apprendre ;
– des titres de page ou de paragraphe que vous pouvez lire avant ou après l'activité, et dont vous pouvez faire justifier la pertinence par vos élèves ;
– des légendes, de dessins ou de photographies, qui apportent des informations sur les objets présentés, et, dans le même temps, fournissent un lexique adapté ;
– des mots sur des étiquettes, des titres dans des tableaux qui, bien souvent, aident à présenter par des mots la connaissance travaillée.

4 - Un choix lié aux contenus d'enseignement

Il existe de très nombreux albums pour enfants traitant des sujets du programme. Mais, dans les albums qui vous sont proposés ici, les documents ont été sélectionnés pour servir de supports aux connaissances visées par le programme et aux compétences qui doivent être développées.

Ces connaissances et ces compétences sont clairement exprimées pour chacune des doubles pages.

La plupart des documents sont bruts, non interprétés, et leur sélection procure aux enfants les éléments dont ils ont besoin pour élaborer une ou plusieurs connaissances visées.

L'ordre des documents proposés n'est pas chronologique. Ils ont été regroupés par grands thèmes d'étude : la reproduction des animaux, l'étude des différents milieux, les découvertes sensorielles, l'alimentation humaine… L'enseignant choisira de les utiliser en fonction du sujet qu'il aborde dans sa classe, du contexte de celle-ci et, bien sûr, de l'âge des enfants.

Les albums pourront être mis dans les mains des enfants lors d'une séquence d'utilisation, à un moment précis de la démarche d'investigation. Ils pourront également être laissés en libre consultation dans le coin " Sciences " de la classe, ou parmi les autres ouvrages de l'espace documentaire.

Des documents bruts, non interprétés, où le travail de recherche de sens est à faire par les enfants

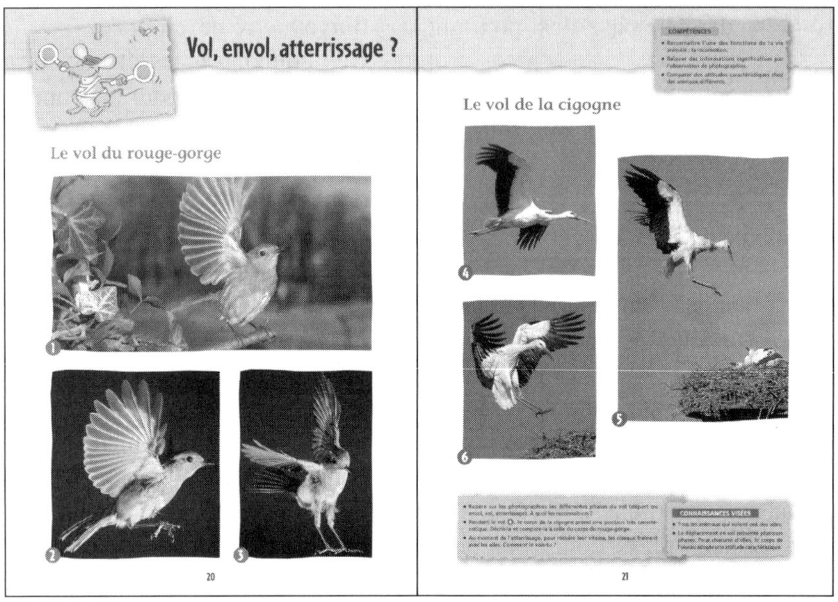

1

1 Des documents qui complètent l'observation du réel.

2

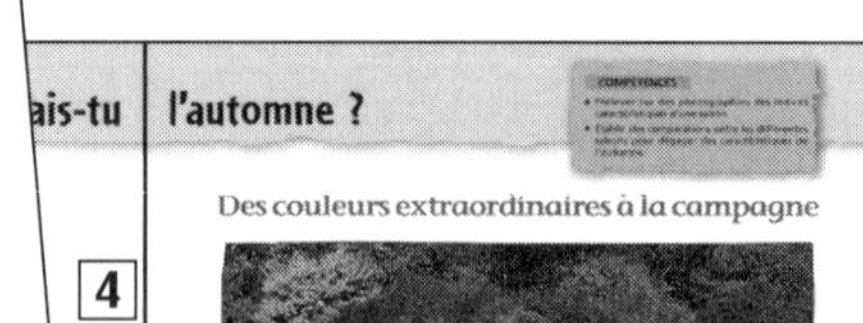

4

3

2, 3 et 4 Des documents qui permettent des comparaisons et des synthèses.

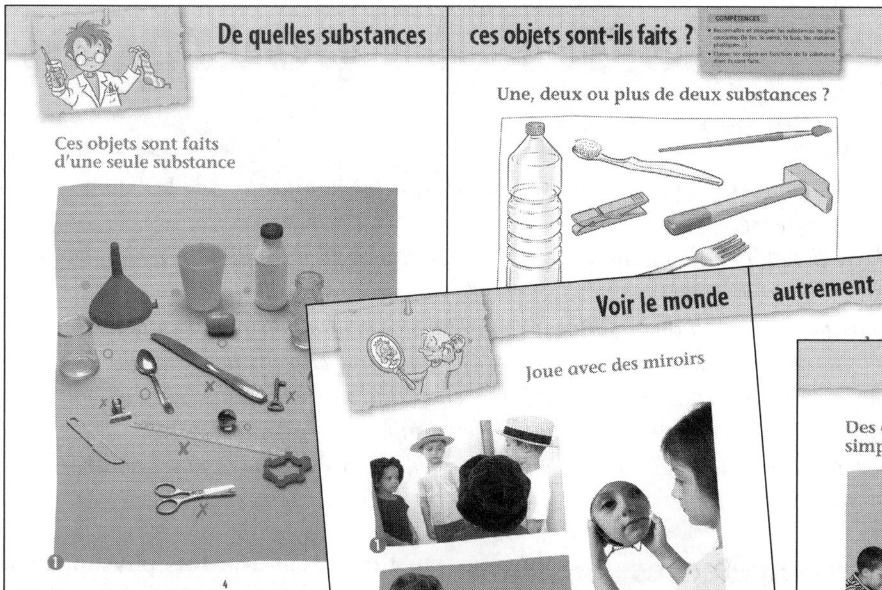

5

5 Des documents qui peuvent être utilisés en évaluation.

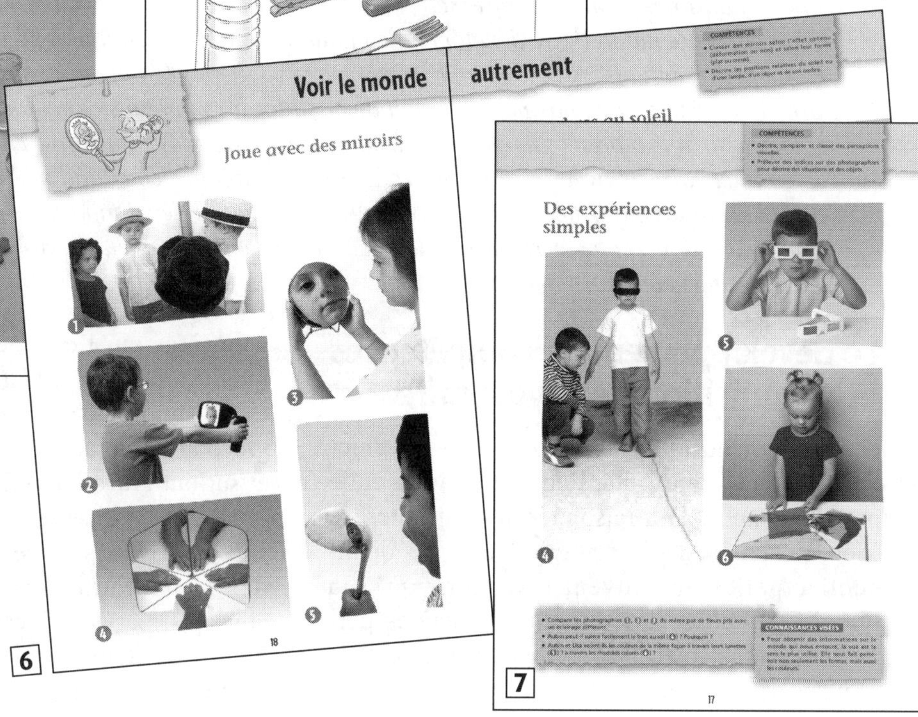

6

7

6 et 7 Des documents qui permettent de parler d'une activité déjà réalisée.

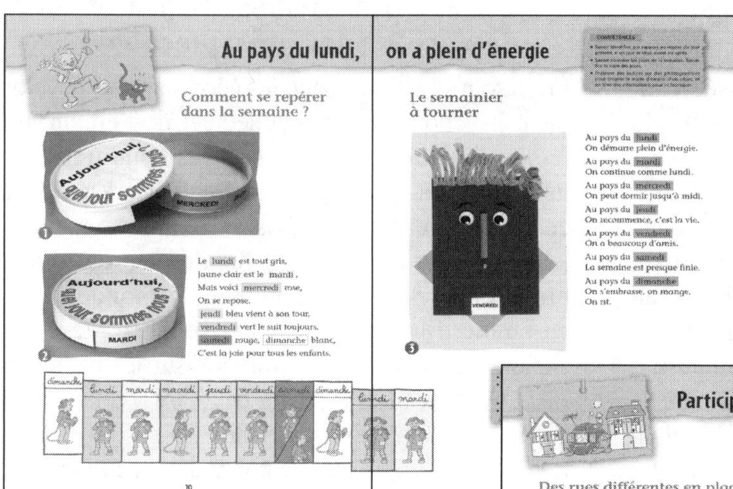

8

8 et 9 Des documents qui motivent la réalisation d'une activité et fournissent des plans de fabrication à lire pour les enfants.

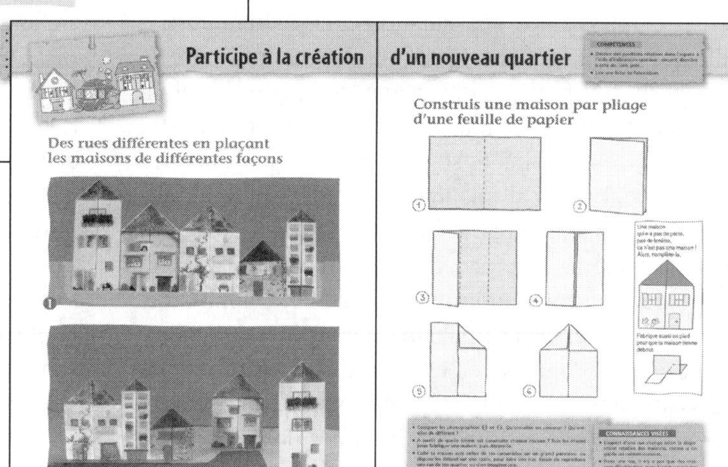

9

Extrait des albums :

- **Découvre le monde vivant 1**
- **Repère-toi dans le temps et dans l'espace 2, 3, 4, 8 et 9**
- **Explore le monde de la matière et des objets 5**
- **Découvre comment fonctionne ton corps : 6 et 7**

La découverte du monde dès l'école maternelle : pourquoi ?

Dès leur plus jeune âge, les enfants sont attirés par le monde qui les entoure et par les stimulations multiples qu'il leur adresse.
Cette curiosité naturelle se développe de manière différente selon le milieu familial dans lequel évoluent les enfants. Aussi, lorsqu'ils arrivent à l'école, les niveaux sont-ils très disparates. Mais l'école n'a-t-elle pas pour mission de combler les manques et de donner à chacun le désir et le plaisir d'explorer le monde en suscitant des curiosités nouvelles, en offrant la possibilité de contacts directs avec les êtres et les choses, en créant des situations d'activités variées, en construisant les outils nécessaires aux apprentissages, en développant les connaissances.
Une pratique précoce et régulière des activités scientifiques et technologiques peut y contribuer très largement.

I - Le développement de compétences et l'acquisition de savoir-faire

Les activités scientifiques ont pour but de développer chez l'enfant la curiosité, l'envie de savoir et de comprendre, l'aptitude à raisonner, les capacités de réflexion, l'exercice de l'esprit critique... Ces qualités intellectuelles ne peuvent s'acquérir qu'à la condition de proposer des situations concrètes permettant un contact réel, des manipulations personnelles et des activités diversifiées.

A - L'enfant construit sa pensée à partir de l'action

C'est un fait établi par les travaux de tous les psychologues : la manipulation des objets est indispensable au développement de la pensée causale et logique. En effet, la pensée rationnelle du jeune enfant est encore rudimentaire et une éducation appropriée doit la développer.
Cette pensée est **globale** et **syncrétique** : le jeune enfant perçoit les choses de manière confuse. Prisonnier de ses impressions immédiates, il ne sait pas encore distinguer l'essentiel de l'accessoire, analyser les composants d'une situation et les hiérarchiser.
Elle est aussi **égocentrique** : la distinction entre le moi et le non-moi est imparfaite et fragile. L'enfant ne perçoit le monde, matériel et humain, qu'en relation avec ses besoins et son affectivité. Il a tendance à croire réel ce qu'il imagine, et à attribuer ses sentiments et ses manières de faire aux autres, aux animaux, et même aux choses. Il vit dans son univers que caractérisent l'anthropomorphisme, l'animisme, l'artificialisme, et un finalisme à courte vue. Il n'apprendra que progressivement – et l'école peut y aider puissamment – à se placer, par la pensée, à un autre point de vue que le sien et à se situer dans le temps, dans l'espace, parmi ses semblables et parmi les adultes. Il n'y parviendra qu'à travers des **activités concrètes** qui l'engagent à la fois physiquement et intellectuellement. Agir sur le réel, éprouver sa résistance, mais aussi mettre son expérience en mots grâce aux interactions verbales avec d'autres enfants et surtout grâce à l'aide de l'adulte qui fournit le mot juste et favorise les rapprochements et comparaisons... Voilà les moyens par lesquels l'enfant élabore des représentations plus stables, ébauche des concepts, parvient à confronter ses idées avec celles d'autres enfants à propos d'une situation vécue en commun, et peu à peu dépasse son syncrétisme et son égocentrisme primitifs pour faire évoluer ses représentations premières et accéder à la pensée objective.

B - Les activités réalisées dans le cadre de l'école sont irremplaçables

Le besoin d'action concrète, nécessaire au développement psychomoteur et intellectuel de l'enfant, est de moins en moins satisfait dans les conditions de vie modernes. Faute d'espace où l'enfant puisse s'ébattre en toute sécurité, la télévision remplace souvent les jeux de plein air. L'enfant regarde au lieu d'agir. Il prend contact avec la nature et le monde dans son ensemble d'une manière passive, abstraite et artificielle. Ainsi il verra une émission sur les manchots de l'Antarctique, mais il n'aura peut-être pas la possibilité de caresser ou d'élever un chaton.
L'école doit s'efforcer de compenser cette carence et d'offrir à chaque enfant les moyens d'exercer son activité sur un matériel sans danger et riche de stimulations.
Les activités de l'école sont irremplaçables même si l'enfant trouve ailleurs des possibilités suffisantes de contact avec les objets et avec la nature. Le cadre scolaire offre :
– le choix d'un matériel adapté ;
– la stimulation par le groupe des « égaux » qui expriment leurs réactions et relancent la recherche ;
– l'animation par un adulte compétent et attentif.

C'est en effet le rôle de l'enseignant d'une part d'éviter que l'activité ne dégénère en agitation stérile ou que certains ne soient découragés par la difficulté de la tâche, d'autre part de veiller à ce que chacun puisse manipuler librement et s'exprimer complètement.

C - Il faut construire le plus tôt possible les outils nécessaires à la découverte du monde

Il est primordial que l'enfant possède le plus précocement possible les moyens de connaître son environnement naturel et technologique afin qu'il le maîtrise et ne soit pas écrasé par lui.
Sur ce point, les objectifs fournis par les textes officiels sont très clairs :
« À l'école maternelle, l'enfant prend conscience que son expérience immédiate n'épuise pas le champ auquel s'applique sa curiosité. Il découvre la richesse du monde qui l'entoure, les objets comme les êtres vivants.
En jouant, en poussant toujours plus avant ses expériences et ses tâtonnements, l'enfant se constitue un premier capital de connaissances. »

Parmi les outils intellectuels permettant de découvrir le monde, les programmes mettent l'accent sur : comparer, observer, classer, ranger, dénombrer, anticiper…
L'élaboration de ces outils par les élèves ne précède ni ne suit l'activité sur le monde qui les entoure : activité d'investigation, élaboration de ces outils et construction des connaissances se font dans le même mouvement, de façon concomitante.
Il est nécessaire pour cela de mettre en place les conditions de développement des attitudes qui favorisent ces acquisitions : curiosité, motivation, confiance en soi, respect et écoute des autres… Dans ces conditions, les activités mises en place permettent de développer les compétences relatives au « savoir vivre ensemble ».

II - La construction d'un premier capital de connaissances

Les activités proposées à l'école maternelle ne visent pas seulement l'acquisition de savoir-faire et le développement de compétences. Elles permettent aussi la construction d'un premier niveau de représentations objectives du vivant, de la matière… par l'observation puis l'analyse raisonnée de phénomènes qui ne manquent pas de susciter la curiosité des élèves. Elles contribuent ainsi au développement de la culture scientifique qui est l'un des enjeux majeurs pour notre société comme pour chacun de ses citoyens.
Dans le projet proposé par le groupe d'experts, pour les nouveaux programmes de l'école primaire on peut lire : *« La science familiarise l'élève à un monde régi par des lois et, de surcroît, profondément marqué par la technique : elle le forme à saisir des relations de cause à effet, des propriétés, des constantes, mais aussi les fonctions d'objets bien définis ou l'utilité de calcul précis, de montages raisonnés. Sans prétendre approfondir toutes les questions abordées, on amène les élèves à les envisager dans un esprit rationnel et curieux qui, prenant ses distances avec la pensée magique, cherche à les restituer dans un cadre d'intelligibilité (au sein des lois de la nature ou des effets que l'homme en tire). Cette attitude n'implique aucune « froideur » : elle est à l'origine d'une autre forme, moins naïve, d'émerveillement face à la force, à la beauté et à la subtilité des processus naturels. »*

A - Quelques réflexions sur les connaissances visées

1 - On n'apprend pas n'importe quoi

À une époque où les progrès des connaissances dans le domaine scientifique vont à un rythme sans précédent dans l'histoire de l'humanité, une question se pose : que faut-il apprendre ? La réponse est simple : on n'apprend pas n'importe quoi, on ne remplit pas la tête d'un enfant d'informations inutiles. On cherche à développer sa capacité d'argumentation et de raisonnement et son appropriation progressive des concepts scientifiques. Cette construction d'un premier niveau de connaissances se fait d'abord en réponse aux questions que les enfants se posent sur le monde, mais elle est nécessairement complétée par des connaissances qui structurent ses propres représentations.
Voici, à travers quelques exemples, quelles sont les connaissances visées lorsqu'on réalise des activités précises.

a) Premier exemple : la sensibilité auditive

• **Activité :** À la demande de l'enseignant, les enfants d'une moyenne section ferment les yeux et écoutent pendant une minute environ. Ils sont ensuite invités à raconter ce qu'ils ont entendu : une voiture qui passe dans la rue, un livre qui est tombé, des pas dans le couloir…

• **Connaissance visée :** L'oreille fournit des informations non seulement sur ce qui se passe dans la pièce (et que l'on pourrait voir), mais aussi sur ce qui se passe à l'extérieur (et qu'on ne voit pas).

b) Deuxième exemple : l'exploration d'un milieu

• **Activité :** Des enfants de grande section font un sortie en forêt. Après une exploration libre d'un espace restreint et bien balisé, l'enseignant regroupe les enfants et leur demande de raconter ce qu'ils ont découvert, ce qu'ils ont ressenti, s'il y avait des animaux… Certains répondent négativement à cette dernière question, d'autres ont vu un escargot, des fourmis. On décide de rechercher des animaux en observant bien l'endroit où on les trouve et ce qu'ils font. Le même travail est ensuite entrepris sur les différents types de végétaux de la forêt.

• **Connaissance visée :** Dans un milieu (forêt, pairie, étang, etc.) vivent plusieurs espèces d'animaux et de végétaux. Des relations variées s'établissent entre ces êtres vivants.
Dans les classes suivantes, ces relations seront approfondies. Par exemple, à partir des animaux et de ce qu'ils mangent, on pourra étudier les relations alimentaires, écrire des chaînes alimentaires, réfléchir à l'importance des végétaux pour la nutrition des animaux.

c) Troisième exemple : le vol des oiseaux

• **Activité :** Les enfants ont passé un long moment dans la cour à regarder des oiseaux voler dans le ciel avant de faire les « oiseaux » et de mimer le mouvement de leurs ailes pendant le vol. Dans le ciel, certains oiseaux volent avec aisance en vol plané (ailes tendues, sans battements). D'autres battent des ailes sans arrêt, à un rythme plus ou moins rapide. D'autres mêlent les deux types de vol.

• **Connaissances visées :**
– Le vol est un mode de déplacement très rapide (en quelques secondes un moineau s'envole devant vous et se retrouve au sommet d'un arbre).
– Tous les oiseaux ont des ailes.
– Les ailes des oiseaux sont les membres « avant » (antérieurs) de ces animaux à quatre membres (deux bras, ou ailes, et deux pattes).

Remarque : Quand un enfant mime un oiseau en vol, il bat des ailes « avec ses bras ».

d) Quatrième exemple : les graines

• **Activité :** Les enfants ont semé des graines de pois, de lentille, de maïs, de fève. Ils ont vu naître des plantes sous leurs yeux. Ils ont constaté que les plantes de même espèce se ressemblent entre elles et sont différentes des autres espèces.

• **Connaissances visées :** Une graine qui germe donne naissance à une plante (et une seule). Toutes les graines de pois donnent des plantes identiques (des pieds de pois) différentes des autres plantes (notion implicite d'espèce).

e) Cinquième exemple : les relations alimentaires

• **Activité :** Comment écrire cette histoire : un escargot mange une laitue, puis il rencontre un hérisson affamé qui le dévore ?
Parmi toutes les propositions de codage possibles, citez celle des scientifiques : laitue → escargot → hérisson (la flèche signifiant « est mangé par »).
Les scientifiques nomment cette représentation « chaîne alimentaire ».
On peut coder de la même façon d'autres histoires. Par exemple, une chenille dévore une feuille. Quelques heures plus tard, une mésange mange la chenille.

• **Connaissances visées :** Ce qu'il est important de savoir, ce ne sont pas les mots : chaîne alimentaire, maillon, réseau alimentaire… Mais de découvrir que toutes ces histoires débutent par un végétal. Autrement dit, tous les animaux, à la surface de la Terre, dépendent (directement ou indirectement) des végétaux pour se nourrir. Sans végétaux, aucune vie animale n'est possible.

Cet exemple est proposé pour illustrer ce qu'on entend par « connaissance fondamentale », c'est-à-dire une connaissance qui, associée à d'autres, permet de comprendre le fonctionnement du monde vivant.

f) Sixième exemple : l'utilisation d'un gabarit

• **Activités :** À l'occasion de la fête des rois, les élèves vont réaliser des couronnes. À partir de l'observation de couronnes du commerce, ils prendront conscience que cet objet circulaire posé sur la tête sert à décorer celle-ci à la manière d'un roi. D'une part, pour être fonctionnelle, elle doit faire le tour de la tête, présenter un système de fermeture, pouvoir être mise à plat pour le rangement, et d'autre part au plan esthétique présenter un motif décoratif répétitif…

Par tâtonnements les élèves essaient de produire une couronne avec un rythme géométrique.

L'analyse des résultats débouchera sur le fait que la majorité des découpages supérieurs ne sont pas réguliers. L'enseignant peut alors proposer l'utilisation de gabarits.

• **Connaissance visée :** un gabarit sert à reproduire des formes à l'identique par reports successifs. Cette connaissance sera d'autant plus renforcée que l'enfant utilisera des gabarits dans des situations diverses et variées et qu'il en inventera en réponse à ses besoins (frises diverses, pages identiques d'un livre au contour fantaisie, etc.).

2 - La lente construction des concepts généraux

Les concepts généraux commencent à se construire dès l'école maternelle. Leur construction est l'aboutissement d'un long processus intellectuel, qui se développe pendant toute la scolarité et parfois au-delà.

a) Premier exemple : la reproduction des êtres vivants

• **Brève présentation des concepts**
Les êtres vivants ont une durée de vie limitée (3 ans pour un lapin, 12 ans pour un chat, 250 ans pour un chêne, quelques minutes pour certains microorganismes). On voit donc le rôle capital de la reproduction dans le maintien des espèces.
Tous les êtres vivants se reproduisent, c'est-à-dire donnent naissance à d'autres individus de la même

espèce. En dépit d'une grande diversité apparente, le mode de reproduction est le même pour tous : le nouvel individu (un bébé humain, un éléphanteau, un poussin, un arbre, etc.) résulte du développement d'un œuf. Cet œuf est le résultat de l'union d'un ovule produit par la femelle et d'un spermatozoïde produit par le mâle. C'est pourquoi, on appelle ce mode de reproduction « reproduction sexuée ».

Cette histoire, déjà bien intéressante, prend une autre dimension quand on découvre au lycée que le nouvel individu a récupéré la moitié des gènes de son père et la moitié des gènes de sa mère. Autrement dit, et sans entrer dans les détails, le nouvel individu (un bébé humain qui vient de naître par exemple) est un être unique (ce n'est ni le papa, ni la maman), c'est une nouvelle création qui n'a jamais existé. Dans ces conditions, le terme de **« reproduction »** est mal choisi. Il n'y a pas reproduction (re = élément qui exprime la répétition ; on n'obtient pas la réplique d'un individu déjà existant).

C'est pourquoi, le terme de reproduction est actuellement remplacé par **« procréation »** qui implique la notion de création nouvelle.

Une conséquence évidente : les individus qui naissent par reproduction sexuée sont **tous différents les uns des autres** ; chacun d'eux est une création nouvelle et unique qui donne naissance à d'autres individus nouveaux. C'est sur ce fonctionnement qu'intervient la sélection, les mutations... et tous les mécanismes biologiques qui expliquent finalement l'évolution des êtres vivants.

Comme on le sait, l'évolution explique les liens de parenté entre les espèces et les transformations progressives de certaines espèces. L'évolution apparaît aujourd'hui le principe unificateur du monde vivant. Mais, revenons à l'école maternelle. Quelles « pierres » apporte-t-elle dans la construction des concepts que nous venons de présenter rapidement ?

• À l'école maternelle

Les activités possibles sur la reproduction des animaux et des végétaux se comptent par dizaines depuis la petite section jusqu'au CM2. Semis de graines, réalisation de boutures, naissance de hamsters ou de souris dans l'élevage de la classe, éclosion des œufs d'escargots dans le terrarium, éclosion des œufs de tourterelle dans la volière, naissance des guppys dans l'aquarium...

Nous reprendrons volontairement des activités évoquées précédemment.

– Lorsqu'un enfant sème des graines, il voit naître des plantes, des plantes d'espèces différentes s'il a semé différentes sortes de graines. Le mot espèce n'est, bien sûr, pas expliqué, mais, cependant lorsqu'on propose aux enfants de semer plusieurs sortes de graines, on les met en contact avec la diversité du monde vivant végétal.

– D'où vient la plante qui sort d'une graine ?
Si on ouvre des graines, on constate que toutes contiennent un embryon. Remarquons au passage que le même mot embryon désigne le bébé avant la naissance, qui vit dans le ventre de sa maman.

– D'où viennent les graines ? Les graines de pois nain, semées 3 ou 4 semaines plus tôt, sont devenues des plantes qui fleurissent. Les fleurs se fanent mais ne disparaissent pas : chaque fleur donne une gousse remplie de graines.

– Comment un embryon peut-il se former dans une graine ? La réponse à cette question dépasse le niveau de l'école maternelle. On retrouve dans la formation de l'embryon de la graine le même phénomène que chez les animaux : la fécondation d'un ovule par un spermatozoïde et la formation d'un œuf microscopique qui commence son développement puis s'arrête. Il ne le reprendra qu'au moment de la germination de la graine.

– Les activités sur la reproduction animale ne manquent pas non plus. Elles permettent de mettre en évidence qu'il y a apparemment deux modes de naissance : certains (les escargots, la poule, etc.) naissent à partir d'un œuf pondu, d'autres (les souris, les chats, etc.) sortent vivants du ventre de leur mère. En réalité, dans ce deuxième cas, il y a au départ un petit œuf. Il n'y a pas dans le ventre de la souris femelle ou de la chatte, des bébés souris ou des bébés chats « en attente ». Pour faire le petit œuf, il faut deux parents.

• Un long processus intellectuel

À l'école maternelle, les enfants ont souvent du mal à penser que les fourmis et les chats ont quelque chose de comparable. Et à plus forte raison, pour admettre que les géraniums ou les arbres sont aussi des êtres vivants, il leur faudra des observations, expérimentations multiples, étayées par des comparaisons et verbalisées avec l'aide de l'enseignant. La construction des concepts est une tâche intellectuelle longue qui nécessite que des expériences bien choisies soient offertes aux enfants dès le plus jeune âge.

b) Deuxième exemple : l'existence de l'air

L'existence de l'air n'est pas spontanément perçue par les enfants. Voyons comment des activités peuvent les aider.
L'eau est un liquide incolore. Pourtant, s'il y a de l'eau dans un verre, on la voit. Si l'eau est colorée par un peu de sirop de grenadine ou de menthe verte, elle est encore plus visible. Si un caillou ou des grains de sable sont posés sur une table, on les voit, quelle que soit leur couleur. Ces matières visibles sont à l'état liquide pour l'eau, à l'état solide pour le caillou, les grains de sable, le verre (qui contient l'eau). L'air n'est ni un liquide, ni un solide ; c'est un gaz, et, de plus, un gaz invisible.

Dire à un enfant « cette bouteille « vide » n'est pas vide : elle est pleine d'air », est une affirmation exacte, mais elle représente peu de chose pour lui en dépit de sa bonne volonté. **La prise de conscience de l'existence de l'air** est pourtant obligatoire pour la construction de nombreux concepts indispensables à la « compréhension du monde ». Alors, continuons… L'air peut se déplacer : le vent est de **l'air en mouvement**. L'air peut se transvaser : c'est de **la matière**. L'air ne disparaît pas : on pourrait croire parfois qu'il disparaît d'un lieu ; c'est qu'il s'est déplacé dans un autre lieu. On peut remplir d'air un sac en plastique dans la classe ou dans la cour, dans un placard : il y a de **l'air partout** autour de nous. On peut **« attraper » de l'air, le transporter, le conserver, le transvaser**. L'air est de la matière, une matière ni solide, ni liquide ; on parle d'état gazeux, l'air est un gaz. **L'état gazeux** est un nouvel état de la matière beaucoup plus difficile à se représenter que l'état liquide. L'étude de la matérialité de l'air et la prise de conscience de ce qu'est l'état gazeux se poursuivront aux cycles 2 et 3.

B - Pourquoi parle-t-on de « représentations » ?

L'état gazeux ne se voit pas. Chacun de nous se le représente à sa façon. De même, quand on parle de dissolution, on pense à une expérience simple : mettre une cuillerée à café de gros sel dans un verre d'eau puis agiter. Le sel « disparaît ». Le liquide est limpide et les grains de sel sont invisibles.

Cependant, si on goûte, l'eau est salée. Le sel est donc toujours présent, mais il n'est plus formé de cristaux, il est dissous dans l'eau. Comment peut-on représenter la dissolution ? Les cristaux de sel sont devenus, dans l'eau, des « particules », invisibles à l'œil nu comme au microscope.

Tout comme nous, les enfants ont le plus souvent une idée sur les phénomènes et les objets qui les entourent, qu'on appelle leurs **représentations premières** ou **conceptions initiales**.

Au fur et à mesure de leurs découvertes et de l'acquisition de nouvelles connaissances, les représentations des enfants évoluent et s'enrichissent. L'acquisition de connaissances est indispensable, chaque nouvelle connaissance vient enrichir et compléter les précédentes. De plus, une connaissance est une clé qui permet de comprendre un phénomène, et cette clé pourra être réutilisée dans une autre situation ou pour comprendre un nouveau phénomène.

Albert Jacquard, dans l'un de ses livres (*« L'équation du nénuphar »*), donne une belle définition : « on ne répète jamais assez qu'une connaissance est une naissance : la naissance d'une structure intellectuelle qui donne accès à un aspect supplémentaire de la réalité ».

III - Une contribution importante à la maîtrise de la langue

« Dans la démarche qui sous-tend l'activité de la classe (dans les séquences scientifiques), le langage n'est pas l'objet d'étude premier.
Mais, dans les allers et retours que le maître organise entre observation du réel, action sur le réel, lecture et production d'écrits variés, l'élève construit progressivement des compétences langagières en même temps que s'élabore sa pensée » (Enseigner les sciences à l'école – Cycles 1 et 2 – CNDP)
« Le renforcement de la maîtrise de la langue est un aspect essentiel de la méthode mise en œuvre. Le questionnement et les échanges auxquels il donne lieu, la comparaison des résultats obtenus, leur confrontation aux savoirs établis sont autant d'occasions de découvrir les modalités d'un débat réglé visant à produire des connaissances. La description de ce que l'on voit, l'élaboration du projet d'investigation, l'argumentation soutenant les divers raisonnements qui, entre autres, y sont à l'œuvre, sont autant de formes essentielles du langage oral... » (Consultation sur les programmes de l'école primaire).
Ainsi, les activités proposées aux élèves doivent permettre de travailler et de développer des compétences langagières, tant en ce qui concerne le langage oral que le langage écrit. Comment ?

• En permettant à chaque élève de participer aux échanges verbaux de la classe, et en inscrivant les activités de langage dans de véritables situations de communication
Quand ils observent les mêmes situations (évolution d'un semis, fusion d'un glaçon, etc.) ou observent et manipulent les mêmes objets (photographies, semainier, matériel modulaire, etc.) les enfants partagent leur étonnement, leurs découvertes, avec leurs camarades. Ils décrivent ce qu'ils ont fait et écoutent les autres. De même, quand ils fabriquent un objet, ils peuvent faire des suggestions, partager leurs idées pour concevoir, envisager la méthode de fabrication d'un objet, se répartir les tâches d'un travail collectif…, demander une aide… Ils se trouvent alors dans de véritables situations de communication, les objets de référence étant les mêmes.

• En accompagnant le jeune enfant dans son apprentissage du langage (langage en situation)
Il faut permettre à l'enfant d'acquérir, puis de réinvestir un lexique scientifique et technique précis pour décrire, rendre compte, proposer, argumenter… en employant des verbes d'action et des connecteurs logiques appropriés à une description, une explication, une relation de cause à effet… Par exemple, en manipulant des miroirs, en observant le comportement d'objets qu'ils placent dans l'eau, en observant

leurs mains..., les élèves sont amenés à parler. Ils acquièrent ainsi en situation, un lexique scientifique (miroir, brillant, image, couler, flotter, doigts, etc.), mais aussi des structures syntaxiques (ce miroir déforme, ce miroir est déformant, etc.).
Vous remarquerez sans doute que, chez les jeunes enfants, le temps de l'action et le temps du langage sont rarement simultanés. Quand c'est le cas, il s'agit le plus souvent de marques d'étonnement ou de plaisir (oh, c'est beau, c'est drôle, etc.), de frustration (moi, je n'ai rien ; il a tout pris, etc.) ou de demandes très brèves (passe-moi ça, donne-le moi, etc.). Il ne s'agit que rarement de description d'actions ou de situations. C'est le plus souvent à la demande de l'enseignant que le langage de description est utilisé et seulement après un temps suffisant d'appropriation personnelle du matériel ou de la situation.

• **En leur apprenant à se servir du langage pour évoquer des événements (situation, objet, etc.) en leur absence**
Les élèves évoquent des objets, des faits, rendent compte d'une visite déjà faite, d'une expérience qui a été accomplie, comparent des faits avant et maintenant, imaginent ce qui va se passer... Par exemple : la photographie d'enfants manipulant dans une boîte à toucher peut être le point de départ pour que les élèves évoquent et décrivent une situation analogue qu'ils ont eux-mêmes vécue. Après avoir fabriqué un semainier, on peut, lors d'un regroupement, demander aux élèves de dire la façon dont ils ont procédé pour le fabriquer, et de remettre les actions évoquées, correspondant aux étapes de la fabrication, dans l'ordre. Le langage est alors utilisé pour évoquer des événements en leur absence, mais les élèves se trouvent aussi dans une situation de communication : ils peuvent intervenir pour rectifier, faire une suggestion, réparer un oubli...

• **En familiarisant les élèves avec le français écrit**
Afin d'être confrontés très tôt aux écrits scientifiques et techniques, le maître présentera aux élèves une grande diversité d'ouvrages documentaires adaptés à leur âge. Ces écrits présentent la particularité d'offrir des documents iconographiques variés et des dessins, des modes de représentation diversifiés. Grâce à l'adulte, l'enfant décodera des documents pour apprendre, pour comprendre, pour agir...
Le français écrit n'est pas seulement celui qu'on lit, c'est aussi celui qu'on écrit (sous forme de dictées à l'adulte).
La production d'écrits scientifiques a pour objectif majeur **la structuration de la pensée scientifique**. C'est pourquoi, pour conserver une trace d'observations faites, d'essais effectués, d'expériences vécues, de la conception d'un projet de travail... d'une fabrication accomplie, le professeur traduira la pensée des élèves à l'écrit en respectant leur point de vue, tout en organisant efficacement les idées de façon à élaborer un écrit scientifique ou technique : à l'école maternelle, c'est la dictée à l'adulte. Ce dernier peut prendre différentes formes (une liste, un compte rendu, une fiche de fabrication, un tableau d'observations...). Par exemple, écrire un compte-rendu d'expériences aussi simple soit-il, doit comporter un titre, une phrase de conclusion, accompagnée ou non de photographies, de dessins : « comment peut-on reconnaître cet objet ? (le titre). Avec ses mains, son nez, ses oreilles, ses yeux (la phrase de conclusion). »
D'autre part, l'enjeu de ces écrits doit être explicite : écrire pour se rappeler, pour faire, pour comprendre...
La trace écrite peut être présentée sous la forme d'une **affiche collective** placée dans l'espace « Sciences » et/ou, d'un **album collectif** et/ou d'une trace individuelle consignée dans le **cahier de l'élève consacré à la découverte du monde**.
Tout document, individuel ou collectif, doit être pour l'enfant un support de travail pour lequel il en maîtrise à la fois les contenus et les règles d'écriture, de présentation.

• **Les panneaux** peuvent donner lieu à un affichage temporaire (le temps d'une recherche, pour garder en mémoire d'une séance à l'autre, pour noter des observations sur quelques semaines...) ou un affichage permanent. Dans ce dernier cas, il peut s'agir de documents auxquels les enfants iront se référer tout au long de l'année et qu'ils pourront enrichir progressivement au fil de leurs apprentissages (par exemple : référentiels de mots, codages techniques, matériaux, techniques d'assemblage, règles de sécurité de l'atelier menuiserie, etc.). Il a le mérite d'être en grand format pour être vu par un groupe d'enfants en même temps.

• **L'album collectif** offre l'intérêt d'être aisément manipulable par un enfant ou un petit groupe d'enfants, d'être transportable et d'être conservé. Il peut même être aisément prêté, communiqué. Celui-ci pourra relater une visite, des recherches, des expériences, une démarche complète. Par exemple : « la visite chez le boulanger », « l'album photos de nos constructions en Lego », « la vie de nos escargots »... On peut même envisager de fabriquer un album de grand format qui est le recueil des affiches élaborées collectivement sur un thème.

• **Le cahier individuel** s'avère être un support de travail indispensable. Il est indépendant des autres domaines d'activités. Il est le reflet d'activités menées et permet à l'enfant de garder personnellement en mémoire ses propres travaux (ses recherches, ses observations sous formes de dessins, d'échantillons... ses exercices d'évaluation). On y retrouvera aussi les synthèses collectives.
Il semble important d'utiliser ces 3 types de supports à bon escient et de façon complémentaire selon les objectifs envisagés.

IV - Des liens avec les mathématiques

Les mathématiques ne constituent pas un domaine à part dans les programmes de l'école maternelle, mais sont intégrées au domaine « découvrir le monde ». Nombre de situations en sciences et technologie peuvent permettre aux élèves d'utiliser, de s'exercer, ou au contraire de découvrir des notions généralement attribuées aux mathématiques : formes, grandeurs, quantités et nombres. Par exemple, ils seront amenés à manipuler des formes géométriques dans les activités de pliage de papier, relever, comparer des dimensions au cours de la croissance des plantes, rechercher des dimensions de pièces à découper, comparer, évaluer des quantités au cours de fabrications culinaires, prendre conscience de la conservation ou de la perte de matière, effectuer des partages de celle-ci au cours de débit de matériaux...

La découverte du monde à l'école maternelle : comment ?

Les textes officiels ne définissent pas seulement une liste de sujets d'étude ou de connaissances à acquérir ; ils décrivent aussi, de façon très précise, les démarches que doit suivre l'enseignant. Comme nous allons le voir dans ce chapitre, son rôle est primordial et ses interventions indispensables pour diriger les enfants vers les objectifs visés.

I - La démarche d'investigation

Les lignes qui suivent sont en grande partie extraites d'un document du ministère de l'Éducation nationale, le projet proposé par le groupe d'experts lors de la consultation sur les nouveaux programmes de l'école primaire en 2002.

A - Présentation de la démarche

Cette démarche est, dans ses grandes lignes, la même pour l'ensemble de l'école primaire (maternelle et élémentaire). Mais il est évident que les sujets d'étude et surtout la manière de formuler le questionnement et le niveau d'élaboration des réponses différera en fonction des connaissances déjà acquises et du niveau de conceptualisation atteint : à l'école maternelle, on privilégiera les expériences sensorielles et l'envie de comprendre. Dès la petite section, on favorise l'étonnement et la curiosité, le plaisir de découvrir, et on conduit les enfants à se constituer un stock d'exemples pertinents pour permettre la construction progressive de concepts scientifiques de plus en plus élaborés au cours de la scolarité.

1 - Du questionnement à la connaissance

• L'enseignant sélectionne ou met en place une situation de départ qui suscite la curiosité des élèves et déclenche leurs remarques et questions. Il prend en compte leurs idées préalables.

L'exploitation du questionnement nécessite un travail de reformulation, tant du point de vue de l'expression française que de celui du contenu précis de la question. L'enseignant joue à ce niveau un rôle de filtre : il guide la classe vers l'exploitation des questions que l'on peut qualifier de « productives », qui satisfont à deux critères :

– elles débouchent sur des expériences, des réalisations ou des observations réalisables avec les moyens locaux et complétées, le cas échéant, par une recherche documentaire pour laquelle la classe dispose des ressources accessibles au niveau des élèves ;

– elles conduisent, à la suite de l'étude précédente, à une connaissance nouvelle, comprise dans les objectifs du programme, assimilable par les élèves, dont l'accord avec le savoir constitué est assuré.

• Les questions des élèves ne peuvent pas être le seul point de départ possible pour une activité scientifique. D'une part, les élèves ne vont pas imaginer tous les problèmes pertinents prévus par les instructions officielles. D'autre part les programmations de l'enseignant ne peuvent pas être en permanence bouleversées par tel problème évoqué par tel élève. En revanche, il est important d'être attentif aux deux aspects suivants :

– Une question étant retenue, qu'elle vienne d'un élève ou de l'enseignant, l'enseignant doit mettre en œuvre la stratégie et le matériel nécessaires pour que toute la classe se l'approprie. Poser un problème, donner aux élèves le temps d'y réfléchir, individuellement puis par petits groupes, confronter les hypothèses, mettre en relief les désaccords, crée une dynamique de classe. Le problème devient celui des élèves. Les désaccords sont source de motivation.

– Une fois la classe engagée dans une problématique, toutes les questions qui surgissent, en lien avec le sujet traité, sont importantes à relever et méritent d'être traitées dans la mesure précisée plus haut.

2 - L'activité d'investigation

Chaque fois que c'est possible, il faut privilégier les démarches qui fondent les acquis sur *« une phase d'investigation suscitée par l'enseignant, mais réalisée par les élèves »*, avec son aide, à partir de leurs interrogations et représentations préalables. C'est pourquoi, la présentation des objectifs du cycle, en terme de connaissances et de compétences, est complétée par des recommandations touchant la conduite des activités scientifiques et technologiques.
La séquence didactique comporte le plus souvent des **observations** et des **expériences** menées par les élèves eux-mêmes. Des moments de synthèse opérés par le maître n'en sont pas moins indispensables pour donner tout leur sens aux pratiques expérimentales et en dégager les enseignements.

Certaines parties du programme ne se prêtant pas aisément à des activités expérimentales, l'observation et la recherche documentaire ont leur place dans une démarche d'investigation.

L'aller et retour constant entre réalité et réflexion intellectuelle – ce qui est le propre de toute recherche – entraîne l'élève à établir des liens méthodiques entre son expérience personnelle et les connaissances scolaires. Par la remise en cause des certitudes acquises ou des préjugés au contact de l'évidence expérimentale, il illustre l'efficacité d'une approche empirique et raisonnée des faits. Par les relations qu'il établit, les propriétés ou les lois qu'il révèle, il donne aux élèves les repères pour aborder dans leur spécificité chacune des grandes disciplines scientifiques. Ce travail de construction intellectuelle trouve ses bases à l'école maternelle dans les activités de découverte du monde et dans le goût de savoir que l'école développe chez les enfants dès l'âge de deux ou trois ans.

3 - Les réponses aux questions

• Issue du questionnement, l'activité d'investigation et de réalisation doit conduire à une nouvelle connaissance sans laquelle il ne saurait y avoir de démarche réussie. L'enseignement des sciences et de la technologie à l'école doit, en effet, permettre aux élèves de construire leur propre savoir.
Pour autant, le maître ne peut pas répondre à toutes les questions des élèves. La réponse à certaines questions pourrait être trouvée dans des documents, mais cela ne signifie pas nécessairement qu'elle doive être donnée aux élèves.

• Le plus souvent, la connaissance ne s'établit pas immédiatement et définitivement à l'issue de l'activité de recherche.
Des activités complémentaires sont en général souhaitables pour permettre à l'élève de percevoir la pertinence et l'étendue de ce qu'il vient d'apprendre. Une connaissance nouvellement acquise sera plus solide si elle est mise en relation avec une autre, de façon à faire percevoir une cohérence qui n'apparaît pas spontanément. Cet aspect fait partie intégrante de la démarche. Le savoir n'a pas vocation à encombrer la mémoire, mais à constituer une économie de pensée. La confrontation à des ouvrages de référence ou des documents visuels peut compléter l'apport de ces activités. Elle consolide les connaissances acquises et contribue à l'apprentissage de stratégies de lecture adaptées à la spécificité de ces documents. Mais, surtout à l'école maternelle, elle ne remplacera jamais l'expérience directe, sensorielle, qui seule permet un ancrage solide et durable des connaissances acquises. De même, un commentaire ou une explication du maître est parfois nécessaire, mais il ne doit toutefois jamais constituer l'essentiel d'une séance dans le cadre d'une démarche qui privilégie la construction du savoir par l'élève.

B - Quelques exemples d'activités à l'école maternelle

1 - Le canevas d'une séquence

Le texte ci-dessus fait largement référence à un texte officiel qui s'adresse aussi bien aux enseignants du cycle 3 qu'à ceux du cycle 1.

La démarche d'enseignement des sciences et de la technologie est globalement la même à tous les niveaux de l'école primaire (école maternelle puis élémentaire). Elle peut être présentée de façon schématique en cinq étapes successives.

a) Le choix de la situation de départ

Il est de la responsabilité de l'enseignant et ne doit pas être seulement l'effet du hasard.

b) Le questionnement des élèves et la formulation du problème

Les textes officiels précisent : le questionnement, guidé par l'enseignant, conduit à des investigations menées par les élèves.
« C'est à partir de la situation de départ proposée aux enfants par l'enseignant, sous forme de questions/défis, au début de chaque séance que ceux-ci vont découvrir des questions qu'ils ne se seraient pas posées sans ces situations, et à partir desquelles, après reformulation, vont pouvoir émerger des problèmes dont la résolution constitue pour eux l'enjeu de la séance » (extrait de *« Enseigner les sciences à l'école »* CNDP – Document d'accompagnement des programmes).
Il est important de souligner que l'émergence de conceptions initiales des élèves, la confrontation de leurs éventuelles divergences favorisent grandement l'appropriation du problème à résoudre.

c) La formulation d'hypothèses et la conception orale de l'investigation

Il est essentiel que ces deux aspects soient très clairement explicités et compris de tous. Des reformulations sont le plus souvent indispensables.

d) L'investigation conduite par les élèves

Grâce aux suggestions du maître, l'investigation peut recourir à diverses formes de travail, y compris au cours d'une même séance :
– expérimentation directe, à privilégier chaque fois qu'elle est possible ;
– réalisation matérielle (recherche d'une solution technique) ;
– observation, directe ou assistée par un instrument, avec ou sans mesure ;
– recherche sur documents ;
– enquête et visite.
La complémentarité entre ces méthodes d'accès à la connaissance est à équilibrer en fonction de l'objet d'étude et de l'âge des élèves.

e) L'acquisition des connaissances et leur structuration

Elle débouche généralement sur des productions destinées à la communication des réponses aux questions initiales (textes, schémas, maquettes, etc.). Ces traces constituent une mémoire du travail collectif.

Elles peuvent être constituées de productions individuelles, de photographies, d'une phrase de synthèse élaborée avec les enfants et écrite par le maître... Elles sont affichées ou réunies dans un album qui, placé dans le coin bibliothèque de la classe, peut être feuilleté librement ou servir d'appui à un nouveau travail collectif. Par exemple, l'album qui garde la trace de semis réalisés en début d'année pourra être repris au printemps lors de nouvelles plantations pour permettre des comparaisons utiles ou des observations plus précises.

2 - Des exemples pour être concret

Pour des raisons faciles à comprendre, ces exemples sont présentés de manière très schématique afin de ne pas figer le déroulement de la séquence. Nous proposons plusieurs exemples qui montrent des situations différentes sur le même canevas général.

a) Qu'est devenue la neige ?

• Situation de départ

Il a neigé cette nuit, sur la région parisienne. Une épaisse couche de neige recouvre la cour, les toits... C'est inhabituel.

• Problème soulevé

À la récréation du matin, les enfants sortent dans la cour ; la neige a disparu. Les enfants rentrent en classe avec des chaussures couvertes de boue. L'enseignante discute avec les élèves et finalement une question se dégage : la neige a disparu, qu'est-elle devenue ?

• Formulation d'hypothèses

Il ne s'agit pas à proprement parler d'une hypothèse, mais une affirmation est énoncée et partagée par beaucoup d'enfants : la neige en fondant a donné de la boue. Que faut-il faire pour le vérifier ?
L'enseignante donne alors une information : ce matin, avant l'arrivée des enfants, elle a rempli de neige plusieurs récipients et les a placés au réfrigérateur.

• Investigation

Les enfants prennent la neige conservée et en mettent dans une assiette propre.
Ils constatent que la neige donne de l'eau, et rien que de l'eau.

• Acquisition de connaissances

La neige devient de l'eau liquide.
La neige est, comme la glace, de l'eau solide.

b) Que faut-il mettre dans un culbuto ?

• Situation de départ

Un culbuto fabriqué par l'enseignant (la poule page 44 de l'album « *Découvre le monde de la matière et des objets* ») et éventuellement un culbuto du commerce.

Une manipulation, puis une observation de l'objet immobile et en déplacement permettent d'analyser le jouet : quel est son mouvement ? quelle est sa structure ?

• Problème soulevé

Qu'y a-t-il dans le culbuto pour qu'il puisse se balancer puis revenir dans sa position de départ ?

• Formulation d'hypothèses

Là encore, les enfants ne formulent pas d'hypothèses, ils affirment : « il y a des cailloux, du coton, quelque chose de lourd, un objet en bas... ». Sont retenues et notées les propositions vérifiables matériellement.

• Investigation : expérimentation et recherche de solutions techniques

Chaque enfant dispose de la boîte à fromage analogue au modèle et recherche, prend le matériel suggéré pour garnir le culbuto (cailloux, coton, etc.).
Certains enfants emplissent complètement la boîte. Ils constatent que leur objet n'a pas de position d'équilibre privilégiée. D'autres la remplissent en partie, mais sans fixer le lest, et leur objet ne fonctionne pas comme le culbuto apporté en classe.
En secouant le culbuto apporté, les élèves remarquent que rien n'y bouge, alors que le lest non fixé de leur boîte bouge. Ils cherchent alors des solutions techniques pour le fixer : utilisation de ruban adhésif, de pâte à modeler...
En testant leur objet, ils notent que son comportement est comparable ou se rapproche de celui du culbuto de référence.
Certains élèves font des essais pour améliorer leur construction : ajout de lest, ou au contraire retrait de lest (s'ils ont trop rempli leur boîte), essais avec des éléments plus ou moins lourds.
Quand le culbuto fonctionne correctement, les élèves cherchent des solutions techniques pour décorer la boîte : comment placer symétriquement les 2 parties de la poule ou de nouveaux décors à leur culbuto sans entraver le fonctionnement.

• Acquisition de connaissances

Les enfants ont découvert la nécessité d'avoir des matériaux, des objets à l'intérieur du culbuto pour constituer un lest. Ce lest doit être positionné vers le point en contact avec le support sur lequel il va basculer, et doit être solidaire du culbuto.

c) Comment les oiseaux atterrissent-ils ?

• Situation de départ

On regarde les oiseaux dans la cour de l'école : un moineau, un rouge-gorge, un merle, etc. Ils s'envolent et se posent quelques mètres plus loin. Tout se passe très vite.

• Problème soulevé

Discussion : On compare très vite à un avion. L'atterrissage est un moment délicat. Le décollage, ce n'est pas facile. Des questions sont posées : Que se passe-t-il exactement au moment du décollage ? Comment ne pas se fracasser à l'atterrissage ?

• Formulation d'hypothèses et formulation orale de l'investigation

Il faudrait un film. Il faudrait des photographies.

• Investigation

On peut travailler à partir des photographies de l'album *« Découvre le monde vivant »* pages 20 et 21. On peut expérimenter le freinage obtenu lorsqu'on se déplace avec un parapluie ouvert...

• Acquisition de connaissances

Lorsqu'il s'envole, l'oiseau replie ses pattes sous le corps et les détend brusquement. Ce saut est immédiatement suivi d'un battement rapide des ailes.
Au moment de l'atterrissage, l'oiseau tend ses pattes vers l'avant, ce qui lui permet de freiner et d'amortir le choc à l'arrivée sur le sol.

d) Le vent a mélangé les feuilles des arbres

• Situation de départ

Sortie dans le parc public très proche de l'école. C'est le début de l'automne. Les arbres ont déjà perdu des feuilles, mais il en reste sur les branches.

• Questionnement des enfants et problème soulevé

Au sol, on trouve des feuilles de toutes sortes. Le vent a tout mélangé. Comment savoir de quels arbres proviennent toutes ces feuilles ?

• Formulation d'hypothèses et formulation orale de l'investigation

Il faut comparer les feuilles au sol et les feuilles portées par les arbres.

• Investigation

Chaque enfant prend une feuille au sol et recherche sur quel arbre il trouve le même type de feuille. On peut trouver plusieurs arbres qui ont ces mêmes feuilles.

• Acquisition de connaissances

Toutes les feuilles d'un arbre se ressemblent. Deux arbres qui ont les mêmes feuilles sont de la même espèce.

II - Des compléments sur quelques étapes de la démarche

A - Les points de départ des activités sont très variés

Les activités scientifiques et technologiques ne peuvent s'appuyer que sur des situations réellement vécues par les enfants : non seulement elles provoquent l'intérêt et le questionnement mais aussi elles facilitent le développement des travaux ultérieurs. Ces situations peuvent avoir des origines variées.

1 - Jaillir du quotidien, hors de la classe ou dans la classe, par l'attention que l'enfant porte au monde qui l'entoure :
– présence des jardiniers dans le jardin de l'école, dans le square voisin ;
– travaux des champs dans l'environnement de l'école ;
– présence d'ouvriers dans l'école ou dans un chantier proche ;
– modifications météorologiques brutales (vent, neige, tempête, orage...) ;
– naissance dans une famille, chez des animaux de la ferme, de l'école...
– lecture du menu de la cantine...

2 - Émerger des projets en cours par des besoins ressentis ou exprimés :
– fabrications en fonction des événements de la vie... des fêtes traditionnelles qui jalonnent l'année (décorations de Noël, couronnes des rois, etc.) ;
– confection de cadeaux pour l'anniversaire d'un camarade, pour les correspondants, les enfants d'une autre classe...
– préparations culinaires à l'occasion d'une fête, en vue d'un petit déjeuner ou d'un goûter.

3 - Surgir de l'organisation de la classe par l'envie d'entreprendre qu'elle suscite chez l'enfant :
– coin cuisine utilisé quotidiennement pour des préparations simples (tartines, jus de fruits, biscuits, salades diverses) ;
– coin bricolage ou menuiserie proposant des matériaux divers (carton, bois, liège, échantillons de cuir, etc.), des outils de qualité permettant de façonner et d'assembler les matériaux (limes, marteaux, tournevis, etc.). Le respect de règles de sécurité, d'un nombre limité d'enfants ainsi qu'une vigilance toute particulière de la part de l'enseignant s'imposent ;
– coin « objets insolites à démonter et remonter »...
– coin nature, dont la composition varie au cours de l'année en liaison avec les saisons, mettant en œuvre des germinations, des boutures... et permettant, si possible, la vie d'animaux d'espèces différentes.

4 - Naître de l'intérêt suscité par l'adulte qui ouvre le champ d'expériences de l'enfant par ses apports :
– organisation de visites (ferme, chantier, expositions, etc.), de sorties (dans le quartier, dans un musée, dans une forêt, etc.) ;
– matériaux ou outils nouveaux pour l'un des coins de la classe ;
– matériel permettant d'organiser des plantations sur des substrats variés (terre, eau, gravier, etc.), avec

des graines, des bulbes (oignons de cuisine, ail, tulipe, etc.), des tubercules (pommes de terre), des boutures (impatience, misère, fuchsia, etc.) ;
– propositions d'expériences en rapport avec des phénomènes déjà rencontrés (congélation, fusion, flottaison, etc.) ou la qualité des objets (résistance, propriétés sonores, électriques, magnétiques, etc.).

B - Privilégier le contact direct avec les objets, les phénomènes, le monde du vivant

Le rôle de l'école maternelle est de mettre l'enfant au contact, de lui donner à voir, à agir sur des objets, des phénomènes... pour le familiariser avec ces objets et ces phénomènes. Cela conduit à mettre en place des activités d'investigation et d'exploration au cours desquelles les élèves vont certainement commencer à construire des connaissances et des savoir-faire, sans que l'enseignant puisse être sûr qu'ils auront effectivement commencé à les construire. Ces moments sont indispensables pour que l'enfant s'approprie la situation, ou pour qu'il s'exerce sur des situations ou objets déjà rencontrés, mais qu'il aura plaisir à retrouver, ou dont il aura besoin pour conforter ou consolider ses acquis.
Pour autant, l'ambition de l'école maternelle doit aller au-delà. En demandant à l'élève de dire ce qu'il observe, ce qu'il fait, ce qu'il a fabriqué, en lui demandant de mimer une situation, en lui demandant de la dessiner, de mettre un classement par écrit, de dicter une phrase à l'adulte... on demande et on permet à l'enfant de prendre du recul par rapport à l'action, et ainsi de l'objectiver. La mise en mots, aidée par l'adulte, permet à l'enfant d'affiner le découpage conceptuel de l'expérience : le mot juste, s'il est fourni par l'adulte au moment où l'enfant en a besoin, aide à structurer la pensée : il rend compte d'une ressemblance ou d'une différence jusque-là confusément ressentie, éclaire la mise en relation des faits ou des éléments d'une situation, distingue entre l'avant et l'après, met en lumière une relation de cause à effet... Ce faisant, l'enfant peut commencer à construire, à son niveau, de véritables connaissances scientifiques et techniques.

C - Compléter et enrichir l'investigation du monde grâce à l'analyse de documents

Si les situations réelles d'exploration sont primordiales, le recours à des documents est très souvent indispensable. Ils peuvent servir à un moment ou à un autre de la démarche d'investigation, permettre un développement particulier du thème étudié, compléter l'apprentissage ou susciter une nouvelle recherche. Les albums pour les élèves qui vous sont proposés fournissent, sur les différentes parties du programme, des documents à interpréter (photographies, dessins, schémas, etc.). Grâce à eux, l'enfant apprend à rechercher une information, à comprendre des relations, à développer son langage, à utiliser un vocabulaire nouveau...
L'emploi de documents est vivement conseillé par le texte officiel du programme de l'école maternelle : *« L'enrichissement des connaissances s'appuie sur des expériences réelles mais passe aussi par la découverte de documents (imprimés ou numérisés) grâce à la médiation de l'adulte qui lit, explique, commente les textes comme les images ou les schémas. Dès son plus jeune âge, l'enfant est mis en présence d'un grand nombre d'images analogiques ou numériques, fixes (photographies, affiches, albums...) ou animées (vidéo, télévision, cinéma...). D'abord sensible aux impressions qu'elles produisent, il apprend à les percevoir aussi comme des documents. »*

D - L'organisation des activités dans la classe

Différents modes d'organisation de la classe existent et sont possibles à l'école maternelle. Ils peuvent tous être utilisés pour la mise en place d'activités scientifiques.
Les activités scientifiques et techniques, indépendamment ou non des coins, peuvent être conduites en groupe-classe ou en ateliers. C'est bien sûr cette dernière modalité qui est à privilégier pour rendre le plus possible l'enfant acteur de son apprentissage. De même, la quantité de matériel disponible, sa gestion, la sécurité imposent également un travail en petit groupe. Selon les objectifs de l'enseignant et les compétences visées pour l'élève, les ateliers seront prévus en ateliers autonomes, semi-dirigés, ou bien encadrés totalement par le professeur.
Un atelier sera sous l'égide du maître soit pour permettre à celui-ci d'observer une phase, soit pour un moment de résolution de problème. L'atelier dirigé peut être aussi un moment opportun pour une évaluation formative ou sommative.
Dans ces ateliers, planifiés dans le temps selon le projet mis en œuvre, seront alternés des moments individuels et collectifs, des moments d'action et de communication, des moments de recherche et de structuration.

1 - Les ateliers encadrés

Les élèves sont regroupés en petit nombre, en présence de l'enseignant, qui va leur proposer une activité et les guider dans sa réalisation.
Par exemple, l'enseignant peut leur proposer un projet de fabrication individuelle, tels les ronds de serviettes (voir album *« Repère-toi dans le temps et dans l'espace »* page 17). L'enseignant introduit le projet

en présentant plusieurs modèles de ronds de serviette ou en utilisant la photographie de l'album, et fait parler les élèves à partir de ces objets ou de cette photographie. De quoi s'agit-il ? À quoi cela sert-il ? Que nous faut-il pour en fabriquer ? Quelle forme de départ allez-vous choisir ? Après ce moment oral, du matériel est mis à la disposition de chaque enfant, qui réalise une première fabrication... Ces fabrications sont comparées, à l'initiative de l'enseignant : les élèves font remarques et suggestions. Puis une fabrication définitive est réalisée.
Ce mode d'organisation convient pour beaucoup d'activités : coule ou flotte, réalisation de semis, autour d'un glaçon...
Lors de ces ateliers l'enseignant organise les actions des enfants, favorise le dialogue, étaie le langage oral ou écrit... aide les enfants à justifier, à argumenter, à construire des relations entre les phénomènes observés, à conclure.
Il peut aussi mener une activité d'évaluation, le nombre restreint d'élèves permettant une meilleure observation individuelle et des échanges oraux éventuels.

2 - Les ateliers en autonomie

Le mode d'organisation est voisin du précédent. Des élèves sont rassemblés en petit nombre, autour de la même activité, ou d'un même support d'activité.
L'enseignant peut choisir d'observer ce moment d'appropriation ou d'exploration d'un nouveau support par les élèves (utilisation d'une grille d'observation des remarques, des gestes... des enfants pour une évaluation diagnostique).
Cette organisation convient pour des activités d'exploration, par exemple des premiers essais de transvasements. Dans ce cas, seul le matériel est mis à disposition des enfants, sans consigne précise.
Cette organisation convient aussi pour prolonger des ateliers encadrés, ou pour des activités d'évaluation. Citons par exemple un travail individuel de collage de dessins d'objets dans un tableau, qui permet d'organiser des résultats préalablement observés (sucré-salé, flotte-coule, attiré ou non attiré par un aimant, images à remettre dans l'ordre chronologique, etc.) ou d'évaluer des acquis.

3 - Des espaces « Sciences »

Comme il existe un coin cuisine ou un espace bibliothèque dans la salle de classe, l'enseignant peut installer un **espace « Sciences »** géré de la même façon. Les élèves s'y rendent en autonomie, et selon leur choix (il faut gérer l'effectif maximal possible) pour y mener des activités.
C'est un lieu privilégié pour réaliser des activités d'exploration, dans le cas où du matériel nouveau est introduit. Ces activités de découverte seront ultérieurement reprises pour des apprentissages spécifiques. Par exemple, dans un coin « optique » seront déposés des objets divers à manipuler tels que loupes, lunettes, jumelles, kaléidoscopes... Ces objets méconnus des enfants suscitent questionnements, explorations, manipulations. Cet espace spécifique donnera ensuite lieu à des activités expérimentales structurées menées ultérieurement en ateliers.
À l'inverse, ces espaces peuvent prendre naissance à partir d'une activité gérée collectivement ou en ateliers : les productions, les supports sont ensuite présentés dans l'espace « Sciences » pour être enrichis et suivis au cours du temps. Par exemple, une activité initiée sur la germination est le point de départ d'un coin « jardinage » destiné à poursuivre l'entretien et l'observation régulière de la croissance des plantes.
S'il paraît souhaitable qu'il y ait en permanence un tel espace dans la classe, son contenu doit évoluer au cours de l'année en fonction des activités proposées dans ce domaine aux élèves. Un bon indicateur pour savoir quand il faut soit le faire évoluer, soit le modifier complètement, est son taux de fréquentation par les enfants.
Le matériel installé dans ces espaces n'est pas obligatoirement apporté exclusivement par le maître. Les enfants peuvent participer à son enrichissement. Certains objets collectés peuvent donner lieu à des espaces de collection. Les enfants peuvent apporter des objets faisant miroir pour compléter ceux du maître, ou des emballages de médicaments, des ordonnances pour le « coin docteur ». Les objets seront exposés, éventuellement étiquetés, et seront supports d'échanges verbaux et de manipulations guidées.

4 - Des regroupements de toute la classe

Ils vont le plus souvent correspondre à des moments de présentation ou de bilan d'activité. L'enseignant peut aussi lancer une activité par l'intermédiaire d'une page d'album, d'une comptine... suivies d'un échange oral et de propositions d'ateliers.
Des bilans sont généralement dressés à l'issue des ateliers encadrés, mais il peut être intéressant de revenir sur ces bilans lors de regroupements : soit en évoquant l'activité pour faire redire les résultats obtenus dans les différents groupes d'élèves en atelier, soit en comparant des traces collectives élaborées par chacun des groupes, dictées à l'adulte. Dans chaque cas, cela permettra aux élèves de vérifier s'ils ont ou non observé la même chose, et formulé les résultats et conclusions de la même façon. Une comparaison avec les résultats notés dans l'album pourra être menée.

5 - L'initiation au travail de groupe

Les activités en atelier (encadré ou non) ne sont généralement pas des activités de groupe.
En effet, même si des interactions, des entraides sont possibles et existent entre les enfants d'un atelier, chacun mène le plus souvent son activité seul : il s'agit de travaux identiques ou voisins juxtaposés,

plutôt que d'un travail de groupe. Il est pourtant des cas où une coopération entre élèves est nécessaire pour mener à bien une activité. Par exemple, si on propose une fabrication collective, il faut se partager les tâches, le matériel et l'espace. Pour préparer une salade de fruits, cela va plus vite si plusieurs enfants coupent les fruits, rassemblés ensuite dans le même saladier. Pour préparer la guirlande (voir album « *Repère-toi dans le temps et dans l'espace* » page 21), le village (voir le même album page 55), chacun va préparer son élément, mais une coopération sera nécessaire pour l'assemblage.
Il est ainsi possible, dès l'école maternelle et dans certaines situations privilégiées, d'initier les enfants à un véritable travail de groupe.

III - Qu'est-ce que l'évaluation ?

L'évaluation fait partie de l'acte d'enseigner.
Enseigner, c'est mettre en place des situations, des activités, des dispositifs... à travers lesquels les enfants apprendront ce qu'on attend qu'ils apprennent. Les acquisitions à faire sont définies dans leurs grandes lignes par les programmes officiels de l'institution scolaire que l'enseignant est chargé d'appliquer et auxquels il se réfère constamment.
Évaluer, c'est prendre les informations nécessaires pour enseigner de manière efficace et pour vérifier que les enfants ont réellement appris ce qu'on attend d'eux.
Les apprentissages scolaires se réalisent progressivement selon des étapes choisies par l'enseignant en fonction de sa pédagogie. Mais ces étapes ne sont pas nécessairement identiques pour deux classes de même âge (elles n'ont pas le même vécu scolaire antérieur) ni pour deux populations différentes (école urbaine ou école rurale par exemple, où l'expérience venue du milieu familial et de l'environnement peut être différente dans certains domaines).
L'évaluation se situe à plusieurs niveaux : avant, pendant et après la séquence d'apprentissage envisagée.
– **Avant :** le professeur doit être au clair sur ce que savent déjà les enfants lorsqu'il met en place une situation d'apprentissage : il effectue une **évaluation diagnostique ou initiale** (« état des lieux » des connaissances et savoir-faire des enfants dans le domaine considéré).
– **Pendant :** sur cette base, il met en place la ou les séances d'apprentissage qu'il pense les plus adaptées pour permettre aux enfants d'acquérir le nouveau savoir recherché (l'**objectif**). Et en cours de séance, il s'appuie sur l'observation des enfants pour infléchir ses propres interventions **(évaluation régulatrice)**.
– **Après :** après la séance, il vérifie que les acquisitions recherchées ont bien été effectuées **(évaluation terminale)**.

A - Quels sont les moyens de l'évaluation ?

1 - L'observation du comportement des enfants

À l'école maternelle, l'évaluation se fait essentiellement par **l'observation du comportement des enfants et l'analyse de leurs réactions verbales**.
Un entretien collectif préalable à la mise en place d'une séquence d'apprentissage permet au maître de repérer les connaissances et les pseudo connaissances de ses élèves sur le sujet et met ces derniers en état d'interrogation et de désir d'apprendre.
Au cours de l'activité, l'observation permet au maître de repérer les obstacles que rencontrent ses élèves dans l'accomplissement de la tâche. Ces obstacles sont-ils de l'ordre d'un savoir-faire technique mal maîtrisé ou de l'ordre d'une incompréhension du problème posé ?
Après la séquence, l'évaluation consistera à placer les enfants devant une situation problème analogue mais différente de la situation d'apprentissage. Sont-ils capables de résoudre le problème en réutilisant l'expérience récente ? Sont-ils capables de reconnaître les similitudes entre les deux situations ?

2 - Quelques exemples pour illustrer ces principes

a) Évaluation d'un objectif de connaissance : un animal naît, grandit, devient adulte, se reproduit et meurt

• **Évaluation initiale :** que savent les enfants sur le sujet ? Au cours d'un entretien avec la classe, l'enseignant cherche à savoir si des enfants ont un animal à la maison : chien, chat, oiseaux, poissons...
Il sera sans doute étonné par la richesse des informations détenues par les uns ou les autres. Certains enfants parleront certainement de « petit » chat, de « bébé » chien, d'une chatte qui a fait des petits et peut-être de veaux ou de petits cochons...
Certains ont peut-être aussi l'expérience de la mort d'un animal.
Relativement au domaine de connaissances mentionné en objectif, l'enseignant s'aperçoit qu'il s'agira surtout de compléter les connaissances par des expériences directes, de les structurer en provoquant des comparaisons et de permettre un certain niveau de généralisation grâce au passage par la formulation verbale.

• **Mise en place d'une action pédagogique,** en fonction de l'âge des enfants, et des possibilités concrètes. Par exemple, un élevage en classe d'animaux à croissance rapide (poussins) permet d'observer chaque jour les modifications de la taille et de l'aspect des poussins. Un cahier d'observations réunit les croquis, photographies et observations diverses. Plus les enfants sont grands et plus ils participent directement à l'élaboration de ce cahier.

La verbalisation, au moment des observations avec un petit groupe, ou lors de bilans périodiques permet d'expliciter que les poussins grandissent et deviennent progressivement des poules. Ces observations sont complétées par des photographies d'autres animaux, petits et adultes qui feront l'objet de tris et de classements.

• **Évaluation régulatrice :** les enfants s'intéressent-ils aux activités proposées ? Qu'est-ce qui fait obstacle à leur investissement personnel ? Comment leur permettre de franchir les difficultés éventuelles ?

• **Évaluation terminale :** à l'occasion d'un entretien ultérieur, à propos de photographies présentant des animaux d'autres espèces, les enfants sont-ils capables, spontanément ou sur sollicitation, de faire des rapprochements avec les observations précédentes, et d'évoquer le fait que ces animaux sont d'abord « bébés » puis grandissent et deviennent adultes ? Font-ils le rapprochement avec eux-mêmes et l'espèce humaine ? Sont-ils capables de décrire certaines caractéristiques du petit qui changent à l'âge adulte (morphologie ou comportement) ?

• **Perspectives de nouveaux apprentissages :** les enfants ayant assimilé la notion de croissance de l'individu jusqu'à l'âge adulte, on peut aborder, à travers des observations ponctuelles, des élevages et l'analyse de documents, des questions qui permettent de compléter le cycle de vie : d'où vient le petit (mode de naissance, approche de la reproduction) ? Que devient l'individu (notion de mort) ?

Par exemple, un élevage de souris et un élevage de tourterelles permettront d'observer et de comparer la naissance vivipare (la femelle met bas ses petits) et la naissance ovipare (la femelle pond des œufs et les couve), et d'observer le comportement des adultes à l'égard des petits (protection, nourrissage, etc.). À chaque fois, l'enseignant provoque les comparaisons, fait rappeler les observations antérieures, l'acquis commun de l'année ou des années précédentes et organise la mise en mémoire (albums, panneaux d'affichage, etc.).

• **L'évaluation des acquis,** par le biais de l'échange verbal et/ou du classement de documents, peut déboucher sur une programmation d'école à élaborer en équipe : quels acquis viser à chaque niveau de la scolarité maternelle, par quelles activités ? Quels acquis doivent être repris et renforcés d'un niveau à l'autre ? Comment aménager et exploiter des élevages ou des plantations en commun entre plusieurs classes ?

b) Évaluation d'un autre objectif de connaissance : la glace est de l'eau solide

• **Une situation ponctuelle de départ :** en hiver, une plaque de verglas subsiste le matin à l'entrée de l'école ou sur le rebord de la fenêtre. C'est froid, c'est dur, c'est glissant. Qu'est-ce que c'est ?

• **Évaluation initiale :** au cours d'un échange verbal, l'enseignant amène les enfants à dire ce qu'ils savent ou pensent de ce phénomène. C'est de la glace. Cela ressemble aux glaçons fabriqués dans le réfrigérateur familial. Et comment fabrique-t-on les glaçons ? Suivant ce que savent les enfants, il sera nécessaire de mener une véritable expérimentation ou seulement de vérifier et expliciter la réversibilité des états, liquide et solide, de l'eau.

• **Investigation et observation :** au soleil, la plaque de verglas a disparu et laissé place à une flaque d'eau. La glace s'est transformée en eau ? De petites expériences permettent de le vérifier. Un glaçon dans une assiette posée au soleil ou sur le radiateur fond et devient de l'eau liquide. La glace est de l'eau à l'état solide. Elle devient solide quand on la place dans un froid intense (le congélateur ou le bac à glace et pas seulement le réfrigérateur). La glace devient de l'eau liquide (elle fond) quand on la chauffe.

• **Évaluation terminale :** les enfants peuvent-ils dire comment on fait des glaçons ? Peuvent-ils dire qu'un glaçon, c'est aussi de l'eau, mais « durcie » par le froid ? Sont-ils capables de faire le rapprochement avec le beurre, dur quand on le sort du réfrigérateur et qui devient mou, puis liquide quand on le fait chauffer, dans la poêle par exemple ? À noter une différence : l'eau passe directement de l'état solide à l'état liquide et inversement, alors que le beurre passe progressivement d'un état à l'autre en devenant pâteux.

c) Évaluation d'une compétence méthodologique

Quelle expérience peut-on faire pour montrer qu'en touchant un objet, on est renseigné sur sa forme, sa taille, sa consistance ?

• **L'enseignant a organisé un jeu de reconnaissance d'objets** par le seul toucher : les yeux bandés, on peut reconnaître, en les tâtant, différents objets familiers : un livre, un jouet en peluche, une gomme, un stylo... Mais on ne peut pas savoir si le stylo est rouge ou jaune. Pour renseigner sur la couleur, la vue est indispensable.

• **Évaluation :** les enfants ont-ils compris que l'expérience doit isoler le sens du toucher et en particulier rendre impossible le recours à la vue ? Sont-ils capables d'imaginer un jeu qui suit les mêmes règles mais avec un autre procédé ? Ils peuvent proposer de mettre les objets dans un sac non transparent, ou de passer les mains derrière un écran...

B - Remarques

1 - Le cahier de bord de l'enseignant

Dans bien des situations, l'enseignant fait de l'évaluation comme Monsieur Jourdain faisait de la prose. Mais il est important de bien expliciter la nature de chacune de ses interventions. En particulier, on ne saurait trop conseiller d'avoir constamment sous la main un cahier où noter les remarques, les comportements, les paroles des enfants qui se réfèrent au sujet étudié et aux objectifs recherchés, avec chaque fois que possible le nom de l'enfant concerné. Ce cahier de bord permet un suivi précis, un réajustement des interventions, des recoupements éclairants... Il permet aussi de dépasser les impressions purement subjectives et d'appuyer les discussions en équipe de cycle ou d'école sur des arguments solides.

2 - Que penser des « fiches d'évaluation » ?

Une pratique assez répandue dans certaines écoles est d'utiliser des fiches de type « écrit » pour évaluer des connaissances acquises au travers d'activités concrètes. Cette pratique, apparemment simple et commode, s'apparente aux exercices de contrôle fréquents dans la scolarité élémentaire et surtout secondaire. Mais elle est beaucoup moins adaptée à l'école maternelle où les enfants ne maîtrisent pas encore les codes de « l'écrit » au sens large. Parfois, elle pose plus de questions qu'elle n'est censée en résoudre.

Exemple : en section des petits, l'enseignant propose diverses activités en éducation physique pour que les enfants construisent ou renforcent leurs compétences dans le domaine du repérage des déplacements dans l'espace.

Dans la salle de jeux, ils ont installé un parcours avec du matériel divers et ont été invités à formuler oralement les manières possibles de franchir ou contourner les obstacles : passer **sur** ou **sous** le banc, sauter **par-dessus** le plot, tourner **à droite**, avancer en **tournant le dos à** la porte...

Le vocabulaire employé est-il assimilé, compris ? Pour le savoir, un jeu à consignes (construire un nouveau parcours en disposant le matériel d'une autre façon et proposer des règles pour le franchir, circuler en respectant la consigne imposée, telle que « mettre les deux pieds **dans le cerceau** », trouver une nouvelle consigne de déplacement comme « passer **entre le cerceau et le mur** » et faire la démonstration de la manière d'exécuter cette consigne...) sera mieux adapté et plus motivant pour des enfants de trois ans que de cocher sur une page de dessins celui qui correspond à telle ou telle position dans l'espace. La représentation par le dessin des déplacements du corps suppose en effet des repérages que le jeune enfant n'a pas encore construits. Ainsi, le haut et le bas qui sont relatifs à la verticalité du corps doivent être lus par rapport à deux côtés de la page qui se trouvent dans le même plan horizontal : le « haut » et le « bas » de la feuille posée sur une table ne sont « haut » et « bas » que par convention. Qu'évalue-t-on au juste avec une telle fiche ?

L'utilisation de tels instruments d'évaluation nécessite que les enfants aient préalablement assimilé les conventions d'écriture propres à notre culture et soient familiarisés avec l'utilisation de documents divers sur papier (photographies, dessins, schémas...).

On peut entrer dans une démarche

Un exemple : la fabrication de lunettes fantaisie pour Carnaval

A. *De la conception de l'objet à la fabrication*

CONCEPTION

① **Au départ : une proposition de l'enseignant**

Dans le cadre d'un projet pour la fête de Carnaval, l'enseignant fait plusieurs propositions de fabrications dont celle de faire des lunettes fantaisies.

② **Cahier des charges**

Des contraintes existent et doivent être prises en compte :
- les lunettes doivent tenir toutes seules ;
- les deux yeux doivent voir avec les lunettes...

③ **Réalisation d'un prototype**

- Premiers tâtonnements : mise au point des dimensions, de la forme...
- Élaboration d'une sorte de gabarit.
- Recherche de décors (observation des photographies de l'album « *Repère-toi dans le temps et dans l'espace* » p. 32).

L'enseignant aide les enfants à mettre au point le prototype.

④ **FABRICATION**

Les enfants fabriquent et décorent leurs lunettes.

⑤ **UTILISATION**

Les enfants essaient leurs lunettes et les utilisent pour Carnaval, ce qui valide leur projet.

L'enfant conçoit l'objet en définissant ou suivant un cahier des charges, puis en réalisant un prototype qui est analysé. Il fabrique ensuite l'objet définitif...

B. *Une entrée différente : les enfants n'ont pas à concevoir l'objet*

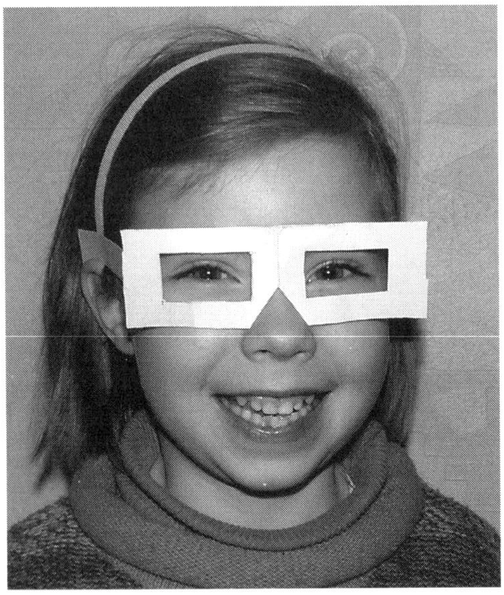

① **Au départ : une proposition de l'enseignant**

Dans le cadre d'un projet pour la fête de Carnaval, l'enseignant fait plusieurs propositions de fabrications, dont celle de faire des lunettes fantaisies.

② **Analyse de l'objet à fabriquer**

- Présentation du gabarit par l'enseignant et analyse de l'objet à fabriquer.
- Observation des photographies de l'album « Repère-toi dans le temps et dans l'espace » p. 32 : analyse des décors, propositions de décors par les enfants.

Aides apportées par l'enseignant.

③ **FABRICATION**

Les enfants fabriquent et décorent leurs lunettes.

④ **UTILISATION**

Les enfants essaient leurs lunettes et les utilisent pour Carnaval, ce qui valide leur réalisation.

L'enfant ne conçoit pas l'objet mais retrouve sa structure et la façon de la fabriquer.

de fabrication de différentes façons

Différents points de départ pour mener à bien une fabrication

■ Construire un semainier

Au départ : une proposition de l'enseignant
Dans le cadre d'un projet : construire un semainier.

↓

- L'enseignant met des semainiers fabriqués à la disposition des enfants.
- Chaque enfant analyse l'objet, le démonte éventuellement, fait l'inventaire des matériaux, des éléments préfabriqués pouvant être utilisés.
- Il recherche les actions à mener, les outils nécessaires, les étapes de la fabrication.

↓

Fabrication → **Utilisation**

■ Construire un moulinet

Au départ : une proposition de l'enseignant
Dans le cadre d'un projet : construire un moulinet.

↓

- L'enseignant demande aux enfants de regarder la photographie du moulinet à construire.
- L'enfant analyse la photographie, fait l'inventaire des matériaux, des éléments préfabriqués pouvant être utilisés.
- Il recherche les actions à mener, les outils nécessaires, les étapes de la fabrication.

↓

Fabrication → **Utilisation**

■ Fabriquer des marionnettes

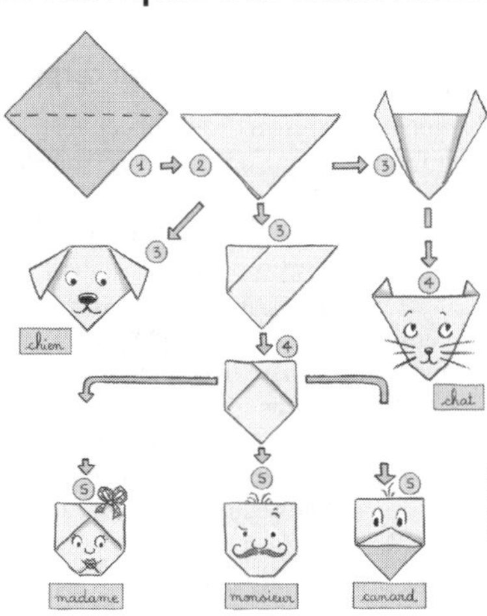

Au départ : une proposition de l'enseignant
Dans le cadre d'un projet : fabriquer des marionnettes.

↓

- L'enseignant met à la disposition des enfants une **fiche de fabrication** :
  – soit une fiche écrite présentant les étapes de fabrication avec des dessins, du texte, des photographies ;
  – soit une fiche présentant les étapes de fabrication réalisées et collées.
- L'enfant lit la fiche de fabrication, la décode avec l'aide de l'enseignant, rassemble ou reconnaît le matériel nécessaire (matériaux et outils). Il suit la chronologie indiquée sur la fiche, ou la retrouve à partir des indications fournies.

Fabrication → **Utilisation**

Extraits du programme pour l'école maternelle

(B.O.E.N., hors série, n°1 du 14 février 2002)

CINQ DOMAINES D'ACTIVITÉS POUR STRUCTURER LES APPRENTISSAGES

Pour donner à chaque enfant l'occasion d'une première expérience scolaire réussie, d'une part l'école maternelle lui permet de former sa personnalité et de conquérir son autonomie au sein d'une communauté qui n'est plus celle de sa famille, d'autre part elle l'aide à grandir et lui offre les moyens de constituer le socle des compétences nécessaires pour construire les apprentissages fondamentaux.
Le jeu est l'activité normale de l'enfant. Il conduit à une multiplicité d'expériences sensorielles, motrices, affectives, intellectuelles... Il permet l'exploration des milieux de vie, l'action dans ou sur le monde proche, l'imitation d'autrui, l'invention de gestes nouveaux, la communication dans toutes ses dimensions, verbales ou non verbales, le repli sur soi favorable à l'observation et à la réflexion, la découverte des richesses des univers imaginaires... Il est le point de départ de nombreuses situations didactiques proposées par l'enseignant. Il se prolonge vers des apprentissages qui, pour être plus structurés, n'en demeurent pas moins ludiques.
Il appartient à l'équipe des maîtres d'assurer à leurs élèves, tout au long de leur scolarité, l'exploration d'une grande variété de situations et d'univers culturels, l'usage d'outils et d'instruments diversifiés. À l'école maternelle comme dans l'école primaire tout entière, la programmation des activités collectivement élaborée est seule susceptible de garantir cette diversité, de l'ordonner et, en conséquence, de sauvegarder la richesse éducative des enseignements proposés. Dans tous les cas, l'utilisation de situations réelles (avec des objets courants, du matériel spécifique, des jeux) doit être préférée aux exercices formels proposés par écrit.
Aux côtés des jouets, des jeux, des aménagements ludiques ou des livres, les supports numérisés ont tout à fait leur place en école maternelle. L'ordinateur est, pour les petits comme pour les plus grands, un instrument fécond d'exploration du monde virtuel dès lors que l'usage en est correctement guidé par l'adulte.
L'école maternelle structure ses enseignements en cinq grands domaines d'activités. Chacun est essentiel au développement de l'enfant et constitue un socle pour ses apprentissages. Chacun participe de manière active et complémentaire à la conquête du langage et ancre son usage dans des communications authentiques, dans l'expérience et dans l'action. De même, chacun est l'occasion, pour l'enfant, d'organiser le monde dans lequel il vit, de construire les catégories qui rassemblent ou différencient les objets qui l'entourent en apprenant à tenir compte des critères qui les distinguent.

1. Le langage au cœur des apprentissages

Dans l'appropriation active du langage oral se développent des compétences décisives pour tous les apprentissages : comprendre la parole de l'autre et se faire comprendre, se construire et se protéger, agir dans le monde physique et humain, explorer les univers imaginaires... En s'ouvrant ainsi aux usages et fonctions du langage, l'enfant acquiert une langue, le français, qui lui permet non seulement de communiquer avec ceux qui l'entourent, mais aussi d'accéder à la culture dont la langue nationale est le vecteur, une langue qui lui permet d'apprendre et de comprendre le monde dans lequel il vit.
Le langage s'exerce d'abord à travers l'expérience quotidienne, mais ses fonctions plus complexes se découvrent aussi dans des situations organisées qui permettent à chacun de découvrir, de structurer des manières neuves de comprendre la parole d'autrui ou de se faire comprendre. L'accent mis à l'école maternelle sur les usages oraux du langage n'interdit pas, bien au contraire, d'accéder à de multiples visages des cultures écrites. Cela n'empêche pas non plus l'enfant de commencer à concevoir comment fonctionne le code alphabétique et comment il permet de lire ou d'écrire. C'est en effet dans l'activité orale que l'écrit est rencontré à l'école maternelle. De la qualité de ce premier et nécessaire abord dépend en grande partie l'aisance des apprentissages ultérieurs.
Profitant de la plasticité des compétences auditives du jeune enfant et de ses capacités expressives, l'école maternelle est partie prenante de l'effort du système éducatif en faveur des langues étrangères ou régionales. Elle conduit les enfants à devenir familiers des sons caractérisant d'autres langues, elle leur fait rencontrer d'autres rythmes prosodiques, d'autres phénomènes linguistiques et culturels. Elle utilise à ce propos la multiplicité des langues parlées sur le territoire national et, plus particulièrement, celles qui sont les langues maternelles de certains de ses élèves. Dès la grande section, elle met les enfants en situation de commencer à apprendre une nouvelle langue.

2. Vivre ensemble

Lorsqu'il arrive à l'école maternelle, l'enfant a souvent été le sujet privilégié d'attentions centrées sur sa personne. Il s'affronte maintenant à un monde nouveau dans lequel d'autres enfants réclament les mêmes soins, un monde dans lequel les adultes sont tout à la fois attentifs à ses attitudes ou ses actions et distants face aux exigences qu'il manifeste. Un parmi d'autres, il doit apprendre à vivre avec des enfants qui ont autant de difficultés que lui à trouver les repères leur permettant de comprendre les comportements des adultes, particulièrement lorsqu'ils manifestent leur autorité ou, au contraire, les laissent libres de leurs actes.
C'est dans cet univers nouveau et contraignant que chaque enfant doit apprendre à éprouver sa liberté d'agir et à construire des relations nouvelles avec ses camarades comme avec les adultes. Il forge ainsi les points d'appui d'une personnalité qui, à cet âge, ne cesse de se chercher. Il découvre qu'on peut apprendre non seulement à vivre avec d'autres, mais aussi à échanger et coopérer avec eux, tout en construisant sa place au sein de la collectivité de la classe ou, même, de l'école.
Le passage d'une communication centrée sur des attitudes ou des comportements quelquefois agressifs ou, au contraire, résignés, à une communication inscrite dans un usage aisé du dialogue est certainement un des objectifs importants du domaine d'activités « Vivre ensemble ». La vie de la classe permet de créer toutes les occasions de faciliter le développement de compétences de communication verbale.

3. Agir et s'exprimer avec son corps

L'action motrice est, à l'école maternelle, un support important de construction des apprentissages. C'est à cette période de l'enfance que s'élabore le répertoire moteur de base composé d'actions fondamentales : des déplacements (marcher, courir, sauter...), des équilibres (se tenir sur un pied...), des manipulations (saisir, tirer, pousser...), des lancers, des réceptions d'objets...
L'école doit offrir à l'enfant l'occasion d'élargir le champ de ses expériences dans des milieux et des espaces qui l'aident à mieux se connaître et à développer ses capacités physiques, qui l'incitent à ajuster et diversifier ses actions, qui lui offrent une palette de sensations et d'émotions variées, lui procurent le plaisir d'évoluer et de jouer au sein d'un groupe.

C'est dans cette perspective qu'il est amené à explorer et à se déplacer dans des espaces pensés et aménagés par l'enseignant, à agir face aux obstacles rencontrés en comprenant progressivement ce qu'est prendre un risque calculé, à réaliser une performance que l'on peut mesurer, à manipuler des objets pour s'en approprier ou en inventer des usages. Il apprend aussi à partager avec ses camarades des moments de jeux collectifs, de jeux dansés et chantés. Toutes ces compétences sont construites à travers la pratique d'activités physiques qui contribuent à orienter les efforts des enfants et à leur donner sens : « sauter le plus loin possible » (activités athlétiques) est différent de « sauter d'un engin pour retomber sur ses pieds » (activités gymniques).
Ces expériences l'amènent à exprimer et à communiquer les impressions et les émotions ressenties.

4. Découvrir le monde

L'école maternelle permet à l'enfant d'exercer sa curiosité en découvrant, au-delà de l'expérience immédiate, quelques-uns des phénomènes qui caractérisent la vie, la matière ou encore les objets fabriqués par l'homme. Les activités proposées dans cette perspective lui donnent des repères pour ordonner les événements dans le temps qui passe et structurer les espaces qu'il explore. En lui permettant de distinguer le monde physique et le monde vivant, elles lui offrent l'occasion de mieux connaître les besoins de son corps et de structurer ses actions dans l'univers qui est le sien.
Dans ces situations, grâce à des expériences faciles à mettre en œuvre, l'enfant apprend à formuler des interrogations plus rationnelles, à anticiper des situations, à prévoir des conséquences, à observer les effets de ses actes, à construire des relations entre les phénomènes observés, à identifier des caractéristiques susceptibles d'être catégorisées. Il s'essaie à raisonner. Bref, il expérimente les instruments du travail intellectuel qui permettent de décrire la réalité, de la quantifier, de la classer ou de la mettre en ordre, en un mot de la comprendre.
En même temps qu'il découvre avec d'autres yeux le monde qui l'entoure, l'enfant continue à apprendre à parler, à nommer avec précision les objets et leurs qualités, les actions et leurs caractéristiques. Il prend conscience des usages plus contraints du langage. Il découvre aussi que le dessin peut représenter avec précision ce qu'il a observé et rendre partageables les informations dont il dispose.

5. La sensibilité, l'imagination, la création

Chez le jeune enfant, la sensibilité et la compréhension, l'imagination et l'intelligence rationnelle restent encore intimement liées. Elles ne se distinguent que progressivement. À l'âge où l'intelligence sensible joue un rôle central, les activités de création et les pratiques artistiques doivent être particulièrement développées. Elles ne sont pas seulement des moyens d'expression et de découverte, elles ouvrent des voies pour s'approprier les connaissances, explorer de nouveaux rapports avec les autres et avec le monde.
L'école maternelle encourage et développe les langages d'expression qui mobilisent le corps, le regard et le geste. L'enseignant installe les conditions propices à des expériences à la fois ludiques et fonctionnelles et à des réalisations concrètes. L'enfant doit pouvoir chercher, inventer, transformer, exprimer, éprouver le plaisir de la création. Dans les réalisations, une part importante est laissée à la spontanéité et à l'imagination. Les échanges oraux autour des démarches et réalisations, qui sont valorisées, permettent la mise en mot de l'expérience et aident à établir les relations entre les sensations éprouvées et les effets produits.
Pour aider l'enfant à progresser dans son expression et à préciser ses intentions, l'école maternelle doit aussi lui proposer des situations qui le conduisent progressivement à l'acquisition de savoir-faire. Il peut ainsi découvrir et s'approprier de nouvelles manières de procéder, des moyens techniques qui élargissent sa manière personnelle de faire. Il peut réinvestir les techniques qu'il met au service de ses tentatives et de son projet. En construisant des réponses diversifiées, il apprend à affiner son regard et son jugement.
L'école maternelle offre un milieu ouvert à des démarches artistiques et à des références culturelles. Elles ne sont pas données comme modèles à atteindre ou à admirer. Elles permettent l'ouverture à des sensibilités différentes et posent les bases d'une culture commune. Guidé par le maître, l'enfant découvre les liens entre les inventions des artistes et les propositions des élèves.
Grâce à des actions spécifiques organisées dans le cadre du projet d'école, éventuellement soutenues par des projets artistiques et culturels (PAC), les enfants sont amenés à explorer des univers artistiques variés, notamment ceux du théâtre ou de la danse.

6. Compétences transversales

Les activités qui concourent à l'acquisition de compétences spécifiques à chacun des domaines permettent également de développer des compétences transversales : attitudes face aux apprentissages, méthodes. La curiosité et l'envie de connaître, l'affirmation de soi, le respect des autres, l'autonomie sont autant de comportements qui sont sans cesse encouragés. L'attention, la patience, la concentration doivent régulièrement sous-tendre l'observation comme l'action. En s'habituant à mettre en jeu son activité de manière ordonnée (participation à l'élaboration du projet, aux tâches suggérées, à la réflexion sur l'action et son résultat ; repérage des informations pertinentes, organisation des données ; mémorisation des étapes de la séquence et des résultats obtenus...), l'enfant se dote d'une première méthodologie de l'apprentissage.

DÉCOUVRIR LE MONDE

Objectifs

À l'école maternelle, l'enfant prend conscience que son expérience immédiate n'épuise pas le champ auquel s'applique sa curiosité. Il découvre la richesse du monde qui l'entoure, les objets comme les êtres vivants.
En jouant, en poussant toujours plus avant ses expériences et ses tâtonnements, l'enfant se constitue un premier capital de connaissances. Il manipule, il observe, il cherche comment utiliser un objet, un instrument. Il s'interroge. Il identifie des réalités, les représente et les nomme. Il distingue les qualités des objets ou des collections d'objets qu'il compare, classe, range, dénombre. Il apprend à conduire ses actions, à en prévoir les résultats, à anticiper les événements et à les expliquer. Il raconte ses expériences, verbalise ses actions, écoute l'enseignant lorsqu'il les commente et dialogue avec lui à leur propos. Il obtient les premières réponses aux nombreuses questions qu'il se pose et devient peu à peu capable de formuler des interrogations plus rationnelles. Il commence ainsi à se confronter aux contraintes de la pensée logique, apprend à utiliser des repères spatiaux et temporels pour structurer ses observations et son expérience, constate qu'on peut relier la cause et l'effet. L'enseignant lui montre qu'il est possible de décentrer son point de vue et il l'aide à se forger un début de pensée rationnelle.
L'école maternelle suscite ainsi toutes les occasions d'une découverte active du monde et en sollicite des représentations. L'enrichissement des connaissances s'appuie sur des expériences vécues mais passe aussi par la découverte de documents (imprimés ou numérisés) grâce à la médiation de l'adulte qui lit, explique, commente les textes comme les images ou les schémas. Dès son plus jeune âge, l'enfant est mis en présence d'un grand nombre d'images, analogiques ou numériques, fixes (photographies, affiches, albums...) ou animées (vidéo, télévision, cinéma...). D'abord sensible aux impressions qu'elles produisent, il apprend à les percevoir aussi comme des documents.
Il dessine, produit, utilise diverses représentations de ses expériences, ainsi que des désignations symboliques. Il élabore des textes qui rendent compte de son activité (dictées à l'adulte). À mesure que ses représentations s'affinent, il utilise un lexique plus précis et acquiert une syntaxe plus

complexe mieux adaptée à la description des relations spatiales, temporelles, de causalité, et au cheminement du raisonnement.
Ainsi, l'enfant apprend, à se représenter le monde et à construire des connaissances. Comme dans les autres cycles de l'école, la démarche s'articule autour d'un questionnement guidé par le maître et conduit à des investigations menées par les élèves.
Issue d'un questionnement provenant le plus souvent de l'activité des enfants, l'investigation menée en maternelle n'est pas conduite uniquement pour elle-même : elle débouche sur des savoir-faire et des connaissances. Même très élémentaires, ces derniers constituent un progrès important pour l'élève.

Programme

C'est à l'occasion d'activités globales et, bien entendu, non disciplinaires que l'enseignant guide les enfants dans l'exploration des thèmes décrits ci-dessous. Les rubriques ont été sériées dans le seul but de faciliter la lecture.

1. Découverte sensorielle

Pour qu'il puisse établir des connaissances, il importe d'abord de guider l'enfant vers une toute première analyse de son environnement fondée sur la mise en ordre des perceptions qu'il en reçoit. C'est par l'usage de ses sens que l'enfant reconnaît les objets et les événements qu'il perçoit. L'aider à mieux découvrir le monde, c'est donc enrichir et développer ses aptitudes sensorielles, lui permettre de s'en servir pour distinguer des réalités différentes, les classer ou les ordonner, les décrire grâce au langage. Dans cette perspective, on lui propose des situations mettant en jeu :
– l'exploration des qualités tactiles : rugueux, lisse, doux, piquant, chaud, froid, etc. ;
– l'exploration tactile des formes et des surfaces, y compris en fermant les yeux ;
– l'exploration des caractéristiques gustatives et olfactives : textures, odeurs, saveurs, etc. ;
– la reconnaissance des éléments du monde sonore, leur reproduction ;
– l'exploration des caractéristiques visuelles des objets : couleurs, intensités, oppositions brillant/terne, clair/sombre.
L'observation des effets de la lumière (jeux de lumière et d'ombres, de miroirs), la déformation de la vision avec des instruments d'optique simples (loupes, lunettes, verres de couleur, tubes...) permettent à l'enfant de percevoir autrement les objets qui l'entourent.

2. Exploration du monde de la matière

Une première appréhension intuitive du concept de matière peut être sous-tendue par la distinction entre les objets et les substances dont ils sont constitués, elles-mêmes caractérisées par leurs propriétés.
En agissant sur la matière, l'enfant élabore des représentations. Il peut ainsi s'exercer à modeler, tailler, couper, morceler, mélanger, assembler, fixer, transporter, transvaser, transformer en agissant sur des matériaux nombreux et variés.
Grâce à ces actions, il complète son expérience du monde en découvrant quelques propriétés de matières usuelles comme le bois, la terre, la pierre, le sable, le papier, le carton, le tissu... Il repère des réalités moins visibles comme le vent et ainsi prend conscience de l'existence de l'air.
En rapprochant l'eau du robinet, la pluie, la neige, la glace, il élabore un premier niveau, très modeste, d'abstraction et comprend que ces diverses réalités renvoient à une même substance : l'eau. Il compare des mélanges : sirops, peintures.
Cette exploration conduit à des dialogues avec l'enseignant qui permettent de repérer, classer, sérier, désigner les matières, les objets et leurs qualités.

3. Découvrir le monde vivant

Les différents aspects de la découverte du vivant ne peuvent être abordés qu'à partir de mises en situation et d'observation du réel qui répondent à la curiosité des enfants. En maternelle, l'important est qu'ils repèrent et nomment ce qu'ils observent. L'essentiel est de prendre conscience de la diversité du monde vivant et des différents milieux tout en identifiant quelques-unes des caractéristiques communes aux végétaux, aux animaux et à l'enfant lui-même.

3.1. Observation des caractéristiques du vivant

Les jeunes enfants ont des rapports privilégiés avec les animaux. Ainsi, ils découvrent rapidement certaines caractéristiques de la vie : un animal naît, grandit, se reproduit et meurt.
L'observation et la description de la nature, associées à la désignation des plantes et des animaux, sont l'occasion d'aborder les grandes fonctions du vivant : croissance, nutrition, reproduction, locomotion (pour les animaux).
L'organisation, l'entretien et l'observation d'élevages et de cultures constituent un support privilégié de verbalisation et de dialogue, y compris pour les plus jeunes et les plus timides. L'enregistrement écrit des observations (dictée à l'adulte) donne les moyens de mémoriser des connaissances, de structurer les relations spatiales et temporelles, de rendre compte de liens de causalité. Toutes ces expériences sont le support de débats, de tentatives de représentations (par le dessin, la photographie), elles-mêmes à nouveau objets de discussion. C'est au cours de ces échanges avec l'adulte que se construisent un questionnement ordonné, des représentations claires et, finalement, des connaissances.

3.2. Découverte de différents milieux, sensibilisation aux problèmes de l'environnement

Ce n'est que lorsque le milieu proche a été exploré et reconnu qu'il devient possible d'aller à la rencontre de réalités plus complexes. On conduira donc les enfants de la découverte et l'observation de l'environnement proche (la classe, l'école, le quartier...) à celles d'espaces moins familiers (espaces verts, terrains vagues, forêt, étangs, haies, parcs animaliers, campagne, mer, montagne, ville...). La caractérisation de ces différents lieux par leur position (en particulier leur altitude) est possible avec les plus grands. L'observation des constructions humaines (maisons, commerces, monuments, routes, ponts...) suppose le même cheminement.
Pour les plus grands, une première approche du paysage comme milieu marqué par l'activité humaine devient possible. On peut comparer, à l'occasion d'une promenade, les paysages rencontrés et leurs représentations photographiques.
Toutes ces situations sont l'occasion d'une initiation concrète à une attitude responsable : respect des lieux, de la vie, entretien des plantations et du jardin scolaire, soins aux animaux, impact de certains comportements sur l'environnement de la classe (lutte contre le gaspillage, tri des déchets pour recyclage, repérage des nuisances). Elles constituent des situations de questionnement sur le monde et sont autant d'occasions de recherche d'informations (grâce à la médiation du maître) dans des documents photographiques imprimés ou numérisés, dans des documentaires, sur des sites internet.

3.3. Découverte du corps et sensibilisation aux problèmes d'hygiène et de santé

La découverte de son corps dans sa globalité et dans ses différentes parties, leur désignation sont source d'intérêt pour le jeune enfant. Chaque jour et de manière très concrète, dans le respect des habitudes culturelles de chacun, on apprend à satisfaire aux règles élémentaires d'hygiène :
– du corps : lavage des mains ;
– des locaux : remise en ordre, maintien de la propreté ;
– de l'alimentation : régularité des repas, composition des menus.
Une information sur l'enfance maltraitée est effectuée chaque année. Une sensibilisation aux questions d'hygiène et de santé permet aux enfants de comprendre la nécessité de respecter l'intimité de chacun, l'intégrité de son corps et de celui des autres.

4. Découvrir le monde des objets, éducation à la sécurité

Les actions sur les objets guidées par le maître ne se réduisent pas à des activités purement manuelles. Elles sollicitent la réflexion de l'enfant et le conduisent à une première appréhension de ce que sont un système et les éléments qui le composent.
L'utilisation d'objets techniques variés dans des situations fonctionnelles (vie de l'école, alimentation et cuisine, communication, jeux...) conduit d'abord à la découverte de leurs usages et au développement de l'habileté de l'utilisateur. Ces situations permettent aussi de tenter de répondre à des questions simples : à quoi servent ces objets ? comment les utiliser ? d'où viennent-ils ? Quelquefois, l'enfant ne peut que mimer ce

qu'il ne parvient pas encore à dire. L'enseignant le conduit à préciser ses gestes, à trouver les mots qui les accompagnent, à dire enfin ou à représenter ce qu'il a compris. L'ambition de ces activités est limitée. L'enfant prend conscience de l'usage de l'objet, de ses différentes parties. Il constate qu'il fonctionne ou non (une analyse méthodique du fonctionnement et des principales pannes est réservée à l'école élémentaire).
La fabrication d'objets contribue tout aussi fortement à cette première découverte du monde technique. La séquence préparée par l'enseignant permet d'articuler projet de réalisation, choix des outils et des matériaux adaptés au projet, actions techniques spécifiques (plier, couper, coller, assembler, actionner...), organisation de l'atelier de fabrication.
On peut ainsi explorer :
– des montages et des démontages (jeux de construction, maquettes...) ;
– des appareils alimentés par des piles comme lampes de poche, jouets, magnétophones, etc. (pour d'évidentes raisons de sécurité, on prend soin de montrer aux enfants comment les distinguer de ceux qui sont alimentés par le secteur) ;
– des objets programmables.
La prise de conscience des risques occupe une place importante dans ce domaine d'activités :
– risques de la rue ou de la route (piétons et véhicules) ;
– risques de l'environnement familier proche (objets dangereux et produits toxiques) ou plus lointain (risques majeurs).

5. Repérages dans l'espace

Se repérer dans différents espaces, s'y déplacer avec ou sans contraintes, représenter des objets localisés, coder un déplacement, utiliser les marques spatiales du langage sont des compétences qui s'acquièrent tout au long de l'école maternelle. Il ne s'agit pas seulement d'apprendre à se situer dans l'espace ordinaire. Se retrouver dans un texte, dans un document, organiser les objets d'une collection pour en maîtriser la quantité, s'assurer qu'aucun n'a été enlevé ou ajouté ou que tous ont été comptés sont autant de savoir-faire qui doivent être construits...
Les situations proposées, les problèmes à résoudre doivent, en particulier, donner à l'enfant la possibilité d'échapper à l'usage exclusif de son propre point de vue et le conduire à pouvoir adopter celui d'autrui. Ce n'est que lorsqu'il est particulièrement à l'aise dans la structuration du monde qui l'entoure et qu'il commence à pouvoir l'expliciter verbalement qu'il lui devient possible de prendre vraiment conscience de la relativité de sa position. Toutefois, il est rare que cela soit achevé dans le temps de l'école maternelle.
Pour le jeune enfant, la possibilité de situer des objets dans l'espace commence par la construction de l'image orientée de son propre corps. Il organise l'univers dans lequel il évolue en distinguant ce qui est devant ou derrière lui, ce qui est au-dessus ou au-dessous de lui, plus difficilement ce qui est à sa droite ou à sa gauche. Il complète ces repérages en opposant ce qui est loin à ce qui est près et en introduisant des descriptions dynamiques pour caractériser ce qui se rapproche de lui ou au contraire s'en éloigne, pour signifier qu'il a atteint le lieu vers lequel il se déplaçait ou qu'il a quitté celui dont il vient... La construction de l'espace propre suppose une manipulation aisée du langage qui permet d'y situer les objets et les personnes ainsi que leurs déplacements (voir « Le langage au cœur des apprentissages »).
La représentation des relations spatiales reste difficile tout au long de l'école maternelle. Elle suppose en effet que l'enfant accepte une autre contrainte, celle de l'orientation de l'espace graphique. Les maquettes sont une étape importante qui précède le dessin. Il convient de multiplier les occasions de jouer avec des représentations (en se souvenant que la production d'une représentation est, dans ce cas, plus aisée que sa lecture) sans pour autant exiger des résultats pérennes.
Les activités mettant en jeu l'espace à l'école maternelle concernent également l'approche du sculpteur ou du plasticien (représentation des volumes et de leurs positions, installations), celle du peintre (représentation de la profondeur par la taille relative des objets, par l'usage des contrastes de couleur...), celle du photographe (cadrage), celle de l'écrivain (description d'espaces réalistes ou imaginaires). Elles sont autant de registres qui peuvent être explorés en liaison avec les domaines d'activités correspondants. Il en est de même pour la découverte, essentiellement par le biais de la littérature de jeunesse, de territoires lointains et inconnus.

6. Le temps qui passe

Le temps du tout-petit est un temps cyclique, caractérisé par le retour régulier d'événements attendus, et l'on sait qu'une rupture dans ces rythmes perturbe immédiatement le jeune enfant. À l'école maternelle, il apprend à maîtriser les cycles de la vie quotidienne en les anticipant ou, au contraire, en se les remémorant. Il apprend les mots qui les désignent et qui peuvent être différents de ceux qu'on utilise dans son milieu familial. Progressivement, il sépare les événements des moments où ils se produisent et parvient à ordonner des activités très différentes les unes des autres, en fonction du moment où elles ont eu lieu.
Cette organisation temporelle de son activité se structure à partir du temps propre, celui de son énonciation, qui pose le « maintenant » et distingue par rapport à cette origine « l'avant » et « l'après » (voir dans le domaine « Le langage au cœur des apprentissages », (§3.2). Le présent prend de la consistance lorsqu'il peut devenir un « aujourd'hui » qui permet de distinguer « hier » de « demain ». L'enfant entre par là dans une première appréciation des durées sociales conçues d'abord comme ce qui sépare deux événements attendus (« le jour » est ce qui sépare deux moments où il faut aller dormir, « le matin » ce qui va du lever au déjeuner, « l'après-midi » ce qui va du déjeuner à « l'heure des mamans »...).
Progressivement, l'enseignant lui permet d'installer ces moments dans les jalons chronologiques du temps social (succession des moments de la journée, succession des jours de la semaine ou du mois, succession des mois de l'année). Il conduit l'enfant à relier entre eux les différents systèmes de repérage : moments de la journée et heures (une horloge permet, même avec les tout-petits, d'objectiver les durées et les repères sans cesse utilisés par l'adulte), jours de la semaine et alternance des activités scolaires (le calendrier joue ici le même rôle que l'horloge), mois et saisons, mois et vacances...
À l'occasion de chaque activité scolaire, il est important de bien marquer les scansions séparant deux moments identifiés, en les reliant aux systèmes d'organisation du temps propres à la communauté scolaire (emplois du temps, programmation) et à ceux qui sont en usage dans notre société (heure, date...). Il en est de même pour le temps qui passe. Chaque enfant doit progressivement pouvoir articuler son appréciation subjective des durées (long/court souvent référé à ennuyeux/agréable) avec des repères partageables par la collectivité (durées caractéristiques des rythmes scolaires : demi-matinée, récréation, sieste, lecture d'une histoire), puis durées mesurées par l'horloge.
On comprend l'importance de l'organisation régulière de l'emploi du temps et des rituels qui marquent les passages d'un moment à l'autre.
L'utilisation des instruments de repérage chronologique (calendriers) et de mesure des durées (sabliers, clepsydres, horloges...) est un moyen sûr pour conduire les enfants à une meilleure appréciation du temps. Leur usage régulier (rituels) est nécessaire dès la première année d'école maternelle.
D'une manière générale, il est important de considérer que la structuration du temps et celle de l'espace sont indissociables. Une part importante du sentiment de la distance, par exemple, est liée à la représentation du temps nécessaire pour aller d'un point à un autre et suppose donc que la vitesse soit prise en compte. Pour l'enfant, ces phénomènes fonctionnent longtemps comme des obstacles à une appréhension claire des réalités. Ils font partie des représentations spontanées qui doivent être questionnées en attendant d'être élucidées.
À l'école maternelle, la structuration progressive de la temporalité doit être nourrie par le récit d'événements du passé (ou par le témoignage), mais aussi par la découverte d'objets ou de réalités du passé (patrimoine). Les enfants ont encore de grandes difficultés à distinguer passé proche et passé lointain. L'essentiel reste, en l'occurrence, de leur offrir la possibilité de se donner des représentations de ce qui n'est plus et de commencer à leur permettre de prendre conscience de la différence entre événement passé et événement imaginaire. Ces éléments d'une culture transmise par la voix du maître, par le livre comme par les divers types de médias, seront organisés et structurés à l'école élémentaire.

Découvre comment

L'album de l'élève

Sommaire

fonctionne ton corps

Le guide de l'enseignant

Sommaire

Découverte sensorielle

Découverte du corps

Comment connais-tu le monde ?

C'est par l'usage de nos cinq sens que nous connaissons le monde qui nous entoure. Grâce à nos yeux, nous voyons l'environnement où nous sommes, les personnes à qui nous parlons... Grâce à nos oreilles, nous entendons ce que dit notre interlocuteur ; nous entendons qu'une voiture arrive et qu'il faut vite monter sur le trottoir. Grâce à la peau de nos mains, nous percevons qu'un objet est trop chaud et qu'il ne faut pas le prendre...
Privés de l'usage de nos sens (il existe hélas la cécité, la surdité totale...), il est impossible d'entrer en relation avec l'environnement (le monde des objets, les personnes qui nous entourent...) et la vie devient difficile.
Les pages qui suivent ont pour objet de souligner l'importance des organes des sens dans notre vie et de comprendre pourquoi les textes officiels accordent une place de choix aux activités que l'on peut faire sur les « découvertes sensorielles ».
C'est par le jeu que vous ferez découvrir le rôle des différents sens. Par exemple, c'est en jouant à colin-maillard que les enfants prendront conscience non seulement de l'importance de la vue, mais aussi de celle de l'audition, du toucher, de l'odorat... et dégageront, avec votre aide, des notions fondamentales. Il suffit, par exemple, de fermer les yeux pendant une minute et d'écouter attentivement pour se rendre compte que nos oreilles nous apportent de très nombreuses informations sur le monde qui nous entoure (une mobylette passe dans la rue, il commence à pleuvoir...). Il n'est évidemment pas question d'étudier l'organisation de l'oreille pour comprendre ce qu'est l'audition.

Informations pédagogiques pour l'enseignant

A. Le programme officiel

1 Activités proposées

« Pour qu'il puisse établir des connaissances, il importe d'abord de guider l'enfant vers une toute première analyse de son environnement fondée sur la mise en ordre des perceptions qu'il reçoit. C'est par l'usage de ses sens que l'enfant reconnaît les objets et les événements qu'il perçoit. L'aider à mieux découvrir le monde, c'est donc enrichir et développer ses aptitudes sensorielles, lui permettre de s'en servir pour des réalités différentes, les classer ou les ordonner, les décrire grâce au langage. Dans cette perspective, on lui propose des situations mettant en jeu :
– l'exploration des qualités tactiles : rugueux, lisse, doux, piquant, chaud, froid, etc. ;
– l'exploration tactile des formes et des surfaces, y compris en fermant les yeux ;
– l'exploration des caractéristiques gustatives et olfactives : textures, odeurs, saveurs, etc. ;
– la reconnaissance des éléments du monde sonore, leur reproduction ;
– l'exploration des caractéristiques visuelles des objets : couleurs, intensités, opposition brillant/terne, clair/sombre.
L'observation des effets de la lumière (jeux de lumière et d'ombres, de miroirs), la déformation de la vision avec des instruments d'optique simples (loupes, lunettes, verres de couleur, tubes...) permettent à l'enfant de percevoir autrement les objets qui l'entourent. »

❷ Compétences dans le domaine sensoriel

« Être capable de :
– décrire, comparer et classer des perceptions élémentaires (tactiles, gustatives, olfactives, auditives et visuelles) ;
– associer à des perceptions déterminées les organes des sens qui correspondent. »

B. Les connaissances scientifiques visées

Chaque séquence de classe se déroule sous forme de jeu et, pourtant, elle a des objectifs précis dans le domaine des compétences et dans celui des connaissances développées.
Insistons sur un point : les activités de découvertes sensorielles (qui intéressent beaucoup les enfants) débouchent sur des acquis très importants, mais ne doivent surtout pas dépasser les limites de simples constatations. L'explication des phénomènes constatés sera faite plus tard, au cours de la scolarité secondaire. Vous trouverez la formulation précise des connaissances visées dans l'album des élèves.

▸ L'album pour les enfants

Découvre comment fonctionne ton corps ◂

Les documents proposés n'ont pas pour objet de remplacer les observations ou les expériences simples sur les découvertes sensorielles. Vivre de façon concrète les situations présentées sous forme de photographies dans l'album destiné aux enfants est absolument nécessaire. Alors, à quoi sert l'album ?
D'une façon générale, les enfants d'école maternelle doivent parler de ce qu'ils ont fait et, avec l'aide de l'enseignant, dégager la notion importante visée par l'activité que l'on vient de vivre. Avec l'album, l'enseignant dispose d'un moyen de faire parler les enfants quelques jours après la séance de découverte.

• **Exemple n° 1 :** « Que font les enfants sur la photographie **3** de la page 6 ? »
Si les enfants ont vécu une activité analogue, ils vont parler de ce qu'ils ont fait quelques jours plus tôt : « On avait retiré nos chaussons et nos chaussettes » ; « On était nu-pieds » ; « Il y avait des tapis très doux et d'autres qui faisaient mal aux pieds » ; « Ça grattait » ; « C'était rugueux »…
Si les enfants ne disent pas que l'enfant pieds nus a les yeux bandés, l'enseignant doit intervenir dans la discussion : « Regardez ce que la petite fille, qui est pieds nus, a sur les yeux » ; « Elle a un foulard sur les yeux » ; « Elle ne voyait rien » ; « Est-ce important de ne rien voir ? » demande l'enseignante.
Les enfants hésitent à répondre. Mais c'est un point important de l'expérimentation : si l'enfant voit sur quel tapis il a posé ses pieds, il peut répondre aux questions de la classe sans que l'information soit le résultat de la sensibilité tactile. Il est intéressant aussi de rappeler que, lorsqu'un deuxième enfant se mettra pieds nus pour monter sur les tapis, on devra lui bander les yeux et changer la place des tapis.
Toute cette discussion est capitale. Elle permet de dégager non seulement une connaissance scientifique (la peau de la plante des pieds est sensible et fournit des informations sur ce qu'elle touche), mais également des points essentiels d'une démarche expérimentale.

• **Exemple n° 2 :** Quand, dans une classe, les albums sont à la disposition des enfants, constamment présents dans le « coin scientifique », il arrive qu'un enfant, séduit par une photographie, pose des questions à l'enseignant et demande « Nous aussi on pourrait le construire ? ». C'est le cas de certaines photographies telles que celle de la page 13. Les photographies peuvent donc être une motivation ; elles peuvent aussi apporter des informations sur une fabrication.

Comment connais-tu le monde ?

pages 4 et 5

Ces deux pages présentent les cinq sens qui nous permettent de connaître le monde. On peut les utiliser en synthèse après l'exploration des caractéristiques auditives, olfactives, visuelles, etc., proposée dans les pages suivantes (le monde des sons, etc.).
On peut aussi les utiliser en « introduction », compte tenu de la simplicité des notions visées.

1. Connaissances visées

Les exercices que vous proposerez aux enfants permettront de viser les notions suivantes :
– l'homme a cinq sens : la vue, l'ouïe, l'odorat, le goût, le toucher ;
– à chaque sens correspond un organe précis (œil, oreille, nez, langue, peau) ;
– les organes des sens nous permettent de connaître le monde qui nous entoure.

2. Compétences

– Établir des relations.
– Comprendre comment nous sommes informés sur le monde environnant.
– Faire des choix et les expliquer.

3. Activités possibles sur l'album

Laissez les enfants regarder seuls les pages 4 et 5 de l'album, en discuter entre eux, puis donnez-leur la parole pour faire part de leurs remarques au groupe.

a. Les cinq sens

Que représentent les photographies ? Que se passe-t-il si tu fermes les yeux ? Si tu te bouches les oreilles ? Si tu pinces ton nez ?... Ces organes indispensables à la vue, à l'odorat... sont appelés organes des sens.

b. À quel organe des sens chaque dessin de la page 4 te fait-il penser ?

On peut se contenter de citer un seul organe des sens ou plusieurs. Par exemple, le pot de confiture « je le vois », mais je peux aussi en l'ouvrant « le sentir », et également « goûter » la confiture.
L'activité permet de constater que les yeux servent dans tous les cas.

c. Comment les reconnais-tu ?

Pour reconnaître les objets ou les situations présentés sur les images, on peut utiliser un seul ou plusieurs organes des sens. Les enfants doivent formuler pour chacune des images une phrase du type « Je vois la lune, mais je ne peux ni la toucher, ni la sentir, ni l'entendre, ni la goûter... ».

Informations scientifiques pour l'enseignant

1 Pour s'y retrouver dans le vocabulaire

• L'homme a cinq sens : la vue, l'ouïe, l'odorat, le goût, le toucher.
La vue est l'un des cinq sens grâce auquel sont perçus la **lumière**, les **couleurs**, la **forme** et le **relief** des objets.
L'ouïe est le sens par lequel sont perçus les **sons**.
L'odorat est le sens qui permet la perception des **odeurs**.
Le goût est l'un des cinq sens par lequel on perçoit les **saveurs**.
Le toucher est le sens grâce auquel on perçoit la **présence** des objets, la **pression**, la **température** (le froid, la chaleur), les **sensations douloureuses**.

• À chaque sens correspond un organe précis appelé **organe des sens** : l'œil, l'oreille, le nez, la langue, la peau.
Remarque : Les quatre premiers organes sont bien délimités. La peau ne désigne pas un organe précis ; ce n'est pas seulement la peau des mains ; c'est celle de tout le corps.

• À chacun des cinq sens correspond une fonction : la vision, l'audition, l'olfaction, la gustation, la sensibilité tactile.
La vision est la fonction qui permet à la vue de s'exercer, l'olfaction est la fonction qui permet à l'odorat de s'exercer, etc.

2 On voit avec son cerveau

Si un enfant ferme ses yeux, il ne voit plus rien ; s'il se bouche les oreilles, il n'entend plus... Ceci amène les enfants de l'école maternelle à associer chaque sens à un organe des sens. En réalité, et les enfants l'apprendront plus tard (au collège puis au lycée), la vision fait intervenir non seulement un organe des sens précis, mais également le cerveau relié par un nerf à cet organe des sens ***(fig. 1)***.
Voir un objet (un crayon par exemple), ce n'est pas seulement pouvoir dire « Je vois quelque chose », c'est pouvoir dire « Je vois un crayon » et savoir à quoi sert l'objet « Je peux, avec lui, écrire sur du papier ». Et c'est là qu'intervient le cerveau. De la même façon, on entend avec son cerveau (entendre, c'est pouvoir dire « J'entends quelqu'un monter l'escalier, j'entends papa faire la vaisselle, etc. »).

3 Les cinq sens fonctionnent tous de la même façon

La lumière qui entre dans les yeux, les molécules chimiques responsables de la saveur d'un aliment... ne vont pas jusqu'au cerveau ***(fig. 1)***. Ces stimulus (pour employer un vocabulaire savant) sont transformés en messages nerveux transportés par une fibre nerveuse (un nerf comprend plusieurs centaines de fibres) jusqu'au cerveau. La transformation du stimulus en messages nerveux se fait au niveau de récepteurs sensoriels spécialisés présents dans les organes des sens.

Des informations pour l'enseignant

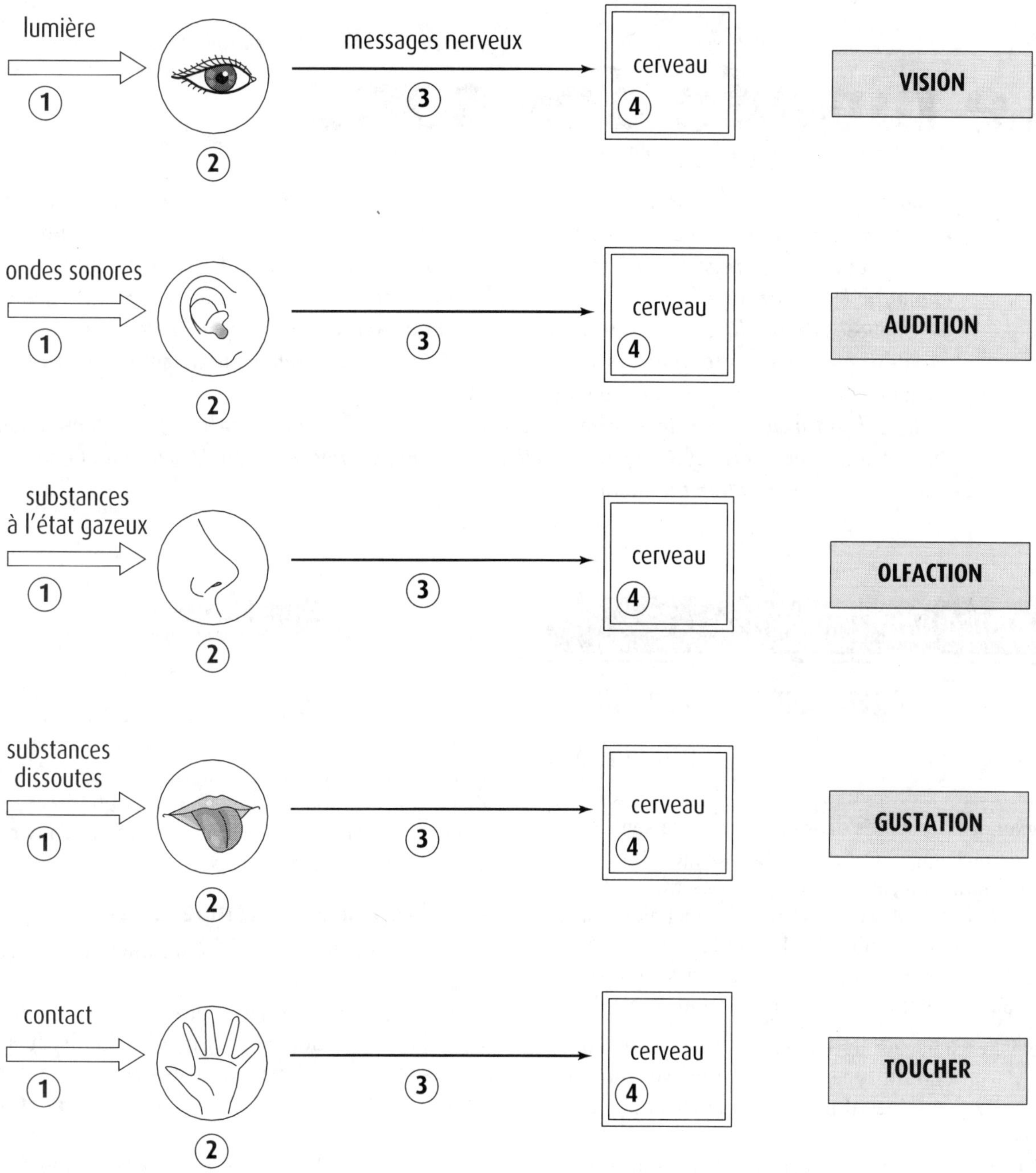

①**Stimulus sensoriels :** lumière pour les yeux, ondes sonores pour les oreilles, substances à l'état gazeux pour l'olfaction…

②**Récepteurs sensoriels :**
- Ils sont situés dans les organes des sens.
- Ils transforment les stimulus en messages nerveux conduits par une fibre nerveuse.

③**Nerfs :** ils sont formés de fibres nerveuses qui conduisent les messages nerveux au cerveau.

④**Cerveau :** il interprète les messages et donne les sensations (je vois une tomate rouge, j'entends un oiseau chanter…).

Fig. 1 Tous les sens fonctionnent de la même façon.

Le monde des sons

*Le son est **un** élément important de la vie de l'enfant, qu'il utilise fréquemment comme **source d'information** sur le monde : les bruits lui permettent de s'orienter dans l'espace (un enfant, même très jeune, se retourne à l'appel de son nom), de se situer dans le temps (le matin dans sa chambre, les bruits de la maison et de la rue le renseignent sur l'heure), d'identifier les personnes et les choses (il distingue le pas de sa mère de celui de son père), ou même l'état normal ou insolite des objets qui l'entourent (du ballon par exemple, dont le choc sur le sol ne produit pas le même bruit suivant qu'il est plus ou moins gonflé).*
Mais, s'il sait utiliser certaines informations fournies par les sons, l'enfant jeune n'en a généralement pas encore pris clairement conscience. Par les exercices proposés ici, vous l'amènerez à une première exploration du monde des sons.

L'album pour les enfants

Découvre comment fonctionne ton corps ◄

Les exercices proposés dans ce chapitre ne sont ni une leçon de physique, ni une leçon de musique. Il ne s'agit pas de fournir aux enfants des notions très élaborées d'acoustique, ni des connaissances en technique musicale. Toutefois, les notions de hauteur et d'intensité seront abordées, les activités scientifiques trouvant ici leur prolongement naturel en éducation musicale.

De plus, en amenant les enfants à prêter une attention active à un certain type d'impressions sensorielles, vous aurez pour objectif la formation de leur personnalité entière :
– **éducation motrice :** écouter, fermer les yeux, ne pas faire de bruit, etc. L'enfant devra développer le contrôle de soi ;
– **éducation esthétique :** sensibilité à la beauté de certains sons ;
– **imagination créatrice :** fabrication d'instruments, etc.
– **éducation sensorielle :** le son étant fugace, la comparaison de deux sons exige un effort d'abstraction et de mémoire.

À l'occasion, ces exercices vous aideront à déceler chez vos élèves certaines difficultés de perception auditive.

Ce travail occupera plusieurs séances qui pourront se répartir tout au long de l'année.

Chut ! Écoute...

pages 12 et 13

Les activités possibles sont nombreuses et variées et intéressent beaucoup les enfants. Elles permettent de découvrir le monde sonore. Il va de soi que ces activités ne sont pas toutes obligatoires, et que l'enseignant choisira, parmi les propositions, celles qui conviennent le mieux au niveau de sa classe.

1. Connaissances et compétences

L'ouïe fournit de nombreuses informations sur ce qui se passe autour de nous.
L'enfant prendra conscience que la perception du bruit dépend de l'attention qu'on y prête et du niveau sonore plus ou moins élevé existant dans l'environnement : un bruit faible n'est pas distingué si le fond sonore est trop important.
Si nous mettons nos mains sur nos oreilles, index dans le conduit auditif, nous entendons très mal. Si on obstrue complètement ce conduit, on n'entend plus rien.
Les oreilles nous apportent de nombreuses informations sur ce qui se passe devant nous, mais aussi derrière nous (ce n'est pas le cas de la vue), et à l'extérieur de la pièce où nous sommes.
Les oreilles nous permettent aussi de localiser (approximativement) la source du bruit ou du son, de distinguer quelle source sonore est utilisée, si le son est faible ou fort...
Pour produire des sons, on peut employer des procédés comme : parler, siffler, chanter, frapper des objets, utiliser des instruments de musique...
Les élèves auront à décrire, comparer et classer des perceptions auditives. Ils mettront ces perceptions

auditives en relation avec certaines caractéristiques des objets à l'origine du son : plein ou creux, plus ou moins gros, métallique ou non…

Ils prélèveront des indices sur des dessins et des photographies pour décrire des situations.

2. Avant d'utiliser les documents

a. Le jeu du silence

Un enfant va jouer le rôle du « roi du silence ». Il porte une couronne et il trône près du tableau, face à ses camarades. Il veut trouver un « ministre du silence ». Sera digne de cette fonction, l'enfant qui pourra quitter sa place et venir s'asseoir près du roi d'une manière absolument silencieuse. S'il provoque le moindre bruit, il doit retourner à sa place, et laisser un autre candidat tenter sa chance.

Bien entendu, toute la classe doit observer le silence pour que tous puissent distinguer si l'enfant qui se déplace est, ou non, parfaitement silencieux.

b. Racontons les bruits

Comme au cours de jeu précédent, vous demandez aux enfants un silence parfait. Mais chacun reste à sa place, **ferme les yeux** et, pendant quelques instants, écoute.

Puis les enfants racontent ce qu'ils ont entendu :
« - le grincement d'une chaise ;
– une voiture qui passait dans la rue ;
– un oiseau dans la cour ;
– les enfants qui chantent dans la classe à côté ;
– un crayon qui tombe ;
– le cochon d'Inde qui grignote… »

Peut-être certains bruits seront-ils mal identifiés par quelques enfants. Cela donnera lieu à une discussion.

c. Reconnaître à l'oreille

Cet exercice, en excluant le recours à d'autres sens que l'ouïe (la vue ou le toucher, par exemple), conduira les enfants à reconnaître l'importance des informations sonores dans la vie quotidienne.

Réalisé sous forme d'une série de jeux, il consiste à écouter des bruits et à en tirer divers renseignements sur la source sonore.

Nous vous proposons quelques-uns de ces jeux. Vous pourrez bien sûr en imaginer d'autres.

• Qui parle ?

Deux enfants sont cachés à la vue des autres. La porte ouverte du placard, l'écran de projection… peuvent suffire à les dissimuler.

Ils parlent à haute voix, l'un après l'autre, mais selon un ordre qui n'aura rien de rigoureux : le même enfant peut prendre la parole plusieurs fois de suite. Chaque fois, leurs camarades doivent discerner lequel des deux parle.

On peut compliquer le jeu en faisant intervenir trois enfants au lieu de deux.

• Qu'est-ce qui fait ce bruit ?

Il s'agit, cette fois, d'identifier, à l'oreille, **la substance** dont est constitué l'objet source sonore *(fig. 2)*. Vous utiliserez des objets courants quelconques constitués de diverses substances, par exemple : règles en bois et en métal, boîtes en fer blanc, bouteille en verre…
Durant les jeux libres de production de sons et la discussion qui a suivi, la classe aura peut-être remarqué que la percussion bois contre bois donne un son différent de la percussion bois contre métal ou métal contre métal, par exemple. Si cette remarque n'a pas été faite, vous l'amènerez en demandant aux enfants de bien écouter s'ils entendent le même son trois fois de suite ou des sons différents. Et, sous leurs yeux, vous frapperez l'un contre l'autre successivement, par exemple : deux objets métalliques, deux objets de bois, deux objets de verre.
Pourquoi n'obtient-on pas le même bruit à chaque fois ? Les enfants trouveront que les objets « ne sont pas faits avec la même chose ». Et ils feront peut-être d'intéressants rapprochements. De la percussion entre les ciseaux et la boîte de conserve vide, Fabienne dit : « Ça ressemble à une cloche ».
Dans un deuxième temps, vous proposerez un jeu de devinette. Tour à tour, quelques enfants vont se cacher comme dans le jeu précédent et vont produire des bruits par frottement ou par percussion à l'aide d'objets divers. La classe doit essayer d'identifier « en quoi » sont les objets (la substance dont est constituée la source sonore). Ce n'est pas toujours facile et il faudra souvent procéder par comparaisons et faire des vérifications expérimentales et des démonstrations sous les yeux de tous.

• Où se trouve le voleur ?

Ce jeu consiste à **localiser dans l'espace** la source sonore. Il vaut mieux organiser ce jeu dans une salle que dans la cour : en plein air, les bruits sont moins perceptibles. Il faudra cependant suffisamment d'espace pour que les enfants puissent tourner autour du « gardien du trésor » et s'en approcher par toutes les directions.
Le « gardien du trésor » a les yeux bandés. Il est debout au centre d'un espace dégagé, et doit défendre un trésor constitué par un trousseau de clés posé à ses pieds.
Les autres enfants l'entourent à une certaine distance. Un à un, ils vont tenter de s'approcher et de voler le trésor sans que le gardien s'en aperçoive. Si le « voleur » est démasqué, c'est-à-dire si le gardien l'a entendu et a correctement indiqué la direction dans laquelle il se trouve, il doit rebrousser chemin et laisser la place à un autre voleur. Inversement, si le gardien laisse voler le trésor, il est remplacé par un autre gardien.

• Plein ou creux ?

Au son de la percussion sur deux récipients identiques, les enfants doivent déterminer lequel est plein, lequel est vide. On peut compliquer et affiner le jeu en utilisant plusieurs bouteilles inégalement remplies d'eau *(fig. 3)*. On prépare ainsi les enfants à réaliser un instrument de musique à percussion (bouteilles musicales). On pourra s'appuyer sur cet exercice pour développer la notion de hauteur d'un son.

d. Comment produire des sons ?

Vous rassemblerez du matériel pour enrichir les ressources offertes par la classe et les objets personnels des enfants.
Vous pouvez prévoir :
– des élastiques ;
– diverses boîtes, vides et pleines (boîtes d'allumettes, de conserves, petites boîtes en plastique ayant contenu des punaises ou des trombones, etc.) ;
– des lames de métal de différentes longueurs (règles plates par exemple) ;
– des objets variés constitués de substance plus ou moins sonore (métal, bois, tissu, éponge, plastique…).

La classe ayant établi le silence, vous invitez les enfants à faire du bruit. Pour que l'exercice ne se transforme pas en un simple vacarme, vous exigerez que chaque enfant, à tour de rôle, fasse sa démonstration devant le reste de la classe. Vous verrez ainsi s'enrichir progressivement les réalisations. Les premiers enfants commenceront sans doute par utiliser leur propre corps (frapper du pied, battre des mains, crier, etc.), mais très vite ils auront recours à des instruments (frapper avec un crayon sur la table, faire claquer le rabat du sac, souffler dans un capuchon de stylo, etc.). Et, si l'exercice se prolonge suffisamment, avec un matériel assez riche, ils trouveront des solutions de plus en plus complexes, en faisant vibrer, par exemple, un élastique tendu sur une boîte ou en imaginant divers instruments à percussion. Vous obtenez là un jalon précieux et une motivation pour l'exercice ultérieur de construction d'instruments de musique.

Cette production de bruits et sons divers donnera lieu à une **discussion** : on comparera les techniques et les bruits obtenus (par exemple : deux élastiques tendus sur la même boîte ne donnent pas le même son ; les percussions bois contre métal, ou métal contre métal produisent des sons différents, etc.). On pourra aussi chercher les sons les plus « jolis », et se rendre compte que le plaisir de faire du bruit ne se confond pas toujours avec le plaisir de « faire de la musique ». Ainsi, un enfant qui a tendu un élastique sur le tiroir d'une boîte d'allumettes déclare que le son produit en faisant vibrer le caoutchouc sur la partie creuse est plus joli, mais il préfère de beaucoup retourner l'élastique sur le fond.

C'est une approche intuitive de la distinction entre les **bruits** et les **sons « musicaux »**.

3. Activités possibles sur l'album

a. Lesquels font le plus de bruit ?

« Que voyez-vous sur le dessin ? » Laissez les enfants répondre ce qu'ils veulent, sans intervenir. Peu à peu, les formulations se précisent. On voit diverses situations. Certaines sont bruyantes, d'autres ne le sont pas. On peut donc les classer en deux groupes. Des cas peuvent prêter à discussion : un oiseau qui chante peut être perçu bruyant par certains, moins bruyant par d'autres ? L'appréciation d'une intensité sonore dépend toujours de l'auditeur.

D'autres questions peuvent alors être posées. « Qu'est-ce qui fait du bruit dans les scènes bruyantes ? Quelle est la scène la plus bruyante ? La moins bruyante ? ». Vous pouvez même leur demander d'imiter certains des bruits évoqués par le dessin.

b. Peux-tu dire d'où vient le son ?

Deux cas sont possibles :
– la situation a déjà été vécue au cours d'une séance précédente (voir plus haut le jeu du voleur) : la photographie permet de faire parler les enfants et de leur faire exprimer les conclusions de l'expérience réalisée ;
– la situation est totalement nouvelle. On « lit » alors l'image pour essayer de comprendre ce qui se passe et on réalise l'expérience.
Que montre la photographie ?
Une fillette, les yeux cachés, bras tendus, désigne du doigt l'un des trois garçons : celui qui a dans les mains des maracas. Les sons produits par cet instrument (fabriqué par les enfants eux-mêmes) sont entendus et on peut repérer où est située la source sonore. Cependant, si on se bouche une oreille, le repérage est difficile. « Et si la fillette s'éloignait ? » On peut vivre diverses variantes pour tester divers facteurs (distance variable de la source sonore, position de la source sonore par rapport aux oreilles du receveur, etc.).
Une autre question mérite d'être posée : « Pourquoi a-t-on bandé les yeux de la fillette ? »

c. Tu peux produire des sons différents

La photographie présente un instrument de musique – à percussion – fabriqué par les enfants : des objets plus ou moins sonores sont suspendus par un fil. Ils fabriqueront un instrument analogue en suspendant des objets de leur choix. On peut produire des sons en frappant avec une mailloche. Ce dispositif permet d'obtenir des sons très différents en faisant varier de nombreux facteurs :
– utiliser des mailloches différentes, c'est-à-dire des mailloches dont la tête est faite de matière plus ou moins souple ;
– avec chaque mailloche, frapper chacun des objets à des endroits différents pour comparer les sons ;
– frapper plus ou moins fort…
Cet instrument peut être utilisé comme support pour un exercice de reconnaissance auditive. Sur quel objet de cet instrument a-t-il frappé ? Bien sûr, ceux qui écoutent et répondent doivent avoir les yeux bandés. L'influence du matériau dont sont faits les objets suspendus, qui résonnent différemment, aidera les élèves à répondre.
Comme pour l'image précédente, cette photographie peut servir de motivation pour construire l'instrument, ou de support à une verbalisation.

4. Travaux complémentaires

Vous pouvez prolonger les activités précédentes en proposant à vos élèves un travail de reconnaissance de bruits. Soyez très modeste dans un tel exercice, car il est difficile. Le montage sonore sera très simple et assez court, au moins pour le premier essai.

Le monde des sons

■ Qu'est-ce qui fait du bruit ?

a. « L'eau qui coule du robinet du lavabo fait du bruit. »
b. « Un oiseau fait du bruit. »
c. « Une voiture fait du bruit. » ; « Un miroir qui se casse fait du bruit » ; « La flûte fait du bruit » ; « Un arbre qui tombe fait du bruit ».

■ Comment peut-on faire du bruit avec chacun de ces objets ?

Fig. 2 Le monde des sons est d'une très grande richesse. Avec les enfants d'école maternelle, de très nombreuses activités d'exploration du monde des sons sont possibles.

Dans un premier temps, vous pourrez enregistrer au magnétophone des bruits divers produits par les enfants (froissement de papier, ruissellement ou clapotis de l'eau dans une cuvette, petits coups frappés à l'aide d'un crayon, bruits avec la bouche…).

Après chaque essai, vous ferez écouter immédiatement l'enregistrement et engagerez une discussion :
– reconnaît-on le bruit que faisait Thierry ? (Les enfants découvriront les distorsions sonores liées aux conditions d'enregistrement) ;
– à quoi le bruit enregistré fait-il penser ? (au vent, à la pluie, au galop du cheval, au chant d'un oiseau, etc.).
Munis d'un petit nombre d'expériences de ce genre, les enfants pourront alors procéder à la création d'un bruitage simple sur un thème.

Par exemple, un enfant, ou le maître, raconte une brève histoire. Pour chaque « séquence », on imagine une illustration sonore. Si votre support d'enregistrement le permet, enregistrez l'histoire et le bruitage sur deux pistes différentes de façon à pouvoir les lire séparément ou ensemble, à volonté. En écoutant le bruitage seul, les enfants doivent être capables de reconstituer l'histoire.
Vous pouvez compléter le montage par un support visuel : par exemple des dessins sur « diapositives » exécutés par les enfants. Un tel exercice, assez complexe et long à réaliser, mais extrêmement éducatif, peut être motivé par la correspondance scolaire.

Un orchestre dans la classe

pages 14 et 15

Il suffit de coller deux pots de « petit-suisse », avec du sable ou du gros sel dedans, pour faire des maracas. Les pots de petit-suisse peuvent être remplacés par d'autres récipients. Lesquels choisir ? On peut aussi remplacer le gros sel par de petits objets. Quels objets conviennent ? Quels sons obtient-on ? Peut-on deviner, grâce au son produit, quels objets sont enfermés dans tel ou tel récipient ?

On voit aussi que la fabrication d'un « instrument », aussi simple que des maracas, peut être le sujet d'un tâtonnement expérimental intéressant.

1. Connaissances et compétences

Les élèves découvriront que secouer des objets dans un récipient fermé non rempli, frapper sur un objet, etc. sont des procédés pour obtenir un son. Le résultat sonore obtenu (résonnant ou mat, aigu ou grave, etc.) dépend des caractéristiques des objets (forme et dimensions) et des matériaux utilisés.

Les élèves seront amenés à décrire, comparer et classer des perceptions auditives.

Ils prélèveront des indices sur des photographies pour comparer des instruments, pour avoir des informations sur leur fabrication. Ils choisiront les outils et les matériaux pour construire des instruments de musique.

2. Avant d'utiliser les documents

a. Les familles instrumentales

La **motivation** peut être très variée. Dans une classe, un enfant a apporté spontanément son harmonica. Une autre classe a eu le privilège de rencontrer un instrumentiste, etc. Plus généralement cet exercice pourra être amené par les activités précédentes.

Divers instruments de musique peuvent être apportés par les enfants. Il est très souhaitable que l'assortiment comporte au moins un instrument de chaque famille (instruments à cordes, à vent, à percussion).

À titre d'exemple, voici comment les choses se sont passées dans une classe.

• Présentation des instruments

L'enseignant avait demandé aux enfants qui possédaient un instrument de musique chez eux de l'apporter. La moisson est abondante : une flûte, une guitare, une trompette, une clarinette, une flûte de Pan, un sifflet, une balalaïka, un harmonica « à bouton », un tambour, des castagnettes.

Chaque enfant présente et nomme l'instrument qu'il a apporté. Beaucoup ont aussitôt envie d'en jouer.

• Classement des instruments

Les enfants classent les instruments selon la façon dont ils sont faits (par exemple avec des cordes ou non), et selon la façon dont on les utilise : on frappe, on souffle, on pince ou frotte une corde. Cela conduit à trois catégories : les instruments à cordes, à vent, à percussion. L'enseignant a fourni les termes corrects.

Le nom de chaque famille est écrit sur une étiquette confiée à un enfant qui va dans un coin de la classe. Les étiquettes peuvent être également fixées au mur ou au tableau. Chaque enfant, muni de son instrument, vient se placer dans sa « famille ». L'enseignant peut fournir des images de chacun des instruments, qui seront collées sous les étiquettes de façon à construire un panneau gardant trace de l'activité.

L'évaluation de la compréhension des élèves pourra se faire par un panneau analogue à construire individuellement à partir d'images d'instruments qu'ils connaissent.

b. Fabriquer des instruments

• La cithare des écoliers

Les élèves sont souvent fascinés par les instruments à cordes, mais ne voient pas comment ils peuvent en fabriquer. Pour les aider, mettez à leur disposition du matériel divers : des boîtes de différentes formes, différentes grandeurs, différentes matières (boîtes de conserves vides, boîtes de camembert, boîtes à chaussures, boîtes d'allumettes, etc.), des élastiques, de la ficelle, etc., et laissez-les manipuler et faire des essais. Mais n'hésitez pas à intervenir s'ils vous le demandent ou s'ils se heurtent à une difficulté. S'ils sont trop déroutés, vous pourrez aussi leur suggérer quelques réalisations : enrouler, en les tendant, des élastiques autour d'une boîte à biscuits, ou à camembert. Les tendre plus ou moins. On jouera comme sur une cithare.

On obtient un claquement quand on fait frapper l'élastique sur le fond de la boîte, tandis qu'on obtient un son qui résonne mieux quand on le gratte du côté creux de cette boîte.

Les élèves constateront que certaines « cordes » conviennent mieux que d'autres : ce sont les élastiques, que l'on peut tendre plus facilement et davantage qu'une ficelle. Ils noteront aussi que le son produit dépend de la taille de l'élastique (épaisseur, largeur, longueur) et de la façon dont il est tendu. Selon la boîte utilisée, le son obtenu peut être plus ou moins fort.

• Des tambours de toutes sortes

Des boîtes diverses étant à leur disposition (boîte à chaussures, boîtes de conserve vides ou pleines, pots de fromage blanc, pot de fleur, etc.), les élèves pensent tout de suite à frapper dessus pour « faire un tambour ». Les boîtes creuses conviennent, et sonnent plus ou moins bien selon leur matériau.

Certains élèves peuvent souhaiter mettre une peau comme « sur les vrais tambours ». Vous pouvez leur proposer différentes feuilles (film en plastique, papier kraft, tissus, etc.). Selon le niveau de difficulté auquel vous voulez les confronter, vous fournirez ces feuilles dans des dimensions adaptées au pot, ou vous en profiterez pour les faire travailler sur les tailles à choisir.
Ils les fixeront avec un bracelet élastique, ou avec du ruban adhésif.

Là encore, les constats sont riches :
– la feuille doit être tendue ;
– les matériaux mous (tissus) ne conviennent pas.
C'est donc une nouvelle fois l'occasion d'utiliser son ouïe pour différencier des sons, et des matériaux.

3. Activités possibles sur l'album

a. Fabrique des maracas

La photographie **1** montre des enfants en train de jouer avec les maracas qu'ils ont fabriqués. Vous pouvez faire parler vos élèves pour leur demander ce que font ces enfants, comment un son peut être produit avec ces instruments. Sur la photographie, certains ont une enveloppe transparente, et on voit qu'ils renferment des objets qui peuvent bouger à l'intérieur quand on agite.
Engagez les élèves dans la fabrication de maracas. Ils feront des suggestions de matériel, qui pourront être complétées par l'analyse des photographies **2** et **3**.

Les maracas fabriqués sonnent plus ou moins bien voire pas du tout. Pourquoi ? Certains élèves peuvent avoir rempli complètement l'enveloppe de leurs maracas, et les objets à l'intérieur ne peuvent plus bouger. La comparaison avec des maracas fonctionnant correctement, et avec ceux des photographies **1** et **2**, aidera à rectifier cette erreur.

D'autres élèves ont choisi des objets moins sonores : c'est ainsi l'occasion de comparaisons intéressantes des sons obtenus selon que, dans une même enveloppe, on a choisi de placer des boules de cotillons, des perles de plastique ou des écrous en fer.

b. D'autres instruments pour l'orchestre

Si vos élèves ont déjà fabriqué des « tambours », la photographie **4** pourra servir de support pour l'évaluation.
Si ce n'est pas le cas, faites utiliser cet instrument par vos élèves. Si on tape avec les doigts sur un bidon vide retourné, on produit des sons plus ou moins forts. Si on dispose de bidons de tailles différentes, on fait une autre découverte : les sons produits sont plus ou moins graves.
On peut alors imaginer des jeux. Par exemple, les musiciens prennent place au fond de la classe pour qu'on ne les voit pas. L'un d'eux tambourine sur l'un des quatre bidons numérotés de **1** à **4**. Sur quel bidon frappe-t-il ?
La photographie **5** montre un jouet d'enfant (un xylophone). Comment joue-t-on de cet instrument ? Pourquoi les sons obtenus sont-ils plus ou moins graves ? Quelle hypothèse peut-on formuler ? Quelle expérience peut-on faire pour valider l'hypothèse ? Si vous disposez d'un xylophone ou d'un métallophone, les élèves constateront que les lames les plus longues produisent les sons les plus graves.

4. Travaux complémentaires

a. Bouteilles musicales. Verres musicaux

Choisir huit bouteilles semblables. Laisser la première vide. Verser de l'eau dans les autres, à différentes hauteurs, de façon qu'en tapant avec une règle on obtienne une gradation des sons en hauteur.
Même expérience avec de grands verres à boire.

b. Comment la guitare fait-elle de la musique ?

Un enfant propose une réponse : « Quand on tire, la corde bouge et fait du bruit. ».
Le maître : « En es-tu sûr ?
– Oui. À la maison j'ai tendu un fil de fer entre deux clous et j'ai pincé. Il a fait du bruit. »
Un autre élève propose, pour vérifier, d'enlever une corde de la guitare et de la tendre. L'expérience est réalisée et les enfants en tirent les conclusions :
La corde fait du bruit. – C'est moins fort. – C'est parce qu'on ne pince pas assez fort. – C'est parce qu'il n'y a plus le « machin en bois. »
Le maître profite de cette remarque pour donner le nom correct du « machin en bois » (la caisse de résonance), ainsi que son rôle.
Les enfants constatent par ailleurs que le son disparaît quand on arrête, avec le doigt, une corde qui remue. Ils peuvent conclure : « La corde remue et fait du bruit. – Le bruit résonne dans la boîte ».

c. Que se passe-t-il quand on tend la corde à l'aide de la clé ?

Les enfants se rendent compte que le son est changé selon que l'on tend ou que l'on détend la corde. Mais on s'aperçoit qu'ils ne distinguent pas (verbalement du moins) entre l'intensité et la hauteur (grave-aigu) du son. Il sera donc bon de prévoir quelques exercices pour les amener à cette distinction. Par exemple, pour les familiariser avec la notion d'intensité, vous pouvez utiliser un magnétophone, ou un lecteur de disque, dont vous ferez varier progressivement le volume. Ou bien vous les ferez chanter ou parler tout bas, puis de plus en plus fort, et enfin à tue-tête.

Les jeux avec les cordes de la guitare ou des instruments à percussion tels que le « carillon » ou les « bouteilles musicales » permettront de distinguer le grave de l'aigu parmi des sons de même intensité. Vous leur demanderez également de « faire la grosse voix », puis la « voix pointue ».

En observant la guitare, les enfants pourront s'interroger aussi sur la raison des différences de grosseur des cordes.

d. Compléter le panneau de classement des instruments

Vous pouvez inciter vos élèves à apporter de nouveaux instruments ou leurs images. Leur présentation lors d'un moment collectif sera l'occasion de vérifier leurs acquis sur les familles d'instruments, et ces nouvelles images seront placées sur le panneau élaboré lors d'une précédente activité.

Informations scientifiques pour l'enseignant

❶ Bruits et sons : quelles différences ?

Traditionnellement, suivant le caractère périodique ou non de l'objet sonore, on distingue
– **les sons périodiques** (ou musicaux), par exemple le son obtenu par la vibration d'une corde à guitare ;
– **les bruits**, sons non périodiques et très amortis, par exemple le son produit avec une crécelle.

Évidemment, les sons périodiques, tout comme les bruits, peuvent entrer dans une composition musicale.
La caisse de la boîte d'allumettes, sur laquelle on a tendu un élastique, vous permettra, avec les enfants, de faire facilement la distinction. En pinçant la partie de l'élastique située sur l'ouverture de la boîte, on obtient un son périodique (musical) que les enfants trouvent joli. En laissant revenir d'un coup sec la partie opposée de l'élastique sur le fond de la caisse, l'enfant obtient un claquement qui est un bruit. Autre exemple : une plaque métallique frappée avec une règle donnera un son périodique quand elle est suspendue à un fil, un bruit quand elle est tenue à la main (amortissement).

❷ Les caractéristiques d'un son

Un son est caractérisé par sa hauteur (du grave à l'aigu), son intensité (du faible au fort), et son timbre.

La hauteur renvoie à la grandeur physique appelée fréquence. Plus cette fréquence est grande, plus le son est aigu. Un son est en général composé de nombreux sons simples de fréquences différentes, mais l'une d'elles domine. Quand, sur votre chaîne hi-fi, vous réglez en augmentant les basses, vous modifiez le son de façon à augmenter l'intensité des composantes graves du son. C'est l'inverse quand vous réglez pour augmenter les aigus.

L'intensité d'un son est exprimée en décibel. On trouve de plus en plus souvent cette indication sur les notices d'appareils électroménagers (aspirateur, lave-vaisselle, etc.). Cette échelle d'intensité n'est pas linéaire : un son ayant pour intensité 40 dB n'est pas deux fois plus fort qu'un son de 20 dB.

Le timbre d'un son dépend de la composition du son, de la répartition des intensités des sons simples qui le constituent. Ce timbre dépend de la nature de la source sonore (matériau, forme, caisse de résonance), et de la façon de produire le son. Le violoniste n'obtiendra pas le même timbre selon qu'il va pincer la corde, ou faire glisser dessus son archet. Selon qu'il frappe la peau de sa caisse avec l'extrémité de sa baguette, ou en même temps la peau et le bord de sa caisse, le batteur obtiendra des sons de timbres différents. Il en est de même pour le pianiste qui appuie ou non sur la pédale pour modifier la résonance.

❸ Les différents instruments de musique

On distingue plusieurs familles d'instruments, selon leur constitution, et selon la façon dont on les utilise :
– les instruments à cordes (violon, violoncelle, guitare, harpe, etc.) qu'on joue avec ou sans archet ;
– les instruments à vent, parmi lesquels on différencie les cuivres (trompettes, trombone à coulisse, etc.) et les bois (flûte traversière, basson, etc.). On pourra ne pas faire cette distinction avec les enfants, et les instruments à vent seront tous ceux dans lesquels on souffle pour obtenir un son ;
– les percussions, qui sont les instruments sur lesquels on frappe (grosse caisse, toms, cymbale, xylophone, triangle, etc.) ou qu'on agite (maracas, etc.).
Le piano, que vos élèves connaissent peut-être, est un instrument à cordes ; on peut aussi le considérer comme un instrument à percussion, ses cordes étant frappées par des marteaux commandés par les touches.

Le monde des sons

On obtient des sons différents en frappant avec la même baguette et de la même façon des verres identiques plus ou moins remplis d'eau.

Fig. 3 La quantité d'eau contenue dans un verre modifie-t-elle le son ? Pourquoi prendre des verres identiques pour répondre à cette question ? Pourquoi mettre un bandeau sur les yeux dans l'autre expérience ?

Le monde des odeurs et des saveurs

La carte des saveurs

On distingue 4 types de récepteurs sensoriels sur la langue. Ils sont regroupés sur des zones précises de la langue et donnent des sensations différentes.

Répartition des récepteurs du goût

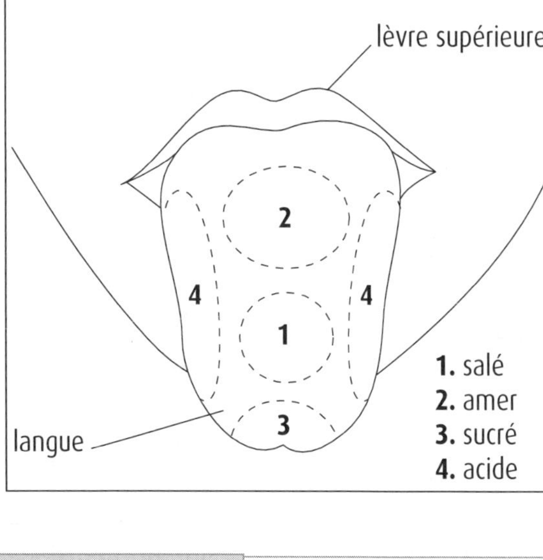

Fig. 4 Peut-on reconnaître, en les goûtant, les différents aliments ? Et en se pinçant le nez, la saveur est-elle la même ?

Le monde des odeurs et des saveurs

L'odorat nous renseigne à distance (odeur de brûlé, flacon de parfum resté ouvert, odeur de foin coupé, etc.). L'odeur est un élément très important de l'attirance ou de la répulsion (importance de l'odeur d'un plat par exemple ; rôle social des parfums et des déodorants qui masquent ou suppriment les odeurs corporelles, etc.). Pensez à l'expression : « ne pas pouvoir sentir quelqu'un ».
Le sens du goût est assez limité. Il y a sur la langue quatre types de récepteurs (appelés bourgeons du goût) sensibles au sucré, à l'acide, au salé, à l'amer. Bien entendu, les informations fournies par ces récepteurs peuvent se mélanger.
Pour explorer les caractéristiques gustatives et olfactives des enfants, diverses activités sont possibles.

L'exploration des caractéristiques olfactives

Avec des enfants jeunes, des précisions de vocabulaire s'imposent. Quand l'enfant dit « je respire la fleur », il exprime nettement la confusion entre deux fonctions : l'entrée de l'air dans les poumons (inspiration) et le passage de l'air odorant sur les muqueuses nasales (olfaction).

Pour faire la distinction, proposez aux enfants de se boucher le nez et d'inspirer, bouche ouverte, à proximité d'un flacon d'eau de Cologne : on « respire » et on ne sent pas ; pour sentir, il faut que l'air passe par le nez.

D'autre part, si l'on reste en respiration bloquée devant un flacon de parfum, on ne sent rien. Complétons cette remarque par une petite expérience qui surprend beaucoup les enfants : comme précédemment, prendre une inspiration par la bouche, nez bouché, au-dessus d'un flacon de parfum. Puis se détourner de la source parfumée d'air porteur de l'odeur et rejeter l'air par le nez. Les enfants concluent que, pour sentir, il faut qu'un courant d'air porteur de l'odeur traverse le nez. Peu importe le sens de ce courant (de l'extérieur vers l'intérieur ou de l'intérieur vers l'extérieur).

Les enfants comprennent alors pourquoi, pour bien sentir une odeur, on la hume, on la flaire, on la renifle, c'est-à-dire qu'on augmente la vitesse de circulation de l'air dans le nez.

Le monde des odeurs

pages 10 et 11

Les activités proposées sur l'odorat seront basées sur des explorations et des manipulations visant l'identification d'odeurs difficiles à classer et pour lesquelles on ne pourra que temporairement conserver quelques traces.

1. Connaissances et compétences

Les enfants devront prendre conscience :
– de l'importance, dans la vie quotidienne, d'un sens souvent sous-estimé : l'odorat ;
– de l'infinie variété des odeurs ;
– du fait que nous ne sentons plus les odeurs que nous portons ou dans lesquelles nous sommes plongés : évitons d'imposer aux autres des odeurs qui peuvent leur être désagréables.

2. Avant d'utiliser les documents

On amènera les élèves à sentir les odeurs de la classe, de l'école (fleurs, encre, colle, peinture, toilettes, savon, ingrédients du goûter, etc.).

3. Activités possibles sur l'album

a. Odeur agréable ou désagréable ?

Que représentent les dessins ? Les deux photographies au milieu de la page ? Pour quelles odeurs feriez-vous la grimace ?

Il y a des odeurs agréables et des odeurs désagréables. Certaines odeurs plaisent aux uns et non aux autres. Il y a accoutumance aux odeurs ; par exemple, en entrant dans une pièce, on peut être incommodé par une odeur que ceux qui sont dans la pièce depuis un moment ne sentent pas.

b. Qu'as-tu mis dans cette boîte à odeurs ?

Les élèves sont amenés à analyser les deux photographies proposées et doivent retrouver le principe de ces **boîtes à odeurs**, tant au plan de la manipulation que leur conception.

Il s'agit de récupérer des boîtes de pellicules photographiques et percer le couvercle avec une vrille. On peut mettre dans chacune des boîtes vides l'une des diverses substances odorantes, alimentaires ou non : par exemple, thé, café, chocolat, pomme, poire, citron, citronnelle, savonnette, cirage, miel, eau de Cologne, vinaigre, oignons, lavande, thym, verveine, laurier, pétales de fleurs…

Pour les liquides, imprégner un morceau de coton hydrophile. Afin d'éviter la dispersion des odeurs, vous prendrez soin de boucher l'orifice avec un adhésif. Celui-ci est juste soulevé au moment de respirer. Les élèves ont pour mission d'identifier le produit contenu dans la boîte.

Ils poursuivent le travail en verbalisant pour dire ce qu'ils ont senti, et/ou ils choisissent l'échantillon de substance ou l'image ou le dessin proposé pour représenter la matière identifiée. On peut imaginer des variantes à cette activité selon l'âge, les capacités ou l'avancement du projet. Par exemple, les enfants peuvent avoir perçu les odeurs auparavant, puis ils doivent les reconnaître dans les boîtes à odeurs, en faisant appel à leur mémoire. Au contraire, ils découvrent de nouvelles senteurs, dans les boîtes à odeurs et doivent rechercher auprès d'échantillons visibles les odeurs respirées antérieurement.

On peut aussi constituer des boîtes à odeurs à thèmes : les fruits, les aromates, les produits de toilette, etc.

On peut imaginer des jeux d'associations avec deux séries de boîtes à odeurs pour lesquelles le but du jeu est de relier des boîtes aux senteurs identiques, etc.

4. Travaux complémentaires

De nombreuses pistes sont possibles :
- dresser une liste des odeurs de la rue ? de la maison ? de la forêt ;
- fabriquer des parfums, des savons, des pots pourris ;
- observer quand et comment un chien se sert de son flair, comment les hommes utilisent la finesse de l'odorat du chien (chien policier, chien d'avalanche) ;
- rassembler de la publicité sur les parfums et les déodorants corporels ou ménagers.

L'exploration des caractéristiques gustatives

La sensation de « saveur » *(fig. 4)* fait intervenir les récepteurs spécifiques du goût, mais elle relève à la fois du goût et de l'olfaction.
Pour reconnaître un aliment par exemple, vos élèves feront intervenir, outre la vue, à la fois le goût et l'odorat.

Sucré ? Salé ? Acide ? Amer ?

pages 8 et 9

Les élèves vont découvrir et apprendre à différencier les quatre saveurs uniquement à travers des activités de dégustation.

1. Connaissances et compétences

Les élèves vont apprendre à reconnaître, à nommer et à différencier les quatre saveurs : salé, sucré, acide, amer.
Ils sauront qu'un aliment, un mets peut être la combinaison de plusieurs saveurs.
Par ailleurs un même aliment peut présenter des saveurs et des textures différentes.
Les enfants devront apprendre à faire preuve de vigilance à l'égard des produits non comestibles, et prendre en compte les risques des produits toxiques de l'environnement familier.

2. Avant d'utiliser les documents

Un enfant, qui a les yeux bandés et qui se bouche le nez, peut identifier par le goût diverses substances alimentaires : fromage, fruits, sel, sucre cristallisé, etc.
On lui met sur la langue un petit fragment de l'échantillon à identifier.
On peut également lui faire absorber, à l'aide d'une paille, une gorgée de boisson. Le rangement de plusieurs verres d'eau, du plus sucré au moins sucré, est un exercice intéressant qui provoque une discussion animée.
Par ces exemples, l'enfant identifie une substance, mais n'est pas toujours capable de qualifier sa saveur.

3. Activités possibles sur l'album

Les enfants ne peuvent pas inventer l'existence des quatre saveurs. L'affiche de la page 8 peut être employée après la reconnaissance des substances alimentaires décrites précédemment. Après avoir reconnu les aliments présentés sur l'affiche, on peut rechercher d'autres substances ayant l'une ou l'autre des quatre saveurs.
Pour votre information, les bourgeons du goût ne sont pas également répartis sur la langue. La pointe de la langue est plus sensible aux substances sucrées, la partie médiane, périphérique, aux substances acides, les bords de la langue au salé et le fond à l'amer *(fig. 4)*.

• **Les photographies 2 et 3** de la page 9 peuvent être utilisées de deux manières différentes :
– soit pour motiver et entreprendre les activités présentées ;
– soit pour tester les acquisitions des enfants.

• **La photographie 2** nous indique que les enfants ont classé en 2 tas des biscuits de forme et taille très proches : Après les avoir dégustés pour comparer, Sidonie saura dire qu'elle possède l'assiette des biscuits salés et Noé, celle des biscuits sucrés.

• **Dans le cas de la photographie 3,** les enfants doivent, sans les goûter, indiquer la saveur de différents aliments. Les enfants posséderont des assiettes avec des échantillons d'aliments caractéristiques des 4 saveurs. Pour aider les enfants à placer les étiquettes nominatives qu'ils ne savent pas encore lire, vous pouvez employer un code de couleur ou des pictogrammes que vous aurez déterminés avec eux. Ensuite, il s'agira d'évaluer le classement proposé, en goûtant bien sûr, etc. Pour conserver une trace écrite de ce travail, une affiche sera élaborée, en indiquant les quatre saveurs illustrées de photographies d'aliments découpées dans des revues, par exemple.

Remarque : Au cours de toutes ces activités, vous ne manquerez pas d'exprimer clairement les consignes de prudence : on ne doit pas goûter n'importe quelle substance. Elle peut en effet être toxique et son ingestion entraîner alors des troubles plus ou moins graves. Ces tests du goût ne doivent être réalisés qu'en présence d'un adulte.

4. Travaux complémentaires

La préparation de mets viendra compléter ce travail exploratoire de dégustation. Les enfants découvriront ainsi la présence d'une pincée de sel dans un gâteau, des associations de saveurs salées et sucrées dans un même plat (exemple : mini brochette de jambon avec du melon, de grain de raisin avec du fromage), la différence de saveur obtenue par la cuisson des éléments. Par exemple, ils compareront la saveur sucrée et la douceur d'un abricot mûr, puis l'acidité de ce même fruit cuit. Comment adoucir le goût d'une compote d'abricots cuits si on n'apprécie pas son acidité ? Ils apprendront à doser l'ajout de sucre pour obtenir une compote d'abricots cuits plus sucrée au goût. De même, une citronnade fabriquée avec un jus de citron et de l'eau offrira plus ou moins d'acidité selon la quantité de sucre ajoutée.

Les élèves plus grands apprendront, en les goûtant, que par exemple les variétés de fruits d'une même espèce n'ont pas le même goût. En comparant une pomme Golden, une pomme verte, une pomme Starking, par exemple, ils s'apercevront des saveurs plus ou moins marquées, etc. ; des jeux d'associations, de mémoire, peuvent être proposés à ce moment-là.

Des exercices les conduiront à reconnaître des parfums différents au goût : par exemple, un yaourt sucré au sucre de canne, un yaourt au sucre vanillé, un yaourt avec du miel, etc., des quatre-quarts parfumés à la vanille, au citron, à l'orange, etc., une galette des rois garnie d'une frangipane à la noix de coco, ou à la poudre de noisettes ou à la poudre d'amandes (cf. l'album *« Repère-toi dans le temps et dans l'espace »* page 28 et page 29).

Il est également intéressant de proposer aux élèves d'identifier les yeux fermés un aliment se présentant sous des formes différentes, laissant apparaître des textures variées. Par exemple : une carotte crue entière à croquer, des carottes râpées, des carottes en rondelles, une orange en tranches, en rondelle sans écorce et un jus d'orange. On peut aussi comparer un même plat chaud, froid ou tiède (exemple : comparer une compote de pommes chaude et froide…).

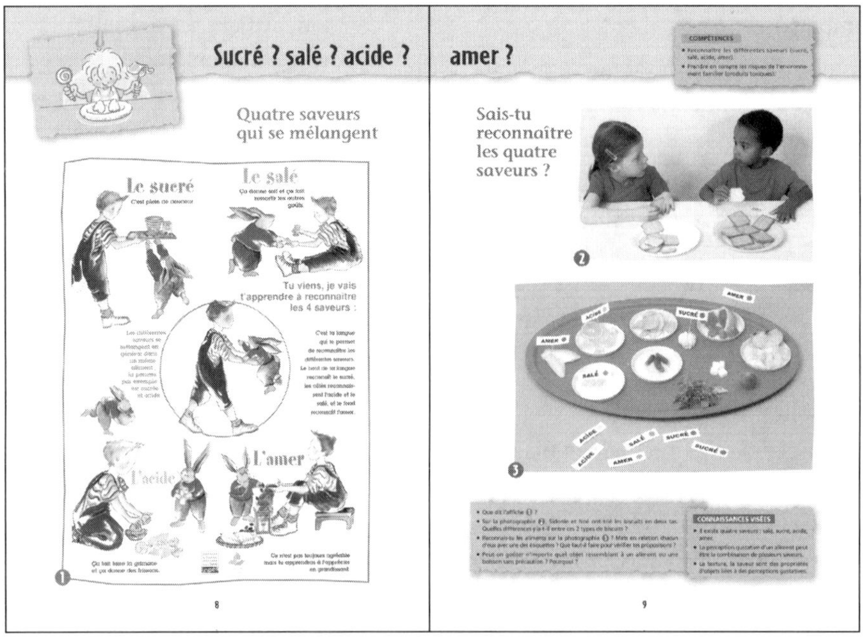

Extrait de l'album *« Découvre comment fonctionne ton corps »* pages 8 et 9.

Découvrir par le toucher

*En palpant un objet avec la main, on peut savoir s'il est lisse ou rugueux, dur ou mou, on peut distinguer sa forme, apprécier sa température et même, en le soupesant, savoir s'il est lourd ou léger. Ces nombreuses informations permettent souvent de l'identifier. Quelles sont les différentes formes de sensibilité de la peau ? Cette sensibilité n'est pas limitée à la main. La peau est **partout** sensible au toucher, à la chaleur, au froid, à la douleur, à la pression. Si vous plongez votre main dans de l'eau trop chaude, vous le sentez immédiatement. Mais, c'est la même chose si vous mettez les pieds dans la baignoire remplie d'eau « bouillante ». Une blessure ou une piqûre est douloureuse ; mais vous sentirez aussi une douleur si vous vous blessez au pied, au genou, à la joue, etc.*

L'exploration de la sensibilité tactile

L'exploration de la sensibilité tactile peut donner l'occasion de nombreuses séquences qui se déroulent sous forme d'activités exploratoires, expérimentales et de fabrications d'objets *(fig. 5)*.

1 Connaissances et compétences

Les élèves découvriront que les mains et la peau dans son ensemble nous donnent de nombreux renseignements sur les objets proches, et que les différentes régions du corps n'ont pas partout la même sensibilité. Ils comprendront que la douleur est un signal d'alarme très utile.
Ils seront amenés à ressentir, décrire, comparer et classer des perceptions tactiles au niveau des mains et des pieds. Ils devront savoir associer et nommer des perceptions tactiles et des propriétés d'objets.

2 Activités possibles

Il est important que les enfants manipulent, touchent, palpent et décrivent des objets à travers des activités ludiques comme celles qui suivent.

a. Des objets dans un sac

Divers objets, de formes et de substances variées, sont mis dans un sac. Un enfant plonge la main dans le sac et doit identifier au toucher l'objet qu'il saisit. Il explique comment il l'a reconnu *(fig. 5)*. Le même exercice peut être fait avec la main gantée. Les sensations de contact et les sensations thermiques disparaissent, mais les sensations de pression et de poids subsistent.

La main fournit un certain nombre d'informations (taille, forme, dureté, température), mais ne permet pas de connaître la couleur. De plus, elle ne renseigne que sur des objets proches, que l'on touche, et les informations fournies sont moins précises, plus ambiguës que celles que procure la vue.
On peut imaginer de nombreuses variantes à ce jeu. Par exemple, on peut choisir des objets de mêmes formes mais de textures différentes, des objets identiques mais de tailles différentes...

b. Chaud ou froid ?

Yeux fermés, les enfants plongent la main droite dans de l'eau froide, la main gauche dans de l'eau chaude, puis les deux mains ensemble dans de l'eau tiède. L'eau est perçue comme chaude par la main droite, froide par la main gauche *(fig. 5)*.
C'est l'occasion de bien montrer que nos sens peuvent nous tromper, qu'il faut, dans ce cas particulier, tenir compte des effets de contraste.

c. La peau a-t-elle la même sensibilité en tous ses points ?

Proposez aux enfants de ranger plusieurs objets convenablement choisis (morceau de rhodoïd, feuille de papier, de carton, morceau de bois...) du plus lisse au plus rugueux. Pour cela, ils utilisent successivement différentes régions du corps : la pulpe de l'index, la joue, le dos de la main, les orteils, les genoux...
• Un enfant a les yeux bandés. Ses camarades mettent, au contact de différentes parties du corps, les objets deux à deux (par exemple, le rhodoïd sur une joue, et le papier sur l'autre joue en même temps). Pour chaque paire d'objets touchés simultanément, l'enfant précise lequel est le plus lisse, lequel est le plus rugueux.
Laissez les enfants chercher une méthode pour ranger toute la collection des objets en les comparant deux par deux.

• Un autre jeu possible « le jeu du cheveu » : les enfants sont par deux, l'un a les yeux fermés, l'autre lui touche avec un cheveu différentes régions du corps comme la pulpe des doigts, le dos de la main, les joues, les ailes du nez, le dessus des pieds. Chaque fois, l'enfant précise ce qu'il ressent. La sensibilité n'est pas la même partout.

d. « C'est douloureux »

Piqûres, coupures, pincements, chaleur excessive provoquent une douleur. Faites réfléchir les enfants à l'utilité de la sensibilité douloureuse. Elle nous avertit des dangers et des agressions qui menacent notre corps et provoque des réflexes de retrait.
On peut signaler aussi que certaines maladies entraînent la perte de la sensibilité douloureuse. Les malades doivent alors faire très attention : ils peuvent en effet se brûler ou se blesser gravement sans s'en rendre compte.

L'album pour les enfants

Découvre comment fonctionne ton corps

Reconnaître avec ses mains et ses pieds

pages 6 et 7

On peut envisager deux situations différentes :
– si les enfants ont déjà vécu les situations précédentes, l'utilisation de l'album quelques jours plus tard permet de verbaliser, voire d'évaluer ;
– si les enfants n'ont encore rien fait, les photographies peuvent motiver et suggérer des activités à réaliser.

1. Pourquoi ont-ils les yeux bandés ?

• Vos élèves peuvent observer les photographies **1** et **2** de l'album pour en deviner la règle du jeu. Que fait l'enfant de la photographie ? Pourquoi y a-t-il différents objets ? Quel est l'intérêt du bandeau sur les yeux ?... On retrouve, sur la photographie **2**, les mêmes objets ou presque. Pourquoi les mêmes ? Ces photographies évoquent une situation où un enfant doit identifier des objets exclusivement grâce au sens du toucher. C'est pourquoi l'enfant photographié a les yeux bandés. L'exercice, présenté à différents moments, mettra en jeu des adaptations, des exploitations différentes.
Quelques variantes sont envisageables : les mêmes objets sont présentés au même élève qui les reconnaît d'abord avec les mains, puis avec les pieds ; ou bien une série de mêmes objets sont à identifier d'abord avec les pieds, puis avec les mains. Le jeu peut consister aussi à n'utiliser qu'une seule main ou un seul pied. Des objets différents peuvent être touchés avec les mains tandis qu'une autre série est à palper avec les pieds. La règle peut consister à rechercher un seul objet parmi une série, ou bien à tous les identifier.
• Pour garder une trace de ce travail, non seulement l'élève nommera les objets palpés, mais vous utiliserez des photographies ou des dessins, avec ou sans intrus, que l'enfant sélectionnera pour représenter les objets touchés et reconnus.
• Sur la photographie **3** vous interrogerez les élèves en leur demandant : « Pourquoi la fillette a-t-elle les pieds nus ? Au sol, on trouve des morceaux de « tapis » différents (tapis brosse, éponge, dalle de polystyrène, moquette, plastique lisse, etc.). D'après vous, en quoi consiste le jeu ? ». Bien évidemment, ils vivront la découverte de tapis tactile à partir de morceaux que vous aurez soigneusement sélectionnés, mais à leur tour les enfants peuvent en proposer.
Les morceaux de tapis peuvent être remplacés par des couvercles de boîte à chaussures remplis de matériaux comme du sable, des petits cailloux, des feuilles d'arbres, du coton... Il faut bien sûr gérer les matériaux en grains qui engendreront de la dispersion. Pour développer la mémoire, les élèves peuvent retrouver ensuite les matériaux sur lesquels ils ont marché et l'ordre en les évoquant oralement, en les retrouvant sur des photographies proposées.

2. Dur, mou, lisse... ?

Cette page s'intéresse à certaines caractéristiques physiques des objets qui laissent percevoir au toucher des sensations tactiles différentes. Des classements d'objets se feront par propriétés mécaniques opposées telles que : mou/dur.
• En observant les photographies, les élèves chercheront à savoir « que représentent les photographies **4** et **5** de la page 7 ? En quoi consiste ce jeu ? ».
• En touchant des objets, les élèves, dans un premier temps, doivent être capables de dire « si ces objets peuvent s'écraser », « si le doigt peut appuyer l'objet », « s'enfoncer dedans, etc. » puis ils acquièrent le vocabulaire exact, à savoir « dur » et « mou ». L'activité consiste à classer un ensemble d'objets en deux catégories. L'erreur qui a été faite ici concerne bien sûr le ballon de baudruche gonflé, qui doit être classé dans la boîte des objets « mous ».
• De même, à partir de la photographie **5**, ils chercheront à identifier les objets placés dans les boîtes et à poursuivre le classement : on peut placer le « clipo », le cylindre strié, le coquillage dans la boîte « rugueux », la bille et la balle de polystyrène dans la boîte « lisse » et le litchi dans la boîte « piquant ». Des objets peuvent engendrer des discussions intéressantes : « le cure-dent est piquant à ses extrémités mais, dans le sens de la longueur, il est lisse ! ». Vous imaginerez dans le même esprit de nouvelles boîtes mettant en jeu d'autres perceptions tactiles : sec/doux (avec des tissus secs et des tissus velours, poilus, laineux, etc.), granuleux/strié, etc., et ainsi vous affinerez les perceptions avec des élèves plus âgés.

Découvrir par le toucher : la sensibilité de la peau

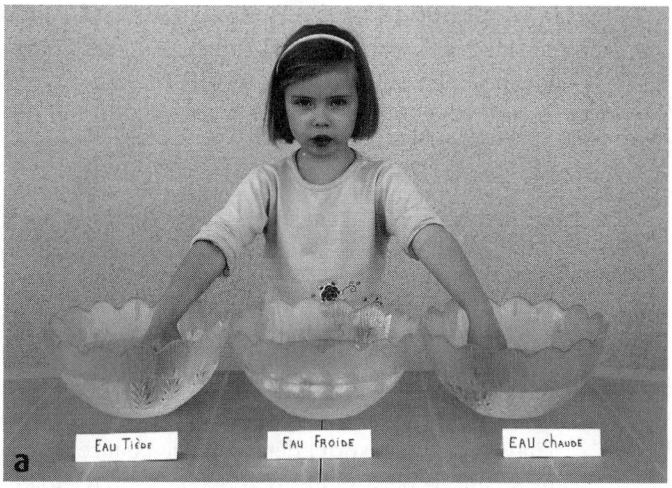

a. Eau chaude ? eau froide ? eau tiède ?
Les mains savent-elles reconnaître la température ?

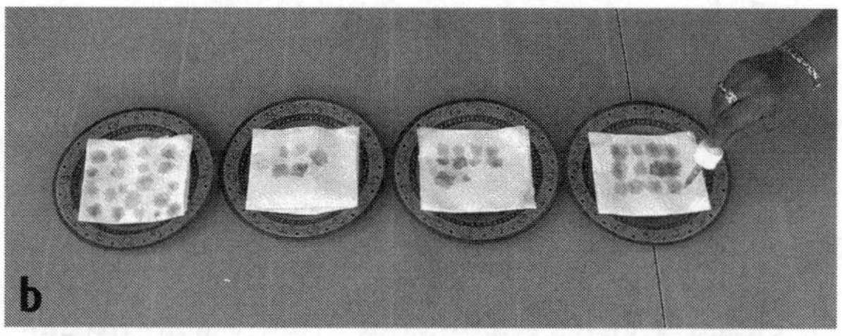

Une expérience

b. Préparation du papier humide : à l'aide d'un compte-gouttes, on met un nombre variable de gouttes d'eau sur un morceau de papier absorbant.
Les gouttes peuvent être versées au même endroit sur le papier. Un colorant alimentaire dissous dans l'eau renseigne sur le nombre de gouttes versées.

c. Les doigts peuvent-ils déceler le degré d'humidité du papier absorbant ?

d. La « boîte à toucher » est utilisable dans de nombreux jeux d'exploration de la sensibilité tactile.
Avec les enfants, on peut inventer différentes règles du jeu.

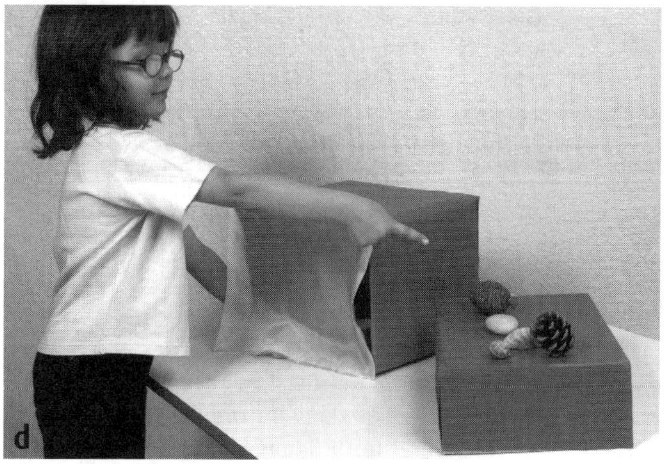

Fig. 5 La sensibilité tactile fournit de très nombreux renseignements sur les objets.

3. Travaux complémentaires

• **La fabrication de livres sensoriels, de livres « à toucher »** enrichira très largement toutes ces séances sur les découvertes tactiles. Cela peut être, par exemple, la création d'un livre type imagier avec des collages de matières traduisant les effets à rendre (la laine du mouton, les plumes de l'oiseau, etc.). Mais cela peut aussi être un livre documentaire ou un conte illustré avec des matières, des textures collées, etc. Dans une famille de matériaux, les élèves rechercheront les matières adaptées et les manières de les coller pour obtenir un objet durable dans le temps.

• **Les jeux de memory ou de dominos tactiles** sont des jeux très motivants pour les élèves. Les jeux de dominos respectent la conception d'un jeu traditionnel avec les constellations mathématiques. Il s'agit de préparer pour les élèves 28 cartons (de 8 × 4 cm par exemple) et de prévoir 7 matériaux différents (56 carrés de 4 × 4 cm) qui se distingueront suffisamment pour jouer uniquement par le toucher, les yeux bandés ou la main dans un sac. Diverses variantes peuvent donner lieu à des jeux différents :
– quelle que soit la couleur, les matières seront très distinctes comme du velours, du carton ondulé, du plastique bulle, du papier lisse, du papier de verre…
– choisir des matériaux de même couleur mais bien sûr de textures différenciables au toucher, ainsi vous aurez le jeu des dominos blancs ou rouges…
– choisir des matériaux d'une même famille de textures et faire varier la grosseur ou l'espacement, etc. Ainsi se constituent le domino des grains (avec des pois chiches collés, des grains de riz, de la semoule, du papier de verre, etc.), le domino des rayures…
– choisir des matières à coller découpées selon des formes, des lettres, des chiffres, etc., à reconnaître au toucher.
Ces jeux nécessitent une organisation collective de la fabrication avec l'élaboration d'un panneau de travail collectif représentant les analogies à respecter pour que les élèves s'y retrouvent (par exemple au 1 est associé le velours, au 2, le carton ondulé…), et une répartition des collages pour bien obtenir la totalité des dominos attendus.

Informations scientifiques pour l'enseignant

❶ Plusieurs types de sensibilité tactile

La sensibilité tactile présente deux particularités :
– il s'agit d'une **sensibilité générale**. Les récepteurs sensoriels ne sont pas localisés dans un organe bien délimité comme l'œil, l'oreille, la langue. Il y a des récepteurs sensoriels dans toute la peau, même si le bout des doigts contient plus de récepteurs qu'ailleurs et, de ce fait, est plus sensible ;
– la sensibilité tactile (le toucher) fournit plusieurs sensations et permet de distinguer le contact léger (on touche la peau avec un cheveu), la pression, le chaud, le froid, la douleur.

❷ Sensibilité ponctuelle

La sensibilité de la peau est **ponctuelle**, c'est-à-dire limitée à des points précis laissant entre eux des espaces insensibles. On reconnaît ainsi des points dits de tact, de pression, de froid, de chaud, topographiquement distincts et ayant des répartitions très différentes et très inégales à la surface de la peau.
La peau contient en effet **divers types de récepteurs**. Un récepteur sensoriel déterminé ne peut répondre qu'à un seul type de stimulus. Par exemple, le récepteur sensible au contact léger ne répond pas à la pression (et inversement).

❸ Sensibilité à la température

• **La peau n'est pas uniformément sensible aux variations de température :** elle possède des **« points de chaud »** et des **« points de froid »** respectivement sensibles au chaud et au froid.
• Comme les « points de contact », les « points de chaud » et les « points de froid » sont **inégalement répartis sur la peau**, ceux « de froid » étant en général les plus nombreux. Sur l'avant-bras, on a ainsi identifié 13 à 15 « points de froid » au centimètre carré pour 1 à 2 « points de chaud » seulement.

❹ Sensibilité à la douleur

• Si la stimulation tactile ou thermique dépasse une certaine intensité et provoque des lésions même minimes, la sensation devient douloureuse. Ainsi, le contact d'une aiguille peut donner une sensation de piqûre, le contact d'un objet très chaud ou très froid une sensation de brûlure, une pression intense une sensation de pincement.
De plus, on a mis en évidence certains points appelés **« points de douleur »**. Ils ne donnent que des sensations de douleur, sans donner de sensations de contact ni de température. Ces « points de douleur » sont les plus abondants ; leur nombre est de 50 à 200 par centimètre carré, et rares sont les régions de la peau qui n'en possèdent pas.
• **La douleur est influencée par de nombreux facteurs psychiques** (la peur de souffrir, l'anxiété, la distraction, etc.) qui élèvent ou abaissent son seuil de perception.
Une remarque doit être faite : la sensibilité douloureuse n'est pas limitée à la peau. Elle s'étend à de nombreux organes internes (muscles, tendons…).

Connaître avec les yeux

Si on ferme les yeux, on ne voit plus rien. Les yeux sont indispensables à la vision. Nos deux yeux voient-ils exactement la même portion du monde qui nous entoure ? Pourquoi, dans l'obscurité totale, ne voit-on rien ? Pourquoi, en très faible luminosité, ne voit-on plus la couleur des objets ? On les voit en noir et blanc (« la nuit tous les chats sont gris » dit le dicton populaire). Pourquoi certaines personnes portent-elles des lunettes ? Qu'est-ce que l'acuité visuelle ? Comment la détermine-t-on ? Qu'est-ce que le daltonisme ?
De très nombreuses questions peuvent se poser sur la vision. Il va de soi que, à l'école maternelle, on limitera les activités à quelques expériences très simples. On trouvera ainsi la réponse à certaines questions. Il est évident aussi, qu'il n'est pas possible de chercher à connaître la structure de l'œil, ni son fonctionnement (formation d'une image sur la rétine, etc.). Cependant nous donnerons à l'enseignant quelques informations scientifiques sur la vision, en nous limitant aux aspects physiologiques qu'il est intéressant de connaître.

Des activités possibles

Sur la vision, de nombreuses activités peuvent être proposées aux enfants sous forme de jeux. Elles permettent d'expliciter la richesse et la limite des informations fournies par la vue. On voit la forme, la couleur, on évalue les distances. Mais on ne voit pas derrière soi, on ne voit pas quand on a les yeux fermés ou quand on est dans l'obscurité. Pour observer un détail, on fixe le regard.

❶ Ce n'est pas facile de marcher droit

Que font les enfants présentés dans l'album « Découvre comment fonctionne ton corps », page 17, figure 4 ?
Un enfant a les yeux bandés. Il ne voit pas la ligne tracée au sol et qu'il doit suivre. Tout va bien pendant quelques mètres, mais ce n'est pas facile si la ligne est de quelques dizaines de mètres de longueur.
Que se passe-t-il alors si la ligne présente des sinuosités ?

❷ La nuit tous les chats sont gris

L'album *« Découvre comment fonctionne ton corps »* présente, à la page 16, trois photographies étonnantes prises dans trois conditions d'éclairement :
– à la lumière on voit les couleurs (les feuilles sont vertes, les fleurs sont rouges, etc.). Une remarque importante : la couleur des fleurs, des feuilles n'est pas exactement la même à deux moments de la journée ;
– en lumière très faible, on aperçoit vaguement les plantes photographiées, mais il n'y a plus de couleurs (sauf quelques bouquets de fleurs rouges).

❸ On voit un peu sur les côtés

Si on regarde devant soi et si les yeux restent immobiles, on voit un peu sur les côtés, mais tout paraît flou. Pour voir nettement, il faut tourner la tête, ou tourner les yeux, ou faire les deux mouvements à la fois, de manière à diriger son regard vers l'objet et à bien le fixer.
Jusqu'où voit-on ? Plusieurs expériences sont possibles :
– assis, le corps restant immobile, regarder devant soi sans bouger les yeux et faire l'inventaire de tout ce que l'on voit. Puis cacher l'un des yeux avec la main. On fait alors disparaître une partie de l'espace précédemment visible ;
– écarter les bras à l'horizontale, puis les déplacer lentement vers l'arrière. Noter le moment à partir duquel on ne voit plus les pouces remuer. Se mettre par deux. « L'expérimentateur » déplace lentement un objet autour de la tête de son camarade ***(fig. 6)***. Indiquer dans quelle position l'objet n'est plus visible.
Au terme des essais, un bilan est établi. Dans une position donnée, le regard étant immobile, chaque œil voit une partie de l'espace (appelée champ visuel). Celle-ci est plus étendue vers le bord externe que du côté du nez.

❹ Vises-tu bien ?

Si on regarde des objets posés sur une table, on peut dire quel est l'objet le plus proche, quel est l'objet le plus éloigné. Autrement dit, nos yeux permettent d'apprécier les distances.

Des expériences simples montrent que cette appréciation est meilleure si on regarde avec les deux yeux qu'avec un seul ***(fig. 6)***.

• **Première expérience :** tracer sur une feuille de papier un cercle de 0,5 centimètre de diamètre. Poser cette feuille sur la table devant laquelle on est assis. Prendre un crayon à la main. tendre le bras à la verticale et en baissant rapidement le bras tendu, piquer au centre de la cible. Répéter plusieurs fois le geste. Faire la même chose avec un œil bouché. La répartition des points montre que l'on vise mieux avec les deux yeux.

• **Deuxième expérience :** l'expérience suivante se réalise à deux *(fig. 6)*. Chaque enfant tient un crayon à la main ; les bras sont tendus. On abaisse brusquement les bras en essayant de toucher la pointe du crayon de son partenaire. Répéter plusieurs fois l'expérience. Faire la même chose avec un œil bouché.

5 Es-tu gaucher ou droitier ?

De même qu'on a très généralement une main dominante sur l'autre, on a un œil dominant (qui n'est pas toujours du même côté que la main). Chaque enfant peut faire une expérience simple pour savoir s'il est droitier ou gaucher de l'œil. Les deux yeux ouverts, il vise, avec l'index ou la pointe du crayon au bout du bras tendu, un objet situé à une distance de 2 à 4 mètres environ. Sans faire le moindre déplacement, il ferme un œil, puis l'autre. Il constate que la coïncidence entre le doigt et l'objet visé ne se fait que pour un œil : c'est l'œil dominant.

6 Le poisson rentre dans son bocal

La ***figure 7*** présente un jeu facile à réaliser par les enfants. Ils dessinent un poisson sur une face du carton, un bocal sur l'autre. En faisant tourner le crayon grâce aux fils préalablement torsadés, on voit le poisson dans le bocal. « C'est parce que ça tourne vite, on n'a pas le temps d'oublier le poisson et on voit déjà le bocal ». Cette explication est satisfaisante. Il s'agit, en effet, du phénomène de persistance des impressions lumineuses. C'est le principe du cinéma.

7 La main trouée

Chaque enfant enroule une feuille de papier pour construire un tube de 3 cm de diamètre et 30 cm de long environ. Il le place devant son œil gauche et approche sa main droite à 15 cm environ de l'œil droit, la paume tournée vers le visage, la tranche de la main touchant le tube. Il ferme l'œil droit, que voit-il ? Il ferme l'œil gauche, que voit-il ? Il ouvre les deux yeux à la fois, que voit-il ? Un trou dans la main !

Il est intéressant de réfléchir pour chercher une explication au phénomène observé. Regarder un paysage ou un objet avec les deux yeux ouverts, revient à filmer avec deux caméras en même temps. Cependant, on ne voit pas double ; il y a fusion (au niveau du cerveau) des deux séries d'informations. Dans l'expérience de la « main trouée », les deux images fournies par « nos deux caméras » fusionnent comme dans la vision binoculaire normale. L'explication n'est pas, comme on le voit, accessible aux enfants d'école maternelle. Ils se contenteront de constater le phénomène.

8 Certains enfants portent des lunettes

Certains élèves portent des lunettes. Tous n'ont pas des verres identiques ; parfois même les deux verres d'une même paire sont différents.

Les lunettes servent à améliorer la vue ; or il existe plusieurs sortes de défauts de la vision et, souvent, un œil voit mieux que l'autre.

9 Les yeux peuvent exprimer des émotions

Les yeux peuvent exprimer la joie, la colère, la tristesse, etc. Le regard peut être moqueur, vif, perçant, attentif…

Vous pouvez mimer ces situations devant les enfants ; ils essaient ensuite d'en faire autant. Ils peuvent également rechercher dans des magazines des photographies de visages et indiquer ce qu'ils expriment. Pour cela, faites cacher le reste du visage.

Les émotions ne sont pas toujours clairement identifiées. On constate souvent que le regard n'intervient pas seul, l'ensemble du visage est concerné.

Informations scientifiques pour l'enseignant

1 On ne voit rien dans l'obscurité totale. Pourquoi ?

Le soleil, les étoiles, une ampoule électrique émettent de la lumière. Ce n'est pas le cas des objets, des êtres vivants.

Dans la journée, on voit un crayon, une tomate, un citron… parce qu'ils sont éclairés (par la lumière du soleil), et qu'ils renvoient une partie de la lumière qu'ils reçoivent. Une partie seulement, comme nous allons le voir plus loin. Par ailleurs, une partie de cette lumière réfléchie par un objet pénètre dans les yeux. Des récepteurs sensoriels situés dans les yeux (dans la rétine) sont stimulés et transforment la lumière en messages nerveux. Les fibres nerveuses des nerfs optiques transmettent ces messages au cerveau qui les interprète et donne une sensation : je vois une tomate bien rouge placée sur la table entre un citron et une carotte, à un mètre environ de moi (perception de la taille, de la couleur, de la forme, de la distance…).

On ne voit pas la tomate dans l'obscurité totale : elle ne reçoit pas de lumière. Elle ne peut donc pas en réfléchir.

Remarque : Si les yeux sont irremplaçables pour voir, la vision fait aussi intervenir les nerfs optiques et le cerveau. Sans le cerveau, aucune vision n'est possible, même avec des yeux en parfait état.

Avec les enfants, on ne parle pas du rôle du cerveau. L'information complète sur la vision se fera ultérieurement.

« J'ai deux yeux »

■ Vois-tu exactement les mêmes choses avec chacun de tes 2 yeux ?

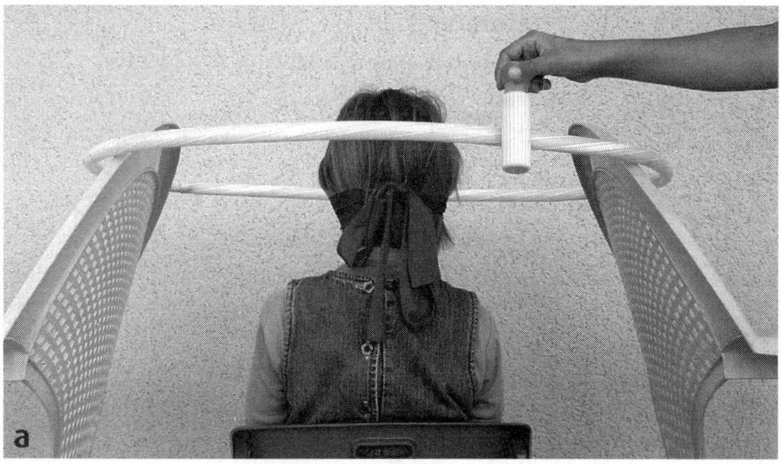

Pour réaliser cette expérience il faut garder les yeux immobiles et regarder devant soi, avec l'œil gauche, puis avec l'œil droit.

Portion de l'espace visible avec l'œil droit dans le plan horizontal (schéma pour l'enseignant).

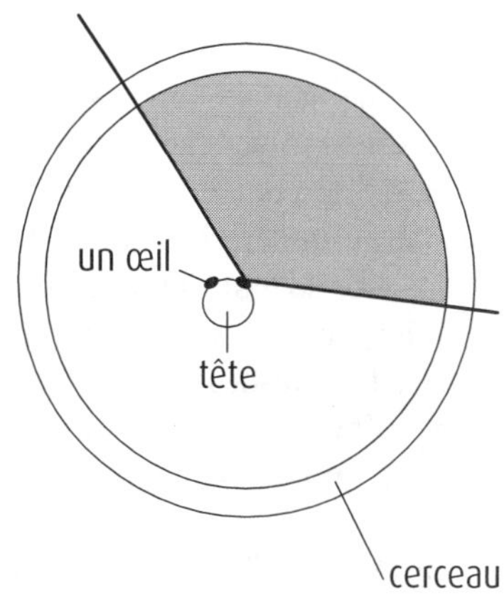

■ Deux yeux, c'est mieux pour viser juste

– avec les 2 yeux ouverts

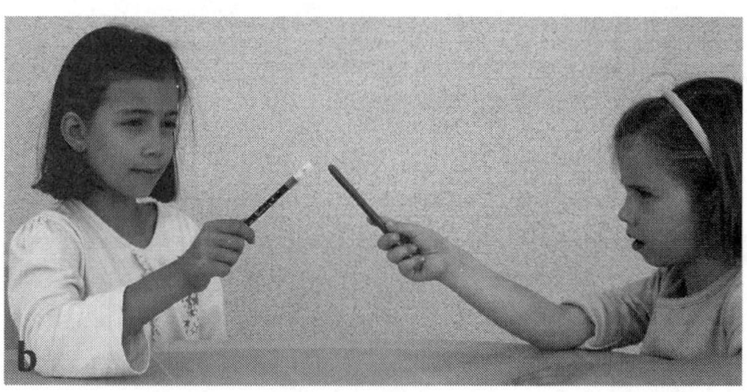

– avec un œil fermé

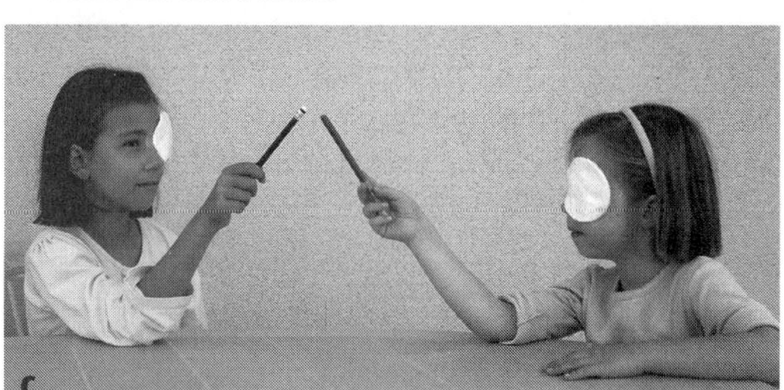

Alice tient un stylo feutre dans sa main droite, le capuchon du stylo dans sa main gauche. Ses bras sont écartés et brusquement elle essaie de mettre le stylo dans le capuchon.

Fig. 6 Ces « expériences » prennent l'allure de jeux.

❷ Pourquoi voit-on une tomate de couleur rouge ?

La lumière émise par le soleil (ou par une ampoule électrique) est dite lumière blanche. C'est un mélange de lumières colorées parmi lesquelles on distingue le violet, l'indigo, le bleu, le vert, le jaune, l'orange et le rouge, c'est-à-dire les couleurs de l'arc en ciel (un arc en ciel résulte de la décomposition de la lumière blanche par des mini gouttes d'eau).
– Un objet, qui absorbe toutes les couleurs (ou radiations) de la lumière blanche sauf le rouge, est vu de couleur rouge. C'est le cas d'une tomate bien mûre.
– Un objet, qui absorbe toutes les couleurs de la lumière blanche sauf le vert, est vu de couleur verte. C'est le cas d'une tomate jeune (pas mûre).
– Un objet est de couleur noire s'il absorbe toutes les radiations de la lumière blanche et ne renvoie rien. Le noir est l'absence de toute lumière, de toutes les couleurs. L'objet blanc, au contraire, renvoie toute la lumière blanche, sans rien absorber.
Un exemple : Pourquoi les feuilles des arbres sont-elles vertes ? Parce qu'elles contiennent de la chlorophylle, et que ce pigment absorbe les différentes radiations violet, indigo, bleu, jaune et rouge. L'énergie lumineuse ainsi absorbée sert à faire la synthèse des glucides à partir du dioxyde de carbone atmosphérique.

❸ L'œil est parfois comparé à un appareil photographique. Pourquoi ?

Les yeux ont une structure très complexe qui fonctionne grâce à des systèmes convergents réglables automatiquement. Comme c'est le cas dans un appareil photographique, chaque œil donne, d'un objet situé devant lui, une image. Celle-ci est formée de points lumineux. Les récepteurs sensoriels sont stimulés par ces points lumineux. La précision de la vision dépend du nombre de récepteurs présents à l'endroit où se forme l'image.

❹ Le passage d'un endroit éclairé à un endroit sombre

• En passant brusquement d'un endroit éclairé à un endroit sombre, on ne voit rien pendant quelques instants, puis « l'œil s'habitue à l'obscurité ». Cette adaptation à un éclairement faible demande plusieurs secondes. Si l'on prolonge le séjour à l'obscurité, cette adaptation, qui était rapide au début, se poursuit ensuite de plus en plus lentement et n'est complète qu'après une heure environ. La sensibilité de la rétine est alors remarquable : on a calculé que l'œil est capable de percevoir une lumière aussi faible que celle qui serait émise par une bougie située à 27 kilomètres.

• En condition de très faible éclairement, celle du crépuscule ou de la nuit en plein air, les contours des objets sont imprécis et nous ne voyons pas leur couleur.

• Si dans le ciel nocturne, on fixe une étoile, elle paraît le plus souvent entourée d'autres étoiles, certaines très peu lumineuses ; mais, dès que l'on fixe l'une d'elles, elle cesse d'être visible.

❺ Chaque œil contient deux sortes de récepteurs sensoriels

La rétine comporte deux types de cellules sensibles à la lumière, des **cônes** et des **bâtonnets**, qui sont juxtaposés à la manière d'une mosaïque (130 millions de bâtonnets et 6,5 millions de cônes).

• Les bâtonnets

Ils sont extrêmement sensibles à la lumière, c'est-à-dire capables de réagir à un stimulus très faible (ils sont cent fois plus sensibles que les cônes), mais en revanche ils ne fournissent pas une image nette de l'objet.
Ils permettent une vision noir et blanc, ou plus exactement en nuances de gris.
Ils ne fonctionnent bien qu'en faible éclairement ; une lumière forte les « sature », c'est-à-dire rend leur pigment insensible à la lumière.

• Les cônes

Ils ne fonctionnent que si la lumière est relativement importante (un bâtonnet peut être sensible à 1 seul photon, il en faut plus de 100 pour activer un cône).
Ils permettent alors une vision précise d'une part, colorée d'autre part (l'œil humain distingue plusieurs centaines de couleurs).
Ils sont donc spécialisés pour une bonne acuité visuelle au détriment de la sensibilité.

Remarque : le non fonctionnement des cônes est un handicap majeur et la personne présentant ce type de trouble est légalement aveugle (non voyante).

❻ La vision des couleurs implique la présence de 3 types de cônes

Les cônes et les bâtonnets contiennent une substance chimique (un pigment photosensible) qui se décompose à la lumière et est responsable de la conversion de la lumière en message nerveux.

Les **bâtonnets** contiennent tous le pigment dont le maximum d'absorption se situe entre le vert et le bleu.
En revanche, il existe **trois types de cônes** qui se distinguent par le pigment qu'ils renferment : chacun présente un maximum d'absorption pour une longueur d'onde déterminée. Ainsi, il existe des cônes sensibles au bleu, d'autres au vert et les troisièmes au rouge. Ces propriétés spécifiques des cônes et des bâtonnets, ainsi que leur inégale répartition sur la rétine, expliquent certaines caractéristiques de la vision.

❼ Qu'est-ce que le daltonisme ?

Il existe de nombreuses anomalies de la vision des couleurs. Le **daltonisme** en est une. D'origine génétique, elle touche plus les hommes que les femmes (2 % de la population masculine contre 0,003 % de la population féminine). Chez ces personnes, l'un des pigments photorécepteurs (rouge ou vert le plus souvent) est absent : ainsi les sensations colorées, reproduites à partir des informations des deux populations de cônes seulement, sont différentes de celles des sujets ayant une vision trichromatique.

« Ça, c'est drôle »

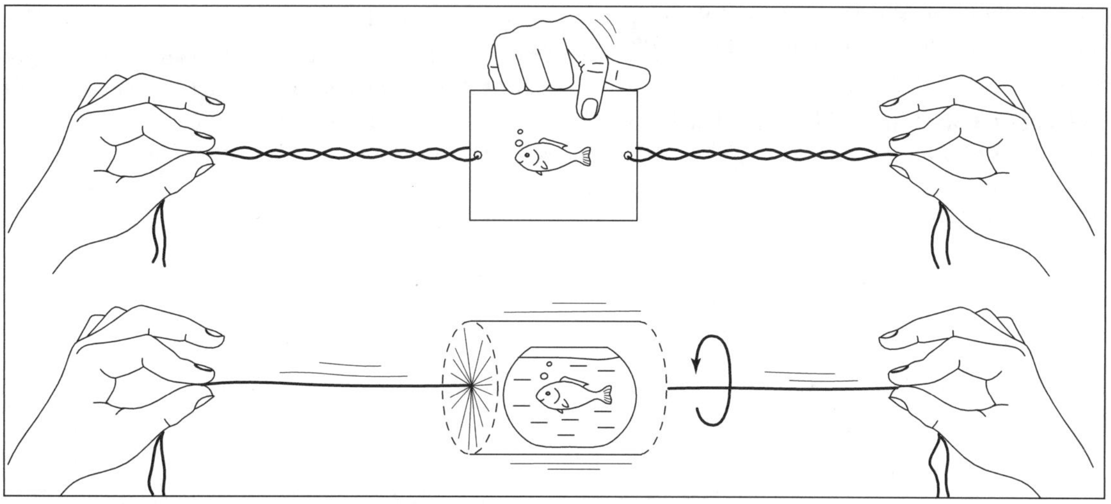

Fig. 7 Un jeu facile à réaliser par les enfants. Ils dessinent un poisson sur une face de carton, un bocal sur l'autre. Le poisson est vu dans son bocal quand le carton tourne très vite.

Plusieurs façons de voir la même image

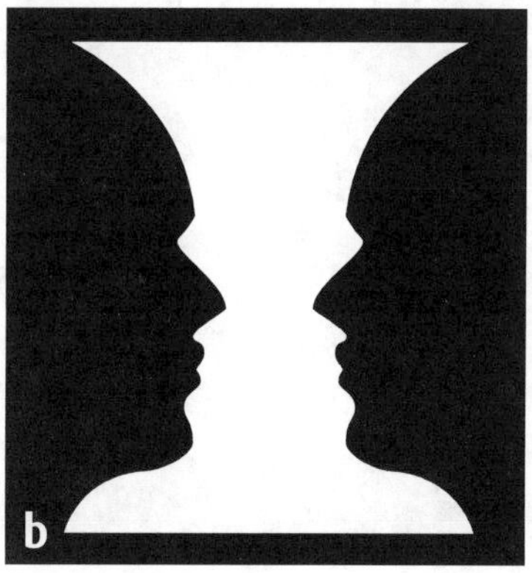

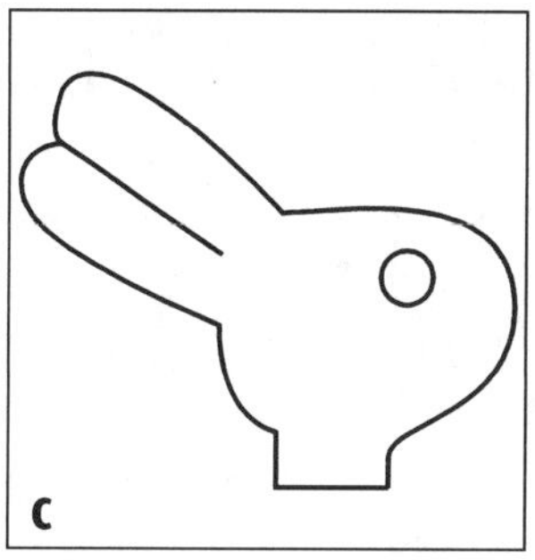

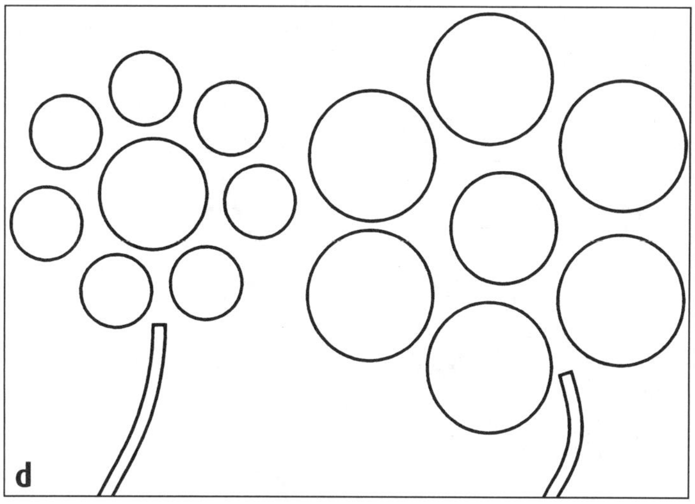

a. Vois-tu une jeune femme ou une dame plus âgée ?
b. Est-ce un vase ou deux visages ?
c. Est-ce un lapin ou un canard ?
d. Laquelle de ces deux fleurs a le « cœur » le plus gros ?

Fig. 8 Les « illusions d'optique » montrent que le cerveau joue un rôle capital dans la vision : il interprète les messages qu'il reçoit.

8 Le rôle du cerveau

L'œil permet la formation d'images du monde qui nous entoure et génère des messages nerveux. Mais la vision nécessite que cette information soit transmise et analysée par le cerveau pour finalement faire naître la perception visuelle.

On appelle **perception visuelle** non seulement le fait de voir (« je vois quelque chose »), mais aussi le fait de reconnaître ce que l'on voit : exemple, « je vois une tomate rouge, elle est bien mûre ». La ***figure 8*** présente des dessins qui permettent de reconnaître soit une jeune femme, soit une dame âgée un peu étrange, soit un lapin, soit un canard, etc. Dans ce cas, la perception visuelle qui dépend du cerveau, n'est pas la même. On peut ici mesurer l'importance du rôle du cerveau dans la vision. Elle intègre les connaissances antérieures (reconnaître une tomate, savoir que la couleur rouge caractérise la maturité du fruit, etc.).

Voir le monde autrement

L'observation des effets de la lumière (jeux de lumière et d'ombres, de miroirs), la déformation de la vision avec des instruments d'optique simples permettent de percevoir autrement les objets qui nous entourent.
Le sujet est fertile en découvertes et attrayant pour les jeunes enfants. Vous pourrez facilement lui consacrer plusieurs séances. Vous amènerez les enfants à saisir intuitivement quelques notions simples sur la vision des couleurs, les ombres, les miroirs. Mais, il faut se garder d'être trop ambitieux. Le but de ces exercices est de susciter la curiosité, de permettre la confrontation de diverses hypothèses, de donner le goût d'expérimenter.

Peut-on changer la couleur des objets ?

Les enfants constatent qu'ils peuvent changer la teinte d'un objet en le regardant à travers une feuille transparente de couleur, ou en l'éclairant avec une lumière colorée *(fig. 9)*.

A. Jeux libres

Ces jeux, qu'ils peuvent mener dans le cadre d'un atelier encadré ou dans un espace sciences dans lequel vous aurez mis du matériel, les entraîneront à affiner et analyser leurs perceptions visuelles.
Ce matériel peut comprendre des papiers d'emballage de bonbons, des feuilles transparentes de couleurs variées (cellophane, rhodoïd, matière plastique pour recouvrir les livres), d'environ 30 × 10 cm, en nombre au moins égal à celui des enfants. Vous y ajouterez quelques feuilles ou bandes opaques (papier d'emballage de couleur, papier métallisé, etc.) et du papier translucide comme le papier vitrail.

1 Connaissances et compétences

Les élèves vont découvrir que **la couleur d'un objet dépend des conditions d'observation**, selon qu'on place un filtre coloré entre l'objet et l'œil. Ils remarqueront que le blanc et le noir ne sont pas des couleurs « comme les autres », et qu'un filtre coloré ne modifie pas la teinte d'un motif de même couleur. Ils deviennent sensibles à l'infinie richesse du monde de la couleur et apprennent le vocabulaire lié aux différentes teintes (violet, mauve, bordeaux, ocre, brun, marron, etc.).
Ils retrouveront ou découvriront la différence entre transparent et incolore, et différencieront transparent et coloré : un matériau peut être transparent et coloré.
Ils s'exerceront à **porter leur attention** sur la couleur, en négligeant toutes les autres propriétés de l'objet (forme, grandeur, etc.), et à **comparer** des objets très différents en ne considérant qu'un seul caractère (la couleur).
Ils apprennent ainsi à voir les choses telles qu'elles apparaissent, et non seulement par une simple identification globale.
Ils enrichissent leur sens de l'observation et par la même occasion leur vocabulaire.

2 Activités possibles

a. Avec des papiers de bonbon

Invitez les enfants à jouer avec le papier qu'ils ont apporté ou qu'ils ont choisi. Chacun, aussitôt, pose son papier sur le dos de sa main et dit ce qu'il voit : « Je vois ma main toute rouge », « Elle est bleue », « Elle est orange ».
Mais l'un d'eux, qui possède un papier métallisé, ne voit rien au travers. Les enfants sont alors conduits à verbaliser une importante découverte : certains papiers sont « **transparents** », d'autres sont « **opaques** ». C'est l'occasion de **différencier transparent et incolore**.

b. Avec des feuilles transparentes de couleur

Vous récupérerez ou achèterez quelques feuilles de films transparents de type : cellophane, rhodoïd, matière plastique pour recouvrir les livres…
• Le premier moment passé, on cherche très vite ce qu'on peut faire avec ces feuilles. Laissez chacun mener ses essais en toute liberté. Invitez à faire part de leurs découvertes ceux qui ne le feraient pas spontanément.
Ils commencent par placer la feuille colorée devant leurs yeux ou sur l'objet : « Quand on regarde dedans, la classe est toute rose ».

Mais, peu à peu, les essais se compliquent et les conclusions s'enrichissent.

On superpose les feuilles de couleur, transparentes et opaques : « Quand je mets le papier transparent vert sur le papier blanc (d'un cahier par exemple), je vois vert. Quand je mets un papier vert transparent sur le papier vert, je vois vert plus foncé ».

• **On place la feuille transparente sur un objet multicolore :** recouvert de plastique bleu, le pot de crème fraîche, qui était blanc, vert ou orange, devient bleu, vert et marron ***(fig. 9)***. En plaçant le plastique rouge sur le mouchoir bleu et blanc, on constate : « Là, il y a du violet et, là, il y a du rose ! ». Et on s'émerveille de ces métamorphoses : « Oh ! c'est joli ! regardez ! » dit Aziz qui a eu l'idée de mettre sa feuille transparente sur un dessin affiché au mur.

• Ils remarqueront peut-être qu'un dessin de couleur (surtout de couleur pâle) sur fond blanc s'estompe avec une cellophane de même couleur (filtre) ; et ils s'amuseront à **« effacer »** de cette façon **certains traits de couleur**. Les résultats sont plus ou moins nets selon les matériaux utilisés.

Les enfants seront souvent embarrassés pour **donner un nom aux couleurs observées**. Vous devez corriger la confusion entre « blanc » et « incolore », entre « noir » et « foncé ». N'essayez pas de fournir aux enfants une abondance de mots désignant les différentes couleurs, mais de les sensibiliser aux différences de coloration (nuance et valeur de la couleur).

Au cours de la discussion, les enfants peuvent tirer quelques conclusions des observations :
– Dans certains cas, la couleur change très peu, elle devient seulement un peu plus foncée : rouge à travers le rouge, bleu à travers le bleu…
– Le noir reste toujours noir.
– Le blanc prend toujours la couleur de la feuille transparente.

Ils sentiront intuitivement que le noir et le blanc ne sont pas des couleurs comme les autres.

• Les enfants auront peut-être **superposé deux cellophanes de couleur** ; une nouvelle teinte est apparue dans la partie commune aux deux filtres. Par exemple : du vert avec du jaune donne du bleu-vert. Beaucoup penseront à intervertir les deux filtres.

Avec trois feuilles de couleurs différentes – dont certaines pourront même être pliées – quelques-uns voient apparaître, par superposition partielle, une mosaïque qui les enchante.

Vous accueillerez favorablement ces initiatives, susceptibles de donner le goût de l'expérimentation, de développer la curiosité et le besoin de preuve.

3 Activités complémentaires sur l'album

Les photographies **4** et **5** page 17 de l'album *« Découvre comment fonctionne ton corps »* présentent des enfants utilisant des papiers ou des feuilles de plastique, transparents et colorés.

• **S'ils ont déjà manipulé**, vos élèves retrouveront des situations déjà rencontrées, et pourront faire des remarques qui serviront à **évaluer leurs acquis**.

Avec sa paire de lunettes, Aubin voit les objets de la classe de la même couleur avec ses deux yeux, mais ces couleurs ne sont pas les mêmes que si on regarde ces objets sans lunettes. S'il chausse les lunettes posées sur la table, les filtres placés devant les yeux sont rouge pour l'œil droit et bleu pour l'œil gauche. Les couleurs des objets ne seront pas les mêmes pour les deux yeux. (Notons à votre intention que ces lunettes à deux couleurs sont utilisées pour l'observation d'images ou de films en relief : le filtre permet de sélectionner l'image qui doit être perçue par chacun des yeux, et de reconstituer alors l'impression de relief.).

Vous pouvez également proposer aux élèves de fabriquer des lunettes avec des films transparents de couleurs différents, avec des rayures, des pois… pour s'amuser à voir le monde autrement (Voir album *Repère-toi dans le temps et dans l'espace* p. 32).
En posant les feuilles transparentes et colorées sur l'image, Lisa modifie la couleur qu'elle peut observer.

• **S'ils n'ont pas encore manipulé**, ces photographies seront l'occasion d'entrer dans des activités analogues à celles décrites précédemment.

B. Jouons avec des lumières colorées

Si vous pouvez faire l'obscurité dans la salle de classe, ou dans une « cabane obscure » installée dans un espace sciences, les observations en seront facilitées.
Ces observations peuvent être menées avec un matériel simple :
– des feuilles transparentes de couleurs variées ;
– des sources de lumière mobiles et faciles à manier : lampes torches, lampes de poche, etc. et éventuellement un projecteur pour la classe, que vous manipulerez ;
– un ou deux écrans noirs (papier Canson noir).

1 Connaissances et compétences

Les élèves découvriront que **la couleur d'un objet dépend de la couleur de la lumière** avec laquelle on l'éclaire. On obtient le même résultat en plaçant un filtre coloré devant l'œil ou devant la lampe.

S'ils ont travaillé avec des feuilles transparentes et colorées, ils retrouveront que le noir et le blanc ne sont pas des couleurs comme les autres. La tache lumineuse donnée par la lampe sur un écran disparaît quand cet écran est noir, que la couleur de la lumière de la lampe soit blanche ou colorée. Cette tache a la couleur de la lumière émise par la lampe quand l'écran est blanc.

Ils seront par ailleurs amenés à **observer**, et à traduire ces observations en mots. Ils auront à s'assurer de la **reproductibilité des résultats** qu'ils annoncent, ce qui les conduira à bien **repérer et décrire les conditions de leurs essais.**

Voir le monde autrement...

... avec des papiers colorés

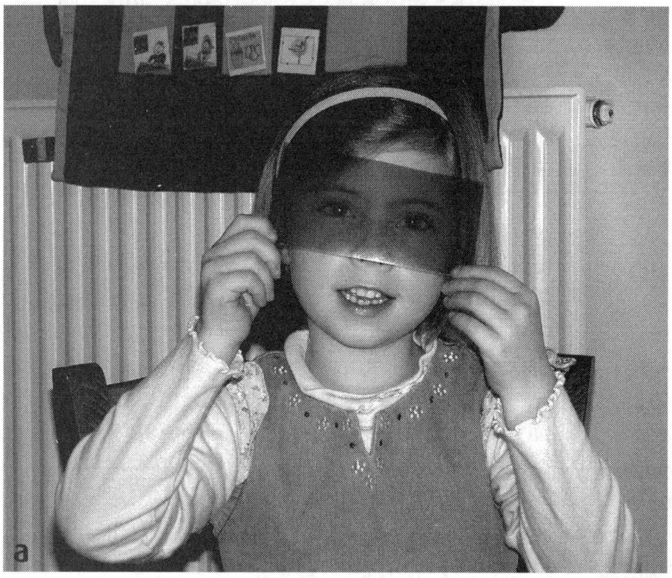

a. On peut acheter des papiers de cellophane de différentes couleurs : rouge, jaune, bleu, vert... Si on pose l'une de ces feuilles sur les yeux, on voit d'une autre couleur les objets qui nous entourent.

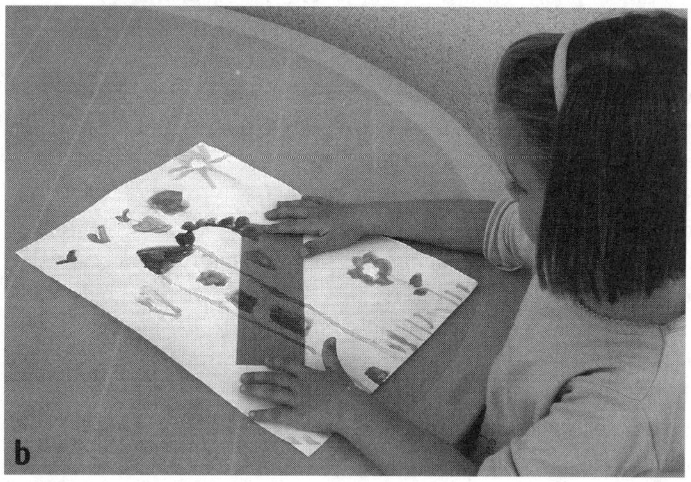

b. En posant sur une feuille blanche, ou sur un dessin en couleurs ou sur une photographie, une feuille de cellophane de couleur, on change la couleur de la feuille, des dessins...

c. Les enfants ont fixé avec un élastique une feuille de cellophane de couleur sur une lampe électrique. C'est très amusant de projeter les lumières colorées sur le mur, sur les gravures...

Fig. 9 Un moyen simple de changer la couleur des objets.

2 Activités possibles

a. Activités libres

Les enfants découvrent vite **le moyen de colorer la lumière** en plaçant un filtre devant la lampe. Ils éprouvent beaucoup de plaisir à projeter les lumières colorées sur les murs, sur les gravures et sur les différents objets déjà regardés à travers les cellophanes. Laissez-leur le temps de multiplier leurs observations, en changeant la couleur du filtre ou en superposant plusieurs cellophanes de même couleur ou de couleur différente, etc.

b. Mise en commun des découvertes

Chaque découverte est communiquée par son auteur à l'ensemble de la classe. Elle suscite chez les autres le désir de reproduire l'observation, ou suggère de nouvelles expériences.
Par exemple, sous la lumière de leur lampe équipée d'un filtre rouge, des enfants ont remarqué que : « Sur la feuille blanche, ça fait rouge – sur le rideau noir (ou à défaut sur l'écran noir), le cercle rouge de la lampe ne se voit plus : ça ne fait plus rien du tout, ça disparaît ».
Ces remarques suggéreront peut-être à d'autres enfants de projeter, par exemple, une lumière bleue sur les mêmes objets pour voir si « ça fait pareil ». Constatant, par exemple, que la couleur de l'éléphant rouge est modifiée, un enfant proposera de projeter la lumière bleue sur un objet bleu pour voir si la couleur en est changée.
Votre intervention sera nécessaire aussi pour aider les enfants :
– à s'exprimer de manière explicite et précise ;
– à rassembler les résultats ;
– à les comparer à ceux obtenus au cours des exercices précédents ;
– à les mettre en relation avec d'autres situations vécues hors de l'école : où avez-vous vu des lumières colorées ? (feux de circulation routière, feux rouges des véhicules, enseignes lumineuses, lumières du sapin de Noël, vitraux des églises, etc.).

C. Informations scientifiques pour l'enseignant

Pour comprendre les informations qui suivent, il est utile, au préalable, de lire les informations pour l'enseignant de la page 56.

1 Couleur des objets

Un objet bleu ou vert, regardé à travers un filtre rouge, paraîtra noir : ce filtre, en effet, ne laisse passer que du rouge. Or l'objet n'en envoie pas : il ne passe donc rien à travers le filtre (de même pour l'objet rouge vu à travers un filtre bleu).
Un objet blanc renvoyant toutes les couleurs, la lumière qu'il diffuse contient du rouge qui peut passer à travers le filtre rouge ; du bleu qui peut passer à travers le filtre bleu… Il paraîtra donc toujours de la couleur du filtre au travers duquel on le voit.
Un objet noir ne renvoie rien, et le filtre au travers duquel on le regarde ne pourra rien laisser passer puisqu'il ne reçoit rien : l'objet paraîtra noir quel que soit le filtre.
En réalité, les choses ne sont pas toujours aussi simples : les couleurs sont rarement « pures ». Il en résulte des différences importantes entre, par exemple, plusieurs sortes de « bleu » (indigo, cyan, etc.) vues à travers le même filtre jaune et réciproquement.
D'une façon analogue, **un objet bleu ou vert éclairé par une lumière rouge** paraîtra noir, car l'objet ne diffuse pas la lumière rouge.
Un objet blanc éclairé par la même lumière rouge paraîtra rouge ; il aura toujours la couleur de la lumière utilisée pour l'éclairer.
Un objet noir éclairé en lumière rouge restera noir ; il restera noir quelle que soit la couleur de la lumière utilisée pour l'éclairer.
Demander quelle est la **vraie couleur** d'un objet n'a pas de sens, car sa couleur n'existe que si on l'éclaire. Elle dépend alors :
– d'une part, de l'objet lui-même ;
– d'autre part, de la composition de la lumière (la couleur de la lumière) avec laquelle on l'éclaire.

2 Synthèses soustractives

Le plus souvent, les couleurs que nous percevons proviennent de la lumière blanche (la lumière ambiante qui nous vient du soleil ou d'une lampe), de laquelle les pigments contenus dans les objets colorés et les filtres ont enlevé un certain nombre de couleurs (qu'ils absorbent). Par exemple, les pigments jaunes, utilisés habituellement, absorbent le bleu, et diffusent le reste de la lumière blanche reçue, qui forme le jaune que nous voyons et qui n'est donc pas du jaune pur. De même les pigments bleu-vert (couleur désignée par cyan) n'absorbent que la lumière rouge.
Quand **on mélange des pigments** (ce que l'on fait par exemple quand on mélange des peintures de couleurs différentes), ou quand **on superpose des filtres**, on se trouve dans une situation dite de **synthèse soustractive** des couleurs. Par exemple, le mélange des deux pigments précédents (jaune et cyan) donne du vert puisque le premier soustrait le bleu et le second, le rouge. La superposition, devant une même lampe, de deux filtres colorés conduit au même résultat. Un filtre jaune et un filtre cyan superposés devant une lampe donneront une lumière de couleur verte.
Les trois couleurs primaires en synthèse soustractive sont le **cyan** (bleu-vert), le **jaune** et le **magenta** (rouge-violet). La superposition de trois filtres de ces couleurs, ou le mélange de trois pigments de ces couleurs, donnent du noir. Dans la pratique, quand on mélange les couleurs bleue, jaune et rouge des peintures, on obtient plutôt du marron que du noir, car les couleurs dont on part ne correspondent pas tout à fait aux couleurs primaires. Il en est de même quand on mélange des encres de couleur. C'est pourquoi, dans l'impression des images en couleur par quadrichromie, on rajoute de l'encre noire aux encres cyan, jaune, et magenta.

3 Synthèses additives

On peut les obtenir en superposant sur un écran les lumières colorées provenant de plusieurs lampes dont chacune est munie d'un filtre.

Par exemple, en superposant des lumières **rouges et vertes**, c'est-à-dire en éclairant un écran blanc au même endroit avec les deux sources de lumière, on obtient une lumière **jaune**. En superposant des lumières **rouge et bleue**, on obtient une lumière **magenta**, et en superposant des lumières **bleue et verte**, on obtient une lumière **cyan**.

Si on superpose **rouge, vert et bleu**, on obtient de la lumière **blanche**. Il s'agit là d'une synthèse des couleurs appelée **synthèse additive**. **Les trois couleurs primaires en synthèse additive** sont le **bleu**, le **vert** et le **rouge**, leur addition donnant le blanc.

Ce procédé est utilisé dans la télévision en couleurs. Chaque point de la face interne de l'écran (les pixels) est une juxtaposition de trois substances appelées luminophores, rendues lumineuses ou non selon qu'elles sont ou non excitées par le signal arrivant sur l'écran, et correspondant aux trois couleurs bleue, rouge et verte. Ces trois « points » constituant un pixel sont autant de « sources de lumière » de couleurs différentes qui arrivent simultanément dans l'œil : celui-ci perçoit alors la couleur obtenue par synthèse additive des différentes couleurs composant les pixels de l'image. Une technique de peinture comme le pointillisme utilise également la synthèse additive des couleurs.

4 Le daltonisme

Il peut très bien se faire que certains enfants ne voient pas les couleurs comme les autres : cette anomalie est assez répandue chez les garçons, beaucoup moins chez les filles (voir page 56).

Jeux de lumière et d'ombre

Les ombres sont un phénomène familier au jeune enfant. Mais elles sont l'objet de représentations confuses, fantaisistes et erronées.

En effet, la notion d'ombre, qui semble évidente pour l'adulte, est difficile à saisir pour un enfant, car c'est une notion traduisant un manque : l'ombre est une **absence** partielle de lumière, une zone moins éclairée. L'enfant la pense au contraire en termes de réalité positive.

« Je fais de l'ombre. L'arbre fait de l'ombre ». Ce qui est simple tour de langage pour l'adulte est pris à la lettre par l'enfant : il fait de l'ombre, comme il fait de la lumière en poussant le bouton de la lampe torche. C'est un acte provoqué, ou même une production de son corps. On retrouve ici l'égocentrisme et l'anthropomorphisme de la pensée enfantine.

Votre acte pédagogique se propose donc d'obliger l'enfant à dépasser cette représentation confuse et fausse. Il y parviendra en analysant avec d'autres enfants une série de situations vécues en commun, et en confrontant ses propres perceptions et interprétations avec celles d'autrui.

A. Jeux au soleil

Les activités se déroulent à l'extérieur. Le choix de journées « à temps variable, avec belles éclaircies » peut donner lieu à des découvertes intéressantes et amener plus vite la prise de conscience de certaines relations ombre - objet - source de lumière.

1 Connaissances et compétences

Au cours des activités, les enfants découvriront que l'**ombre** est liée à la **présence du soleil** et à la **présence d'un objet** qui arrête la lumière, donc d'un objet **opaque**. Par ailleurs, il faut un « **écran** » lui aussi **opaque** sur lequel on peut observer cette ombre. Cet écran peut être un mur, le sol, quelqu'un, etc. Il ne doit pas être noir. L'ombre est une absence de lumière, qui se traduit par exemple par une tache sombre sur le sol ensoleillé.

Les enfants seront par ailleurs amenés à améliorer leur structuration de l'espace : direction du soleil, relation spatiale entre le soleil, l'objet et son ombre, etc.
Ils essaieront de trouver des explications à leurs observations, en faisant des essais (par exemple : pourquoi l'ombre de ma baguette est-elle toute petite ?). Ils mettront ainsi en relation l'orientation des objets par rapport à l'écran et la taille de l'ombre obtenue.

2 Activités possibles

Outre les objets de l'environnement de la cour de l'école, vous pouvez prévoir de mettre à disposition des enfants :
– une ou plusieurs baguettes (tasseaux de bois, tourillons en bois, branches, etc.) ;
– un ou plusieurs cerceaux, ou anneaux, rigides, de diamètres variés ;
– deux ou trois ballons, de grosseurs très différentes.

Il est bien évident que, d'une classe à l'autre, vous amènerez les enfants à s'intéresser à leur ombre ou aux ombres des arbres, des bâtiments de l'école, etc., de différentes manières. Donc, la progression dans la découverte ne saurait être la même partout.

La série d'observations proposée ci-dessous est assez longue à exécuter entièrement. Par ailleurs, vos élèves suggéreront d'autres jeux, ou des variantes possibles.

Nous vous conseillons de consacrer deux ou trois séances à ces jeux.

a. « Je fais de l'ombre »

Les élèves sont sortis dans la cour pour jouer au soleil. Une fillette remarque :
« Il y a deux Clarisse aujourd'hui, une debout et l'autre couchée ».

D'autres ajoutent alors : « Moi aussi, j'ai une ombre » et tous s'intéressent à leur ombre.

Parfois les ombres se chevauchent, « On se gêne, écarte-toi ». Les enfants saisissent intuitivement que l'ombre d'un objet placé à l'ombre ne se voit pas.

b. « Quand je bouge, mon ombre bouge aussi »

Laissez évoluer les enfants. Vous constaterez qu'ils éprouvent beaucoup de plaisir à ces jeux libres, et que **chaque observation** faite par l'un d'eux **est aussitôt mise en application** par l'ensemble de la classe :
– certains jouent à se déplacer, à lever un bras, un pied, etc.
– on se baisse, « on se fait tout petit », et l'ombre rapetisse aussi ;
– puis, ils tentent de marcher sur l'ombre du voisin, lequel se sauve ;
– avec l'ombre de leur main, ils touchent l'ombre d'un camarade ;
– ils essaient de sauter par dessus leur ombre : « On peut pas sauter dessus, elle est accrochée à nous » ;
– un enfant remarque : « L'ombre n'est pas toujours couchée ; parfois, elle est sur le mur, et elle me suit ».

Ces activités constituent pour l'enfant une prise de conscience de son propre corps. L'ombre exerce le même attrait que l'image dans un miroir. Les enfants semblent « se découvrir ». Aussi devez-vous leur laisser le temps nécessaire pour trouver d'autres activités. Vous verrez qu'ils ne manquent pas d'imagination.

Puis vous pouvez, à votre tour, **enrichir leurs jeux** par d'autres propositions :
– cacher, avec l'ombre des mains, un objet placé sur le sol ;
– se cacher dans l'ombre d'un autre ;
– marcher sur son ombre propre, soit en avançant, soit en reculant :
« Ça y est ! moi, j'ai déjà marché dessus en marchant avec un pied en arrière ».

c. « Quand le ballon roule, l'ombre suit le ballon »

Si vous introduisez alors **des ballons de tailles différentes**, les enfants remarquent : « Il y a une ombre plus grande au gros ballon et, au petit, elle est plus petite ». Ils explicitent, à leur manière, que la forme ainsi que les déplacements de l'ombre sont liés à la forme et aux déplacements de l'objet.

d. « La baguette aussi a une ombre »

Les enfants sont répartis par deux. L'un se tient debout immobile et l'autre suit avec la baguette le contour de l'ombre.

Les enfants constatent alors que « La baguette aussi a une ombre ». Ils vont compliquer aussitôt le jeu en suivant l'ombre de la baguette tenue de différentes façons.

C'est un très bon exercice d'éducation motrice qui va, en outre, susciter des remarques intéressantes : « c'est pas facile quand la baguette est en l'air ».

e. « La baguette est devenue toute petite »

Cette dernière découverte entraîne un nouveau jeu : **on joue à changer la grandeur de l'ombre de la baguette.** Les enfants, intrigués par ce phénomène, proposent des explications qui se rapportent à l'orientation de la baguette.

f. « Et pourtant, le cerceau est toujours rond »

Vous proposerez aux enfants de jouer à **entourer un objet placé sur le sol** (un caillou, par exemple) **avec l'ombre d'un cerceau** ou d'un anneau (en corde armée, en fil de fer...). L'exercice ne doit pas prendre l'allure d'une démonstration mais celle d'un jeu individuel ou de groupe.
Les enfants ne tardent pas à constater que **l'ombre d'un cercle n'est pas toujours un cercle**, qu'elle se déforme s'ils bougent le cerceau :
« Ça devient comme un ballon de rugby. – ça devient tout droit ».
Ces remarques les intriguent et peuvent les conduire à vous poser des questions soit immédiatement, soit quelques jours plus tard :
« Il y a une chose qu'on n'a pas compris. Pourquoi l'ombre du cerceau peut être ovale, ou bien ronde, ou bien toute petite, et même juste un trait ? – Et moi, je voudrais bien savoir pourquoi la baguette est plus petite ou plus grande ? »
C'est là un rôle essentiel du « vécu expérimental » : les enfants prennent conscience que quelque chose leur échappe, qu'il y a encore des problèmes à résoudre.
Les jeux précédents ont familiarisé les enfants avec la relation « ombre sur l'écran-objet ». Les jeux qui suivent vont mettre l'accent sur la relation « ombre-soleil ». Pour de jeunes enfants, la triple correspondance « ombre-objet-soleil » n'est pas explicite.

g. « Marchons en évitant que nos ombres se touchent »

Tous les enfants de la classe se dispersent : ils doivent se déplacer en évitant que les ombres se touchent.
« Moi, je peux parce que je vais là où il y a personne ».
Puis ils se rapprochent de plus en plus et le jeu devient plus difficile.

h. « L'ombre du géant »

On se met par deux et on essaie de ne faire qu'une seule ombre *(fig. 10)*.
Les enfants, debout, se déplacent très près les uns des autres (par 2, puis par 3...) et font une seule ombre rectiligne. Ils se placent intuitivement, et cherchent vite à compliquer le jeu en se groupant par quatre, par cinq, etc. Ils lèvent un bras, un pied et se montrent très exigeants pour obtenir une ombre unique, celle d'un géant. Ils constatent que « leurs ombres vont dans le même sens ».
Leur attention est ainsi attirée sur le parallélisme des ombres, aussi bien celles qu'ils font que celles des « objets » de la cour.
« Et l'arbre, là, son ombre est dans le même sens - Et le poteau du préau aussi ».

Des ombres au soleil

a. En quoi consiste ce jeu ?
b. « Je me suis dessiné avec mon ombre. »
c. L'ombre d'un géant à 6 bras.
d. Une ombre à 4 bras. Comment est-ce possible ?
e. « D'accord, on a tout compris. »

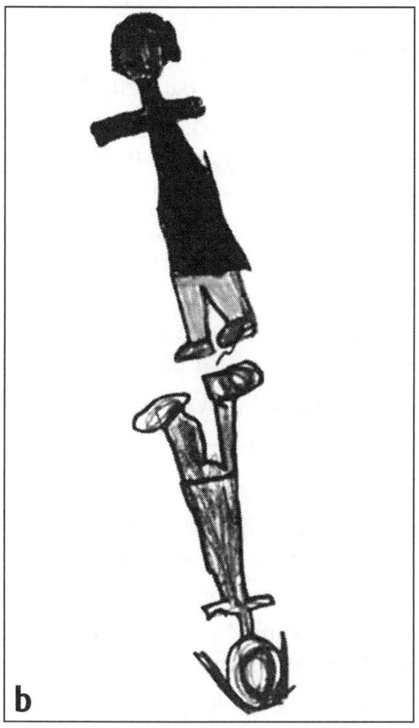

Fig. 10 Jeux au soleil.

i. « J'ai mon ombre à droite »

Les enfants se placent, en général, de façon à voir l'ombre devant eux ; certains se rendent compte qu'**ils peuvent aussi avoir leur ombre derrière eux, ou à droite, ou à gauche.**
De plus, cette activité vous montrera si les enfants ont pris conscience de la disposition relative : soleil, objet, ombre. Là encore, il s'agit de recherches par tâtonnements. Demandez à l'enfant qui a réussi à « avoir son ombre derrière lui » comment il s'est placé. La relation que vous cherchez à faire expliciter est, le plus souvent, perçue de façon intuitive, bien que certains enfants éprouvent de réelles difficultés à réussir ce jeu. N'insistez pas si la découverte espérée se fait attendre : les exercices ultérieurs compléteront ces premières approches.

j. « Quand il y a du soleil, on a une ombre et quand il n'y a pas de soleil, on n'a pas d'ombre »

Si vos jeux se déroulent par une journée de temps variable, le soleil se sera caché au moins une fois et les enfants ne manqueront pas de vous faire cette remarque. Un autre enfant précisera peut-être : « Si, là c'est plus noir, mais on ne voit pas ma forme ».
Vous verrez ainsi s'affiner la relation soleil-ombre : l'intensité et la netteté des contours de l'ombre dépendent de l'état du ciel.
Vous pouvez aussi exploiter la présence d'un préau, d'un arbre, qui ne permettent pas d'observer l'ombre d'un objet placé dessous. Pour observer l'ombre, il faut que l'objet soit éclairé directement par le soleil.

k. « Il y a des ronds qui brillent dans l'ombre du platane »

Certains vont s'amuser à sauter dans ces ronds. « On dirait des bulles » ; « C'est du soleil qui passe là. Regarde, y a des trous là-haut ».
Assurez-vous que tous les enfants trouvent une réponse à la question : « L'ombre, qu'est-ce que c'est ? ».
Il se peut qu'en début de séance des affirmations totalement erronées fusent, telles que : « C'est moi, je fabrique du noir ». Mais, peu à peu, tous les enfants prendront conscience du phénomène réel : « Entre ses jambes, il y a du soleil par terre. Mais, là (l'enfant montre l'ombre des jambes), il n'y a pas de soleil » – « **Si je me mets là, j'arrête le soleil**, alors je fais de l'ombre ; et si je m'en vais, le soleil passe jusque par terre ».

l. « Tu te dessines, avec ton ombre »

De retour en classe, invitez vos élèves à exprimer ce qu'ils ont vu : « **Tu te dessines, avec ton ombre** ». Ne donnez pas d'autres indications ***(fig. 10)***.
Ces dessins constituent pour vous un contrôle individuel intéressant. Rassemblez toutes les feuilles. Après la deuxième ou troisième séance, les enfants seront à même de les critiquer et d'en corriger les erreurs.

3 Activités complémentaires sur l'album

La photographie **6** page 19 de l'album *« Découvre comment fonctionne ton corps »* et la comptine présentent des ombres au soleil. Après avoir vécu certaines des activités précédentes, **les enfants pourront expliquer** comment ces ombres ont pu se former et être observées. Vous pourrez ainsi évaluer certains de leurs acquis.
S'ils n'ont pas vécu les activités précédentes, vous pouvez utiliser les documents comme points de départ pour **provoquer un échange** entre les enfants, puis démarrer des activités d'observations.

B. Des ombres en classe avec une lampe torche

Après avoir mené des activités sur les ombres au soleil, vous pouvez demander aux enfants comment il est possible d'obtenir et d'observer une ombre un jour de pluie. Certains vous proposeront certainement d'utiliser une lampe. Vous pouvez alors mettre à leur disposition des lampes torche et des lampes de poche, ce qui les conduira à de nouvelles découvertes.

1 Connaissances et compétences

Les élèves comprendront que, pour obtenir une ombre, on peut remplacer le soleil par une lampe, mais qu'il faut toujours un objet opaque éclairé par cette lampe, et un écran opaque (et non noir) sur lequel l'ombre peut être observée. Ils approcheront de façon intuitive l'ombre comme absence de lumière.
Ils mettront en évidence la relation spatiale entre la source lumineuse, l'objet et l'ombre sur l'écran : ces trois éléments sont dans cet ordre.
Grâce à leurs essais, ils mettront en relation la forme de l'ombre et l'orientation de l'objet par rapport à l'écran.
Ils découvriront que la taille de l'ombre dépend des distances lampe-objet, ou objet-écran.

2 Activités possibles

Laissez les enfants jouer par petits groupes à faire des ombres avec une lampe torche ou une lampe de poche.
Leurs remarques sont nombreuses, il faudra peut-être consacrer plusieurs séances à cette exploration libre.
Voici **quelques découvertes** possibles :
– l'ombre d'un objet immobile bouge quand on déplace la lampe ;
– certains enfants perçoivent l'influence de la distance lampe – objet sur la grandeur de l'ombre : « ça fait grand quand je mets la lampe comme ça ». Ils déplacent l'objet plus près de l'écran puis plus près de la source lumineuse. L'ombre diminue ou grandit, mais en même temps la netteté de ses contours varie :
– on change la nature des objets. La densité des ombres varie selon que l'objet est transparent, plus ou moins translucide, opaque ;
– on change la couleur de l'écran (papier blanc, papier noir, mur, tableau, etc.) ;
– on éclaire un objet avec deux lampes ;
– on fait tourner l'objet : l'ombre se déforme ;
– certains constatent qu'une ombre disparaît lorsqu'on envoie de la lumière dessus. C'est une approche de l'idée qu'une ombre est une absence de lumière.

C. Silhouettes et ombres chinoises

Cette activité peut se dérouler sous forme de jeux à l'extérieur ou en salle. Si vous travaillez à l'extérieur, vous utiliserez la lumière du soleil ; en salle, il vous faut une source lumineuse de grande puissance : projecteur de diapositives. Dans les deux cas, un drap, des feuilles de papier et des ciseaux sont également nécessaires.

1 Connaissances et compétences

Outre l'affinement des objectifs visés par les exercices précédents, s'y ajoutent les objectifs suivants :
– expression corporelle ;
– créativité et sens esthétique.

À noter que l'écran utilisé est translucide, et non complètement opaque.

2 Quelques jeux possibles

a. Qui est-ce ?

Un drap est tendu verticalement en travers de la classe, dont vous aurez tiré les rideaux sombres. D'un côté du drap, les enfants, de l'autre, un projecteur ou le soleil. Trois enfants seront les « acteurs ». À tour de rôle, ils passeront entre le projecteur et le drap de façon que leur ombre se projette sur l'écran. Les autres élèves doivent reconnaître qui est passé.

Pour que cette ombre portée soit nette, ils devront se placer aussi près que possible du drap. On peut remplacer l'ombre des enfants par celle d'objets divers que la classe devra identifier de la même façon.

b. Découpons nos silhouettes

Ce jeu se déroulera dans la cour, au soleil. Il s'agit de découper, sur du papier, la silhouette du profil de la tête d'un camarade. Pour cela, on trace au crayon les contours de l'ombre, on découpe ensuite. Chaque enfant veut avoir sa silhouette.

Remarque : Au cours de ce jeu, les enfants découvriront que la forme de la silhouette n'est pas la même suivant que la feuille est placée sur le sol ou sur un mur vertical.

c. Ombres chinoises

Les enfants connaissent et apprécient tous ce jeu d'ombre, qui enchante l'imagination par les déformations inattendues apportées par le mouvement. Les enfants s'en donneront à cœur joie le long d'un mur ensoleillé.

3 Activités complémentaires sur l'album

Les secrets d'une boîte à ombres

• Comment est faite cette boîte à ombres ? La photographie **7** page 19 de l'album *« Découvre comment fonctionne ton corps »* donne la réponse : une boîte en carton dont l'une des faces est remplacée par du papier calque. La source de lumière est fournie par une lampe de poche. Sur l'écran, on voit l'ombre du camion, qui dépend de sa position dans la boîte.

• S'ils ont déjà manipulé sur les ombres avec une lampe, les enfants pourront retrouver que les photographies des ombres observées sur l'écran sont placées à côté de la bonne boîte. Ils vérifieront leurs affirmations en fabriquant et utilisant une boîte analogue.

• S'ils n'ont pas manipulé avec une lampe, ils feront des suppositions, qu'ils vérifieront par la manipulation.

• Il va de soi que le camion peut être remplacé par d'autres objets ou par des personnages découpés dans de la cartoline. Les enfants peuvent alors réaliser un théâtre d'ombres en construisant des silhouettes, et en mettant en place un écran et une source lumineuse, pour offrir un spectacle à des camarades.

D. Informations scientifiques pour l'enseignant

Le **Soleil** est à une distance très grande de nous, qui peut être considérée comme infinie. Chaque « point » de celui-ci envoie de la lumière dans toutes les directions. Sur la Terre, nous recevons une toute petite partie de cette lumière, et on peut considérer qu'il s'agit d'un **faisceau de rayons parallèles**.

Si on ne considère pas cette distance comme infinie, on peut constater que le Soleil est vu de la Terre sous un petit angle (un demi-degré environ). Deux rayons lumineux nous arrivant des bords extrêmes du Soleil, font donc, entre eux, un angle de un demi-degré au maximum. Par suite, les rayons du Soleil qui éclairent une zone de la Terre peuvent être considérés comme parallèles en première approximation.

Cela explique que, avec le Soleil :
– les ombres ont des contours nets ;
– les parallèles (et notamment les verticales) ont leurs ombres parallèles quand celles-ci sont portées sur un même plan ;
– la grandeur de l'ombre d'un objet ne varie pas, en un lieu donné et à un moment donné, si on ne fait subir à l'objet ou à l'écran que des mouvements de translation l'un par rapport à l'autre ;
– la grandeur de l'ombre d'un objet varie à un moment donné suivant son orientation par rapport à l'écran (sauf dans le cas d'une sphère), et suivant l'angle que font les rayons du Soleil avec l'écran, donc du moment de la journée et de la date de l'observation (ces deux derniers points seront vus à l'école élémentaire, au cycle 3).

Quand on utilise une lampe, la source de lumière est proche de l'objet et de l'écran, et le faisceau de lumière reçu par l'objet n'est pas un faisceau de rayons parallèles. C'est pourquoi l'ombre n'est pas toujours nette (il y a une pénombre). C'est pourquoi aussi la taille de l'ombre dépend des distances entre la lampe et l'objet, et entre l'objet et l'écran. L'ombre a la même forme qu'un objet plat, si celui-ci reste parallèle à l'écran.

Jeux avec des miroirs

Pour organiser les activités qui suivent, il faut, autant que possible, un miroir par enfant. On peut demander à chacun d'en apporter un. Le miroir rectangulaire est le plus commode. Le format « carte postale » convient parfaitement.
Distribuez les miroirs et laissez les enfants jouer librement avec. Invitez-les à s'exprimer lors de chaque découverte. Cette phase est d'une importance capitale car tous les exercices qui suivront ne seront qu'un approfondissement des découvertes faites librement pendant cette première séance. C'est en effet à partir de leurs remarques que vous organiserez les activités suivantes.

A. Comment voir ce qui est caché

1 Connaissances et compétences

En faisant des essais, les enfants découvriront qu'un miroir permet de voir des objets non directement visibles à l'œil. Pour cela, il faut orienter correctement le miroir, à la fois par rapport aux yeux et à l'objet que l'on veut observer.
Ces activités contribueront à développer la motricité fine des enfants.

2 Activités possibles

Les enfants utilisent leur miroir comme rétroviseur. Vous pouvez leur proposer un jeu de questions. Pour y répondre, ils devront placer correctement leur miroir.

• Voir derrière soi

« Comment vais-je m'y prendre pour voir ce que vous faites derrière mon dos quand j'écris au tableau ? ».

• Voir derrière un obstacle

– Je voudrais voir si les peintres ont fait leur travail. Ont-ils vraiment peint tout autour du tuyau du chauffage central ?
– Julie, derrière la porte entrouverte, nous fait peut-être des signes. Pouvez-vous le savoir avec le miroir ?
– Peut-on voir dans la cour sans se pencher par la fenêtre ?

• Voir sa nuque

– Jouons au coiffeur. C'est plus difficile. Vous leur demandez de regarder l'arrière de leur propre tête *(fig. 11)*. Naturellement, avec un seul miroir, ils n'y parviennent pas. Suggérez-leur alors de se grouper par deux pour pouvoir disposer de deux miroirs. Les groupes qui ont réussi peuvent expliquer aux autres comment s'y prendre.

• Voir pour marcher à reculons

Tracez à la craie, sur le sol, un circuit de contour simple. Demandez aux enfants de le suivre à reculons en regardant par-dessus leur épaule ; puis de refaire le même circuit, toujours à reculons, mais en se guidant avec un miroir disposé de manière à voir le sol derrière soi.

B. Jouons avec le soleil

Il est probable que, lors des activités libres, un enfant ait joué à « envoyer le soleil » au plafond ou sur les murs, à éblouir un camarade, et ce jeu a eu beaucoup de succès dans la classe.

1 Connaissances et compétences

Les enfants découvriront qu'il faut éclairer le miroir, le mettre au soleil, pour obtenir une tache lumineuse sur un écran (mur, etc.).
Ils développeront leur motricité fine : chaque enfant doit contrôler le mouvement de sa main quand il renvoie le rayon de soleil ou cherche à suivre une cible en mouvement.
Pour prévoir le geste à faire, l'enfant doit apprendre à limiter le tâtonnement par l'observation et l'organisation intuitive des résultats (orientation du miroir pour atteindre et suivre la cible).

2 Activités possibles

a. Envoyer une tache lumineuse sur une cible

Proposez aux enfants d'envoyer leur tache lumineuse sur une cible :
– une cible immobile (une image au mur, par exemple) ;
– un contour (suivre le contour du plafond, du tableau, etc.) ;
– une cible en mouvement (le dos d'un camarade qui se déplace, etc.).

La simplicité apparente de ces jeux cache des difficultés de coordination motrice au moins pour quelques-uns. Mais, vous constaterez aussi que certains ne perçoivent pas la nécessité d'avoir leur miroir au soleil ; d'autres ne savent pas retrouver leur tache car ils n'ont pas remarqué l'existence d'une relation entre le déplacement de celle-ci et le mouvement du miroir.

Cette difficulté de repérage est évidemment multipliée quand de nombreuses taches dansent en même temps. Il sera donc sage d'introduire un tour de rôle dans ce jeu en n'admettant que deux ou trois exécutants à la fois. Dans certains cas, l'intervention d'un camarade plus habile (ou la vôtre) sera utile.

b. Autres suggestions

– À l'aide d'un miroir, envoyer la lumière d'une lampe torche ou d'un spot lumineux dans un autre coin de la classe (il est préférable de tirer les rideaux).

– Envoyer l'image donnée par le projecteur (maintenu fixe) sur un autre écran : le plafond, par exemple. (C'est un miroir qui permet d'obtenir ce résultat dans un rétroprojecteur).

– Atteindre la cible avec un deuxième miroir : sur le trajet du faisceau lumineux réfléchi par un premier miroir (immobile), on peut en placer un deuxième qui permettra d'atteindre la cible.

Voir le monde autrement... ... avec des miroirs

a

b

c

d

Fig. 11 Des découvertes variées.
a. « Je me vois dans le couvercle. Ma tête est toute petite. »
b. « Avec deux glaces, je vois mes cheveux derrière ma tête. »
c. « Avec plusieurs miroirs, je me vois de différentes façons. »
d. « Je ne peux plus lire mon nom. »
e. Les découvertes se prolongent en dehors de la classe.

e

C. Mon nom est à l'envers

a. Une curieuse découverte

Au cours des jeux libres, des enfants ont certainement fait remarquer que leurs prénoms, sur les étiquettes dans la classe, ne sont plus lisibles
Vous approfondirez cette observation en demandant à chacun de fixer sur sa poitrine une étiquette avec son prénom. Tous découvrent avec surprise que, dans le miroir, « c'est à l'envers ». Ils cherchent peut-être à redresser l'image en changeant de position ou en tournant. N'y parvenant pas, ils sont déroutés par l'insolite de ce phénomène. « J'y comprends plus rien – Moi, ça va pas ».
Ali, qui continue à chercher et manipule beaucoup, a pris deux miroirs et, soudain, il jubile : « Ça y est ! Il y a deux étiquettes ». Il a réussi à redresser l'image par une deuxième réflexion et il montre aux autres comment on fait.
Ce phénomène les a intrigués et amusés, mais, en général, il ne suffit pas à leur faire découvrir l'inversion droite-gauche.

b. On ne lève pas la même main

Les activités qui suivent s'adressent à des enfants qui identifient correctement leur main gauche et leur main droite. Pour aider les autres enfants, on peut repérer l'une des mains, la main droite par exemple, en lui faisant tenir une cuillère (on mange en général avec la main droite).
Il peut être plus facile de mener cette activité devant un grand miroir mural comme on en trouve dans certaines salles utilisées pour la motricité.
Les enfants, face à leur miroir, font des gestes et observent leur image. Laissez-les quelques instants poursuivre librement leurs essais, puis demandez-leur d'exprimer ce qu'ils voient.
« Quelle est la main que lève Ali ? – La main droite – et dans le miroir, quelle est la main que lève l'image d'Ali ? ». Hésitations de certains, réponses hâtives de quelques autres : « C'est la main droite ».
Ali, qui réfléchit : « Moi, je ne crois pas ! » Pour aider les enfants dans cette phase délicate de l'exercice, vous pouvez organiser des jeux comme celui-ci.
Marine se met debout en face de Lisa pour jouer « à être son image » (mais une image qui parle). Marine doit faire, en même temps que Lisa, tous les gestes que fait l'image de Lisa dans le miroir : par exemple, si Lisa lève le bras qui est du côté des fenêtres, Marine lève le bras qui est aussi du côté des fenêtres (ce qui est facile pour l'enfant). Mais la « conversation » s'engage entre Lisa et « son image ».
Lisa : « Avec ma main gauche, je touche mon oreille droite ». L'image « répond » : « Avec ma main droite, je touche mon oreille gauche », etc.
Certains enfants ont du mal à admettre que la main droite et la main gauche ne sont pas identiques. Aussi, l'enseignant, le buste caché (par exemple derrière un tableau mobile), montre, au-dessus de ce tableau, soit l'une, soit l'autre de ses deux mains (sans bague, bien sûr !). Est-ce la droite ou la gauche ?
Au bout d'un certain temps, les enfants ne se trompent plus. Ils ont reconnu que, dans le miroir, l'image d'une main droite est une main gauche, sans avoir utilisé la position du bras par rapport au corps.

c. Autres suggestions

– Comment obtenir plusieurs images d'un même objet avec deux miroirs ?
– Utiliser un objet de petites dimensions, brillant ou de couleur vive (trombone, punaise de couleur, gommette…). En le plaçant dans l'angle aigu formé par les deux miroirs, on obtient plusieurs images. Leur nombre dépend de la grandeur du secteur angulaire. Les enfants pourront découvrir cette loi.
– On peut aussi disposer les miroirs parallèlement et obtenir une infinité d'images.

D. La chasse aux miroirs

1 Connaissances et compétences

Les enfants découvriront et décriront les caractéristiques d'un miroir : il doit avoir une surface brillante, et ne pas être transparent.
Selon la forme de la surface du miroir, l'image donnée par le miroir a ou non la même forme que l'objet.
Les enfants feront de nombreux essais, et des comparaisons d'objets pour pouvoir dégager les caractéristiques précédentes.

2 Activités possibles

Proposez aux enfants de chercher à découvrir dans la classe des objets qui peuvent servir de miroir (les vitres de la fenêtre ou de la bibliothèque, les poignées de métal poli de l'armoire, des verres de lunettes, une lame de canif, peut-être des boules décoratives, l'écran du récepteur de télévision ou l'eau du seau…). Enfin, ils penseront peut-être à la cuillère qu'ils ont apportée et qui a l'avantage de jouer un double rôle (miroir concave d'un côté, convexe de l'autre).
Au cours de cette libre exploration, invitez-les à faire part de leurs trouvailles qui seront le point de départ d'observations plus systématiques. En voici deux exemples.

a. Alice se regarde dans sa cuillère en inox *(fig. 11)*

– Côté concave : « Je suis à l'envers ». La maîtresse : « À l'envers, comme dans la glace ? ». Alice : « Non. À l'envers » (la tête en bas). Tout le monde vérifie.
– Côté convexe : « ça me fait un gros nez ».

À partir de là, tous constatent qu'il existe des miroirs déformants et on cherche une explication (formulation d'hypothèses). « On se voit mieux dans la glace que dans la cuillère. Pourquoi ? - Parce que la glace est en verre et la cuillère est en fer ». L'explication fait alors intervenir la substance.
Il faut soumettre cette proposition à l'épreuve expérimentale : on compare avec la lame du canif (miroir plan en « fer ») et avec une boule de Noël (miroir convexe en verre).

Visage illuminé de Christophe qui propose une autre hypothèse : « J'ai trouvé. C'est parce que on regarde trop près » (dans la cuillère). Il fait intervenir les conditions d'observation.
Il faut à nouveau le vérifier expérimentalement. On regarde « trop près » dans le miroir. L'enfant qui avait proposé cette explication conclut : « Non. C'est pas la glace. C'est seulement la cuillère ».
On cherche d'autres hypothèses. Léa a une idée mais ne parvient pas à l'exprimer : « Ah ! Je sais. C'est parce que la cuillère..., elle monte... ». Un autre enfant vient à son aide : « Je sais ce qu'elle veut dire. La cuillère, elle est bancale. La glace, elle est toute plate ».
La maîtresse fournit le mot « bombée » et on cherche à vérifier que seuls les miroirs plans donnent une image non déformée.
Il y a ainsi un véritable travail en commun mettant en œuvre le raisonnement expérimental.

b. Julie dit qu'elle peut se regarder dans une vitre

Malgré les dénégations d'un camarade, elle pousse une chaise devant la fenêtre fermée et grimpe.
La maîtresse : « Est-ce que tu te vois bien ? ». Julie : « oui ». Un enfant : « Moi, je la vois pas ». Un autre : « Moi non plus ».
Mais en grimpant sur la chaise à leur tour, ils constatent qu'ils peuvent se voir, et que l'image dans la vitre dépend de la position de l'observateur.

E. L'album pour les enfants

Voir le monde autrement

pages 18 et 19

Les photographies de la page 18 de l'album *« Découvre comment fonctionne ton corps »* évoquent des situations décrites précédemment.

• L'album peut alors servir à verbaliser et à **revenir sur des situations vécues** quelques jours plus tôt.
– Photographie **1** : Aubin et Lisa se regardent dans un miroir. Lisa, qui est à gauche d'Aubin, est vue à sa droite dans le miroir.
– Photographie **2** : Élouan joue avec un rétroviseur. Il découvre quel est l'enfant situé derrière lui et peut le nommer.
– Photographie **3** : Avec deux miroirs plans, on peut obtenir plusieurs images d'une seule main. Il faut, d'une part disposer les miroirs sous un angle convenable, d'autre part placer sa main au bon endroit.
– Photographie **4** : Annaëlle utilise un miroir grossissant.
– Photographie **5** : Hector se regarde dans une louche et voit son visage déformé.
• **S'ils n'ont pas travaillé sur les situations précédentes**, l'introduction de l'album suggère des activités et des observations possibles avec des miroirs. Les enfants peuvent alors proposer d'en apporter, et vous compléterez cette collection. Vous pourrez alors mettre en place des activités analogues à celles décrites précédemment.

• **Pour prolonger l'activité**, vous pouvez laisser une collection de miroirs dans un espace sciences, que les élèves enrichiront tour à tour. Chaque nouvelle introduction sera l'occasion de revenir sur les caractéristiques des miroirs : est-ce bien un miroir ? pourquoi ? déforme-t-il ou non ? pourquoi ?

F. Informations scientifiques pour l'enseignant

1 La réflexion de la lumière

Quand la lumière arrive sur la surface de séparation de deux milieux (exemples : air et liquide, air et objet solide), elle peut se comporter de deux façons.
• Soit **pénétrer** dans le deuxième milieu si celui-ci est transparent (air-eau) : un rayon lumineux le traverse alors après avoir en général changé de direction en y pénétrant **(réfraction)**.
• Soit **ne pas pénétrer** dans ce deuxième milieu et être renvoyée dans le premier. Deux cas sont alors possibles.
– La lumière peut être **diffusée** : elle est renvoyée dans toutes les directions, c'est d'ailleurs pourquoi on peut voir l'objet. Une partie de la lumière y est absorbée et se transforme en chaleur quand l'objet est coloré. La lumière est absorbée en totalité si l'objet est noir.
– Elle peut être **réfléchie** : un rayon lumineux est renvoyé dans une direction unique (métaux polis, surface des liquides au repos, verre...). Cette direction dépend de l'angle sous lequel ce rayon arrive sur la surface du miroir. Un objet diffusant de la lumière dans toutes les directions, plusieurs de ces rayons arrivent sur la surface du miroir, où ils sont réfléchis et permettent d'observer **l'image de l'objet dans le miroir**.
En pratique, dans la plupart des cas, une partie de la lumière est réfléchie, une autre diffusée dans le premier milieu, et le reste pénètre dans le deuxième milieu.

2 Qu'est-ce qu'un miroir ?

C'est une **surface polie** assimilable à une surface géométrique continue : surface d'une eau calme, d'une vitre, d'une plaque de rhodoïd, surface métallique polie de différentes formes, plane ou non.
Quand on utilise comme miroir une plaque de verre (vitre), l'œil reçoit :
– de la lumière réfléchie par le verre et correspondant à l'image que l'on veut observer ;
– de la lumière « parasite » qui a traversé le verre, provenant du milieu situé de l'autre côté de la vitre.
Il faut donc supprimer au maximum cette lumière parasite en mettant, par exemple, un papier noir, mat, derrière le verre. Ce papier a, de plus, la propriété de ne pas diffuser de lumière. De même, la surface d'une flaque d'eau trouble est un meilleur miroir que celle de l'eau propre de la piscine, qui laisse passer la lumière diffusée par le fond clair du bassin. La surface d'une eau tranquille réfléchit moins la lumière qu'une surface de verre poli ; celle-ci, à son tour, la réfléchit beaucoup moins qu'une surface d'argent poli.

Connaître son corps : quelques réflexions générales

La découverte du corps est mentionnée de manière explicite dans le programme de l'école maternelle. Mais il ne s'agit pas, bien sûr, de faire des « leçons » d'anatomie ou de physiologie. Il s'agit, à partir d'activités réelles même modestes ou de situations vécues dans la classe, de répondre à la curiosité naturelle de l'enfant et de l'aider à prendre conscience de son propre corps et des manifestations de sa vie.

A. Les objectifs visés

Les textes officiels pour l'école maternelle précisent : *« La découverte de son corps dans sa globalité et dans ses différentes parties, leur désignation sont source d'intérêt pour le jeune enfant. Chaque jour et de manière très concrète, dans le respect des habitudes culturelles de chacun, on apprend à satisfaire aux règles élémentaires d'hygiène :*
– du corps : lavage des mains ;
– des locaux : remise en ordre, maintien de la propreté ;
– de l'alimentation : régularité des repas, composition des menus. »

Une première approche du corps a été largement développée dans la découverte sensorielle. L'enfant prend conscience de l'importance de ses organes des sens dans la découverte du monde. Les activités proposées sur ce sujet sont très nombreuses.

Pour le reste du corps, on se contentera d'une approche globale. Les situations mises en place et les activités proposées permettront de :
– prendre conscience des différentes parties de son corps ;
– savoir les repérer, les nommer et les replacer les unes par rapport aux autres (c'est ce que l'on appelle habituellement « construire son schéma corporel ») ;
– prendre conscience que « mon corps est à moi », « je dois bien le connaître, le protéger, le maintenir en bonne santé ».

B. Les obstacles à surmonter

Pour l'enfant, le corps, c'est-à-dire son être même, est l'objet d'une très vive curiosité.
Le corps est un instrument aux puissances mal connues, en constant développement. « Devenir grand », c'est à la fois voir son corps grandir et tendre vers l'accomplissement du « modèle » affectif et social incarné par les adultes, en particulier par les parents.
L'enfant se pose beaucoup de questions à son sujet, mais l'aborder présente quelques difficultés.
• **L'image du corps porte une énorme charge émotionnelle.** Le corps n'est pas un objet neutre, à observer, à découvrir. Il est l'être intime de l'enfant. Il est plein de désirs et de répulsions ; il est source de plaisirs et d'angoisse, de douleur ou de bien-être. Les inquiétudes et les culpabilités liées au corps vont parfois jusqu'à provoquer chez certains enfants le refus d'aborder ce sujet, fût-ce par le dessin.
L'étude du corps humain est un moyen privilégié de rassurer l'enfant inquiet, voire de le réconcilier avec lui-même. Mais, cela ne peut se faire que dans un climat de confiance grâce auquel chacun peut exprimer ses interrogations les plus graves.
Un enfant peut cristalliser son refus de lui-même sur un « signe particulier » apparemment anodin, ou sur une « incompétence » réelle ou supposée dans certains gestes sportifs par exemple. En fait, les relations de l'enfant (bonnes ou mauvaises) avec son corps intériorisent des relations (objectives ou imaginaires) de celui-ci avec son entourage.

• Les activités que vous proposerez fourniront des occasions multiples de détruire certains préjugés enfantins, de redresser certaines erreurs et de modifier des affirmations sans fondement scientifique.
Toutes les réponses données aux questions que l'enfant se pose sur son corps doivent être pour lui une source d'aisance, d'équilibre et de bonheur.

C. Quelles activités proposer ?

Le plus souvent, c'est occasionnellement et tout au long de l'année que vous mettrez en place des activités simples, de courte durée, qui amorceront ou compléteront des activités plus structurées et des séquences plus longues de synthèse et de consolidation des connaissances.

1 Les mises en situation favorables

• Il est souhaitable de partir des interrogations des enfants qu'elles soient occasionnelles ou provoquées par une situation. En effet, les élèves doivent se sentir personnellement concernés par les recherches entreprises dans la classe.

• Les motivations et les circonstances qui permettent d'aborder ce domaine sont nombreuses :
– séances d'éducation physique (moments privilégiés où l'enfant, par l'action, découvre les possibilités de son corps et essaie de les développer) ;
– accidents, maladies... ;
– mauvaises attitudes corporelles, hygiène défectueuse ;
– comportements dangereux...

• La connaissance du corps commence par le « sentir » avant de devenir le « comprendre ». Or, le passage de l'action à sa représentation n'est pas simple : il est plus difficile d'analyser sa propre activité (ses mouvements par exemple) que des objets extérieurs ou même que les mouvements d'autrui. Il est donc indispensable qu'au cours de la phase de découverte de leur activité, les enfants soient incités à analyser ce qu'ils viennent de faire, et aient la possibilité de regarder et d'expérimenter ce que font les autres. Cela peut se faire au cours d'une séance d'activité motrice par exemple.

• La plupart des activités proposées débouchent sur une pratique réfléchie de certaines règles d'hygiène. Elles contribuent ainsi à renforcer la valeur des recommandations et des règles de prudence imposées par la famille, par l'entourage ou par vous-même et qu'il est indispensable d'expliquer.

2 Des activités variées

Les activités concernant les différentes parties du corps et leur mise en mouvement sont développées dans un chapitre spécial (voir page 81). L'approche de la nutrition, riche en exercices qui s'étaleront tout au long de l'année, est abordée dans « On mange pour grandir » (page 85). En voici quelques autres qui permettent de prendre conscience de certaines manifestations du fonctionnement de son corps.

a. Mon cœur bat

Pendant une séance de motricité, un jeu animé (jeu de ballon ou course au trésor) amène un enfant à constater : « Mon cœur bat très vite ». Utilisez une telle remarque pour faire une observation collective des battements cardiaques.

• Où sens-tu ton cœur ?

Certains enfants n'y ont jamais prêté attention. L'un d'entre eux montre l'endroit où il place sa main pour sentir battre son cœur. Tous constatent que c'est toujours le même endroit. Le cœur occupe donc dans le corps une place très précise. Il est également possible d'écouter les battements du cœur d'un camarade.

• Le rythme cardiaque

Provoquez alors l'accélération du rythme des battements par une course organisée autour de la cour. Les enfants s'arrêtent de nouveau. « Mon cœur bat plus vite ». Approuvez mais n'insistez pas sur ces notions de vitesse relative ; elles ne peuvent être perçues avec exactitude à ce niveau.
Remarque : Il peut arriver qu'un enfant vomisse dans la classe. Saisissez l'occasion pour faire corriger l'expression « avoir mal au cœur » employée communément à propos des nausées.

b. Je respire

Au cours des séances d'activité motrice, mettez à profit certains commentaires des enfants pour favoriser une prise de conscience plus précise des mouvements respiratoires.

• Un enfant sur deux étant couché sur le dos, vous placez un gros cube coloré sur sa poitrine, un autre sur son ventre. L'enfant resté debout regarde son voisin puis les élèves allongés. Il voit les cubes se soulever lentement et constate la généralité des mouvements respiratoires. Vous inversez ensuite les rôles.

• Un enfant tient un objet très léger (petite plume de duvet, brin de laine, feuille de papier à cigarettes) juste en avant des narines de son voisin allongé sur le dos. Il observe des mouvements de l'objet au rythme des mouvements respiratoires, et matérialise ainsi l'entrée et la sortie de l'air par les narines.
Il peut faire la même expérience en plaçant l'objet devant ses narines puis sa bouche.

• On joue à se pincer le nez ; on constate qu'il faut très vite ouvrir la bouche.
On s'amuse à chercher qui, narines et bouche fermées, tiendra le plus longtemps sans respirer...
On met ainsi en évidence les deux voies possibles pour le passage de l'air, en même temps que le caractère irrépressible des mouvements respiratoires.

• Après un effort physique ou une petite course, faites constater l'accélération du rythme respiratoire.

c. Observations plus occasionnelles

• Si un élève baille très souvent en classe, établissez le lien qui existe entre cet acte et le manque de sommeil.

Dites combien ce dernier est indispensable pour tous, et plus spécialement pour les enfants.

• Un accident (ou une maladie) de l'un d'entre eux permet de comprendre le rôle du médecin, des soins, des médicaments. C'est l'occasion de donner des conseils de prudence et d'hygiène. Si un enfant a une plaie, même légère, intéressez-le à la cicatrisation. Faites-lui sentir le rôle de barrière de notre peau et la nécessité de la ménager. Rassurez-le si besoin est, en lui montrant que son organisme est capable de réparer bien des déchirures.

• Dans le domaine de la reproduction, soyez disponible pour répondre à la curiosité des enfants. Elle peut se révéler à la faveur de situations telles que naissance d'un frère ou d'une sœur, photographies de bébés nus, apport de poupées sexuées. Parlez avec eux des différences sexuelles, du développement du bébé.

L'album pour les enfants

Découvre comment fonctionne ton corps

Dans ce chapitre, nous ne présenterons que les pages concernant la santé, l'hygiène et la sécurité. Vous trouverez des suggestions d'utilisation des autres pages de l'album dans les chapitres qui suivent.

Pour rester en forme, tu dois...

pages 40 et 41

Presque quotidiennement, en tout cas à de nombreuses occasions, vous êtes amené à insister auprès des enfants sur certaines règles d'hygiène indispensables.
Cette double page permet, à un moment que vous aurez choisi, de faire le point sur les règles à respecter, non seulement à l'école, mais aussi à la maison, pour « rester en forme », c'est-à-dire maintenir son corps en bonne santé. Chacune des photographies permet de réaliser un échange entre les enfants, de parler de ses propres habitudes et de celles qu'il faudrait modifier ou mettre en place. C'est aussi pour vous l'occasion d'expliquer, en restant très simple et au niveau de compréhension des enfants de cet âge, les fondements des règles d'hygiène :
– dormir suffisamment ;
– manger à heure régulière et de manière équilibrée ;
– préférer une activité physique aux longues séances passives devant la télévision ou face à un jeu vidéo ;
– avoir une bonne hygiène corporelle et dentaire.

Attention ! Danger...

pages 44 et 45

La maison qui, pour un enfant, devrait être le lieu le plus sûr, est en réalité l'endroit où se produisent le plus d'accidents.
Cette double page présente d'une part les deux pièces de la maison les plus dangereuses (cuisine et salle de bains), d'autre part les précautions à prendre afin de circuler dans la rue en toute sécurité.
Il est bien sûr souhaitable de ne pas utiliser les documents de l'album lors d'une seule séance, mais d'y revenir plusieurs fois. L'identification des différentes situations à risques est longue à réaliser et exige une attention soutenue. De plus, chacune des situations doit être clairement explicitée et donne souvent lieu à un long échange entre les enfants.

Il est indispensable de bien repérer d'une part les objets dangereux (fer à repasser chaud, eau de javel...), d'autre part les comportements à risque (courir avec un objet dans la bouche, utiliser un séchoir à cheveux dans son bain...).

Rappelons que, parmi les compétences devant être acquises en fin d'école maternelle, on trouve :
« être capable de prendre en compte les risques de la rue (piétons et véhicules), ainsi que ceux de l'environnement familier proche (objets et comportements dangereux, produits toxiques) ou plus lointain (risques majeurs...) ».

Les mains savent tout faire

Les jeux de doigts sont des activités courantes à l'école maternelle. Des ouvrages spécialisés vous en fourniront une très grande variété. Dans ce chapitre nous vous proposons des activités qui non seulement développent chez les enfants leur habileté manuelle ou gestuelle, mais aussi les font réfléchir sur l'ensemble des possibilités de leurs mains et leur permettent d'acquérir des notions scientifiques de base.
La découverte des possibilités sensorielles de la main (sens du toucher, sensibilité au chaud et au froid, etc.) a été exposée dans un autre chapitre. Nous n'y reviendrons pas. Les exercices proposés ici permettront de prendre progressivement conscience du fait que la main est :
- *un outil sans cesse sollicité ;*
- *le repère individuel par excellence pour l'orientation dans l'espace (latéralité) ;*
- *un moyen de communication (le geste de la main souligne et précise les intentions du langage, ou parfois même remplace la parole).*

A. Des intentions pédagogiques précises

• À l'aide de jeux, vous amènerez les enfants à réfléchir sur l'**importance particulière du pouce**, sur le rôle des **différentes articulations** des doigts et du membre supérieur. Sans prononcer le mot, il y aura prise de conscience d'une **adaptation**, c'est-à-dire la constatation que la main est un outil efficace et bien fait.
Plusieurs jeux proposés (« je joue avec mes mains », etc.) pourraient apparaître comme de simples exercices d'éducation motrice. En réalité, il s'agit d'autre chose : ils se situent dans une perspective d'éveil scientifique et non d'éducation corporelle. En effet, il ne s'agit pas ici de donner à l'enfant une plus grande maîtrise vécue du corps, mais de l'amener à une certaine objectivation de son organisme, perçu comme une réalité à découvrir.

• Les exercices sont en général courts, ce qui convient particulièrement aux jeunes enfants. Si pourtant vous jugez certains d'entre eux trop longs, multipliez les séances plutôt que d'en allonger la durée. Vous pouvez aussi modifier l'ordre des exercices en fonction des circonstances et les répartir à différents moments de l'année.

• Pour plusieurs activités, il est nécessaire que vous fassiez une démonstration. Les enfants sont alors assis ; dans le calme, ils vous imitent, en regardant attentivement leurs mains et leurs doigts. Demandez-leur ensuite d'expliquer ce qu'ils font (ils doivent utiliser les noms des différents doigts), et d'exprimer leurs remarques. À partir de celles-ci, certains rôles de la main ou des doigts pourront être mis en évidence.

B. Une grande variété d'activités possibles

Parmi toutes le activités proposées, vous choisirez celles qui conviennent le mieux à l'âge des enfants, au contexte de la classe et aux autres activités en cours.

1 Je joue avec mes mains

La main a cinq doigts. Peuvent-ils fonctionner de manière indépendante ? Sont-ils tous aussi habiles ? aussi mobiles ?
Les jeux suivants vont mettre en évidence la relative indépendance des doigts et la très grande mobilité du pouce.

• « Je montre le chemin »

Il est inutile d'expliquer le geste à faire, les enfants vont dresser leur index, les autres doigts étant repliés. Demandez-leur de le faire avec un autre doigt. Ils vous diront : « c'est moins facile ».

• « Je fais le petit lapin »

Les extrémités des doigts viennent se toucher en « pince à sucre » ; redresser deux doigts, l'index et le majeur ; les écarter puis les rapprocher l'un de l'autre. Pour faciliter le geste des enfants, conseillez-leur de poser leur avant-bras sur la table.

• « Le lapin ne dresse qu'une oreille »

Comme précédemment, les extrémités des doigts viennent se toucher en « pince à sucre », on redresse alors le majeur et on l'agite. Le geste peut être réalisé avec les deux mains à la fois.

• **« J'écarte mon pouce des autres doigts »**

Avec une main d'abord, puis avec les deux. Paume à plat sur la table, doigts serrés et tendus, écarter le pouce puis le rapprocher. Essayez ensuite d'écarter les autres doigts. « C'est plus facile avec le pouce ! ».

• **« Je cache mon pouce, puis je le montre »**

• **« Je veux cacher mes autres doigts, mais je ne peux pas ».**

• **« Je vais gratter mon auriculaire avec mon pouce ».**

2 Je n'ai que quatre doigts

On se propose de faire apparaître le rôle privilégié du pouce pour accomplir de nombreux gestes de la vie courante. Toutes les actions doivent être faites d'une seule main, la plus habile (droite ou gauche).

a. Matériel

– Grains de blé, ou lentilles ou perles,
– deux bouteilles d'eau et deux verres, ou quatre gobelets en plastique (deux pleins d'eau),
– deux jeux de cartes,
– ruban adhésif.

b. Déroulement

• **« Je n'ai plus de pouce »**

Premier temps
Vous faites naître un échange entre les enfants en posant la question suivante : comment peut-on empêcher le pouce d'entrer en action ? On aboutit très vite au choix d'une méthode pour supprimer l'usage du pouce.

Deuxième temps
Ali et Lisa viennent auprès du maître qui attache ensemble, avec du ruban adhésif, le pouce et l'index de la main de Lisa et demande aux deux enfants :
– de ramasser des grains de blé un à un (ou des perles) et de les mettre dans une boîte ;
– de verser de l'eau dans un verre, puis de boire ;
– d'étaler un jeu de cartes.
Qui finira le premier ? Qui est le plus habile ?
La classe suggère d'autres gestes à accomplir :
– prendre la craie et écrire au tableau ;
– serrer la main de son voisin…
Lisa se plaint très vite de sa maladresse : « ça ne va pas bien parce que je n'ai pas de pouce », alors que Ali s'écrie fièrement : « Je vais plus vite parce que j'ai mon pouce ».

Troisième temps
– Tous les enfants sont impatients et veulent essayer à leur tour ; mais il est en général trop long de « coller » toutes les mains. Vous vous contenterez donc de faire replier le pouce ou de demander son maintien contre l'index.
Vous proposez des actions du type suivant :
– prendre un crayon, écrire ou dessiner ;
– découper un dessin fait sur une feuille de papier ;
– dévisser une boîte ou un bouchon ;
– ramasser un à un des objets de petite taille (grains de blé, lentilles, perles…), puis des objets plus gros (jetons, éléments de jeux mathématiques, cubes…).
Chacune de ces actions doit être effectuée d'abord sans le pouce, puis avec le pouce ; ne pas s'aider de l'autre main, bien sûr. Les enfants concluent très vite : « ça va bien mieux avec le pouce ! ».

• **« Je retrouve mon pouce »**

Les enfants sont groupés. L'un attache, avec un ruban adhésif, deux doigts de son camarade (le pouce restant libre) et il va apprécier les performances de celui-ci au cours de certaines actions de l'exercice précédent :
– prendre un crayon et dessiner ;
– découper un dessin ;
– ramasser un à un des grains de blé…
Les possibilités de réunir deux doigts sont nombreuses ; mais les trois plus simples seront certainement réalisées dans la classe : index - majeur ; majeur - annulaire ; annulaire - auriculaire.
Inversez les rôles et faites changer les associations de doigts. Nadine conclut : « ce n'est gênant que quand c'est le pouce qui est lié ».

• **« On essaie de comprendre »**

Une discussion permet de conclure que le pouce a un rôle privilégié. Est-il comme les autres doigts ? L'importance de sa position particulière (pouce opposable) apparaîtra alors aux enfants.

3 Mes doigts sont raides

Il s'agit, dans cette activité, de faire prendre conscience de l'utilité des articulations des doigts dans l'accomplissement de certaines tâches.
Pour la réaliser, il faut :
– des petites baguettes de bois ou des allumettes ;
– des ballons ou de grosses balles ;
– des boîtes de conserve ;
– de la pâte à modeler.
Toutes les actions doivent être réalisées avec une seule main.

• **Premier temps**

Comment immobiliser les doigts et les tenir raides ? Une discussion avec les enfants permet de trouver des solutions.

• **Deuxième temps**

Vous faites venir deux enfants près de vous. Pour l'un d'entre eux, vous maintenez « les doigts raides » en fixant avec du ruban adhésif des baguettes de bois sur chaque doigt.
Les enfants doivent, tous les deux, exécuter un certain nombre de tâches proposées par vous-mêmes ou par leurs camarades :
– saisir un ballon ou une grosse balle ;
– prendre une boîte de conserve ;
– pétrir une boule de pâte à modeler ;
– chiffonner un morceau de papier ;
– déboutonner son gilet, etc.

• **Troisième temps**

Chaque enfant effectue quelques-unes de ces opérations, alternativement avec les doigts raides et avec les doigts non raides, toujours avec la main la plus habile.

Vous relèverez plusieurs fois des remarques telles que : « Ça va mieux quand les doigts se plient ».

4 Je joue avec mes doigts

Dans chacun des gestes qui vont être proposés, il y a une phase où les doigts sont « raides », une autre où ils sont « articulés ». En les faisant fonctionner, les enfants prennent conscience des différentes articulations mises en jeu.
Ils approfondissent ainsi les découvertes réalisées précédemment.

• « Je joue du piano sur ma table »

La main est posée à plat sur le papier, les doigts fléchis. On relève successivement chaque doigt en le raidissant ; on l'abaisse en l'arrondissant. Il est important de ne bouger qu'un seul doigt à la fois, c'est difficile, il faut répéter le geste souvent. Faire l'exercice avec une main, puis avec l'autre, puis de plus en plus vite.

• « Mon pouce est une touche de piano »

L'extrémité de l'index vient toucher le pouce, puis se redresse. On fait de même successivement avec les autres doigts de la main, avec ceux des deux mains. On peut aussi accélérer le mouvement.

• « Je joue aux billes » (mouvement des « pichenettes »)

L'index plié est amené sur l'extrémité du pouce, puis détendu brusquement comme pour lancer une bille. Faire de même avec les autres doigts puis accélérer.

• « Je fais claquer mes doigts »

Faire claquer chaque doigt, à tour de rôle, en frottant son extrémité sur le pouce.

• « Je fais comme le chat qui sort ses griffes »

Poser la main à plat sur la table : « mes doigts sont de petites baguettes ».
Faire plier les doigts en griffes : « mes doigts sont alors « cassés » ». En combien de morceaux ?

5 J'ai des mains, mais je n'ai pas de bras

Les exercices précédents ont fait découvrir de nombreuses possibilités de la main et le rôle privilégié du pouce. Mais la main est aussi un « outil » placé à l'extrémité du manche articulé : le bras. En l'immobilisant, vous ferez découvrir que, sans le bras, la main perd un grand nombre de ses possibilités.

• Premier temps

Vous faites appel successivement à plusieurs élèves, chacun doit obéir à un ordre simple :
– prendre un morceau de sucre placé sur le bureau loin du bord, et le manger ;
– tirer les rideaux d'une fenêtre ;
– prendre une craie dans la rainure du tableau ;
– se peigner ;
– allumer les lampes en actionnant l'interrupteur ;
– ouvrir la porte de la classe en manœuvrant la poignée.
Leur tâche effectuée, les enfants restent au tableau. Ils sont très intrigués par les activités. Ils trouvent que ce qu'ils doivent faire est « très facile ».

• Deuxième temps

Vous présentez le jeu : ces élèves ont été faits prisonniers ; on les a ligotés. Vous leur liez les bras à l'aide d'une ficelle, juste au-dessus du coude (les avant-bras et les mains doivent rester libres).
Chacun doit à nouveau réaliser sa tâche. Certains n'y parviennent plus, comme Luc qui, ne pouvant pas atteindre l'interrupteur, s'écrie : « Je n'y arrive pas parce que je n'ai pas mon bras ». D'autres réussissent en se déhanchant, telle Marie qui arrive à ouvrir la porte, tel Alex qui, se passant avec succès le peigne dans les cheveux, dit : « cette fois, ça ne va pas aussi bien ».

• Troisième temps

Vous poursuivez le jeu : les prisonniers ont désormais les bras entièrement immobilisés, grâce à un lien que vous placez juste au-dessus des poignets (seules les mains restent libres). Profitez de l'occasion offerte pour distinguer le bras (au sens strict) de l'avant-bras. Les prisonniers doivent à nouveau effectuer leur petit travail.
Les enfants manifestent un vif intérêt pour ces jeux. Vous entendez de nombreux pronostics d'échec, ainsi à l'adresse de Marie : « Elle ne pourra pas ouvrir la porte ». D'autres prodiguent des conseils, à Alex, par exemple, qui ne parvient plus à se peigner : « il faut baisser ton ventre ».

• Quatrième temps

Chaque enfant imagine qu'il est prisonnier ; il doit laisser les bras collés au corps, depuis l'épaule jusqu'au poignet. Chacun doit faire quelques gestes simples :
– prendre un crayon sur la table ;
– déboutonner son gilet ;
– serrer la main de son voisin…
Malgré les « tricheries », les conclusions sont vite énoncées :
« Avec les mains toutes seules, ça ne va pas.
– Pour réussir certaines choses, il faut ses bras ».

6 Je joue avec mes bras

Le jeu consiste à utiliser successivement les différentes articulations des bras et à découvrir que l'articulation du poignet permet l'orientation de la main dans toutes les directions.
Les enfants connaissent très bien les mouvements que vous allez leur faire analyser en essayant, dans chaque cas, de faire prendre conscience des articulations mises en jeu.

• « Je fais le moulin »

Rotation des deux bras tendus faisant intervenir l'articulation de l'épaule.

• « Je bats des ailes comme le canard »

Mise en jeu des articulations de l'épaule et du poignet.

• « Je suis agent de la circulation »

Utilisation de l'articulation du coude.

• « Je fais le pingouin »

Bras collés au corps, avant-bras repliés, lever et abaisser la main, grâce à l'articulation du poignet.

• « Je fais les marionnettes »

Rotation de l'articulation du poignet.

Proposez les jeux aux enfants ; laissez-les retrouver eux-mêmes le mouvement ; si c'est nécessaire, guidez-les par une démonstration.

7 Je n'ai qu'une seule main

Le jeu consiste à faire prendre conscience de l'utilité des deux mains pour effectuer certains gestes.

Il faut réunir le matériel suivant :
– feuilles de papier et enveloppes ;
– ficelle ;
– aiguille à tapisserie ;
– perles.

Vous choisirez des tâches pour lesquelles les deux mains sont indispensables. Vous les faites exécuter successivement par les deux mains, puis avec une seule, l'autre étant placée derrière le dos.

Faites réaliser, par exemple, les opérations suivantes :
– plier une feuille de papier en quatre, la placer dans une enveloppe ;
– faire un nœud à la ficelle ;
– introduire un fil dans le chas d'une aiguille ;
– enfiler des perles, etc.

Ces actions, faciles à réussir avec les deux mains, sont impossibles avec une seule. Les enfants disent : « Je ne peux pas, en même temps, bien tenir l'aiguille et le fil », ou bien : « On a bien besoin de ses deux mains ».

8 Main droite et main gauche

Il est indispensable de faire plusieurs séances distinctes, espacées de quelques jours. Ainsi, vous pouvez mieux contrôler les acquisitions.

• « Je dessine ma main »

Vous ne donnez aucune autre consigne. Dans la plupart des cas, les enfants posent leur main sur la feuille de papier et passent le crayon autour des doigts. Si certains hésitent, demandez à ceux qui « savent faire » de montrer comment ils tracent leur dessin.

Spontanément, certains enfants le complètent en représentant les ongles. Pour les autres, demandez-leur de trouver un moyen permettant de voir s'il s'agit de la représentation du dos ou de la paume de la main. Après discussion, on décide de représenter les ongles pour le dessin du dos de la main. Vous constatez, bien sûr, que les droitiers dessinent leur main gauche et les gauchers leur main droite ; mais vous ne précisez rien pour l'instant.

• « Je dessine mon autre main »

Sur une autre feuille de papier, vous demandez aux enfants de dessiner l'autre main. L'exercice est plus difficile puisqu'ils doivent tenir leur crayon avec la main qui n'en a pas l'habitude.

Cette fois-ci, ils n'oublient pas de dessiner les ongles.

• « Je compare les deux dessins »

Les deux feuilles sont placées côte à côte et les enfants posent leurs mains dessus, « comme au moment du dessin ». Ceci oblige certains d'entre eux à rectifier leur erreur s'ils ont mis leur dessin de main droite à gauche et inversement.
Observons les deux dessins :
« Ils ne sont pas pareils.
– Les deux pouces se regardent.
– Les petits doigts sont très loin l'un de l'autre. »
C'est le moment de préciser droite-gauche et vous pouvez le faire écrire sous les dessins.

Contrôle : Quelques jours plus tard, présentez à la classe des dessins de mains, face dorsale bien sûr, en demandant de préciser « main droite » ou « main gauche ».

• « Je dessine l'intérieur de ma main »

On pose la main, la paume dirigée vers le plafond. Après l'avoir bien observée, les enfants placeront sur le dessin les plis des doigts, les lignes de la main « pour qu'on voie que c'est l'intérieur de la main ».

• « Je compare les deux dessins de l'intérieur de mes mains »

Vous menez l'exercice comme pendant la séance précédente.

• « Je compare les quatre dessins »

Chaque enfant dispose de ses quatre dessins et essaie de les grouper de différentes manières. Il fait part aux autres de ses observations.

Contrôle : Au cours de séances de contrôle, présentez l'un des quatre dessins précédents et multipliez ce type d'exercice jusqu'à ce que les enfants n'aient plus d'hésitation : « C'est l'intérieur de cette main-là », même s'ils ne peuvent encore préciser si c'est la droite ou la gauche.

• « Je mets un gant »

Demandez aux enfants d'apporter leurs gants. Ils sont de deux catégories : ou bien ils sont interchangeables, à droite et à gauche (gants de laine), ou bien ils ont un motif sur le dos, ou une échancrure du côté de la paume.

– Premier temps

Les enfants ont leurs deux gants ; ils les mettent et vous contrôlez qu'ils le font correctement. S'il y a des erreurs, vous faites rectifier en demandant d'expliquer.

– Deuxième temps

Les enfants n'ont plus qu'un seul gant ; ils doivent le mettre à la « bonne main », puis préciser s'il s'agit du gant droit ou du gant gauche.

– Troisième temps

Sans mettre le gant, ils doivent dire « gant droit » ou « gant gauche ».

9 Je parle avec mes mains

Un enfant choisit un animal ou une personne. Il vient mimer ses gestes et ses actions devant ses camarades qui doivent deviner de qui il s'agit.
Vous avez lu ou raconté une histoire quelques jours plus tôt. Un groupe d'enfants vient représenter l'une des scènes, seulement avec des gestes. À l'aide de différents jeux de mimes, vous faites découvrir le rôle des mains comme moyen de communication.

C. L'album pour les enfants « Découvre comment fonctionne ton corps »

L'album pour les enfants peut être utilisé, selon votre choix, dans plusieurs types de situations :
– en complément des activités concrètes que vous aurez pu réaliser sur les mains ;
– en amorce de ces activités en utilisant les photos comme instrument de motivation ;
– en contrôle des acquisitions des enfants.

Joue avec tes mains

pages 20 et 21

Cette double page contient trois parties différentes qui seront bien sûr utilisées lors de séquences de classe, réparties dans le temps et dans un ordre quelconque. On peut très bien commencer par la comptine « Monsieur Pouce » si on a travaillé au préalable sur le rôle du pouce.

• En quoi consiste ce jeu ?

L'analyse des photographies de la page 20 peut se faire en deux temps, d'abord librement, puis de manière plus dirigée. Deux enfants regardent les photographies et miment le jeu présenté. Les autres doivent dire si le mime est exact, s'il correspond bien à chacune des photographies. Certains n'auront peut-être pas vu que, lorsque les fillettes touchent une seule main, il s'agit d'abord des deux mains « droite » puis des deux mains « gauche », alors que, lorsqu'elles touchent leurs deux mains, la main droite de l'une touche la main gauche de l'autre.
Ce jeu, apparemment simple, permet donc d'entraîner les enfants à maîtriser leur droite et leur gauche, ainsi qu'à reconnaître la main droite ou la main gauche d'un camarade.

• « J'ai deux mains »

Cette comptine très classique non seulement développe l'agilité manuelle, mais permet également de prendre conscience des différents gestes que nous pouvons faire grâce à l'articulation du poignet. Elle pourra ainsi servir d'amorce à d'autres exercices décrits précédemment (« Je fais les marionnettes », « je fais le pingouin », etc.).

• « Monsieur Pouce »

La comptine, sur le pouce, sert de motivation aux différentes activités proposées précédemment.
Le pouce est en effet un doigt très particulier, sa position enrichit les possibilités de la main.
S'il est prématuré de dire ce qui suit aux enfants, il est souhaitable que l'enseignant en prenne conscience afin de comprendre l'importance des exercices proposés.
Information pour l'enseignant : le pouce est opposable aux autres doigt de la main. Ce caractère n'est pas spécifiquement humain. De nombreux singes présentent également cette disposition. Une telle communauté anatomique vient de ce que tous les Primates (y compris l'homme) sont issus d'ancêtres ayant mené une existence arboricole, il y a quelques 70 millions d'années pour les premiers d'entre eux. Le pouce, bien séparé des autres doigts, permettait à ces animaux de se tenir aux branches. Chez l'homme, l'adaptation à la préhension tire sa perfection de la longueur du pouce et de l'importante musculature des doigts. Tous les spécialistes reconnaissent que cette évolution de la main humaine s'est réalisée en même temps que celle du cerveau, sans pour autant affirmer laquelle de ces évolutions a précédé l'autre.

Connais-tu le nom de tes doigts ?

pages 22 et 23

Les deux pages présentent des documents qui peuvent être utilisés à des moments très différents.

• Voici ma main, elle a cinq doigts

Les photographies **1**, **2**, **3** seront identifiées et décrites oralement avant de passer à l'exécution des dessins de « sa main ». La comptine doit être mimée, elle permet de mémoriser le nom des doigts de la main.

• Choisis, pour chaque main, le gant qui convient

Les photographies de main sont d'abord identifiées avec précision : **5** - main gauche « intérieur » ; **6** - main droite « intérieur » ; **7** - main droite « extérieur » ; **8** - main gauche « extérieur »
Avant d'attribuer une main à chacun des gants, il faut faire concrètement des exercices avec des gants (voir ci-dessus « Je mets un gant »). La photographie permet alors d'évaluer où en sont les enfants dans leurs acquisitions.

Tu parles avec tes mains

pages 24 et 25

Cette double page permet d'insister sur la notion suivante : les mains sont un moyen d'expression et de communication. Vous pouvez faire mimer chacune des photographies de la page 24 pour faciliter l'association entre phrase (que vous lisez) et photographie correspondante.
Dans le cas des photographies de la page 25, il s'agit de rechercher la phrase qui exprime ce que l'index « signifie » par sa position. La lecture de la comptine peut soit précéder cette recherche (rôle facilitateur), soit la suivre (on constate alors que d'autres formulations peuvent exprimer la même chose).

La main : un outil extraordinaire

pages 26 et 27

Les photographies de la page 26 suggèrent des situations permettant de prendre conscience de la richesse des possibilités de la main. Si vous ne l'avez déjà fait, faites-les mimer par les enfants. Ils doivent ensuite décrire ce que faisaient chacun des doigts, comment était positionnée la main…
Ces photographies de la page 26 aident aussi à trouver ce que représente chacune des photographies de la page 27.

5 - je ramasse un petit objet (perle par exemple).
6 - je tiens un verre, ou une bouteille.
7 - je tiens un crayon.
8 - je joue de la flûte, ou du piano.
9 - je montre quelque chose, ou un chemin…

Ces activités consolident les acquisitions qui ont pu être faites grâce aux nombreuses situations que nous avons proposées précédemment. La main est un outil extraordinaire comportant des doigts articulés et un pouce dont la position privilégiée permet à la main une très grande variété de gestes dont la précision, déjà remarquable, peut être sans cesse améliorée.

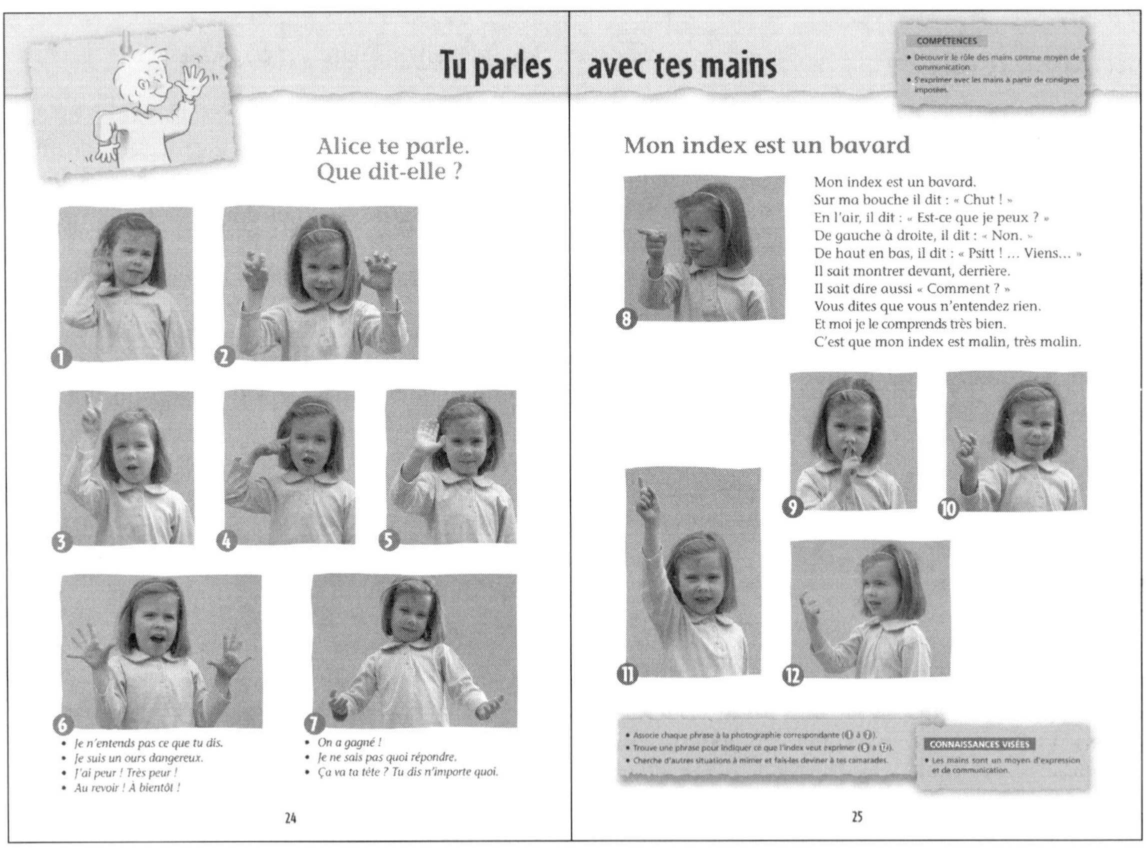

Tu parles avec tes mains

COMPÉTENCES
• Découvrir le rôle des mains comme moyen de communication.
• S'exprimer avec les mains à partir de consignes imposées.

Alice te parle.
Que dit-elle ?

1 2 3 4 5 6 7

• *Je n'entends pas ce que tu dis.*
• *Je suis un ours dangereux.*
• *J'ai peur ! Très peur !*
• *Au revoir ! À bientôt !*

• *On a gagné !*
• *Je ne sais pas quoi répondre.*
• *Ça va ta tête ? Tu dis n'importe quoi.*

24

Mon index est un bavard

Mon index est un bavard.
Sur ma bouche il dit : « Chut ! »
En l'air, il dit : « Est-ce que je peux ? »
De gauche à droite, il dit : « Non. »
De haut en bas, il dit : « Psitt ! … Viens… »
Il sait montrer devant, derrière.
Il sait dire aussi « Comment ? »
Vous dites que vous n'entendez rien.
Et moi je le comprends très bien.
C'est que mon index est malin, très malin.

8 9 10 11 12

• Associe chaque phrase à la photographie correspondante (1 à 7).
• Trouve une phrase pour indiquer ce que l'index veut exprimer (8 à 12).
• Cherche d'autres situations à mimer et fais-les deviner à tes camarades.

CONNAISSANCES VISÉES
• Les mains sont un moyen d'expression et de communication.

25

Extrait de l'album « *Découvre comment fonctionne ton corps* » pages 24 et 25.

« Je suis un petit clown qui bouge »

La motricité tient une place importante à l'école maternelle ; ceci pour plusieurs raisons. D'une part, les jeunes enfants ont un grand besoin de mouvement et supportent mal l'immobilité. D'autre part, le mouvement est le moyen privilégié par lequel l'enfant découvre le monde qui l'entoure, accède à l'expérience et à la connaissance, construit ses apprentissages.
Dans ce chapitre nous aborderons surtout l'approche globale des différentes parties du corps ainsi que la mise en jeu des articulations des membres. Vous trouverez d'autres activités dans le chapitre « Les mains savent tout faire », page 75.

Informations pour l'enseignant

Du tout petit, pataud et lent, au « grand » dont la vivacité et la débrouillardise le rendent apte à tous les apprentissages scolaires et extra-scolaires, le progrès accompli dans la maîtrise du corps en trois ou quatre années est spectaculaire. Nous en décrirons les principales étapes puis présenterons brièvement les conditions du développement moteur de l'enfant.

A. Quelques étapes

Rappelons tout d'abord que les enfants n'ont pas tous le même rythme de développement. D'une part, au même âge, un enfant peut être plus avancé que son camarade sur le plan moteur et moins avancé sur le plan verbal, par exemple. D'autre part, pour chaque enfant, le rythme de développement n'est pas continu. On observe des phases de progression lente, voire de stagnation ou même de régression apparente ou réelle, alternant avec des phases de progrès très rapide.
En conséquence, les indications que nous donnons ci-dessous sont volontairement très générales et ne peuvent avoir qu'une valeur de repère.

1 L'enfant de deux ans

Il dispose déjà d'une grande autonomie motrice. Il maîtrise depuis peu la marche ; il lui arrive encore de trébucher ou de tomber. De deux à quatre ans, il va acquérir ou consolider d'autres modes de déplacement : course, saut, galop, sautillé.
Il va vite éliminer les dernières difficultés à dissocier les mouvements de la partie droite et de la partie gauche du corps, apprendre à monter puis à descendre les escaliers d'un pas alterné.
Il va réduire progressivement le temps de latence entre le signal d'arrêt ou de déclenchement d'un mouvement et l'arrêt ou le déclenchement effectifs.
Il acquerra une conscience plus précise de ses possibilités et une plus juste appréciation des risques.
Il coordonnera de mieux en mieux son activité avec celle des autres. La dominance latérale (droitier ou gaucher) va s'affirmer.
Ses gestes vont gagner en force et en précision.

2 De quatre à cinq ans

Ces progrès vont se confirmer et s'affiner.
De plus, l'enfant prend plus clairement conscience de ses possibilités d'expression corporelle. Ses mimiques et ses attitudes sont plus nuancées et il sait en jouer pour produire un effet.
L'image qu'il se fait de son propre corps devient plus objective. Il est soucieux de l'apparence qu'il offre à autrui (coquetterie, plaisir de se déguiser et de se grimer, etc.).
Ses gestes, mieux coordonnés, lui donnent une véritable grâce dans le mouvement. Il intériorise et exprime de manière plus précise les variations rythmiques de l'environnement.

3 De cinq à six ans

L'enfant est plus endurant ; il accepte les efforts violents ou soutenus. Sa curiosité intellectuelle trouve à s'exercer dans le domaine moteur : il se livre volontiers à une exploration méthodique de ses possibilités physiques et des solutions techniques ; il est inventif et audacieux. Il sait jouer avec les autres, accepte et invente des règles du jeu. Sa dextérité, sa bonne coordination oculo-manuelle, ses capacités d'anticipation lui permettent de réussir des activités complexes et fines : bricolage ou graphisme, par exemple.

❹ À six ans

Il serait souhaitable que l'enfant ait acquis une maîtrise suffisante de sa motricité globale (mettant en jeu le corps tout entier) et de sa motricité fine (mettant en jeu des segments limités comme les doigts) à la fois pour aborder les apprentissages scolaires, tels que l'écriture, et pour supporter une vie scolaire plus contraignante qu'elle ne l'était à la maternelle : plus longues périodes d'immobilité, appel à une intériorisation, à une mentalisation plus poussées, etc. Tout ceci – qui préfigure la vie adulte – exige une bonne maîtrise de soi.

B. Les conditions d'un bon développement

Les performances motrices de l'enfant sont conditionnées par son développement musculaire et osseux, sa résistance à la fatigue, sa capacité respiratoire et cardiaque, etc., et surtout à ce qu'on appelle la maturation du système nerveux. Ce dernier, en effet, n'est pas achevé à deux ans et sa construction va se poursuivre pendant plusieurs années encore.
Le développement moteur demande donc du temps. Il ne suffit pas d'attendre que l'enfant mûrisse comme un fruit ; les sollicitations du milieu sont indispensables. L'activité de l'enfant a des limites anatomiques et physiologiques, mais c'est par son activité qu'il repousse ces limites.
Entre deux et six ans, l'enfant doit pouvoir bénéficier des conditions les plus favorables à l'exercice de sa motricité. Il faut non seulement de bonnes conditions matérielles (un espace suffisant, un milieu riche qui sollicite l'activité), mais aussi des conditions sociales et affectives de qualité (être dans un climat de confiance, avoir le droit de se mouvoir, trouver un enseignant accueillant, mais ferme face à certains enfants trop envahissants, être reconnu dans ses droits et ses devoirs...).

La consolidation du « schéma corporel »

Les activités proposées ci-dessous permettent aux enfants de prendre conscience de la forme globale de leur corps, de nommer ses différentes parties, de savoir les situer les unes par rapport aux autres, d'élaborer, à travers divers mouvements, une image précise de leur corps et de ses possibilités d'action.
Ces activités sont proposées sous forme de jeux. Vous en imaginerez facilement d'autres permettant de découvrir la mobilité d'autres parties du corps (colonne vertébrale, bassin, etc.).
Insistons sur le fait que ces exercices se situent dans une perspective d'initiation scientifique et non d'éducation corporelle. En effet, il ne s'agit pas ici de donner à l'enfant une plus grande maîtrise vécue du corps, mais de l'amener à une certaine objectivation de son corps perçu comme une réalité à découvrir.

❶ Jeux avec les bras

Ces jeux conduisent à la découverte des mouvements possibles du membre supérieur et de l'épaule. Ils sont nombreux, en voici quelques uns :
– lever un bras verticalement – C'est une branche d'arbre – La casser une fois, deux fois, trois fois... Montrer les endroits où l'on peut casser la branche ; comment s'appellent-ils ?
– lever un bras verticalement : C'est un bâton – Le déplacer de toutes les façons possibles en le gardant bien raide ;
– déplacer un bras tendu dans un plan horizontal ;
– tendre les deux bras à l'horizontale ;
– rechercher les mouvements des épaules ;
– localiser sur une photographie les différentes parties du membre antérieur.

❷ Ma tête bouge

Les enfants sont assis, le dos bien droit, les yeux fermés.
– Laisser tomber la tête en avant, dos et épaules immobiles.
– La laisser tomber en arrière, à gauche et à droite.
– Faire des cercles avec la tête.

❸ Je saisis un objet placé à ma droite

Il s'agit de montrer que, dans la vie courante, un mouvement simple met en jeu la mobilité de plusieurs parties de notre corps. C'est l'approche d'une notion importante : l'organisme n'est pas une simple juxtaposition de parties ou d'organes indépendants.
Placez un objet en dehors du champ visuel d'un enfant assis (sur le bureau voisin, par exemple) :
– l'enfant saisit l'objet de la main droite ;
– puis il joue à décomposer les différents mouvements qu'il a effectués : « C'est comme à la télévision » dit Laurence qui vient de voir un des premiers films muets ;
– il décrit verbalement ses gestes et désigne à l'aide de sa main gauche « les différents endroits qui ont bougé » ;
– on s'amusera par la suite à faire la même chose à propos d'autres mouvements.
Remarque : Si l'enfant est gaucher, on inversera naturellement.

❹ Fabriquons un pantin articulé

La fabrication d'un pantin articulé prend surtout l'allure d'un jeu. Les enfants sont pleins d'enthousiasme. Mais c'est aussi une véritable activité de découverte. Pour construire son pantin, l'enfant est obligé d'« interroger » son propre corps et d'analyser ses possibilités

Un petit clown pédale, saute très haut, mesure sa force...

coude genou épaule cheville poignet hanche

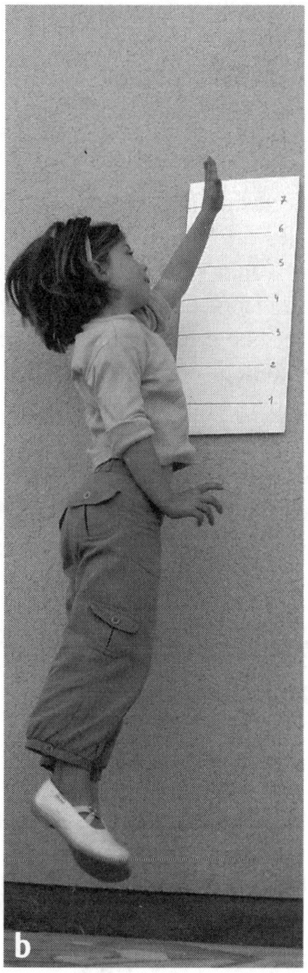

a. On voit bien les articulations.
b. « Je saute le plus haut possible. »
c. et **d.** « Avec un pèse-personne, je mesure la force de mes bras et celle de mes jambes. »

Fig. 12 « Je suis un petit clown qui bouge ».

de mouvement (« où est-ce que je peux plier mon bras ? ma jambe ? Quels mouvements sont possibles au niveau de l'épaule ? du coude ? de la hanche ? »). Les enfants manifestent souvent leur joie devant des découvertes qui sont, en fait, des prises de conscience : « On peut « casser » le bras là, là, et encore là… ».
Le travail peut être exécuté en petits groupes sur un pantin de grande taille (60 cm) dessiné sur de la cartoline, ou individuellement sur des pantins plus petits (30 cm). Prévoir des attaches parisiennes ou des brins de laine.

a. Que faire pour que ce « bonhomme » remue ses bras et ses jambes ?

« Il faut couper à l'endroit où ça bouge – On peut attacher avec du fil ».

• Où faut-il couper ?

Chaque groupe ou chaque enfant marque au crayon sur un membre l'emplacement des futures sections. Si vous le jugez nécessaire, vous pouvez préparer l'exercice collectivement sur un membre d'une silhouette dessinée au tableau. Un rapide échange permet un contrôle et fait apparaître la nécessité de simplifier : on négligera, par exemple, les articulations des doigts. Les autres articulations du corps sont ensuite marquées.

• Les enfants articulent le pantin

Ils réunissent les morceaux qu'ils viennent de couper soit avec des brins de laine, soit, après chevauchement, avec des attaches parisiennes placées dans des trous faits avec un poinçon.

b. Comparons les pantins

Les erreurs relancent l'observation. La nécessité d'un vocabulaire précis apparaît très vite, et les mots suivants sont retenus : épaule, coude, poignet, hanche ; genou, cheville, bras, avant-bras, main, cuisse, jambe, pied.
« Il ne bouge pas pareil ». Qu'est-ce qui n'est pas pareil ? Les enfants sont amenés à analyser davantage les mouvements possibles au niveau de l'épaule, du coude, de la hanche : rotation ample de l'épaule, plus limitée pour la hanche, flexion dans un plan pour le coude. Certains enfants articulent aussi la tête du pantin et voudraient traduire la souplesse du tronc : « Il faudrait couper en beaucoup de petits morceaux ».

c. Bilan

Si les capacités des enfants le permettent, demandez-leur de dessiner une silhouette de bonhomme, d'y indiquer, par un point de couleur, les articulations, et d'utiliser comme légende les mots nouvellement acquis. On peut ajouter : membre supérieur, membre inférieur, tête, tronc (souvent confondu avec le corps). Le mot « articulation » est employé mais sa signification réelle sera complétée dans les classes suivantes.

Remarque : La fabrication d'un pantin a plusieurs variantes possibles :
– la silhouette fournie peut être de face ou de profil ; dans ce dernier cas, on peut faire prendre au pantin des attitudes de marche, ou de course, ou de saut…
– au lieu de fournir une silhouette vous donnez aux enfants un corps en « pièces détachées ». Ils devront les assembler correctement pour reconstituer leur pantin.

L'album pour les enfants

« Découvre comment fonctionne ton corps »

Les pages consacrées à la découverte du corps et à ses mouvements peuvent servir de motivation à la mise en route de certaines activités.
Elles peuvent également être employées en évaluation des acquisitions des enfants après la réalisation d'exercices concrets.

De la tête aux pieds

pages 28 et 29

Il s'agit de contrôler que les enfants maîtrisent bien le vocabulaire concernant les différentes parties du corps.
Réaliser successivement (bien sûr en deux séquences distinctes) le dessin d'un visage et le contour du corps.
Pour les enfants qui ne savent pas encore écrire, l'usage des pastilles de couleur correspondant aux différentes parties du corps permet de « légender » le dessin obtenu.
La silhouette du corps pourra aussi être utilisée pour indiquer les articulations ou même pour faire un grand pantin articulé (voir ci-dessus).

À la recherche des articulations

pages 30 et 31

De nombreux exercices de motricité ont permis aux enfants de prendre conscience de leurs possibilités.
Vous aurez insisté sur le fait que, si nos bras, nos doigts ou nos jambes restent raides, on ne peut plus réaliser les mêmes mouvements.
Les photographies **1**, **2** et **3** de la page 30 montrent des mouvements que les enfants vont pouvoir mimer. Ils décrivent comment sont les jambes sur chacune des photographies. Ils désignent les différentes articulations mises en jeu (hanche, genou, cheville).
Ils consolident des connaissances précédemment acquises :
– les bras et les jambes sont articulés ;
– chaque articulation a un nom précis ;
– les articulations permettent au corps de prendre des positions variées ***(fig. 12)***.

« On mange pour grandir »

Les enfants aiment boire et manger. C'est une activité importante de leur vie. Ils aiment parler du bon gâteau de leur anniversaire, des cerises qu'ils ont cueillies dans le jardin de leur grand-père ou du pain d'épices que maman a acheté pour le goûter. Les activités sur l'alimentation seront donc faciles à introduire à la suite de tels entretiens.
Dans sa famille, l'enfant est parfois contraint de limiter la consommation de ses aliments préférés et obligé de manger des aliments qu'il n'apprécie guère. Il est important qu'il commence à comprendre le bien-fondé des règles de diététique qui seront reprises au cours de sa scolarité.

Quelques exemples d'activités possibles

Les activités possibles sont très variées : faire un petit déjeuner en classe, composer le menu d'un pique-nique, confectionner un gâteau, fabriquer du pain, etc. Toutes ces activités doivent permettre d'acquérir les notions de base concernant l'alimentation humaine. Ce sujet permet également d'aborder des questions d'hygiène de vie et de maintien en bonne santé.

A. Principales notions visées

– Les aliments que nous mangeons sont de nature variée, mais, en dépit de cette très grande diversité apparente, ils sont toujours d'origine animale ou d'origine végétale.

– L'eau est l'unique boisson indispensable à notre organisme.

– L'alimentation humaine doit satisfaire les besoins de l'organisme. Elle doit respecter des règles précises établies par les médecins spécialistes de la nutrition.

– Le rythme des repas, la composition des menus doivent être respectés pour un maintien en bonne santé.

– Pour grandir et rester en bonne santé, il faut manger suffisamment mais pas trop. L'excès de certains aliments (sucres et graisses en particulier) entraîne des perturbations de la santé et peut conduire à l'obésité.

– Les aliments que nous consommons peuvent avoir subi diverses transformations (le beurre et les fromages proviennent du lait, la confiture est obtenue à partir de fruits et de sucre qui ont cuit ensemble).

B. Que mangeons-nous ?

De très nombreuses séquences sont nécessaires, en petite, moyenne et grande section, pour découvrir ce que nous mangeons. Voici quelques exemples d'activités possibles :
– Préparer certains aliments dont l'origine est mal connue : (blé → pain ; lait → crème → beurre ; lait → fromage ; pomme → jus de pomme → cidre ; raisin → jus de raisin → vin → vinaigre ; fabrication de yaourt, de sel…).
– Préparer des « plats cuisinés » (gâteaux, purée, compote, confiture, potage, etc.).
– Cultiver des radis, des carottes, des pommes de terre, des pois, des haricots, etc., et les manger.
– Réaliser des visites chez les commerçants (boucher, pâtissier, grande surface, marché, etc.), dans une ferme (lait, œufs, poulet, etc.), chez un jardinier…
– Travailler sur des menus.
– Classer des aliments (selon la nature, la provenance, le goût, etc.).
– Découvrir les différents états d'un même produit (fruits frais et fruits secs, œufs frais et œufs durs, légumes crus ou cuits, fromage en morceau ou râpé, sucre en morceaux ou en poudre, etc.).
Nous ne détaillerons ici que quelques exemples d'activités.

❶ Quels aliments mangeons-nous ?

Dans les catalogues publicitaires des grandes surfaces, on trouve une très grande variété de produits alimentaires. Ces images découpées sont un support idéal pour de nombreuses séquences sur l'alimentation.

• Quel était le menu de la cantine ?

À partir du menu de la cantine ou d'un repas en famille, on recherche, parmi les images, les aliments qui correspondent à ce menu. On retrouve ensuite l'ordre dans lequel ils ont été consommés.

• Je classe les aliments

Proposez une collection de 5 ou 6 images d'aliments différents, présentant un choix intéressant. Les enfants, groupés par deux ou quatre, classent les aliments qu'ils ont sur leur table. Vous obtiendrez différents types de classement :
– sucrés - non sucrés ;
– cuits - crus ;
– liquides - solides...
Si vous leur faites chercher l'origine des aliments, ils pourront les classer en aliments d'origine végétale ou d'origine animale.

2 Une visite chez le boulanger

Dans de nombreux villages, la visite complète d'une boulangerie (fournil compris) est possible. C'est le point de départ d'exercices variés.
Dans les villes, la visite du fournil étant généralement impossible, organisez votre travail différemment : au cours d'une promenade, les enfants s'arrêtent devant la vitrine d'une boulangerie. Ils regardent les différents pains, ils s'interrogent : « Comment sont-ils faits, avec quoi... ? ». Nous détaillerons ici la visite chez un boulanger. Avant la visite, établissez avec les enfants les règles de conduite qu'ils devront adopter.

a. Le déroulement de la visite

• Avant d'entrer dans le fournil, laissez les enfants, disposés en un large demi-cercle, regarder la vitrine. Ils seront intéressés par la position « toute droite » des pains, par leur forme (pains boule, pains en épis, pains saucissons), par la corbeille pleine de croissants...
En traversant le magasin, ils noteront peut-être le grand nombre de pains et l'odeur caractéristique, mais ne vous attardez pas dans cette pièce.
Il est souhaitable qu'ils fassent librement le tour du fournil. Utilisez cette situation pour apprendre à bien se conduire chez autrui, individuellement ou en groupe.

• Regroupez les enfants. Chacun fera part de ses impressions, de ses observations. Relevez oralement les questions ; la démonstration et les explications du boulanger apparaîtront comme le moyen de trouver une réponse.

• Le boulanger travaille devant les enfants. On l'observe. Dans certains cas, il explique ce qu'il fait, dans d'autres cas un enfant explique ce qu'il voit. Le bruit des machines et le nombre des élèves peuvent être des facteurs de dispersion. Vous devrez souvent intervenir pour répéter les diverses remarques. Si les enfants savent lire, vous pouvez écrire sur une ardoise les mots importants qui jalonnent la démonstration du boulanger. Par exemple, quand il prépare la pâte, écrivez le nom des matières utilisées (l'eau, la farine, le sel, puis le levain), le nom des appareils qui fonctionnent (le pétrin, la balance...). Vous pouvez remplacer l'ardoise par des étiquettes que les enfants accrochent à l'aide de ruban adhésif aux endroits correspondants ; ces étiquettes pourront être rapportées en classe. L'utilisation de l'ardoise ou des étiquettes permet, outre l'exploitation de la mémoire visuelle, la concentration de l'attention.

Lorsque le boulanger façonne la pâte (qu'il a dû préparer à l'avance), les enfants souhaitent souvent devenir acteurs. Il peut arriver que votre hôte leur permette certaines manipulations, par exemple le maniement de la grande pelle qui les impressionne beaucoup.

• Dernier tour du fournil. Avant de partir, les enfants récapitulent devant chaque appareil les différentes opérations. N'omettez pas de réserver le temps nécessaire pour qu'ils posent les questions qui les intéressent. Lors d'une visite, des élèves ont demandé au boulanger comment il faisait les pains en épis, les croissants, les pains au chocolat.

b. De retour en classe

La visite se situe souvent au début de l'après-midi, au moment où les acheteurs sont peu nombreux. Elle peut être immédiatement suivie d'une séance de dessin, ce qui permet un retour au calme bénéfique.

• Dessinons la visite

Chaque enfant dessine ce qui l'a frappé puis explique son dessin à ses compagnons. On peut espérer obtenir pour l'ensemble de la classe plusieurs représentations des différentes étapes de la visite.
Vous pouvez alors regrouper les dessins semblables puis constituer des lots comprenant une représentation de chaque étape de la visite. Vous donnez un lot à chaque groupe d'élèves (le nombre de groupes que vous formerez dépendra donc des possibilités offertes par les dessins).
Les enfants, au sein de chaque groupe, mettront les dessins en ordre pour réaliser le « film de la visite ». Si cette activité ne peut être réalisée dans des groupes, travaillez collectivement.
Chaque groupe présente ensuite son travail. Les enfants comparent les différents « films », corrigent si cela est nécessaire. Ces séries de dessins peuvent être affichées ou constituer un journal illustré. Par la suite, elles seront éventuellement complétées par des photographies découpées dans des revues ou prises lors de la visite.

• Objectifs

Une telle activité permet la structuration du temps :
– par la reconstitution chronologique de la visite ;
– par la mise en ordre d'actes successifs dont les enfants ont été les spectateurs.

3 Jouons au boulanger

• Les enfants aiment imiter les grands. Fabriquer du pain qu'ils mangeront ensuite est, pour eux, un plaisir. Mais cette activité implique un certain bruit, une certaine agitation ; il est difficile de les éviter, vous pouvez seulement les limiter. Bruit et agitation ne sont pas une raison suffisante pour renoncer à cette étape, car c'est un moyen de choix pour motiver et enrichir la communication écrite et orale.

• Cet exercice convient très bien pour un travail de groupes. Si vous le pouvez, travaillez dans la salle de cantine, souvent plus pratique que la salle de classe.

Il faut laisser reposer la pâte avant la cuisson ; il est donc souhaitable de la préparer dans la matinée pour l'observer et la façonner dans l'après-midi.

a. Matériel

Pour chaque groupe de quatre ou cinq enfants :
- une cuvette en plastique ;
- un torchon ;
- des récipients contenant des quantités souhaitables de farine ;
- eau ;
- sel ;
- levain.

Les trois premières fournitures peuvent être apportées par les enfants, le levain vous sera donné par le boulanger.
Vous ferez réaliser une pâte convenable en respectant les proportions suivantes :
– 400 g de farine ; 8 g de sel ; 5 g de levure du boulanger ; 0,25 L d'eau froide (ce qui permet d'obtenir une vingtaine de petits pains…).

b. Déroulement

• Faisons du pain

Chaque groupe décide de ce qu'il doit vous demander : vous serez leur fournisseur, mais vous cacherez les récipients que vous aurez préparés. Vous contrôlez ainsi qu'ils se souviennent des produits utilisés par le boulanger.
Vous veillerez à la bonne marche des opérations ; en particulier, chaque enfant doit avoir pétri la pâte. Quand celle-ci aura levé, les élèves façonneront les pains qu'ils pourront faire cuire chez eux. Le lendemain, les pains cuits seront dégustés en classe. Mais, on remarquera ensemble : « si nos pains sont bons, ils ne sont tout de même pas aussi réussis que ceux du boulanger ! », ce qui conduira à respecter le savoir faire d'un métier.

• À quoi sert le levain ?

Il est possible que certains enfants s'interrogent sur la nécessité du levain. « Le boulanger nous a dit qu'il faisait lever la pâte, mais si on n'en mettait pas, elle lèverait peut-être » a dit Didier. « On pourrait essayer » a suggéré Denis. Vous devez alors permettre et encourager l'expérience.
Les enfants constatent l'après-midi la différence entre les deux pâtes. Ils discutent et élaborent la conclusion : « c'est le levain qui fait lever la pâte ». Il y a là une approche de la notion de causalité et une initiation très modeste à l'attitude expérimentale. Cette activité intellectuelle collective, ce moment de réflexion permettent aussi un retour au calme au sein des activités de manipulation.

• Écrivons la recette

Les enfants vont écrire, d'une manière simple, la recette pour fabriquer le pain. Cette recette peut être constituée par une bande dessinée enrichie, suivant le niveau de lecture, par des phrases courtes relatant les actions successives.
Elle peut être élaborée individuellement ou en groupe. Après correction collective, elle figurera sur un tableau d'affichage ou sur un album.

▸ L'album pour les enfants

« Découvre comment fonctionne ton corps » ◂

Les documents proposés dans l'album concernent d'une part la composition des menus à partir des familles d'aliments, d'autre part la fabrication d'aliments (pain, fromage blanc). Ils peuvent, comme nous allons le voir, être utilisés à différents moments de la démarche.

Compose les menus d'une journée

pages 32 et 33

Avant de composer des menus, vous ferez, avec les enfants, un inventaire des aliments qu'ils connaissent. En recherchant leur origine, ils découvriront qu'ils proviennent soit des animaux, soit des plantes. Les documents seront donc utilisés dans un deuxième temps.

a. Voici de quoi manger

Les enfants reconnaissent la plupart des aliments présents sur la photographie. Le chou-fleur ou les asperges ne sont peut-être pas connus de tous. C'est l'occasion de découvrir de nouveaux aliments.

Trouver ceux qui proviennent des animaux et ceux qui proviennent des plantes ne présente généralement pas de difficulté. On recherche ensuite ceux qui peuvent se manger crus, ceux que l'on mange cuits.

Les échanges entre enfants sont souvent riches, les avis contradictoires, en raison des habitudes familiales de chacun.

b. Les aliments sont classés en six familles

Les enfants ne peuvent pas inventer ce type de classement qui est celui des médecins nutritionnistes ***(fig. 13)***.

Chacun des groupes apporte à notre organisme des composants particuliers qui sont nécessaires à son bon fonctionnement. Ceux-ci seront étudiés plus tard au cours de la scolarité. Cependant, il n'est pas trop tôt pour faire prendre conscience aux enfants qu'on ne mange pas n'importe quoi, et qu'un équilibre entre les différentes catégories d'aliments est nécessaire pour le maintien en bonne santé.

Dans un premier temps, on reconnaît sur les photographies les aliments de chacune des familles. Avec des images d'aliments découpées dans des publicités, on peut reconstituer ces six « familles » d'aliments et faire une grande affiche en collant ces images.

Pour établir le menu des repas d'une journée, vous devrez donner la règle à respecter : Chaque jour, il faut au moins un des aliments de chaque « famille ».

Et si nous faisions du pain ?

pages 34 et 35

Cette double page apporte une aide efficace si vous voulez réaliser l'activité décrite ci-dessus « Jouons au boulanger ».

Vous trouvez :
– la liste des ingrédients avec les quantités nécessaires pour confectionner 8 petits pains ;
– une recette codée en images successives.

Le travail sur ces documents précède généralement la confection des pains.

Ces documents serviront également, plusieurs jours après, pour verbaliser les actions effectuées et, ainsi, consolider l'apprentissage des mots nouveaux.

Une visite chez le boulanger

pages 36 et 37

Ce reportage photographique peut être utilisé dans deux situations différentes.

• Vous avez la possibilité de réaliser avec votre classe une visite chez un boulanger (voir page 86). Les documents serviront après la visite pour rappeler les différentes étapes de la fabrication du pain.

• Vous ne pouvez rendre visite à un boulanger. Les photographies des pages 36 et 37 sont analysées et la fabrication du pain par le boulanger est comparée à la fabrication réalisée en classe et à la recette présentée page 35.

Du lait à boire et à manger

pages 38 et 39

Beaucoup d'enfants ignorent que le beurre, le fromage, les yaourts, les petits suisses sont fabriqués à partir de lait. Les documents de ces pages peuvent être utilisés à des moments différents, distants dans le temps, et pour des activités à différents niveaux.

a. Tous les fromages sont faits avec du lait

Les deux photographies de la page 38 permettent d'aborder les notions suivantes :
– il existe une très grande variété de fromages ;
– tous les fromages sont fabriqués à partir de lait ;
– le lait peut provenir soit de vache, soit de chèvre, soit de brebis ;
– d'après leur mode de fabrication, on distingue les fromages « frais » et les fromages « secs ». Parmi ces derniers, certains sont « crus », d'autres « cuits ».
Pour commencer, faites exprimer les enfants sur les fromages qu'ils connaissent, ceux qu'ils préfèrent…
Une visite chez un crémier, ou au rayon fromage d'une épicerie ou d'une grande surface, ne manque pas d'intérêt. Les photographies de la page 38 peuvent être utilisées avant ou après la visite.

b. Comment faire du fromage blanc ?

La fabrication du fromage blanc est très facile à réaliser en classe et à réussir. On peut la faire précéder de la description des quatre photographies de la page 39 que vous compléterez par la lecture des textes. La réalisation d'une telle fabrication permet d'expliciter le fait que, parmi les aliments que nous mangeons, beaucoup sont obtenus après transformation de produits de base.

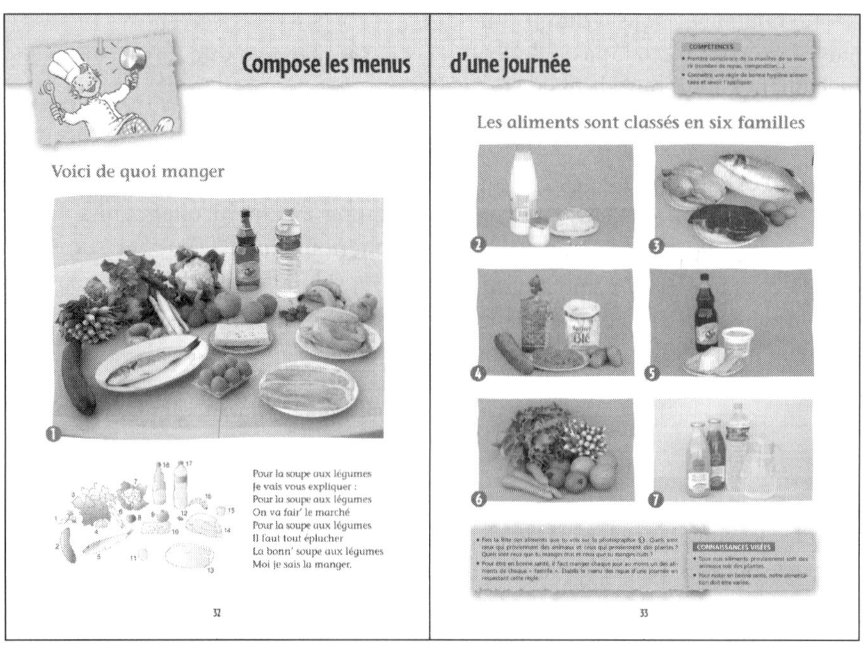

Extrait de l'album *« Découvre comment fonctionne ton corps »* pages 32-33.

Les aliments sont classés en 6 familles

Fig. 13 Pour rester en bonne santé, on ne doit pas manger n'importe quoi. Les aliments sont classés en 6 groupes. Chaque groupe apporte à l'organisme les constituants indispensables. Pour composer les menus d'une journée, il faut donc trouver dans son alimentation de la journée les aliments des 6 groupes.

Tous semblables et tous différents

*L'approche du monde vivant, animaux et végétaux, permet de prendre conscience non seulement de sa **diversité** (tous les arbres ne se ressemblent pas, ils ont des noms différents ; un chat se distingue nettement d'un moineau ou d'un poisson rouge...), mais aussi de son **unité** (tous les êtres vivants, animaux et végétaux, naissent, grandissent, se nourrissent...). Il est souhaitable que ces notions soient abordées au sujet de l'être humain, et plus particulièrement de l'enfant qui découvre le fonctionnement de son corps.*

Les objectifs visés

Tous les enfants ont des points communs qu'il n'est sans doute pas inutile de leur faire expliciter : tous grandissent, se nourrissent, sont capables de mouvements. Mais ils ont également des différences : ils ne sont pas nés le même jour, ils n'ont pas la même taille, la même couleur de cheveux… Le problème de la couleur de peau peut surgir à tous moments dans une classe. Il est sans doute vrai que les enfants ne sont pas racistes « par nature » ; mais certains peuvent être marqués par les jugements, souvent sommaires qu'ils entendent prononcer dans leur famille et leur entourage.

Le racisme provient d'un manque d'information et de réflexion. Il est donc vivement souhaitable d'aborder cette question à l'école, pour aider les enfants à passer du préjugé au jugement réfléchi, et à acquérir le sens de la relativité. Chaque groupe, en effet, a tendance à considérer ses propres normes physiques et culturelles comme les meilleures.

• **Sur le plan biologique,** la délimitation des races humaines n'existe pas.
Les différences entre les groupes humains (nations, etc.) sont, avant tout, culturelles. Chaque culture représente un ensemble cohérent de valeurs et de règles sociales qui s'expliquent davantage par l'histoire et le milieu que par la « race ».

L'appartenance à des groupes humains n'exclut pas la possibilité d'une même culture.
Il peut arriver qu'un enfant soit en butte à des moqueries, ou simplement les craignent ; il peut souffrir de la couleur de sa peau, de ses cheveux crépus, de son accent… Il est indispensable d'aider chaque enfant à s'accepter et à accepter les autres, chacun avec sa singularité. Chaque être est irremplaçable parce qu'il est différent de tous les autres.

• **Pour aborder ces sujets,** il est souhaitable de mettre à la disposition des élèves des livres parlant des enfants du monde. Il en existe un très grand nombre, souvent bien illustrés. À travers ces ouvrages, les enfants découvrent l'existence d'enfants différents par la manière de vivre, de s'habiller, de manger. Ils n'habitent pas dans les mêmes maisons, ne parlent pas la même langue, n'ont pas la même couleur de peau, etc., mais tous jouent, savent rire, parlent, ont des amis…
D'autres circonstances de la classe peuvent servir de point de départ : invitation d'un étranger, correspondance scolaire…

On pourrait aussi être tenté de mettre à profit la présence, dans la classe, d'enfants de « races » différentes. Il ne nous semble pas souhaitable d'aborder le sujet de cette manière, car on crée une prise de conscience brutale des différences entre des enfants qui, jusque là, n'y attachaient peut-être aucune importance.

Vous trouverez également dans l'album *« Découvre comment fonctionne ton corps »*, des photographies permettant d'aborder ce sujet.

Nous vous proposons également ci-dessous plusieurs activités sur la croissance des enfants. Vous trouverez dans d'autres chapitres des activités sur les mouvements, sur l'alimentation, sur les organes des sens…

« Je deviens grand »

Tout enfant sain aspire à devenir grand. Il est donc très fier de constater les progrès de sa croissance. Vous utiliserez cet intérêt spontané, non pas pour donner à vos élèves des connaissances sur la croissance en général, mais pour aider chacun d'eux à prendre conscience de son propre développement depuis sa naissance.

Ces travaux, qui ne nécessitent aucun matériel particulier, sont réalisables partout, quelles que soient les ressources de votre école et de votre environnement géographique.

A. Moi aussi, j'ai été petit

En début d'année, c'est un excellent moyen de faire parler les enfants et de leur donner confiance. Les parents, la famille même, seront associés à la vie scolaire du jeune élève ; l'intégration à la classe s'en trouvera facilitée.

Demandez aux enfants d'apporter des photographies qui les représentent quand ils étaient bébés, quand ils commençaient à marcher, en vacances… Vous entourerez de soins les premières photographies ainsi apportées : elles seront mises dans un enveloppe marquée au nom de l'enfant et rangées dans une boîte. Ces précautions ne sont pas inutiles ; elles encourageront certaines familles un peu réticentes à vous confier momentanément leurs précieux documents.

1 Déroulement possible

• **Chaque enfant dispose** ses photographies sur sa table, les observe et les range en vue de les présenter à ses camarades.

Un élève qui a classé ses photographies est invité à venir les présenter. Il les décrit et explique pourquoi il a choisi cet ordre. La classe pose des questions. On essaie de parvenir à une série chronologique mais les tâtonnements sont nombreux : un élève commence par les photographies en couleur, qu'il juge plus attrayantes… Un autre est gêné par les différences d'échelle des diverses photographies. Un petit garçon résume la situation : « C'est les photographies qui font ça, on est loin, on est près ».

On décide de se fier plutôt aux changements observés dans le comportement, les vêtements ou les jouets.

• **Une discussion collective** conduit à distinguer différentes étapes dans le développement. par exemple :
– le bébé ;
– le jeune enfant qui commence à marcher ;
– l'enfant qui commence à aller à l'école ;
– l'enfant actuellement.

Cette évolution pourra être illustrée par les changements dans la nourriture, les vêtements ou les jouets. Des objets apportés par les enfants en témoigneront. Les remarques des élèves montrent qu'ils ne conçoivent pas la croissance comme un processus continu. Ils distinguent des étapes marquées par des changements qui prennent valeur de symbole. Ainsi, le biberon est l'apanage du tout petit, le premier vélo apparaît comme un signe certain d'indépendance.

2 Objectifs

– Perception de l'identité personnelle à travers le temps ; l'enfant doit intégrer un « savoir » concernant les premières années de sa vie dont il n'a pas de souvenir personnel.
– Structuration du temps et découverte de l'intérêt des documents qui permettent une reconstitution du passé.
– Participation de la famille à la vie scolaire.
– Motivation au langage, très importante en début d'année.

B. Je compose mon album photo

La confection d'un album photo est accueillie le plus souvent avec enthousiasme : les enfants sont heureux d'utiliser leurs photographies pour une activité nouvelle. Il faudra aussi que vos élèves dessinent. Ce sera un moyen de motiver ceux qui n'ont pas pu apporter de photos, et une possibilité pour les autres de confronter la relative objectivité de leur photographie avec leur dessin tout empreint de subjectivité.

Des erreurs peuvent apparaître : nous avons remarqué que certains enfants hésitent à se représenter en « bébé ». Pour illustrer ce stade de leur développement, ils tiennent absolument à se représenter debout. Vous ne devez pas intervenir auprès de l'élève qui manifeste de telles réticences ; laissez-le dessiner librement.

Certaines photographies ont été datées (jour, mois, année) par les parents. Les enfants tiennent parfois à reproduire ces indications ; laissez-les faire, mais n'insistez pas.

Plusieurs façons de procéder sont évidemment possibles et vous adopterez celle qui convient le mieux à vos jeunes élèves au début de l'année scolaire. À titre d'exemple, voici ce qu'ont fait dans la même classe Alex et Jules.

Sur une feuille de papier à dessin, chacun écrit le titre qu'il a proposé à la maîtresse : « Quand j'étais bébé ». Alex fixe une photographie sur sa feuille, puis il se représente par un dessin. Jules, qui n'a pas apporté de photographies, se dessine dans son lit, sa maman debout près de lui.

Chaque enfant explique son dessin et l'illustre par une phrase : « Je suis dans mon lit », « Je mange mon biberon », etc. La maîtresse aide à corriger et à copier les phrases.

Le même déroulement se répète pour les autres étapes définies au cours du premier exercice. Les quatre feuilles réunies forment un album que l'enfant présente à ses parents.

C. Est-ce que je grandis en ce moment ?

Lorsque cette question se posera, il faudra vraiment être à l'écoute de vos élèves.

Vous ne devez pas intervenir brutalement pour rectifier des erreurs, mais au contraire laisser parler les enfants pour déceler des notions fausses. Cette connaissance des représentations spontanées vous permettra de proposer ultérieurement des activités parfaitement adaptées.

1 Matériel

– Bandes de papier de 1,80 m de longueur (de vieux rouleaux de papier peint conviennent bien) ;
– punaises ou ruban adhésif (pour une fixation des bandes sur le mur de la classe) ;
– de grands livres rigides.

2 Déroulement

• Point de départ

C'est bien son évolution dans le présent qui intrigue avant tout l'enfant. L'un d'eux peut demander : « Est-ce que je grandis encore en ce moment ? ».

Vous commencerez par un échange de vues autour de cette question. Les affirmations vont bon train :
« Je grandis encore, maman me l'a dit.
– On grandit le jour de son anniversaire.
– On grandit la nuit ».

Vous pouvez intervenir en posant quelques questions qui auront un effet stimulant : « Est-ce que votre papa, votre maman, moi-même, nous grandissons aussi ? ». « Un peu, c'est forcé » répond Thomas. Marine affirme que sa maman ne grandit plus. Il faut chercher à se mettre d'accord.

• On cherche un moyen de savoir si on grandit

Vous devez tenir compte de toutes les suggestions, celles-ci sont discutées au fur et à mesure par l'ensemble de la classe.

De nombreux enfants affirment qu'ils grandissent car leurs vêtements et leurs chaussures deviennent trop petits. Alain est sûr d'avoir grandi ; avant il ne voyait rien par la fenêtre de sa chambre, il grimpait sur le tabouret ; maintenant « il voit tout seul ».

Les autres élèves pensent que l'on ne peut pas retenir cette suggestion car les fenêtres de la classe ne sont pas assez hautes.

Laurent pense que l'on pourrait s'allonger sur une table et que « plus les pieds dépassent, plus on a grandi », etc. Ce procédé n'est pas retenu non plus, car les enfants ne le trouvent pas très pratique ; leurs tables sont trop petites, le bureau du maître un peu encombré. Gilles se souvient alors d'avoir découpé « un centimètre » dans un journal d'enfant ; son père l'a fixé au mur : « En me mettant contre le mur, je vois si j'ai grandi ». Gilles est invité à montrer exactement comment il procède et deux autres enfants essaient de repérer sa taille par un trait à la craie sur le mur. On place un livre sur le sommet de sa tête, mais le manuel est incliné ; quelques enfants protestent : « Le livre n'est pas droit, alors on triche !... ». On décide de poser le manuel sur la tête du sujet et de placer le dos de ce livre bien contre le mur. On repère par ce procédé la taille de trois enfants, simplement par des traits, les élèves ne sachant pas encore faire des mesures.
Des comparaisons s'amorcent : Pierre est plus grand que Gilles, mais ce dernier proteste ; Pierre a de grosses semelles. Nous avons oublié de retirer nos chaussures, il faut tout recommencer.

• Chacun repère sa taille

Les élèves se répartissent en petits groupes. Tous reçoivent une bande de papier qui servira au repérage de leur taille. À tour de rôle chaque enfant fixe la bande de papier au mur, ce qui peut donner lieu à des découvertes intéressantes et conduire à une approche de la notion de verticale. Ses camarades effectuent la « mesure ». Vous vous assurerez que les divers repères obtenus correspondent bien à la réalité.
Un groupe d'élèves sera chargé de repérer la taille du maître. Lorsque la taille de chacun a été ainsi notée, on peut indiquer sur le trait obtenu, la date de ce premier repérage.

• Fréquence des repérages

Trois ou quatre repérages suffisent de novembre à juin, mais il ne faut pas les imposer systématiquement aux enfants ; ceux-ci doivent pouvoir repérer leur taille lorsqu'ils le désirent. Certains pensent avoir grandi dès le lendemain du premier repérage ; laissons-les faire cette vérification.

3 Objectifs

– Recherche d'un repérage objectif de la croissance et d'un moyen de conserver des observations faites.
– Éveil de l'esprit critique par la discussion des diverses techniques proposées.

D. Nous n'avons pas tous la même taille

Cet exercice se place à la fin du premier trimestre ou au début du second trimestre.

Vous veillerez tout particulièrement à ne pas humilier, ni dévaloriser les enfants de petite taille au cours des différentes activités.

1 Matériel

Bandes de carton de 1,50 m environ (des emballages d'appareils frigorifiques découpés en bandes conviennent bien).

❷ Déroulement

• Point de départ

« Jules est-il plus petit ou plus grand que Magali ? ». Pour répondre à la question du maître, les élèves placent côte à côte Jules et Magali, déchaussés. S'ils étaient absents, on pourrait quand même connaître la réponse en comparant les tailles repérées dernièrement sur les bandes de papier. Celles-ci se manipulant difficilement, on va refaire les toises sur des bandes de carton dur.

• Confection des toises de carton

Les élèves sont par groupe de deux. En s'aidant mutuellement, ils découpent la toise de carton en la plaçant sur la bande de papier peint déroulée sur le sol. On vérifie ensuite que la toise en carton a bien la même taille que l'enfant dont le nom est inscrit.

• On joue avec les toises

Les enfants comparent librement leurs toises deux à deux quelques minutes. Vous demandez à quelques élèves de faire le point de leurs observations. On constate que c'est plus facile de comparer deux toises que deux enfants.
Vous proposerez un rangement des toises. Les élèves sont invités, par petits groupes de cinq ou six maximum, à ranger leurs toises de la plus petite à la plus grande. Les bandes de carton seront posées sur le sol, les enfants devront découvrir par eux-mêmes la nécessité de les placer sur une même base, le pied du mur par exemple.

❸ Objectifs

– Observation de l'image de soi.
– Recherche d'une méthode pour comparer des longueurs et pour ranger des éléments de grandeur voisine.

▸ L'album pour les enfants

« Découvre comment fonctionne ton corps » ◂

Dans l'album « Découvre comment fonctionne ton corps », deux doubles pages sont consacrées aux sujets développés dans ce chapitre Elles peuvent servir de point de départ, ou être utilisées pour faire le point, réaliser une synthèse ou contrôler les acquisitions des enfants.

Naître, grandir, vieillir...

pages 42 et 43

Les photographies évoquent plusieurs âges de la vie. Il ne s'agit pas, bien sûr, de la même personne comme certains enfants pourraient l'imaginer, et elles ont été volontairement disposées dans le désordre.
Chacune d'elles doit être décrite et commentée ; faites préciser ce qu'elle évoque chez l'enfant, à qui elle fait penser. Faites trouver la photographie correspondant à leur âge actuel. Dans chacun des cas les enfants doivent justifier leur choix en précisant les indices qu'ils ont privilégiés.
Les photographies **4** et **5** permettent d'évoquer la croissance en taille d'une part, en poids d'autre part. Elles peuvent déclencher un travail sur la croissance (voir ci-dessus les activités proposées).
La photographie **1** permet de parler très simplement et naturellement de la vie avant la naissance.
La mise en ordre des photographies peut déclencher une discussion : si on s'intéresse au bébé « caché » dans le ventre de sa maman, on la place avant les photographies **2** et **3**. D'autres enfants voudront la placer entre **6** et **7**, c'est « l'âge où on peut être maman ». Quelle que soit la solution adoptée ces photographies permettent d'évoquer les « étapes de la vie » communes à tous les êtres vivants : « naître, grandir, vieillir ».

Tous différents et tous semblables

pages 46 et 47

Laissez d'abord les enfants s'exprimer librement face à ces photographies.
Faites ensuite rechercher toutes les ressemblances repérables entre les enfants.
Dans un deuxième temps, faites énumérer sur quoi portent les différences : vêtements, aspect des cheveux, couleur de peau, des yeux, etc.
Les objectifs visés par cette approche sont fondamentaux pour apprendre aux enfants le respect de l'autre dans ses différences (physiques, intellectuelles, culturelles). Ils découvrent en même temps que les hommes ont entre eux beaucoup plus de ressemblances qu'ils n'ont de différences.

Découvre le monde vivant :

L'album de l'élève

Sommaire

L'observation de la vie animale

L'observation de la vie végétale

La découverte de différents milieux, sensibilisation aux problèmes de l'environnement

les animaux, les végétaux, les milieux

Le guide de l'enseignant

Sommaire

Pages Guide

Qu'est-ce que le monde vivant ?

Découvrir le monde vivant (on dit parfois « monde du vivant »), ce n'est pas seulement étudier les organismes vivants. C'est aussi découvrir le « fonctionnement » de ce monde vivant qui s'est installé sur la planète Terre. Voici un exemple de ce qu'on appelle fonctionnement.
*Tous les êtres vivants, même les plus petits microbes, doivent en permanence pour se maintenir en vie, utiliser de l'**énergie**. Pour beaucoup (et c'est le cas pour l'homme), cette énergie est celle des aliments. Or l'énergie contenue dans les aliments est celle de la lumière solaire. **Sans le soleil, toute vie sur Terre serait impossible.***
*Les êtres vivants forment un ensemble étonnant, **un tout, une unité vivante autonome**. Une explication a été donnée à cette **unité** : tout ce qui vit sur notre planète dérive d'êtres vivants microscopiques, d'organisation très simple (des bactéries primitives), et **l'évolution est la grande histoire de la vie** ; elle permet de tout comprendre, aussi bien les « airs de famille » (c'est-à-dire les ressemblances entre les êtres vivants) que les différences (c'est-à-dire la diversité).*

Qu'est-ce que le monde vivant pour un scientifique ?

Les informations données dans les deux pages qui suivent, peuvent sembler bien éloignées des activités très simples vécues à l'école maternelle. Elles ont pour objet :
– de faire le point des connaissances actuelles sur le concept de vivant (ce qui est utile, sans être indispensable);
– de faire comprendre où se situent les notions visées à l'école maternelle dans cet ensemble complexe ;
– de montrer qu'en dépit d'une importante « différence de niveau » de connaissances, les scientifiques et les enseignants visent les mêmes notions.

• **Un scientifique définit le vivant en trois mots :** diversité, unité, parentés.
– **Diversité :** le monde vivant comprend actuellement plusieurs millions d'espèces animales et végétales sur la Terre. Une puce, un chat, un chêne... ne se ressemblent guère. Il y a donc diversité.
– **Unité :** un chêne, un être humain, un éléphant ont la même composition chimique, des gènes faits des mêmes molécules... Ils sont tous constitués de cellules qui fonctionnent de la même façon...
– **Parentés :** tous les êtres vivants actuels sont les descendants de bactéries primitives apparues il y a 4 milliards d'années dans les océans du globe. Il n'est donc pas étonnant que les êtres vivants présentent entre eux des ressemblances.

• **Un enseignant d'école maternelle** organise des activités qui ont pour objet de faire découvrir, qu'en dépit d'une très grande **diversité**, tous les êtres vivants naissent, grandissent, se reproduisent, ont besoin de nourriture, meurent... (C'est l'**unité** des êtres vivants : on trouve les mêmes caractéristiques pour tous).
Ainsi, chaque découverte sur le monde vivant (l'observation d'un merle dans la cour, d'un ver de terre, d'une graine qui germe...) faite à l'école maternelle est une brique ajoutée à la grande construction du concept de « vivant ».

A. Les composantes de notre environnement

Dans notre environnement (la cour d'école, le jardin public, la rue...) on distingue deux grandes composantes, le « vivant » et le « non vivant » :
– le **« vivant »** désigne les **êtres vivants** (les animaux, les végétaux, les hommes), ainsi que tout ce qui provient des êtres vivants (une feuille morte, une plume d'oiseau, un morceau de bois...) ;
– le **« non vivant »** représente les **substances minérales.** Ce sont les roches, l'eau et l'air ainsi que les produits fabriqués à partir des roches (ciment, plâtre, verre...).

Il existe un très grand nombre de milieux : forêt, étang, mer, vieux mur, désert… On retrouve dans tous les cas, les deux composantes indiquées ci-dessus, mais bien sûr les êtres vivants ne sont pas les mêmes.

B. Qu'est-ce qu'un être vivant ?

Les scientifiques classent les êtres vivants en quatre grands groupes : les animaux, les végétaux, les champignons, les bactéries.

1 Tous les êtres vivants sont constitués de cellules

a. Unicellulaires et pluricellulaires

Certains êtres vivants, généralement microscopiques, ne possèdent qu'**une cellule**. Ce sont les organismes unicellulaires : des champignons (la levure de bière par exemple), des animaux microscopiques (appelés protozoaires), des végétaux chlorophylliens (certaines algues), l'ensemble des bactéries.
Les autres sont **pluricellulaires**. Parmi ces derniers, certains sont composés de plusieurs millions de milliards de cellules. Ainsi, on évalue à 10^{17} le nombre total des cellules d'un organisme humain (10^{17} = 1 suivi de 17 zéros).

b. Un organisme est donc une société de cellules

Dans un organisme humain, on distingue environ 200 types cellulaires différents : cellules nerveuses, cellules de foie, cellules osseuses, cellules musculaires, globules blancs…
Le corps d'un animal pluricellulaire peut être comparé à une société de cellules qui fonctionnent en relation les unes avec les autres et communiquent entre elles grâce à trois réseaux de communication interconnectés : le système nerveux, le système hormonal, le système immunitaire. Sans ces communications intercellulaires complexes, il n'y aurait pas de vie possible pour l'organisme entier.

c. Toutes les cellules ont le même plan d'organisation

L'observation au microscope de cellules animales et végétales montre que, en dépit de leur grande variété, les cellules sont toutes construites selon **un même plan d'organisation**. On trouve dans toute cellule :
- un noyau,
- le cytoplasme présentant différentes inclusions,
- la membrane cytoplasmique qui entoure toute la cellule.

Si toutes les cellules d'un organisme ont la même organisation, elles ne sont cependant pas toutes identiques et présentent des caractères particuliers en rapport avec les fonctions qu'elles exercent.

2 Les êtres vivants ont tous la même composition chimique

a. Les mêmes constituants chimiques

Tous les êtres vivants (un homme, une puce, un éléphant, une abeille, un ver de terre, un chêne, un roseau, une bactérie…) ont à peu près la même composition chimique. Cette caractéristique est **un aspect fondamental de l'unité des êtres vivants**.
Deux idées importantes doivent être soulignées.

• **Un être vivant est formé d'une série limitée d'éléments chimiques** dont six (carbone, hydrogène, oxygène, azote, phosphore et soufre) constituent plus de 99 % de son poids.
– La substance la plus abondante d'un être vivant n'a absolument rien de spécial : il s'agit de l'eau, mais l'eau possède des propriétés uniques.
– La matière vivante est caractérisée par l'association en grosses molécules organiques des éléments carbone, hydrogène, oxygène, azote. Pour insister sur cette idée fondamentale, on peut dire qu'au point de vue chimique, le corps d'un enfant qui pèse 30 kg, c'est 23 kg d'eau, plus 6 kg de carbone, plus quelques grammes d'azote, de soufre, de phosphore… Pourtant cet enfant peut courir, être heureux, sourire, chanter, parler, être triste… Ce qui fait ce miracle étonnant, ce n'est pas la nature des éléments chimiques, c'est l'association de ces éléments en macromolécules : les mêmes pour tous les êtres vivants (les molécules organiques). La matière organique, c'est la matière des organismes. Compte-tenu de sa richesse en carbone, on l'appelle aussi matière carbonée.

• **La matière vivante**

D'après leur composition chimique et leurs propriétés, on classe les substances organiques en trois groupes : les protides, les glucides et les lipides.
Parmi les protides, on distingue les acides aminés (la matière vivante ne contient que 20 acides aminés différents) et les protéines (formées d'enchaînements d'acides aminés).

b. L'importance des protéines

Les protéines sont les constituants les plus caractéristiques des êtres vivants ; aucune autre catégorie de molécules organiques n'a, dans l'organisme vivant, autant de fonctions.
Dans une cellule humaine, il existe probablement 20 000 protéines différentes. Bien entendu, une protéine donnée existe souvent en un très grand nombre d'exemplaires, et chaque type de protéine a un rôle déterminé. Ajoutons que toutes les protéines de tous les êtres vivants dans le monde, quelles que soient leur taille et leur fonction, sont constituées des mêmes 20 acides aminés. On trouve partout ces 20 « briques » de construction.

3 Les êtres vivants construisent leur propre matière

• Un enfant fabrique lui-même ses muscles, ses os, son sang… au fur et à mesure de sa croissance. Un chêne fabrique du bois, des feuilles… Ceci semble banal. C'est pourtant une **notion capitale** pour définir la vie. Tous les êtres vivants fabriquent la matière organique dont ils sont faits. C'est un caractère fondamental de la vie.
Capitale aussi la réponse à cette question : à partir de quoi les êtres vivants construisent-ils leur matière vivante ?

Une remarque importante avant de répondre : quand la construction d'une maison est terminée, il n'y a plus besoin de matériaux de construction. Chez certains êtres vivants (dont l'homme) la construction n'est jamais terminée. Même à l'âge adulte et à poids constant, un être humain a besoin de matériaux de construction pour renouveler les globules de son sang, les cellules de tel ou tel organe… La construction du corps humain est sans cesse remaniée chez l'adulte.
Pour construire leur matière organique, tous les êtres vivants consomment des aliments. Mais si l'on considère les besoins alimentaires, il existe **deux modes très différents** :
– d'une part l'homme, les animaux et les champignons,
– d'autre part les végétaux chlorophylliens (c'est-à-dire les végétaux qui possèdent de la chlorophylle).
Les premiers sont dits **hétérotrophes**, les seconds **autotrophes**.
Que signifient ces mots ?

a. Les hétérotrophes

• Les animaux

Quel que soit leur régime alimentaire, les animaux se nourrissent en mangeant d'autres animaux ou des végétaux. Ils construisent donc leur matière organique en mangeant de la matière organique préexistante, c'est-à-dire fabriquée par d'autres êtres vivants.
Comment cela se passe-t-il ? Au cours de la digestion, les protéines (grosses molécules insolubles) contenues dans les aliments se fragmentent en acides aminés (petites molécules solubles). Les acides aminés passent dans le sang (c'est l'**absorption**) et sont distribués par celui-ci à toutes les cellules du corps qui les utilisent comme des « briques » pour construire leurs propres protéines ; c'est l'**assimilation**.
Nous avons vu précédemment que ces « briques » (il s'agit de 20 acides aminés) sont les mêmes pour tous les animaux ; dans le sang du lapin, du mouton, du loup circulent les mêmes acides aminés, mais chaque animal a sa manière à lui de les associer.
On comprend ainsi qu'avec la même « matière herbe » le mouton fabrique de la « matière mouton » et le lapin de la « matière lapin ». Une telle constatation implique que chaque être vivant possède des **plans de construction** qui lui sont propres.

• Les êtres humains

Les hommes se nourrissent en mangeant des aliments d'origine végétale (pomme de terre, riz, pain…) et des aliments d'origine animale (viande, lait, fromage…). Ils construisent donc leur matière organique en mangeant de la matière organique préexistante.
Les hommes comme les animaux sont donc des hétérotrophes (en grec *hetero* = autre, *trophé* = nourriture). Ils construisent leur matière organique à partir des constituants organiques d'autres êtres vivants.

• Les champignons

À première vue, on pourrait supposer qu'un arbre de la forêt et un champignon qui pousse dans le voisinage ont la même alimentation. En réalité, les champignons ont des besoins alimentaires comparables à ceux des animaux. Une moisissure (les moisissures sont des champignons) qui pousse sur un citron « mange » du citron, une moisissure qui pousse sur du pain « mange » du pain…
Ainsi, quel que soit leur mode de vie, les champignons ont une alimentation comparable à celle de l'homme et des animaux : ils construisent leur matière organique en utilisant la matière organique prélevée sur d'autres êtres vivants. Les champignons sont donc des hétérotrophes.

b. Les autotrophes

Les végétaux chlorophylliens ont un mode de nutrition très différent de celui des êtres vivants précédents ; ils ne « mangent » pas d'autres êtres vivants mais font la synthèse de leur matière organique à partir de substances minérales simples : eau, sels minéraux et dioxyde de carbone. Ce mode de nutrition est appelé autotrophie (du grec *auto* = soi-même, *trophé* = nourriture).
L'équation simplifiée de cette synthèse (appelée **photosynthèse** = synthèse de matière organique grâce à l'énergie des photons présents dans la lumière) est la suivante :

$$CO_2 + H_2O \rightarrow \text{amidon} + O_2$$

Cette équation, très simplifiée, ne laisse pas apparaître la complexité du phénomène. Elle a le mérite de souligner que la nutrition des plantes chlorophylliennes s'effectue grâce à des échanges gazeux entre le végétal et le milieu dans lequel il vit, l'air pour les végétaux aériens, l'eau pour les végétaux aquatiques. Les végétaux chlorophylliens réalisent :
– une absorption de dioxyde de carbone ;
– un rejet d'oxygène.
Le rejet d'oxygène est un « déchet » de la nutrition des végétaux chlorophylliens.
Une source d'énergie est nécessaire pour réaliser la synthèse de matière organique. Cette énergie est celle de la lumière solaire captée par la chlorophylle. Une conséquence évidente : les échanges gazeux de la photosynthèse n'ont lieu que pendant le jour.

4 Les plans de fabrication de la matière vivante

Des milliers de protéines sont fabriquées en permanence dans les cellules d'un organisme vivant, et, pour une protéine donnée, l'enchaînement des acides aminés ne se fait pas au hasard : il se réalise en respectant un **« plan de construction »**. Chaque plan est une suite d'instructions qui indiquent comment fabriquer la protéine correspondante, c'est un **gène**.
Une image permet de comprendre : imaginons sur deux chantiers différents, deux équipes de maçons qui ont à leur disposition les mêmes matériaux de construction (les mêmes types de briques), mais un plan de construction différent. Ces équipes vont évidemment construire deux maisons différentes. C'est ce qui se passe dans la construction des protéines. Le plan X

permet la fabrication de l'hormone de croissance, le plan Y celle de l'hémoglobine, le plan Z celle de l'insuline. Ces trois protéines sont pourtant construites avec les mêmes vingt acides aminés.
On peut même pousser plus loin l'analogie entre un plan d'architecte et le plan de construction d'une protéine. Supposons qu'il y ait une erreur dans le plan d'architecte (par exemple, une cloison barrant le passage dans un couloir de communication) ; dans ce cas la maison n'est plus fonctionnelle. Une telle erreur dans le « plan de construction » d'une protéine (c'est-à-dire dans un gène) est une maladie génique (ou génétique) : myopathie, mucoviscidose…

a. Chromosomes et ADN

Chacune des cellules d'un organisme donné contient **les mêmes** plans de fabrication. Ces derniers sont enfermés dans le noyau. Ce ne sont évidemment pas, comme les plans des architectes, des dessins sur des feuilles de papier. Chaque plan est une portion de molécule chimique appelée **ADN**.
L'ADN est une très, très longue molécule. Un plan de fabrication d'une protéine donnée est une portion de l'une des molécules d'ADN. Ce plan est appelé **gène**. **Un chromosome porte plusieurs gènes**, c'est-à-dire plusieurs plans de fabrication. On appelle **programme génétique** l'ensemble des gènes qui se trouvent chez un individu, c'est-à-dire l'ensemble des plans de fabrication de ses protéines.
Les plans de fabrication d'un être vivant né par reproduction sexuée proviennent pour moitié de son père et pour moitié de sa mère. Pour être plus précis, la moitié de ses chromosomes proviennent de son père, l'autre moitié de sa mère.
Cet « héritage » des chromosomes s'effectue de manière très précise : les deux chromosomes d'une même paire, bien que morphologiquement identiques, n'ont pas la même origine, l'un est d'origine paternelle, l'autre d'origine maternelle.

b. Un aspect capital de l'unité des êtres vivants

Tous les êtres vivants, sans exception, possèdent des plans de fabrication qu'ils transmettent de génération en génération. Le support de tous ces plans de construction est la molécule d'ADN.
Bien entendu, l'information génétique est plus ou moins riche selon les espèces.
En conclusion
Les scientifiques ne se contentent pas de faire la liste des ressemblances, mais précisent le **« fonctionnement »** de la vie : certains êtres vivants, grâce à la chlorophylle qu'ils possèdent, fabriquent de la matière vivante à partir de molécules simples du milieu et de l'énergie solaire. À partir de là, les autres êtres vivants peuvent trouver leur nourriture.
Il y a donc bien une **« composante vivante »** dans notre environnement. Celle-ci réalise des échanges avec la composante minérale du globe (échanges d'eau, de minéraux, de dioxyde de carbone, d'oxygène…).

Qu'est-ce qu'un être vivant pour un élève d'école maternelle ?

Les informations qui précèdent, découvertes au lycée, permettent à un élève de ce niveau d'expliquer pourquoi le marronnier de la cour de l'école est un être vivant. Mais qu'en est-il à l'école maternelle ?

A. Les représentations initiales des enfants

Les êtres vivants meublent l'univers quotidien des enfants. Même dans les villes, plantes et animaux font partie de leur environnement habituel, et pourtant les enfants ont, vis-à-vis des êtres vivants, un problème de reconnaissance.
Au début, l'enfant a tendance à considérer tous les objets qui l'entourent comme vivants. Tout ce qui lui est utile est vivant. Les psychologues ont abondamment décrit cet animisme enfantin. La table sur laquelle il vient de se cogner est « méchante », il lui donne une tape pour la punir. La poupée abandonnée dehors sous la pluie va, pour lui, réellement s'enrhumer. À la question « Qu'est-ce qui est vivant ? », l'enfant répond très souvent « ce qui bouge ». Ainsi, l'eau qui coule, les branches d'arbre agitées par le vent, les nuages dans le ciel sont vivants au même titre que la voiture mécanique qui se déplace (lorsqu'on l'a remontée), ou le chat qui ronronne. En appliquant ce critère du mouvement, la vie est rarement attribuée aux végétaux ; les plantes de la classe, les arbres, qui paraissent immuables, ne sont pas vivants ***(fig. 14)***.

B. Comment faire évoluer les représentations ?

1 L'approche du concept de vie à l'école

Les activités pédagogiques proposées à l'école ont pour but de faire évoluer les représentations initiales et de dégager progressivement certains critères du vivant accessibles aux jeunes enfants.
Les obstacles à surmonter sont nombreux. « Bouger », « manger », « avoir des petits », « grandir » sont des caractères que les enfants attribuent très vite aux animaux. En revanche, les difficultés sont importantes pour les végétaux. Grandissent-ils ? Se nourrissent-ils ? Comment naissent-ils ?

2 Les notions visées

Les activités proposées aux enfants doivent permettre de construire les notions suivantes.
– Un être vivant naît, grandit, se reproduit et meurt.
– Un être vivant se nourrit pour grandir et se maintenir en vie.

Est-ce un être vivant ?

Alice

- ● oui : c'est une petite fille
- + oui : c'est un être vivant
- ○ oui : elle bouge

un moineau

- ● oui : il chante
- + oui : ça bouge
- ○ oui : ça grandit

un ours en peluche

- ● non : il ne parle pas
- + non : ça ne bouge pas
- ○ non : ne bouge pas

une vache

- ● oui : elle fait meuh et fait du lait
- + oui : ça bouge
- ○ oui : elle a besoin de nourriture

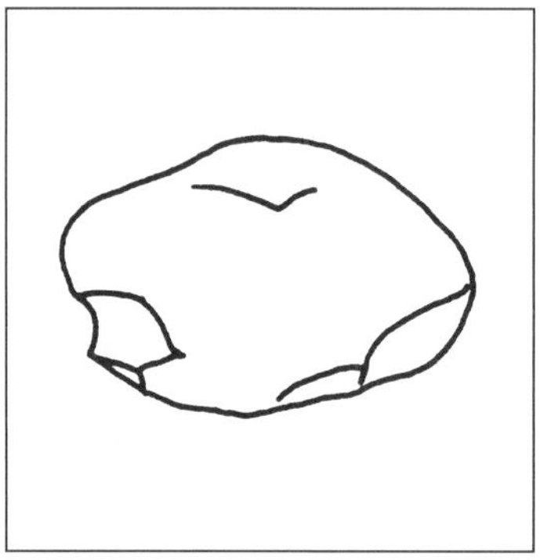

un caillou

- ● non : ça ne bouge pas
- + non : ça ne bouge pas
- ○ non : ne bouge pas

une sauterelle

- ● oui : elle saute
- + oui : ça bouge tout le temps
- ○ oui : ça saute

un cerisier

- ● non : ne parle pas
- + oui : ça peut mourir
- ○ oui : ça grandit

une souris mécanique

- ● non : ne parle pas. Ne mange pas de gruyère.
- + non : ça s'arrête
- ○ non : on le fait bouger

de l'herbe

- ● non : ne mange pas. Ne bouge pas. Ça se tond.
- + oui : elle pousse
- ○ oui : grandit, a besoin d'eau

du sel

● non
\+ non : ça ne bouge pas
○ non

un champignon

● non : ne parle pas, on le mange
\+ oui : il grandit et meurt
○ oui : ça grandit

un pied de tulipe

● non : ça ne parle pas
\+ oui : ça vit, ça meurt
○ oui : ça grandit, besoin d'eau

un cerf-volant

● non
\+ non : il s'arrête
○ non : on le fait bouger

une voiture électrique

● non : ne mange pas, ne joue pas
\+ non
○ non : on le fait bouger

de l'eau

● non : c'est de l'eau
\+ je ne sais pas
○ non : on le boit

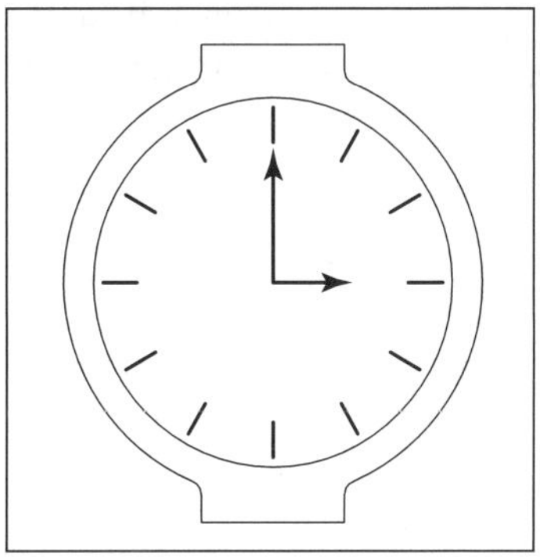

une montre

● non : ça ne mange pas
\+ non : c'est un objet
○ non : bouge pas

un nuage

● non : c'est dans le ciel, ça ne mange pas
\+ je le sais pas
○ non : c'est de l'eau

Fig. 14 La même question « Est-ce que c'est un être vivant ? » est posée aux enfants. Voici les réponses de trois d'entre eux : ● Alice 5ans + Valentin 8 ans ○ Émilie 9 ans.

– Les êtres vivants trouvent, dans leur milieu de vie, les aliments qui leur sont nécessaires.
– Un être vivant se reproduit : il donne naissance à un (ou plusieurs) êtres vivants de la même espèce.
– Il existe deux grands groupes d'êtres vivants, les animaux et les végétaux.
– Nous-mêmes, hommes, femmes et enfants, nous sommes des êtres vivants.

3 Les activités proposées

Le contact direct avec les êtres vivants est fondamental. Les sorties dans la nature ou seulement dans la cour de l'école, l'installation d'animaux dans la classe, même pour des durées courtes, la réalisation de plantations dans la classe, la mise en place d'un jardin à l'école, toutes ces situations favorisent le contact direct avec les animaux et les végétaux ***(fig. 15)***. Les enfants observent les animaux qui mangent, ils assistent à des naissances, ils voient pousser des plantes... ***(fig. 16)***
Certains animaux ou végétaux peuvent mourir.
Ainsi, la fragilité de la vie et ses limites apparaissent ; le respect de la vie se construit de manière objective.
Les activités favorisent le développement de méthodes scientifiques qui seront constamment utilisées au cours de la scolarité ; l'observation continue, les comparaisons, les classements... sont très souvent nécessaires au cours de l'approche du monde vivant.
Si le contact direct est primordial, l'utilisation de documents (photographies, dessins, textes...) est aussi indispensable. Elle permet d'enrichir les comparaisons, d'accéder à des généralisations. Ainsi, progressivement, les critères des êtres vivants sont de mieux en mieux maîtrisés.

4 Attention, ne tombez pas dans le piège !

Ne posez surtout jamais la question « est-ce que c'est vivant ? », mais posez la question « est-ce que c'est un être vivant ? ».
En effet,
– Un chat, une mésange, un tilleul, un chien, un enfant... sont des êtres vivants. Les choses sont claires.
– Si vous détachez une feuille d'un arbre, la feuille est toujours vivante (mais ce n'est pas un être vivant). Par ailleurs la feuille est vivante pour plusieurs heures ou même plusieurs jours. La notion de vie ou de mort doit être considérée au niveau de chaque cellule de la feuille.

– Lorsqu'on tue un animal, ses organes sont vivants pendant parfois plusieurs jours. Le beefsteack acheté chez le boucher « respire » encore (absorption d'oxygène, rejet de dioxyde de carbone).

– Pour aller plus loin, une branche morte, tombée depuis des mois ou des années, n'a évidemment plus aucune cellule vivante. Cependant cette branche a la composition chimique des êtres vivants. Elle fait donc partie du vivant, bien qu'elle ne soit plus vivante.
On voit donc qu'il vaut mieux éviter de poser la question « est-ce que c'est vivant ? ».

En conclusion
La notion d'« être vivant » est une notion capitale pour la compréhension du monde, mais elle n'est pas évidente. Il est normal qu'un enfant ne considère pas qu'un champignon, ou un arbre... est un être vivant. Lui dire : « le marronnier de la cour de l'école est un être vivant » est exact, mais comment peut-il comprendre une telle affirmation ? Quelles représentations peut-il s'en faire ?

Peu à peu, les activités scientifiques menées à l'école maternelle, puis à l'école élémentaire, vont faire découvrir les **manifestations de la vie**. Un marronnier fleurit, et produit des marrons. Les marrons germent (ce sont des graines) et donnent de nouveaux pieds de marronnier. Donc, les marronniers **se reproduisent** et donnent naissance à des individus de la même espèce (La reproduction est certainement la manifestation de la vie la plus facile à constater). Pour un enfant, un marronnier ne mange pas : la nutrition n'est pas une manifestation « visible » de la vie du marronnier. En revanche, il peut constater d'autres manifestations de la vie : un marronnier grandit, grossit...

Des activités et des observations ▶ Des découvertes importantes. Des comparaisons indispensables.

Je regarde vivre les animaux dans la nature et ...

... J'élève des animaux.	• Un animal naît. • Il grandit. • Il grossit.	• Il mange. • Il boit.	• Il respire. • Son cœur bat.	• Il voit. • Il entend. • Il est sensible au monde qui l'entoure.	• Il se déplace.	• Il donne naissance à des petits qui lui ressemblent.	**... des petits qui grandissent, grandissent.**

J'observe les transformations des plantes dans la nature et ...

... Je cultive des plantes	• Une plante naît. • Elle grandit. • Elle grossit.	• Une plante a besoin d'eau (sinon elle meurt).		• Elle est sensible au monde qui l'entoure.	• Elle ne se déplace pas (ses racines la fixent dans le sol).	• Elle fleurit et donne des graines...	**... des graines qui germent.**

Je m'observe et j'observe mes camarades et...

...Je fais des expériences. ...Je réfléchis.	• Je suis né. • Je grandis. • Je grossis.	• Je mange. • Je bois.	• Je respire, mon cœur bat.	• Je perçois le monde qui m'entoure (je vois, j'entends...).	• Je me déplace (je cours, je mar-che...).	• Il faut qu'il y ait un papa et une maman pour que naisse un bébé...	**... un bébé qui grandit.**

Fig. 15 Un parallélisme important pour dégager la notion d'« être vivant ».

Comment naissent les « bébés » animaux ?

L'installation dans une classe d'un couple de cochons d'Inde ou d'un couple de tourterelles... permet de « voir naître » des animaux **(*fig. 16*)**. *De nombreuses observations passionnantes peuvent être réalisées sur le comportement des parents vis-à-vis des petits auxquels ils ont donné naissance, sur les transformations qui accompagnent la croissance des jeunes... Ces élevages ont un succès évident auprès des enfants et permettent de poser bien des questions : Comment sont nés les petites souris ? Qu'y avait-il dans l'œuf de la tourterelle ?*
Un élevage d'escargots ou un aquarium avec des guppys permettent également d'assister à des naissances **(*fig. 16*)**.
La reproduction des êtres vivants est donc un domaine d'étude qui donne lieu à de très nombreuses activités dès la maternelle. Les connaissances s'organisent peu à peu, les réponses aux questions deviennent de plus en plus précises. D'autres situations, comme la découverte d'une basse-cour, une visite au zoo ou dans une ferme, sont également riches d'enseignement.
Les documents de l'album « Découvre le monde vivant », qui sont présentés ci-dessous, viennent compléter ces premiers travaux.

Informations scientifiques pour l'enseignant

A. Deux grands modes de reproduction

Tous les êtres vivants sont capables de donner naissance à d'autres êtres vivants de la même espèce. Cette « reproduction » se réalise selon deux modalités différentes : **la reproduction sexuée** ou **la reproduction asexuée**.

1 La reproduction sexuée

C'est le mode de reproduction le plus général puisqu'il existe chez tous les êtres vivants. En apparence, la reproduction sexuée présente de grandes différences selon les espèces. Ainsi certains animaux sont **ovipares** (ils pondent des œufs), d'autres sont **vivipares** (les petits sortent vivants du corps de la femelle) ; chez certains il y a accouplement, chez d'autres non... Cependant, en dépit de cette diversité apparente, la reproduction sexuée présente une grande unité.
Les êtres vivants produisent des cellules reproductrices ou **gamètes**, différentes chez le mâle et la femelle. Les gamètes mâles ou spermatozoïdes, toujours très nombreux, sont mobiles et de petite taille. Les gamètes femelles ou ovules, en nombre plus limité, sont immobiles et très volumineux par rapport aux spermatozoïdes.
La fécondation (fusion d'un ovule et d'un spermatozoïde) est l'événement central et constant de toute reproduction sexuée. Ce qui peut changer d'une espèce à l'autre, ce sont le lieu où se fait la rencontre des spermatozoïdes et des ovules (fécondation externe ou interne) et la façon dont se développe et se nourrit l'embryon... Au niveau cellulaire, la reproduction sexuée est donc caractérisée par cette égalité bizarre : 1 + 1 = 1 (1 ovule + 1 spermatozoïde = 1 cellule unique, la cellule œuf). La cellule œuf, en se multipliant activement, donne naissance à un nouvel individu.
Remarque : la reproduction sexuée fait intervenir des gamètes provenant de deux parents. L'individu issu de l'œuf n'est semblable à aucun de ses parents, et n'est la reproduction ni de l'un, ni de l'autre ; c'est une **création nouvelle**. Aussi, au lieu de parler de reproduction, on préfère actuellement parler de **procréation**.

2 La reproduction asexuée

Fréquente chez les végétaux, la reproduction asexuée est beaucoup plus rare chez les animaux. Encore appelée multiplication asexuée, elle est le processus par lequel un individu donne naissance à deux (ou parfois plusieurs) individus de même espèce sans intervention de phénomènes sexuels, c'est-à-dire sans formation de gamètes et sans fécondation.

Tous les individus qui naissent par multiplication asexuée sont parfaitement identiques entre eux et identiques à l'animal ou à la plante qui leur a donné naissance. Les individus qui naissent par reproduction sexuée sont au contraire différents les uns des autres comme le sont les frères et les sœurs nés de mêmes parents. De plus, chacun de ces « enfants » est une création nouvelle et unique. En effet, même si les enfants nés du même père et de la même mère ont « un air de famille », aucun d'eux n'est exactement comme le père ou la mère. Ils sont tous différents et sont tous une « création » nouvelle qui n'a jamais existé.

B. La reproduction sexuée fait intervenir deux parents de sexes différents

Les mâles diffèrent des femelles par des caractères externes et par des caractères internes.

• **Les différences externes** permettent, chez certaines espèces, de reconnaître aisément le mâle de la femelle :
– soit par certaines parties des organes reproducteurs visibles extérieurement (pénis et bourse chez le mâle, vulve et mamelles chez la femelle), ce sont les **caractères sexuels primaires**,
– soit par la présence, chez le mâle, de caractères tels que la crinière du lion, les bois du cerf, la crête et les ergots du coq, la couleur du corps de l'épinoche mâle, le plumage de certains oiseaux… Ces caractères qui n'interviennent directement ni dans l'accouplement, ni dans l'élaboration des gamètes sont appelés **caractères sexuels secondaires**.

• **Les différences internes** concernent les appareils reproducteurs. On distingue dans les deux sexes :
– les glandes génitales (testicules chez le mâle, ovaires chez la femelle) qui produisent les gamètes ;
– les conduits génitaux.

Chez les mammifères, le conduit génital femelle n'est pas un simple tube permettant d'évacuer les ovules à l'extérieur. Il comprend **l'utérus** dans lequel se fixe l'œuf fécondé ; l'embryon s'y développe jusqu'à sa naissance.

C. Fécondation externe et fécondation interne

La rencontre des gamètes, ou fécondation, s'effectue différemment selon les espèces.

1 La fécondation externe

Chez certaines espèces comme la truite, la grenouille… la rencontre des ovules et des spermatozoïdes a lieu à l'extérieur du corps : la fécondation est dite externe.

La rencontre des gamètes s'effectue dans l'eau. Plusieurs mécanismes peuvent favoriser cette rencontre :
– le très grand nombre de gamètes émis (huître, oursin…)
– l'accouplement (grenouille) ;
– les parades nuptiales (épinoche…).

2 La fécondation interne

Il y a fécondation interne lorsque les ovules sont fécondés dans le corps de la femelle. Chez les animaux à fécondation interne, la rencontre des gamètes ne peut avoir lieu qu'après l'accouplement. Celui-ci exige le rapprochement des partenaires au moment où l'un et l'autre sont aptes à se reproduire.

Divers types de signaux permettent au mâle et à la femelle de se retrouver lorsqu'ils vivent éloignés :
– signaux sonores (chant des oiseaux, coassement de la grenouille mâle…),
– signaux visuels (caractères sexuels secondaires, émission de lumière par la femelle du ver luisant…),
– signaux olfactifs (le chien repère une chienne « en chaleur » en flairant la vulve…).

De plus, l'accouplement est très souvent précédé de comportements particuliers constituant la parade nuptiale. Ces signaux et ces comportements favorisent indirectement la rencontre des gamètes.

D. Deux modes de naissance différents

Quel que soit le mode de fécondation, la rencontre entre un ovule et un spermatozoïde donne une cellule œuf. Selon le mode de développement de l'œuf, les animaux peuvent être répartis en deux groupes.

1 Les ovipares

Les ovipares pondent leurs œufs. Certains pondent dans l'eau. C'est le cas des poissons, des amphibiens (grenouille, crapaud…), des mollusques aquatiques… D'autres pondent à terre, dans le sable ou dans la terre (tortue, lézard, escargot, nombreux insectes…), sur des plantes (papillons et autres insectes…), dans un nid construit de manière plus ou moins élaborée (oiseaux, abeille, frelon…).

Les oiseaux, dont la température du corps est constante, couvent leurs œufs, c'est-à-dire les maintiennent constamment aux environs de 40 °C. Pour une espèce donnée, la durée de l'incubation est à peu près toujours la même (21 jours chez la poule par exemple).

Les ovipares autres que les oiseaux sont tous des « animaux à température variable » : la température de leur corps est très voisine de celle du milieu extérieur. La durée du développement est alors très variable et dépend de la température extérieure.

Lorsque les œufs sont abandonnés par les parents, beaucoup sont mangés ou détruits ; mais les pertes sont compensées par une ponte relativement très abondante.

La ponte est d'autant plus limitée que les parents s'occupent davantage de leurs petits (oiseaux, épinoche…).

2 Les vivipares

Les vivipares mettent au monde des petits qui se sont développés à l'intérieur du corps de la mère. Les vivipares vrais appartiennent au groupe des mammifères (animaux qui allaitent leurs petits).

Après son expulsion de l'ovaire, l'ovule fécondé, qui commence son développement, ne tarde pas à se fixer dans la paroi de l'utérus. L'œuf donne alors naissance non seulement à l'embryon, mais également à :
– des organes de protection (l'embryon est entouré d'une poche remplie de liquide) ;
– un organe d'échanges (le placenta) à l'élaboration duquel participe aussi la paroi de l'utérus ; le placenta est relié à l'embryon par le cordon ombilical. C'est au niveau de cet organe que s'effectuent les échanges entre le sang de la mère et celui de l'embryon : échanges d'aliments et d'oxygène de la mère vers l'embryon, échanges de déchets de l'embryon vers la mère.

Chez les vivipares, le nombre des œufs « pondus » est souvent très réduit. Mais leur mode de développement assure à l'embryon une protection efficace, ses chances de survie sont ainsi nettement plus élevées que celles observées chez les ovipares.

Après la naissance, les mères allaitent leurs petits avec le lait de leurs mamelles (d'où le nom de mammifères donné à ce groupe d'animaux).

Remarque : Il existe aussi dans le monde animal quelques cas d'ovoviviparité. Une vipère met au monde de jeunes vipereaux qui sortent vivants du ventre de leur mère. Apparemment, cette naissance ressemble à celle des jeunes mammifères. En réalité, le phénomène est très différent : au cours de son développement dans les voies génitales de la femelle, le jeune vipéreau s'est nourri des réserves contenues dans l'œuf (comme c'est le cas du poussin dans l'œuf de la poule) ; il ne s'est jamais fixé dans les voies génitales de la mère. Celle-ci ne possède d'ailleurs pas d'utérus. Certains reptiles (orvet, vipère,...), certains poissons tels que le guppy, sont ainsi des ovipares apparemment vivipares : ils sont appelés ovovivipares.

L'album pour les enfants

« Découvre le monde vivant »

Cet album est consacré à la vie des animaux et des plantes. Le fonctionnement du corps de l'enfant est abordé dans un autre album.
La première double page présente globalement la vie de trois animaux bien connus des enfants. Pour le moineau, le mode de reproduction est déjà évoqué.
Pour les doubles pages suivantes, les deux modes de naissance, ovipare et vivipare, sont successivement présentés à partir de quelques exemples significatifs.

Regarde, écoute, ils ont des choses à te dire

pages 4 et 5

Cette double page a pour objectif de réaliser une approche globale des animaux : un animal est vivant car il mange, il se déplace, il se reproduit, il a des fonctions caractéristiques du vivant. Celles-ci sont progressivement appréhendées à partir de plusieurs exemples et de la comparaison entre eux.

Les animaux présentés sur cette double page n'ont pas été choisis au hasard :
– ils sont tous familiers des enfants ;
– ils vivent dans des milieux différents et ont donc des modes de déplacement spécifiques ;
– ils ne se ressemblent pas et sont faciles à distinguer (taille, aspect général, présence de pattes ou non, avec coquille, avec plumes ou écailles...).

1. Avant d'utiliser les documents

Chaque fois que cela est possible, il faut observer réellement des animaux soit dans la cour de l'école, soit à proximité dans le quartier, soit en accueillant des animaux dans la classe. Ces observations sont suivies de moments d'expression orale, collectifs ou par petits groupes, ainsi que d'activités diverses (dessins, modelages, activités motrices...).

Si vous avez l'intention de faire réaliser la carte d'identité des animaux, une observation préalable de votre carte d'identité ou de celle d'un des élèves permet de faire la liste de ce qu'elle contient et de ce qui est indispensable pour l'identification d'une personne : la photographie suffit-elle ? Elle ne donne ni le nom, ni la taille, ni le lieu de résidence. Une carte d'identité ne fournit pas toutes les informations : par exemple, on ne sait pas si cette personne préfère le gâteau au chocolat ou la tarte au citron, si elle a des enfants, quel est son métier...

2. Notions et compétences

– **Chaque animal a un nom spécifique** ; un *escargot des jardins* n'a pas le même aspect qu'un *escargot petit gris* ou un *escargot de Bourgogne*. Ces noms sont ceux de trois espèces d'escargot.
– Chaque animal vit dans un milieu qui lui est propre.
– Les fonctions du vivant sont les mêmes chez tous les animaux : ils mangent, boivent, se déplacent, réagissent aux stimulations du milieu, se reproduisent.

Cette double page permet également de :
– comprendre des informations fournies sur des photographies ou dans un texte ;
– réaliser des comparaisons ;
– élaborer une carte d'identité à partir d'un modèle fourni.

Des animaux dans notre classe

◀ L'éclosion du « bébé » tourterelle.

La perruche bleue de la classe. ▶

◀ Le repas du lapin.

Fig. 16 Le contact réel avec les animaux mis en élevage enrichit les moyens d'expression des enfants.

3. Activités possibles sur l'album

a. Qui êtes-vous Madame Moineau ?

Le poème, les trois photographies et la carte d'identité de la page 4 permettent de compléter des observations faites sur les moineaux de la cour de l'école. On peut ainsi découvrir :
– ce que mangent les moineaux,
– combien ils peuvent avoir de petits dans une année,
– les matériaux qui servent à la construction de leur nid,
– le fait que les jeunes moineaux attendent dans le nid la nourriture apportée par leurs parents…
Toutes ces informations sont tirées de l'observation des documents fournis.

b. Des animaux silencieux et pourtant…

Les enfants qui ont chez eux des animaux domestiques tels que chien ou chat savent très bien que l'animal peut, par des comportements, des mimiques, exprimer différents besoins, témoigner un contentement, manifester une satisfaction.
Demandez à ces enfants de parler de leur animal, de décrire son comportement au retour de l'école ou en promenade… Ce qui est alors exprimé peut être réinvesti pour un animal tel que le poisson rouge. Comment fait-il comprendre qu'il a faim ? Voit-il quand on le nourrit ?...
Ces comportements sont moins explicites chez des animaux tels que l'escargot. Cependant, ce dernier n'est actif que dans certaines conditions : température tiède, humidité suffisante, présence de nourriture… Dans le cas contraire, l'animal s'enferme dans sa coquille qu'il peut d'ailleurs fermer en secrétant une mince pellicule de mucus qui se dessèche. Comme tous les animaux, il est sensible aux conditions du milieu.

c. Comparons ces animaux

Faites rechercher des ressemblances et des différences entre le moineau, l'escargot et le poisson rouge.
Les ressemblances permettent une première approche des manifestations de la vie, communes à tous les animaux : ils se nourrissent, ils se déplacent…
Les différences permettent non seulement de préciser que chaque animal a des caractères particuliers, mais aussi d'identifier leur milieu de vie, c'est-à-dire les conditions dans lesquelles ils évoluent.

4. Travaux complémentaires

En utilisant le modèle fourni pour le moineau, les enfants établissent d'autres cartes d'identité qui peuvent être affichées dans la classe. Cet exercice peut être poursuivi chaque fois qu'on rencontre d'autres animaux.
Pour enrichir et compléter les observations, des élevages faciles à réaliser peuvent être entrepris : par exemple un élevage d'escargots petits gris permettra non seulement de les voir vivre, de les nourrir, d'en prendre soin, mais aussi de voir naître de petits escargots (pour réussir ces élevages, vous trouverez des informations utiles dans *« La découverte du monde vivant, De la maternelle au CM2 »* – R. Tavernier – Éd. Bordas Pédagogie).

Que fais-tu poulette ? Tu le vois, je ponds

pages 8 et 9

Même s'ils savent qu'une poule pond des œufs, les enfants des villes n'ont sans doute pas eu l'occasion de la voir pondre, ou de l'observer se promenant avec ses poussins. Certes, des photographies ne remplacent pas la réalité, mais la qualité de celles qui vous sont proposées permet de réaliser de nombreuses observations.

1. Avant d'étudier les documents

Au cours d'un entretien et par un jeu de questions – réponses, faites exprimer aux enfants ce qu'ils savent de la vie d'une poule, de la naissance des poussins…
Les documents photographiques proposés sur cette double page permettent de mettre de l'ordre dans des connaissances éparses et de construire les premières notions scientifiques sur le sujet.

2. Notions et compétences

Les indications ci-dessous vous permettent de répondre aux questions des enfants. Les connaissances visées au cycle 1 sont celles indiquées sur la page 9 du livre de l'élève.
La naissance d'un poussin a lieu à partir d'un œuf. Celui-ci doit d'abord être couvé, c'est-à-dire maintenu au chaud (à une température moyenne de 40 °C) pendant 21 jours, et retourné régulièrement.
Pendant cette incubation, le poussin se développe à l'intérieur de l'œuf, à partir d'un germe initial et en utilisant les réserves nutritives du jaune et du blanc de l'œuf.
L'ordre des photographies de la page 9, qui n'est pas l'ordre chronologique, permet de réaliser un exercice de remise en ordre des différentes étapes « d'une histoire », celle de l'éclosion d'un œuf de poule ou de la naissance d'un poussin.

3. Activités possibles sur l'album

a. La poule et ses poussins

L'observation de la photographie **1** permet de poser plusieurs questions : Que fait la poule ? Combien de temps reste-t-elle sur ses œufs ? Où se trouve-t-elle ?
Les œufs sont cachés par le corps de la poule. Celle-ci, en arrivant sur son « nid », écarte les plumes de son ventre afin que sa peau, très chaude, soit au contact direct des œufs. Ainsi installée, elle reste immobile de longues heures, ne quittant le nid que pour aller se nourrir. Contrairement à beaucoup d'autres oiseaux, la poule couve seule les œufs ; le coq ne s'en occupe pas, de même qu'il ne prend pas soin des poussins après leur naissance.
Pendant les premiers jours qui suivent la naissance, les poussins restent auprès de leur mère.
La tête levée, le regard s'orientant sans cesse dans toutes les directions, celle-ci reste aux aguets pendant que

les poussins se promènent. Au moindre danger, la poule est prête à rassembler ses petits sous ses ailes (sur la photographie, les ailes, légèrement écartées du corps, sont sur le point de s'étaler).

b. La naissance d'un poussin

Rechercher l'ordre des photographies sans pouvoir les manipuler et les placer les unes à côté des autres... est un exercice assez difficile. Il doit être, bien sûr, précédé de la remise en ordre d'images isolées les unes des autres. Cette page du livre vous permet d'évaluer la compétence des élèves à retrouver un ordre chronologique.

Aidez-les, si besoin est, en cherchant la dernière image de l'histoire (**5**), puis la première où l'œuf est encore entier (**4**). Une discussion s'engagera ensuite pour déterminer l'ordre des images intermédiaires, chaque enfant indiquant les indices retenus. L'ordre le plus vraisemblable est **4** – **6** – **7** – **3** – **5**.

Après la remise en ordre des photographies, faites raconter l'histoire de la naissance du poussin. Un texte peut ensuite être écrit sous la dictée des enfants.

Il n'y a pas que les poules qui pondent des œufs

pages 10 et 11

Les enfants savent très tôt que les poules pondent des œufs. Ils apprennent très vite que les autres oiseaux pondent aussi, mais ils ignorent, la plupart du temps, que la grande majorité des animaux naissent de l'éclosion d'un œuf. Cette double page permet d'aborder cet aspect important de la reproduction des animaux et de généraliser les notions précédemment acquises sur la naissance des poussins de poule.

1. Notions et compétences

De nombreux animaux pondent des œufs, même si ces derniers ne ressemblent pas tous à un œuf de poule.
Ils en diffèrent par :
– le lieu où ils sont pondus ;
– la nature de la coquille ;
– la présence ou non d'incubation ;
– la présence des adultes lors de l'éclosion ou l'abandon des œufs dès la ponte ;
– l'aspect des petits à la naissance.

Le choix des exemples retenus dans cette double page permet aux élèves de réaliser des comparaisons et d'amorcer une généralisation de la reproduction ovipare.

2. Activités possibles sur l'album

Une analyse détaillée des trois exemples présentés est souhaitable avant de réaliser la comparaison et la généralisation.

a. Des œufs pondus dans un arbre

Il n'est pas nécessaire de connaître le nom de l'oiseau qui a pondu pour faire des remarques intéressantes :
– le nid est beaucoup plus élaboré que celui d'une poule ;
– la coquille des œufs est tachetée ;
– à l'éclosion, les petits ont le corps nu et sont incapables de se déplacer ; ne sortant pas du nid, ils attendent la nourriture qui sera apportée par les parents ;
– construit dans un arbre, le nid est ainsi mis à l'abri des prédateurs éventuels.
Les photographies ne sont pas placées dans l'ordre, la photographie **2** précédant bien sûr la photographie **1**.

b. Des œufs pondus dans l'eau

La photographie **3** montre l'éclosion d'un œuf de truite. Les dessins représentent trois étapes de son développement : l'œuf encore entier avec sa coquille transparente (visible sur la photographie), le jeune poisson sortant de l'œuf et enfin le jeune poisson nageant dans l'eau. Appelé alevin, il conserve quelque temps une poche de réserves, initialement contenues dans l'œuf, et qu'il n'a pas totalement utilisées (contrairement à ce qui se passe dans le développement d'un œuf d'oiseau). Les vaisseaux sanguins visibles par transparence permettent l'alimentation de l'alevin dont la bouche ne deviendra fonctionnelle que plus tard.
Les œufs de truite, pondus dans l'eau, sont abandonnés par la femelle et servent, ainsi que les alevins, de proie à de nombreux prédateurs. Le grand nombre d'œufs pondus (chaque année une truite femelle pond 1 000 à 4 000 œufs) compense ces pertes.

c. Des œufs pondus dans la terre

Au moment de pondre, l'escargot creuse dans la terre, à l'aide de son pied utilisé comme une pelle, des trous cylindriques de 2 à 3 centimètres de diamètre et 4 à 5 cm de profondeur. Il y dépose plusieurs dizaines d'œufs puis en rebouche l'orifice. Deux à trois semaines plus tard, les œufs éclosent et donnent de petits escargots à coquille transparente, de la grosseur d'une tête d'épingle, qui grandissent rapidement.
Sur les photographies **6** et **8** on voit la coquille en spirale ainsi que la tête portant les deux paires de tentacules (ou cornes). En demandant aux enfants de dessiner l'éclosion d'un œuf d'escargot (comme l'éclosion de l'œuf de truite page 10), vous les entraînez à faire une observation très précise des photographies.

d. Comparer les trois modes de naissance

Comparer, c'est à la fois rechercher les ressemblances et les différences.

• Ressemblances

– Ces trois animaux naissent à partir d'un œuf pondu.
– Dans chacun des cas, le petit se forme à l'intérieur de l'œuf.
– La naissance, c'est-à-dire la sortie du jeune animal, s'effectue par l'éclosion de l'œuf, c'est-à-dire l'ouverture de la coquille.

• **Différences**

– La coquille est rigide chez les oiseaux, souple et transparente chez la truite ou l'escargot.
– Les œufs sont pondus dans des milieux différents selon les espèces.
– Certains animaux construisent un nid (oiseau) ou un terrier (escargot) pour déposer leurs œufs. D'autres les abandonnent dans le milieu.
– La protection de la ponte est plus ou moins importante selon les espèces.
– Après l'éclosion de l'œuf, et selon les espèces, les jeunes mènent une vie indépendante de leurs parents ou reçoivent des soins (nourriture, protection...).

Comment naissent les mammifères ?

pages 12 et 13

Certains jeunes enfants qui arrivent à l'école maternelle ne savent pas comment naît un chaton, un poulain, un veau... Pour les autres, le milieu familial ou le contact avec des livres ont pu commencer à leur donner des réponses.

Il est indispensable que l'école propose à tous de s'informer sur ce mode de naissance très particulier qui les concerne d'autant plus qu'ils sont, eux-mêmes, nés de cette manière.

1. Notions et compétences

Pour les enfants de cet âge, les notions scientifiques visées sont modestes. Il s'agit surtout de préciser des différences avec le mode de reproduction ovipare étudié précédemment.

On insistera surtout sur les points suivants :
– Le petit sort déjà tout formé du ventre de sa mère.
– Un temps de vie précède la naissance (c'est la gestation ou la grossesse), de durée variable selon les espèces, pendant lequel les différents organes du jeune animal s'élaborent.
– Le lait, alimentation du nouveau né, est fourni par les mamelles de la mère.
– Tous les petits qui naissent de cette manière appartiennent au même groupe, celui des mammifères. Plusieurs mots de vocabulaire sont ainsi appris ou confirmés : allaitement, mamelle, mammifère...
L'étude des deux exemples proposés permet une comparaison et un accès à la généralisation du phénomène.

2. Activités possibles

Les deux exemples proposés dans cette double page sont très complémentaires car les photographies retenues fournissent des éclairages différents sur le mode de naissance des mammifères. Une analyse de chacun des exemples pourra être suivie d'une comparaison.

a. Des naissances dans la famille souris

Décrire ce que l'on voit sur chacune des photographies est un très bon exercice de langage. Il peut permettre d'engager un échange entre enfants qui ont parfois des divergences d'interprétation ou n'ont pas perçu certains détails. À la naissance (photographie **1**), les jeunes souris sont dépourvues de poils, leurs yeux sont clos, elles n'ont pas d'oreilles. Pour conserver leur chaleur, elles se blottissent les unes contre les autres. Sitôt nées, elles tètent le lait de leur mère (photographie **2**). Deux semaines après leur naissance, (photographie **3**), elles ont beaucoup grossi, leur corps est couvert de poils ; elles dorment beaucoup entre les tétées.
Voici quelques informations complémentaires. Chez la souris, la gestation dure de 18 à 21 jours. Les petits naissent aveugles, sans poils. Les pavillons des oreilles se développent vers le 5e jour ; les yeux s'ouvrent au bout d'une semaine ; les poils commencent alors à pousser. L'allaitement dure 15 à 20 jours. Les jeunes sont complètement sevrés au bout d'un mois et sont aptes à la reproduction à 3 ou 4 mois.

b. La naissance d'un poulain

La photographie **4** montre une jument « pleine » ; son gros ventre abrite le jeune poulain. La photographie **5** montre la naissance, le poulain est enveloppé dans une poche contenant du liquide.
La photographie **6** montre l'allaitement. Quelques instants après sa naissance, le jeune poulain se dresse maladroitement sur ses pattes et cherche à téter sa mère.

c. Naissent-ils de la même façon ?

Les souris et les chevaux ont le même mode de naissance. Les petits sortent vivants du ventre de leur mère. Ils sont aussitôt nourris du lait des mamelles.
Cependant chaque espèce présente des caractéristiques :
– la femelle donne naissance à un ou à plusieurs petits ;
– la durée de la gestation varie d'une espèce à l'autre ;
– les jeunes sont plus ou moins développés à la naissance (présence ou non de poils, déplacements possibles ou non...).
En dépit de ces différences, le mode de naissance est le même. Tous les animaux qui naissent ainsi sont rassemblés dans un même groupe, celui des mammifères.

Des petits très différents de leurs parents

L'approche de la reproduction des animaux ne concerne pas seulement le mode de naissance (ovipare ou vivipare), mais aussi celui du développement des jeunes après leur naissance. Si, dans la plupart des cas, les jeunes ont avec leurs parents « un air de famille », dans quelques cas les différences sont spectaculaires. Qui pourrait en effet penser qu'une chenille velue, aux couleurs ternes, et rampant sur une feuille, va se transformer en un papillon aux riches couleurs et volant de fleur en fleur.

Dans ce chapitre, nous ferons également mention des soins que les parents prodiguent ou non à leurs petits.

Informations scientifiques pour l'enseignant

A. Certains jeunes ont besoin de leurs parents

Lorsque les œufs sont abandonnés après la ponte, les jeunes ne sont, à l'éclosion, l'objet d'aucun soin particulier. C'est le cas de la plupart des poissons, des amphibiens (grenouille, crapaud…), des reptiles (lézard, tortue…).

Chez les oiseaux et les mammifères, deux cas se présentent : ou bien les jeunes sont totalement dépendants de leurs parents, ou bien ils sont relativement autonomes.

1 Des jeunes totalement dépendants

Certains jeunes naissent nus, faibles, aveugles, incapables de se tenir sur leurs pattes (tourterelles, hirondelles, lapins, souris…). Totalement dépendants des adultes, ils ont besoin de soins et ne peuvent survivre que si les parents les nourrissent sans relâche.

Leur croissance est rapide (par exemple, un rouge-gorge passe de 2 g à l'éclosion à 15 g en 12 jours), leur transformation est spectaculaire : ainsi, trois semaines environ après la naissance, les oisillons, couverts de plumes et ayant presque atteint la taille des adultes, quittent le nid et s'envolent.

Les oiseaux qui passent les premières semaines de leur vie à l'abri dans un nid sont appelés **nidicoles** (étymologiquement : qui habitent un nid).

2 Des jeunes relativement autonomes

D'autres jeunes (comme le poussin de la poule, le caneton, la gazelle, le cochon d'Inde) peuvent, dès la naissance, se déplacer et commencer à s'alimenter seuls. Ils ne dépendent donc pas complètement de leurs parents pour l'alimentation. Dans ce cas, le mâle ne s'intéresse généralement pas aux jeunes, mais ces derniers suivent toujours un certain temps leur mère qui les protège du froid et des prédateurs.

Si, à la naissance, le développement de ces jeunes animaux est plus avancé que dans le cas précédent, leur croissance est ensuite plus longue.

Chez les oiseaux qui sont dans ce cas, la mère et les oisillons abandonnent le nid dès que le dernier né de la nichée est sec. Ainsi sont-ils appelés **nidifuges** (étymologiquement : qui fuient le nid).

Le nid des oiseaux nidifuges est situé soit sur le sol, soit à proximité du sol, celui des nidicoles est beaucoup moins accessible.

Chez les mammifères, les jeunes sont, dans tous les cas, allaités et protégés par la mère pendant un temps plus ou moins long.

3 Soin des jeunes et survie de l'espèce

Pendant les premiers jours de la vie, les jeunes animaux sont particulièrement exposés aux prédateurs. La prise en charge des jeunes par leurs parents est donc favorable à leur survie.

Dans les espèces qui ne protègent pas leur progéniture, la forte mortalité des jeunes est compensée par le grand nombre des naissances : ainsi, chaque année, une truite femelle pond 1 000 à 4 000 œufs alors que le singe n'a qu'un seul petit.

B. Le développement des jeunes

Chez certains animaux, la croissance des jeunes ne s'accompagne d'aucune modification importante de forme, il y a développement direct.
Chez d'autres espèces (grenouille, moule, huître, doryphore, moustique...), les jeunes à la naissance sont très différents des adultes. On les appelle des larves. Au cours de leur croissance ces larves subissent des métamorphoses. Ces animaux sont dits à développement indirect.
L'existence des stades larvaires est généralement en liaison :
– soit avec un changement de milieu de vie (la larve de moustique est aquatique, l'adulte est aérien) ;
– soit avec un changement de régime alimentaire ;
– soit avec la dissémination de l'espèce, notamment chez les animaux fixés.

C. Les métamorphoses des insectes

Tous les insectes pondent des œufs. Mais le développement après l'éclosion diffère selon les espèces.
Lorsqu'on trouve une petite sauterelle ou un petit criquet dans un champ, un petit grillon dans un bois, ils ressemblent déjà à l'adulte. Par contre, un asticot, une chenille ne ressemblent pas du tout aux adultes qu'ils deviendront (mouche pour l'asticot, papillon pour la chenille). À ce point de vue, il existe deux grands groupes :
– Chez certains insectes, comme la sauterelle, le développement est progressif ; le jeune, improprement appelé larve, ressemble beaucoup à l'adulte. Le passage d'un stade à l'autre se fait par de simples mues de croissance. Au cours de celles-ci quelques changements se produisent (croissance des ailes, développement du tube de ponte chez la femelle...). Un tel développement comporte une **métamorphose** dite **progressive**.
– Chez d'autres insectes, comme le papillon, la larve issue de l'œuf est très différente de l'adulte (non seulement du point de vue morphologique, mais aussi par son mode de vie, sa nutrition...). Au cours de la croissance, elle subit des mues ; puis le développement s'arrête, l'animal mène une vie ralentie, sans nutrition, ni déplacement : c'est la phase de nymphose. La nymphe donne naissance à l'insecte parfait qui a terminé sa croissance et son développement, et peut se reproduire. Un tel développement comporte une **métamorphose** dite **complète**.
Le développement avec métamorphose complète est donc caractérisé par le stade de nymphe : un stade intermédiaire entre larve et adulte qui n'existe que dans le cas où le jeune et l'adulte ne se ressemblent pas. Ce stade n'existe pas chez les insectes à métamorphose progressive.
Dans un cas comme dans l'autre la croissance ne se produit qu'au moment des mues de croissance. Entre les mues, les changements de forme sont, comme la croissance, impossibles. ; ils ne se produisent qu'au moment des mues. Ils sont donc brusques et discontinus.

D. Les métamorphoses des têtards

Un jeune têtard a plutôt l'aspect d'un poisson ; il nage grâce aux mouvements de sa queue ; il respire à l'aide de branchies. Peu à peu, ses pattes postérieures puis antérieures se développent. Ses poumons se forment progressivement et il vient de plus en plus souvent respirer l'air à la surface de l'eau. Il change également de régime alimentaire. D'abord végétarien, il devient progressivement carnivore en fin de développement.

Ainsi, le têtard de grenouille subit des modifications très importantes en rapport avec un changement de milieu de vie. Le têtard, bien adapté à la vie dans l'eau, devient une grenouille, bien adaptée à la vie au bord de l'eau. Ces changements de forme et de biologie qui accompagnent la croissance du jeune constituent les métamorphoses.

L'album pour les enfants

« Découvre le monde vivant »

La reproduction des animaux ne concerne pas seulement le mode de naissance mais aussi le développement des jeunes, les différences plus ou moins importantes avec les parents.

Les doubles pages étudiées ici s'intéressent
– aux familles d'animaux « père, mère, petit »,
– aux développements qui présentent des métamorphoses (les chenilles qui donnent des papillons, les têtards qui se transforment en grenouilles).

Des photographies de famille

pages 16 et 17

Pour les animaux domestiques ainsi que pour certains animaux sauvages, un vocabulaire spécifique désigne le mâle, la femelle et le petit.

Bien des enfants de nos villes ignorent que le veau est le petit de la vache, l'agneau celui de la brebis et le poulain celui de la jument. Ces mots du langage courant seront facilement appris par les jeunes enfants très attirés par les « familles » d'animaux : père, mère et petit. Les exemples choisis ici sont obligatoirement limités par la place disponible mais vous pourrez, bien sûr, les multiplier à votre convenance.

1. Notions et compétences

– Les exemples choisis ici concernent des animaux qui, dès leur naissance ressemblent à leurs parents.

– Certains caractères externes (ou caractères sexuels secondaires) permettent de distinguer le mâle de la femelle : la crinière du lion est absente chez la femelle ; la crête et les barbillons sont plus développés chez le coq que chez la poule…
– Beaucoup d'animaux (surtout ceux que les enfants connaissent tels que oiseaux ou mammifères) prennent soin de leurs petits après leur naissance. Ils les nourrissent puis leur apprennent à se nourrir seuls ; ils les protègent des prédateurs éventuels, du froid et autres intempéries.

2. Activités possibles sur l'album

a. À chacun son petit

– Commencez par faire observer la photographie **1** de la famille du lion. Comparez l'aspect général des animaux, leur taille, et identifiez les caractères qui distinguent le lion, la lionne, et le lionceau.

Les enfants reconstituent les autres familles et donnent un nom à chacun des « portraits » d'animal. Faites exprimer les caractères qui permettent cette identification.

b. Ils ont encore besoin de leurs parents

Les enfants commencent par décrire ce qu'ils voient sur les photographies **8** et **9**.

Faites-les ensuite réfléchir au problème suivant : Ces petits pourraient-ils vivre sans leur mère ? Pourquoi ont-ils besoin d'elle ? Que leur fournit-elle ?

L'échange que vous conduirez entre les enfants peut s'étendre à leur vie personnelle. Pour eux-mêmes, quels rôles jouent leurs propres parents ?

Une chenille raconte sa vie

pages 14 et 15

1. Avant d'étudier les documents

Élever des chenilles pour obtenir des papillons est une opération très simple demandant un minimum d'installation et un entretien sommaire. L'élevage permet d'assister à la croissance des chenilles (avec ses mues successives) et d'observer « l'éclosion » du papillon sortant de la chrysalide.

On peut entreprendre l'élevage à partir de chenilles, de chrysalides ou d'œufs, plus difficilement à partir de papillons adultes, car ils ne pondent pas en captivité.

Pour réussir l'élevage de chenilles, il faut récolter en même temps le rameau sur lequel vous les trouvez. En effet, elles se nourrissent de cette plante, ce qui résout immédiatement le problème du choix de la nourriture.
Pour réussir ce type d'élevage, vous trouverez des informations supplémentaires dans l'ouvrage *« La découverte du monde vivant, de la maternelle au CM2 »*, R. Tavernier, Éd. Bordas Pédagogie.

2. Notions et compétences

Certains animaux, comme la chenille de papillon, sont à la naissance très différents de leurs parents.
Les différences portent sur l'aspect général du corps et le mode de vie.

Après une phase de croissance assez rapide, la chenille se transforme en nymphe (ou chrysalide).

Après une phase de repos, le papillon sort de la nymphe ; il a alors sa taille et son allure définitives.

La présentation des photographies telle qu'elle est proposée sur cette double page permet d'entraîner les enfants à un exercice de chronologie.

3. Activités possibles sur l'album

La série de dessins fournit dans l'ordre les différentes étapes du développement de la chenille en papillon (ici un machaon). Ces dessins permettent de donner un nom à chacune des photographies de la double page qui sont présentées dans le désordre : **1.** œuf – **2.** chenille à l'éclosion à côté de l'enveloppe de l'œuf – **3.** nymphe, ou chrysalide, attachée à une branche par un fil de soie – **4.** chenille ayant terminé sa croissance, fixée à une branche par un fil de soie – **5.** chenille un peu plus grande qu'en 2 ; devant elle, on peut voir sa mue, c'est-à-dire la carapace qu'elle a abandonnée et qui lui a permis de grandir – **6.** papillon prêt à prendre son envol – **7.** papillon qui vient de sortir par une fente dorsale de la nymphe, l'enveloppe de la nymphe est encore fixée à la branche ; les ailes du papillon, encore fripées, vont s'étaler progressivement.

Que sont devenus les têtards de la mare ?

pages 60 et 61

1. Avant d'étudier les documents

Il arrive fréquemment qu'un enfant apporte en classe des têtards prélevés dans une mare ou dans un bassin. Profitez de l'occasion pour les installer quelques jours dans la classe. En France, les grenouilles sont des animaux protégés dont la récolte est très réglementée. L'élevage des têtards doit donc être temporaire et il est impératif de les relâcher rapidement dans leur milieu naturel.

Même bref cet élevage permet d'observer les modes de déplacement et quelques étapes du développement du têtard en grenouille.

Pour réussir l'élevage, il est souhaitable d'installer les têtards dans un aquarium garni de plantes (pour l'installation de l'aquarium, vous trouverez des informations utiles dans le livre *« La découverte du monde vivant, de la maternelle au CM2 »*, R. Tavernier – Éd. Bordas Pédagogie).

La nourriture des têtards varie au cours de leur vie. Les très jeunes têtards sont végétariens ; en aquarium, leur donner des rondelles de pomme de terre crue, un peu de salade cuite, des plantes aquatiques.

Pour les têtards un peu âgés, ajouter de la viande au menu : vers de vase, très petits vers de terre, petits morceaux de viande rouge.

Mais, attention ! La viande se décompose très rapidement dans l'eau et peut alors empoisonner les têtards. En pratique donner de la viande seulement trois fois par semaine et retirer tous les morceaux en excès deux heures plus tard.

En fin de croissance, les têtards sont uniquement carnivores, comme les grenouilles adultes.

2. Notions et compétences

– Une grenouille ne sort pas d'un œuf mais résulte de la transformation d'un têtard.

– Les étapes de la transformation d'un têtard en grenouille se font toujours dans le même ordre (apparition des pattes postérieures, puis antérieures, régression progressive de la queue).

– Les transformations du têtard en grenouille sont appelées métamorphose.

La présentation des photographies, telle qu'elle est proposée dans cette double page, permet de réaliser un exercice de chronologie.

3. Activités possibles sur l'album

Si vous réalisez un élevage de têtards, vous verrez rarement toutes les étapes du développement. Cette double page apporte les compléments indispensables tout en permettant de retrouver certaines étapes réellement observées. La série des dessins est d'abord observée avec attention avant de préciser ce que représente chacune des photographies :

1. Têtard déjà âgé avant l'apparition des pattes.
2. Masse gélatineuse contenant plusieurs centaines d'œufs à l'intérieur desquels se dessine déjà le corps du têtard.
3. Têtard avec pattes postérieures.
4. Grossissement de la photographie **2**, les têtards sont encore dans l'œuf entouré de sa gangue gélatineuse.
5. Grenouille adulte.
6. Jeunes têtards sortis des œufs et nageant dans l'eau.
7. Têtards à quatre pattes et dont la queue a déjà diminué de longueur.
8. Têtard à quatre pattes ayant encore une longue queue.

L'ordre chronologique du développement « de l'œuf à la grenouille » est donc : **2 – 4 – 6 – 1 – 3 – 8 – 7 – 5**.

– Si vous demandez aux élèves de raconter « la vie d'enfant » d'une grenouille, ils sont amenés à utiliser toutes les informations qu'ils ont tirées de l'analyse de ces deux pages. Ils peuvent les enrichir des observations accumulées au cours de l'élevage de têtards.

▶ **Les élevages constituent un instrument pédagogique de choix non seulement pour permettre à l'enfant d'acquérir une meilleure connaissance de la vie animale, mais aussi pour former sa personnalité affective et intellectuelle. De plus, ils rendent possible l'observation continue d'animaux vivants, et ainsi sont à l'origine de séances d'activités d'éveil nombreuses et irremplaçables.**

Les animaux se déplacent : ils marchent, volent ou nagent

Pour un enfant jeune, le mouvement est la principale manifestation de la vie : un animal est vivant parce qu'il se déplace. Une plante (qui ne se déplace pas) n'est pas spontanément considérée par les enfants comme un être vivant. Selon le niveau d'analyse effectué, l'étude des mouvements peut être plus ou moins complexe. Ce sujet est donc abordé de manière différente de la maternelle au CM2.

Informations scientifiques pour l'enseignant

A. Les déplacements et les milieux de vie

• Un animal ne se déplace pas de la même manière dans l'eau, dans l'air et sur le sol

Pour chacun de ces milieux *(fig. 17)*, il existe aussi des variantes : dans l'air certains oiseaux effectuent un vol plané, d'autres un vol battu ; sur le sol, des animaux marchent, d'autres sautent, d'autres courent. En général, un animal donné n'évolue avec aisance que dans un seul milieu : ainsi un manchot (qui est pourtant un oiseau) est incapable de voler, il se dandine maladroitement sur terre ou saute à pieds joints comme pour une course en sac, par contre c'est un excellent nageur. Le phoque est un bon nageur et un plongeur exceptionnel ; en revanche, assez malhabile au sol, il peut seulement progresser par bonds ou ramper sur le ventre.

• Certains animaux ne se déplacent que dans un seul milieu

La majorité des poissons effectuent seulement des déplacements dans l'eau, même si, dans le détail, ils ne nagent pas tous de la même façon.

• Certains animaux sont capables d'explorer plusieurs milieux en se déplaçant d'une manière différente

Sur le sol le canard est un mauvais marcheur mais c'est un excellent nageur et un champion en vol.

La grenouille se déplace sur terre en sautant et progresse aisément dans l'eau en nageant.
Les différents paragraphes qui suivent permettront d'analyser successivement les déplacements sur terre, dans l'eau et dans l'air.

• Selon sa nature, le milieu offre plus ou moins de résistance au déplacement

Quand un animal se déplace, il prend toujours appui sur quelque chose de résistant :
– le sol dans la marche, le saut et la reptation,
– l'eau dans la nage,
– l'air dans le vol.
La résistance de l'eau est nettement supérieure à celle de l'air, ce qui explique que les animaux qui se déplacent dans l'eau soient moins rapides que ceux qui se déplacent dans l'air.
Cependant un animal se maintient dans l'eau sans effort, il n'a pas à vaincre la pesanteur, il utilise alors sa musculature pour accomplir son déplacement. Dans l'air, au contraire, l'animal utilise sa musculature, non seulement pour se déplacer, mais aussi pour éviter de tomber.

B. Les déplacements sur terre

Bien que le saut ne soit pas le moyen de locomotion terrestre le plus répandu, il est préférable de l'étudier en premier ; son analyse est en effet beaucoup plus simple que celle de la marche ou de la course.
Les déplacements des vertébrés sont souvent les seuls étudiés à l'école primaire. Ils seront donc plus largement abordés que ceux des invertébrés.

1 Le saut

Les animaux qui se déplacent en sautant sont souvent très performants. La grenouille est capable d'effectuer des sauts de 1,50 m de long. Le lièvre peut se déplacer par bonds successifs à une vitesse de 80 km/h et le kangourou atteint lui-même 70 km/h.
Pour réaliser l'analyse du déplacement par bonds et en dégager les caractéristiques, il est intéressant de pouvoir faire l'étude comparée chez plusieurs animaux, grenouille, kangourou, lièvre…

• Le déplacement par bonds peut être décomposé en plusieurs étapes

– propulsion par poussée des deux membres postérieurs avec appui sur le sol (« sauts à pieds joints ») ;
– déplacement, le corps en extension, sans aucun appui au sol ;
– réception sur le sol, suivie d'une nouvelle propulsion.

• Comment se fait la propulsion ?

Les trois segments qui constituent les membres postérieurs, d'abord repliés en Z, se détendent comme un ressort et projettent l'animal en l'air.

• Les membres des animaux sauteurs présentent des adaptations particulières

Chez tous les animaux sauteurs, les muscles des membres postérieurs sont très développés. D'autre part, ces membres sont beaucoup plus longs que les membres antérieurs par suite du développement du pied ; de ce fait, les trois segments, cuisse, jambe, pied sont de longueur à peu près égale. Chez la grenouille, la disposition des segments permet une très importante flexion du membre, donc une plus forte propulsion.
En résumé, les animaux qui se déplacent par bonds présentent un certain nombre de caractères communs :
– des membres postérieurs très longs, repliés en Z avant le saut ;
– des pieds très longs (cuisse, jambe et pied ont sensiblement la même longueur) ;
– une musculature de la cuisse et de la jambe très développée.

2 La marche avec quatre pattes

Quand un animal quadrupède marche, il prend appui sur le sol tantôt sur trois pattes, tantôt sur deux.
Les pattes qui ne sont pas en contact avec le sol sont projetées en avant dans un mouvement de balancier. L'ordre dans lequel elles se déplacent est toujours le même : patte postérieure gauche, puis antérieure gauche, puis postérieure droite et enfin antérieure droite. L'appui est plus ou moins long selon la cadence du pas. On constate alors que, pendant de courts instants, le corps de l'animal se trouve en appui sur deux pattes situées du même côté, donc en équilibre instable.
Les pattes en appui ne sont pas immobiles : elles servent de pivot et permettent la progression de l'animal. Certains animaux (l'ours, la girafe, l'éléphant, le chameau) marchent en avançant puis en posant en même temps les deux membres de droite, puis les deux membres de gauche (marche à l'amble).
Le chat et le chien touchent le sol par l'extrémité de leurs doigts : ils sont digitigrades. Pour le cheval, c'est seulement la première phalange des doigts, recouverte par un sabot, qui touche le sol : le cheval est un onguligrade. Quelques animaux, comme l'ours, marchent à la manière de l'homme. Toute la plante du pied repose sur le sol : ce sont des plantigrades.

3 La course avec quatre pattes

La plupart des animaux peuvent courir de deux façons différentes : ils trottent ou ils galopent.
Le galop est une succession de bonds qui résultent de l'enchaînement des mouvements suivants :
– propulsion par poussée sur un membre postérieur puis sur l'autre ; déplacement du corps en extension sans aucun appui au sol ;
– nouvelle propulsion qui résulte de l'élan précédemment acquis et d'une poussée des membres antérieurs ;
– réception sur une patte postérieure, puis sur l'autre, suivie d'une nouvelle propulsion.

4 La reptation

Les vertébrés terrestres dépourvus de pattes (couleuvres, vipères) se déplacent sur le sol en rampant. Il en est de même de ceux qui, comme les lézards, ont des pattes placées latéralement par rapport au corps. Celles-ci ne peuvent supporter le poids de l'animal et le ventre touche alors le sol.

C. *Les déplacements dans l'air*

Le vol est un mode de locomotion qui permet des déplacements rapides dans le milieu aérien. Il constitue, pour les animaux capables de voler, un moyen de conquérir un milieu inexploité par les animaux terrestres et par les animaux aquatiques. Il leur permet de fuir tout prédateur incapable de voler, d'atteindre une source d'alimentation ou des aires de repos d'accès difficile.

1 Le vol des oiseaux

Le vol des oiseaux, comprend trois phases : l'envol ou décollage, le vol proprement dit, l'atterrissage.

• **L'envol** est un moment délicat : l'oiseau à l'arrêt doit, pour s'élever dans l'air, quitter son support et vaincre la pesanteur, c'est-à-dire l'action de son propre poids.

Les solutions adoptées varient selon les espèces :
– Certains oiseaux ne peuvent s'élever qu'en prenant un élan important. Ils l'obtiennent en courant sur le sol ou sur l'eau, tout en battant énergiquement des ailes (cygne).
– Le canard qui décolle de l'eau ne peut avec ses seules pattes (bien qu'elles soient palmées) se donner une impulsion suffisante. L'élan est fourni par un vigoureux battement des ailes dans l'eau.
– La plupart des oiseaux s'élèvent en prenant appui avec leurs pattes pliées en Z qui se détendent brusquement. Il en résulte un saut immédiatement suivi d'un battement rapide des ailes.

– Des oiseaux comme les martinets passent la plus grande partie de leur vie en vol. Ils ont des pattes si réduites qu'il leur est difficile de prendre leur envol depuis le sol. Ces oiseaux se posent donc toujours sur un support élevé qu'ils quittent en se jetant dans le vide.

• **Le vol proprement dit** est d'analyse plus complexe. Un oiseau qui vole doit non seulement assurer son déplacement, mais aussi vaincre la pesanteur. Il y parvient en appuyant sur l'air avec ses ailes largement étalées qui se déplacent de haut en bas et de l'avant vers l'arrière. Il les relève ensuite et les ramène en avant ; mais elles sont alors pliées et inclinées de façon à offrir moins de résistance à l'air. L'aile fonctionne comme une rame : c'est le **vol ramé.**

L'oiseau peut aussi voler plus ou moins longtemps, les ailes immobiles et largement étalées, se laissant alors porter par les masses ascendantes d'air chaud : c'est le **vol plané**.

L'allure prise par un oiseau en vol diffère d'une espèce à l'autre ; elle dépend de la forme du corps, de la forme et des dimensions des ailes et de la queue, de la longueur du cou. Cependant, la position du corps est toujours celle qui lui permet de vaincre au maximum la résistance de l'air. En vol, l'oiseau prend une forme de fuseau (comparable à celle donnée par l'homme aux avions) dépourvue de saillies (les pattes se cachent comme se rentrent les roues d'un avion, ou bien se mettent dans le prolongement du corps) : c'est la forme aérodynamique.

• **Au moment de l'atterrissage,** l'oiseau doit, comme un avion, réduire sa vitesse. Il y parvient :
– en modifiant la position des ailes et leurs mouvements ;
– en étalant les plumes de la queue ;
– en amenant son corps en position verticale.

Au dernier moment, il tend ses pattes pour amortir le choc de l'atterrissage et se reçoit pattes fléchies.

2 Le vol des chauves-souris

Accrochées à un support, la tête en bas, pendant le jour, les chauves-souris sortent à la tombée de la nuit.

Elles volent à la manière des oiseaux, mais de façon plus saccadée.

Une chauve-souris tombée accidentellement au sol ne peut pas s'envoler : ses pattes ne lui permettent pas le saut initial nécessaire à l'envol et ses ailes sont trop encombrantes. Grâce à ses pouces munis d'une griffe crochue, elle grimpe alors le long d'une paroi rugueuse puis se laisse tomber du point ainsi atteint.

3 Qu'est-ce qu'une aile ?

Les ailes sont toujours des lames aplaties dont la surface portante peut se modifier et dont les battements sont assurés par des muscles puissants.

• **L'aile de chauve-souris** est une membrane très fine, sans poils. Cette peau est tendue entre des baguettes osseuses qui correspondent au squelette du membre antérieur, du membre postérieur et de la queue.

Le squelette du membre antérieur, élément principal du squelette de l'aile, est organisé comme celui de tous les membres antérieurs de vertébrés, mais les différentes parties (à l'exception du poignet et du pouce) ont subi un allongement considérable ; les longs doigts rappellent des baleines de parapluie : de très puissants muscles du vol sont fixés sur un bréchet comparable à celui de l'oiseau.

• **L'aile de l'oiseau** est constituée d'une vingtaine de plumes qui, fixées sur l'avant-bras et la main, constituent une surface portante de grande dimension, légère, à la fois flexible et imperméable à l'air, mobile, orientable et capable de se plier. Les petites plumes qui recouvrent les membres et cachent la base des grandes plumes, donnent à l'aile le profil aérodynamique d'une aile d'avion. Ce sont aussi des petites plumes qui donnent son modelé au corps.

Dans le squelette de l'aile, on retrouve l'organisation générale d'un membre antérieur de vertébré, mais avec les caractéristiques suivantes :
– l'épaule, formée de trois os (omoplate, clavicule, os coracoïde) constitue pour l'aile une attache robuste sur la colonne vertébrale ;
– la main, longue et rigide, est réduite à trois doigts ;

Les ailes sont mises en mouvement par des muscles particulièrement développés (constituant « le blanc » du poulet) attachés d'une part sur l'humérus, d'autre part sur une lame osseuse perpendiculaire au sternum, le bréchet.

D. Les déplacements dans l'eau

Il est facile de regarder un poisson nager dans un aquarium, mais il n'est pas facile de comprendre comment il nage, c'est-à-dire se rendre compte que ce sont les coups de queue à droite et à gauche qui le font avancer et non pas les mouvements des nageoires. Les poissons ne sont pas les seuls animaux capables de se déplacer dans l'eau. D'autres vertébrés (des mammifères, des oiseaux, des amphibiens…), des insectes, un grand nombre d'animaux marins le font aussi. De plus certains animaux se déplacent à la surface de l'eau (canard, poule d'eau…) ;

1 La nage avec des pattes

De nombreux animaux utilisent leurs membres pour progresser dans l'eau. L'étude de quelques exemples significatifs permettra de dégager des caractéristiques communes.

• **La grenouille** fournit un premier exemple dont l'analyse est assez facile. Il suffit d'en mettre une dans une bassine pleine d'eau pour l'observer en train de nager. On constate alors qu'elle flotte sans faire aucun mouvement : les mouvements de ses membres ne servent donc qu'à assurer la progression dans l'eau.

Il existe deux sortes de nage :
– un nage lente, due aux mouvements des quatre membres ;
– une nage rapide, due aux seules pattes postérieures, les membres antérieurs sont alors rabattus le long

du corps. Dans la nage rapide, la propulsion est assurée par une brusque détente des pattes postérieures fortement musclées ; la palmure, étalée entre les doigts écartés, exerce alors sur l'eau une poussée qui propulse l'animal. Quand les pattes se replient, les doigts sont resserrés et légèrement fléchis, le pied offre alors une moindre surface à la résistance de l'eau.

• **Le canard,** qui nage habilement à la surface de l'eau, plonge aussi avec facilité. Il ressemble à une bouée munie de deux rames qui appuient sur l'eau alternativement au cours de la nage lente, ou simultanément lorsque l'animal se déplace rapidement.
La palmure des pattes du canard ressemble beaucoup à celle de la grenouille, elle est étalée quand la rame appuie sur l'eau, elle est repliée quand la rame est ramenée vers l'avant.

• **Le manchot** est un oiseau des régions polaires incapable de voler mais excellent nageur. Il « vole » véritablement dans l'eau. Ses ailes courtes lui servent de rames et constituent les propulseurs essentiels du corps ; le rôle des pattes postérieures est très réduit ; pendant la nage, elles s'orientent dans le prolongement du corps.

• **La tortue marine,** très malhabile sur terre, se déplace avec aisance dans l'eau. Ses membres larges, aux doigts soudés entre eux par de la peau, sont de véritables rames. Les pattes antérieures, les plus longues, appuient sur l'eau simultanément et sont l'organe propulseur. Les pattes postérieures plus courtes servent de gouvernail.

• **La loutre** vit au bord des rivières. Elle se déplace lentement à terre, en marchant sur ses quatre pattes, mais elle évolue dans l'eau avec une aisance remarquable.
– En nage rapide, elle avance par des ondulations de son corps et de brusques mouvements de la queue, les membres collés au corps.
– En nage lente, elle appuie sur l'eau avec ses pattes palmées et sa queue lui sert de godille.
Ainsi, tous les animaux précédemment pris comme exemples, nagent grâce à des pattes qui présentent, selon les cas, les caractères suivants :
– des doigts réunis par une palmure (grenouille, canard) ;
– des membres, courts et aplatis, transformés en rames (phoque, tortue).
Dans le cas des vertébrés, on retrouve dans le membre transformé en rame les mêmes os que dans les membres des vertébrés terrestres, mais ils sont plus courts et plus larges.

❷ La nage des poissons

Contrairement à ce que l'on pense couramment, les poissons ne sont pas propulsés par leurs nageoires. Celles-ci sont de plusieurs formes mais toutes sont des replis de peau soutenus par des rayons fixés sur le squelette de l'animal.
Certaines, dites impaires, sont placées dans le plan de symétrie du corps (nageoires dorsale, caudale, anale). D'autres, dites paires, sont situées de chaque côté du corps (nageoires pectorales et abdominales ou pelviennes). Selon les espèces, on peut avoir une ou plusieurs nageoires dorsales.
Chez beaucoup de poissons, le déplacement est assuré par la région postérieure du corps (ou queue) qui frappe l'eau alternativement à droite et à gauche. La nageoire caudale qui la termine, largement étalée, joue le rôle de godille. Pendant le déplacement rapide, les nageoires pectorales et abdominales sont appliquées contre le tronc. L'importante musculature de la queue explique la rapidité et la puissance des mouvements.
Chez certains poissons, l'élasticité de la colonne vertébrale a beaucoup d'importance dans les mouvements d'ondulation du corps. Chez d'autres, comme le thon, le corps est beaucoup plus rigide et la propulsion est essentiellement assurée par les battements de la nageoire caudale très développée.

L'album pour les enfants

« Découvre le monde vivant »

Les déplacements des animaux fournissent de nombreuses occasions de mimer leurs mouvements : je saute comme le lapin, je nage comme la grenouille, je marche à quatre pattes.
Les documents proposés dans les doubles pages complètent ces premières approches et présentent des modes de déplacement dans les trois milieux : sur terre, dans les airs et dans l'eau. Ils permettent d'établir des comparaisons et de préciser les observations concrètes qui peuvent être réalisées de manière très globale sur les animaux.

Bien des façons de se déplacer

pages 18 et 19

À l'école maternelle, l'étude du déplacement reste très globale, se limitant à l'identification du mode de déplacement sans en faire l'analyse. Les organes intervenant dans le déplacement sont également nommés sans en étudier l'organisation précise.

1. Notions et compétences

Plusieurs exemples sont présentés sur cette double page. C'est en effet la comparaison entre eux qui permet de dégager les caractéristiques du mode de déplacement.
Les notions visées restent modestes, elles sont cependant importantes puisque le mouvement, et donc le déplacement, est la première manifestation de la vie qu'appréhendent les enfants.

– Sur terre, il existe divers modes de déplacement (marche, course, saut…).
– À chaque type de déplacement correspondent des attitudes particulières et interviennent des organes spécifiques.
– Un même animal peut avoir plusieurs modes différents de déplacement (marche et course par exemple).
– Selon le mode de déplacement qu'ils utilisent, les animaux peuvent atteindre des lieux différents (le sommet d'un arbre ou la proximité des nuages pour les oiseaux).

2. Activités possibles sur l'album

a. Certains marchent, d'autres courent

– Le chat **(1)** marche alors que le chien **(2)** court. Les membres du chien sont plus tendus que ceux du chat, en particulier ses pattes antérieures et postérieures du côté droit. Le mouvement est plus ample, la foulée plus longue ; le déplacement est donc plus rapide.

– Si on compare ensuite le chat et les manchots, tous marchent, mais le chat avec quatre pattes et les manchots avec deux pattes seulement.

– Certains enfants peuvent dire que le lièvre court. En réalité, il se déplace par grands bonds successifs. Ce mode de déplacement est très voisin de la course au galop. L'une des différences porte sur la propulsion par les membres postérieurs (la poussée des deux pattes est simultanée dans le bond, et successive, une patte après l'autre, dans le galop). Ces détails ne peuvent, bien évidemment, pas être dégagés de l'analyse de la photographie **(3)**.

b. Les voyageurs du ciel

La comparaison entre l'aile de la mouette et celle de la chauve-souris reste, bien sûr, très sommaire.

Les points communs à dégager sont :
– le mode de déplacement ou vol est possible grâce à la présence d'ailes ;
– une aile est une lame aplatie capable de battre de chaque côté du corps ;
– l'aile est un membre antérieur profondément modifié par rapport à celui des animaux terrestres.
Les différences sont importantes à souligner :
– L'aile d'oiseau est un organe très perfectionné recouvert de plumes.
– L'aile de la chauve-souris est une expansion de la peau tendue entre les doigts très allongés du membre antérieur, les pattes postérieures et la queue.
On ne manquera pas de remarquer la ressemblance entre l'aile de chauve-souris et la toile d'un parachute ou d'un deltaplane.

3. Prolongements possibles

Le mime est un bon moyen de comprendre le déplacement des animaux.
La marche du chat, le saut de la grenouille, la reptation du serpent peuvent faire l'objet d'activités motrices liées à ce thème.

Vol, envol, atterrissage ?

pages 20 et 21

Les photographies de cette double page sont exceptionnelles. Jamais, dans la réalité, l'enfant ne pourra vraiment saisir ces instants très brefs, mais très caractéristiques, des phases du vol des oiseaux. Fournir à des enfants l'occasion d'analyser de si beaux clichés est également l'un des objectifs de cet ouvrage.

1. Notions et compétences

– L'envol et l'atterrissage sont deux phases du vol des oiseaux beaucoup plus simples à analyser que le vol proprement dit, et faciles à reconnaître.
– Lorsqu'il s'envole, l'oiseau replie ses pattes sous le corps et les détend brusquement. Ce saut est immédiatement suivi d'un battement rapide des ailes.
– Au moment de l'atterrissage, l'oiseau tend ses pattes vers l'avant, ce qui lui permet de freiner et d'amortir le choc à l'arrivée sur le sol.
– Pendant le vol, le corps adopte une attitude rigide, le cou est tendu en avant, et les pattes soit tendues, soit repliées sous le corps. Le corps de l'animal prend une forme de fuseau qui offre le moins de résistance possible à la pénétration dans l'air.
Les photographies proposées sur cette double page permettent des comparaisons très intéressantes.

2. Activités possibles sur l'album

a. Le vol du rouge-gorge

Le travail doit être précédé d'observations réelles de vols d'oiseaux (moineau, mouette, tourterelle…). Il est nécessaire d'expliciter les trois phases du vol :
– lors de l'envol, l'oiseau quitte le support sur lequel il se trouvait et bat des ailes ;
– lors de l'atterrissage, il freine avec les pattes dirigées vers l'avant ;
– pendant le vol, il plane ou bat des ailes.
L'identification des photographies n'est pas très facile. Pour aider les enfants, posez les questions suivantes : Sur quelle photographie l'oiseau est-il en l'air ? Sur quelle photographie, l'oiseau est-il perché sur un support ? La photographie **1** est celle de l'envol, la **2** est celle du vol, la **3** celle de l'atterrissage.

b. Le vol de la cigogne

Laissez les enfants découvrir seuls à quoi correspondent les photographies **4**, **5** et **6**. Dans quel ordre ces trois phases (ici, le vol, et deux phases de l'atterrissage) se déroulent-elles ?

c. Comparer les deux attitudes en vol

La comparaison entre les photographies **2** et **4** permet de préciser, dans chacun des cas, la position du corps, du cou, des pattes pendant le vol.

Découvre comment fonctionne ton corps
Découvre le monde vivant : les animaux, les végétaux, les milieux
Explore le monde de la matière et des objets
Repère-toi dans le temps et dans l'espace

La cigogne est un très bon voilier ; pendant le vol son corps prend une forme aérodynamique parfaite facilitant au maximum la pénétration dans l'air. Le rouge-gorge a un corps plus trapu, plus globuleux ; il est moins bien adapté au vol que la cigogne. La vitesse du vol de croisière d'une cigogne est de 77 km/h alors que celle d'un rouge-gorge est de 57 km/h.

Nages-tu comme un poisson ?

pages 22 et 23

Pour les enfants de la maternelle, la nage n'est pas encore un moyen de se déplacer dans l'eau de manière autonome. Elle va nécessiter des apprentissages. Mais il est intéressant d'aborder ce mode de déplacement, fréquent chez beaucoup d'animaux, même s'ils ne vivent pas habituellement dans l'eau. C'est aussi l'occasion de découvrir qu'il existe une très grande variété de nages.

1. Avant d'utiliser les documents

Les jeunes enfants ne savent généralement pas encore nager. Cependant, dans une piscine, munis de brassards ou le corps entouré d'une bouée, ils avancent en battant des pieds, en utilisant leurs bras comme des rames. Faites exprimer ce que les enfants font dans une piscine. Il est indispensable qu'ils fassent la différence entre marcher ou courir dans l'eau et nager. Dans ce dernier cas, ils ne touchent plus le sol et, pour flotter dans l'eau et avancer, ils doivent effectuer certains mouvements.

Ils ont aussi vu des « grands » ou des adultes nager. Comment sont-ils placés dans l'eau ? Que font leurs bras et leurs jambes ? Pour avancer plus vite certains se munissent de palmes.

Si vous avez la chance de pouvoir aller à la piscine avec vos élèves, faites-leur ressentir la résistance que l'eau oppose au mouvement.

Dans le petit bassin, avec de l'eau à mi-cuisse, ils essaient de marcher le plus vite possible en avançant, puis en reculant. Un enfant fait la même chose le long de la piscine. Qui va le plus vite ?

Debout, avec de l'eau jusqu'aux épaules, un enfant tient à deux mains une planchette de polystyrène complètement immergée, et la pousse devant lui en offrant à la poussée de l'eau d'abord la plus large surface, puis la tranche de la plaque.

Grâce à de tels jeux dans l'eau, les enfants prennent conscience de la résistance de l'eau : « C'est plus dur de courir dans l'eau que hors de l'eau ; l'eau nous arrête comme si c'était une barrière. ».

Toutes ces remarques, tous ces échanges seront très utiles lors de l'analyse des photographies proposées.

2. Notions et compétences

À l'école maternelle, on se contentera de parler de la nage des vertébrés, mieux connus des enfants. Bien d'autres animaux vivent en eau douce ou dans la mer ; leurs modes de nage sont le plus souvent différents de ceux des vertébrés qui possèdent des membres.

Les principales notions scientifiques à construire sont :
- Il existe une très grande variété de déplacements dans l'eau.
- Certains animaux se déplacent sur l'eau et d'autres complètement immergés dans l'eau.
- Beaucoup d'animaux se servent de leurs membres dont certains ont des doigts réunis par une palmure.
- Les poissons, dépourvus de membres, ont un mode de déplacement très particulier.

3. Activités possibles sur l'album

a. Leurs outils pour nager

Faites rechercher, à partir des photographies, comment nagent le manchot, l'oie, la tortue et la loutre. Tous sont totalement immergés sauf l'oie qui flotte sur l'eau. Pour chacun d'eux, des pattes servent de rames.

Comparer l'extrémité des pattes de l'oie et de la tortue permet de dégager la notion de palmure entre les doigts (rappel des palmes utilisées par certains nageurs).

L'oie comme le canard ont des pattes palmées dont les doigts peuvent s'écarter les uns des autres, ou se resserrer. Quand les pattes sont ramenées vers l'avant, les doigts resserrés offrent une moindre résistance à l'eau. Puis, les pattes « ouvertes » sont rejetées vigoureusement vers l'arrière. En nage normale, les pattes effectuent ce mouvement l'une après l'autre ; pour avancer plus brusquement, l'animal se sert des deux pattes en même temps.

On rapprochera les attitudes très comparables du manchot et de la loutre qui recherchent la position qui offrira la moindre résistance à la pénétration dans l'eau. Ces animaux nageurs ont aussi le moyen de changer de direction. La queue de la loutre ou celle de la tortue servent de gouvernail.

b. Mime la nage de la grenouille

Les photographies **5**, **6** et **7** montrent trois phases de la nage de la grenouille. Certains enfants disent tout de suite : « elle nage comme nous, elle fait la brasse ». Faites mimer ces trois phases par un enfant pendant que les autres regardent si sa position est bien conforme aux photographies. Le mime ne permet pas de montrer l'étalement de la palmure des pattes postérieures, mais peut montrer l'écartement des doigts des pattes antérieures.

c. La nage du poisson

Les deux photographies proposées permettent de préciser que, pour nager, le poisson bat l'eau avec la partie terminale de son corps. Les enfants ne peuvent pas trouver seuls le rôle des nageoires. Dites-leur qu'elles servent surtout à réaliser des changements de direction et à maintenir l'équilibre dans l'eau.

Un poisson qui vit dans un arbre, ça n'existe pas

Fig. 17 Un pigeon, un poisson rouge, un lézard, un escargot… peuvent vivre à quelques mètres de distance dans le même jardin. Cependant chacun a son milieu de vie. Le document de la page 269 a été utilisé par un enfant de moyenne section.

Que mangent les animaux ?

Lorsque, dans une classe, on décide de mettre un animal en élevage, la première question posée par les enfants est : « Que faut-il lui donner à manger ? »
Les élevages constituent donc la meilleure façon d'aborder les problèmes liés à l'alimentation des animaux. Que mangent-ils ? Mangent-ils beaucoup ? Préfèrent-ils certains aliments à d'autres ?...
Ainsi, prendre en charge l'alimentation des animaux mis en élevage dans la classe permet de :
– faire la liste des aliments qu'ils mangent, de ceux qu'ils préfèrent, de ceux qu'ils ne mangent pas ;
– réaliser des « menus décorés » avec des dessins, des collages..., en adoptant des dispositions variées afin de montrer ce que mange un animal donné ;
– établir des comparaisons entre les menus des animaux ;
– comparer avec sa propre alimentation.
Ces recherches et ces activités peuvent également être réalisées sans la mise en place d'élevages, par exemple pour des animaux domestiques que les enfants connaissent.
Les documents fournis dans l'album pour les élèves apportent des éléments complémentaires à ces activités.

Informations scientifiques pour l'enseignant

A. Les animaux n'ont pas tous le même régime alimentaire

Selon les espèces, les animaux se nourrissent soit de végétaux, soit d'autres animaux, soit encore des deux à la fois. On a l'habitude de distinguer trois grands régimes alimentaires :
– **le régime végétarien** pour ceux qui ne mangent que des végétaux,
– **le régime carnivore** pour ceux qui se nourrissent d'autres animaux,
– **le régime omnivore** pour ceux qui se nourrissent d'aliments d'origine animale et d'aliments d'origine végétale.

Le régime alimentaire est parfois très spécialisé. On peut alors distinguer des sous-groupes :
– parmi les végétariens, les herbivores (qui mangent de l'herbe), les granivores (des graines), les frugivores (des fruits), les nectarivores (du nectar des fleurs) ;
– parmi les carnivores, les insectivores (qui se nourrissent d'insectes), les piscivores (de poissons)...
De plus, d'après la manière de capturer la nourriture, on distingue parmi les carnivores, les prédateurs (qui attaquent leurs proies) des charognards (qui se nourrissent de cadavres). D'autres animaux, le hareng ou la moule par exemple, se nourrissent uniquement d'animaux ou de végétaux microscopiques ; ce sont des microphages. Certains animaux ne consomment pas des êtres vivants entiers, mais se contentent de débris ou de matière organique en décomposition ; ce sont des détritivores. Les débris consommés peuvent être soit d'origine animale, soit d'origine végétale.
En dépit de la diversité des régimes alimentaires, une constatation importante doit être faite : les aliments consommés par les animaux sont tous d'origine animale ou d'origine végétale (hormis l'eau, toujours indispensable).

B. Les animaux choisissent leur menu

Les animaux font un choix parmi les divers aliments disponibles. Ils n'en consomment que certains et dans des proportions assez constantes : ils manifestent alors des **préférences alimentaires**.
Étudier les régimes alimentaires des animaux présente un aspect non seulement qualitatif, mais aussi quantitatif. On dira cependant que tel ou tel animal a un régime carnivore même si il mange une très faible quantité de nourriture végétale.

C. Pour une espèce donnée, les régimes alimentaires peuvent varier

Les régimes peuvent varier selon :
– l'âge, ainsi le têtard est végétarien et la grenouille carnivore ;
– le sexe, le moustique femelle se nourrit de sang alors que le mâle consomme du nectar ;
– les régions, la nourriture disponible n'est pas la même partout ;
– le mode de vie, le chat sauvage est strictement carnivore alors que le chat domestique s'adapte à la consommation d'autres aliments ;
– les besoins de l'animal, de nombreux oiseaux omnivores ou même végétariens deviennent carnivores pendant la période de nourrissage des petits ;
– la saison, de nombreux animaux changent de régime selon les saisons.

La quantité de nourriture varie selon les saisons (abondance des insectes en été et en automne, absence presque totale en hiver) et l'animal s'adapte à ces variations saisonnières en changeant de régime. Il existe encore d'autres solutions à un tel problème : certains oiseaux, comme la bondrée apivore qui mange surtout des guêpes et des abeilles, effectuent des migrations lorsque leurs aliments habituels se raréfient ou disparaissent. D'autres, comme le geai, font des provisions pour l'hiver. D'autres réduisent leur consommation de nourriture en s'endormant (hibernation).

D. Les comportements alimentaires

Pour se procurer ses aliments, un animal réalise une succession d'actions qui constituent son **comportement alimentaire**.

La plupart des animaux carnivores se nourrissent de proies capturées vivantes : ce sont des **prédateurs**. Comment font-ils pour repérer leurs proies, s'en approcher, les capturer, les manger ?
La plupart d'entre eux s'approchent de leurs proies en utilisant des techniques de chasse efficaces (chasse à l'affût, approche camouflée, chasse à courre, chasse en maraude). Certains chassent en solitaire, d'autres en groupe.

Selon les organes des sens et les armes dont ils disposent, les prédateurs utilisent telle ou telle technique bien définie. Lors de la **chasse à l'affût**, l'action est brève et économique. En revanche, lors de la **chasse à courre**, l'action exige un effort prolongé. Ces deux techniques nécessitent donc à certains moments des qualités différentes. De plus, on constate que, chassant en groupe, les prédateurs peuvent capturer des proies de très grande taille, ce qu'ils ne pourraient pas faire seuls.

Pour les végétariens, les problèmes sont d'une tout autre nature : leurs aliments ne se sauvent pas, ils sont généralement plus faciles à découvrir, mais ils sont peu nutritifs et relativement difficiles à digérer.
Les solutions adoptées par les végétariens pour se procurer leur nourriture diffèrent selon les espèces. Ainsi chez les ruminants (vache, mouton, chèvre, bouquetin...), les animaux prélèvent une importante quantité d'herbe et l'avalent précipitamment sans mastiquer. Quand la provision est suffisante, ils se couchent puis, par une sorte de régurgitation naturelle, font remonter une à une des boulettes d'aliments dans leur bouche ; c'est la rumination.
La recherche de nourriture représente une part importante de l'activité des animaux. Les carnivores passent plus de temps à la recherche de la nourriture qu'au repas. Pour les végétariens, c'est le contraire.

L'album pour les enfants « Découvre le monde vivant »

Les doubles pages concernant l'alimentation des animaux complètent les situations concrètes qui peuvent être proposées aux enfants. Grâce à la qualité des documents photographiques, les observations sont très précises : on voit ce que mange l'animal, comment il le mange...
Pour un prédateur, comme le chat, les documents proposés montrent à la fois les outils de capture et le comportement du chasseur.
Ainsi ces doubles pages permettent une structuration des connaissances à acquérir sur les régimes alimentaires et les comportements alimentaires.

Que nous apprennent ces deux pensionnaires ?

pages 6 et 7

Cette double page est surtout utile à des classes qui réalisent des élevages. Son étude peut également faire naître la motivation d'avoir pendant quelques jours ou quelques semaines un animal appartenant à un enfant et qui sera confié à la classe. Cochons d'Inde, hamsters, lapins nains, souris blanches... conviennent très bien pour des élèves du cycle 1.

1. Notions et compétences

Cette double page aborde deux aspects essentiels de l'alimentation des animaux :
– Un animal ne mange pas n'importe quel aliment. La nature des aliments consommés caractérise son régime alimentaire.
– Un animal nourri correctement non seulement se maintient en vie, mais aussi, s'il s'agit d'un jeune animal, une alimentation convenable permet sa croissance.

L'alimentation des animaux mis en élevage fournit l'occasion de réaliser quelques expériences dont l'une permet des réalisations comme celle fournie dans le document **2**, page 6.

2. Activités possibles sur l'album

a. Quelles expériences ont-ils faites ?

Dans la classe où vit « Joyeux » le cochon d'Inde, les élèves ont cherché à connaître les aliments de leur pensionnaire. Avec votre aide, le problème est clairement posé : Quels aliments mange Joyeux ? Quels aliments refuse-t-il de manger ?

Une brève discussion permet de définir une façon de procéder. Une liste d'aliments (qui sont surtout ceux des enfants eux-mêmes) est proposée. Chacun d'eux est successivement, ou en même temps, présenté à l'animal, si possible à jeun. Le travail peut se prolonger sur plusieurs jours. Les photographies des aliments proposés sont découpées dans des journaux publicitaires et l'affiche est collectivement réalisée.

L'exercice peut être complété par une étude des préférences alimentaires. Dans une classe qui a mis à la disposition de l'animal des aliments variés, les enfants ont trouvé que leur cochon d'Inde mange :
– beaucoup de salade, de pain, de carotte, de paille,
– peu de pomme, de chou, de foin, de poireau,
– très peu de pomme de terre.
La salade est l'aliment qu'il mange toujours en totalité.

b. Le hamster ronge tout ce qu'il trouve

Le hamster est un animal très familier avec les enfants s'il a été habitué tout jeune à être pris dans les mains. Dans le cas contraire, il peut avoir des comportements agressifs. Il faut alors le mettre en confiance et l'apprivoiser lentement.

Son comportement alimentaire est très curieux. L'animal stocke sa nourriture dans ses abajoues. Il peut ainsi transporter jusqu'à 100 g d'aliments (50 g dans chaque abajoue). Pour manger, assis sur son arrière-train, il maintient une graine de tournesol avec ses membres antérieurs, il l'ouvre et ne mange que l'intérieur, laissant l'enveloppe.

Le hamster doit être élevé dans une cage métallique. Éviter les cages en bois ou en plastique car il les ronge. Il a en effet besoin d'aiguiser en permanence ses incisives dont la croissance est continue. C'est pourquoi, il est conseillé de laisser dans la cage métallique un morceau de bois qu'il pourra ronger.

La croissance des jeunes hamsters est très rapide. À la naissance ils sont sans poils, aveugles et ont environ deux centimètres de long. Le sevrage a lieu vers 3 semaines. À 4 ou 5 mois, les jeunes sont adultes, donc capables de se reproduire. La durée de vie de cet animal est également courte, 18 mois environ.

Tous les animaux mangent

pages 24 et 25

L'alimentation des animaux est un sujet aisément accessible aux jeunes enfants. Certains ont vu manger leur chat, mais, généralement, ils ne voient pas manger les animaux sauvages. Les photographies de cette double page sont assez exceptionnelles et permettent de réunir des informations essentielles.

1. Notions et compétences

Les notions visées ici sont simples. Le vocabulaire concernant le régime alimentaire n'est pas indispensable à retenir à cet âge, c'est surtout la notion qu'il est fondamental de commencer à construire.
– Pour vivre, les animaux ont besoin de nourriture.
– Les animaux ne mangent pas n'importe quoi, et tous ne consomment pas les mêmes aliments. Ils n'ont pas le même régime alimentaire.
– Certains animaux ne mangent que des végétaux (ce sont des végétariens). D'autres ne mangent que des animaux (ce sont des carnivores). D'autres enfin mangent des aliments d'origine animale et des aliments d'origine végétale (ce sont des omnivores).
La présence, sur cette double page, d'animaux ayant des régimes alimentaires différents permet un entraînement à la comparaison, c'est-à-dire à la recherche des ressemblances et des différences.

2. Activités possibles sur l'album

a. Que mangent-ils ?

Faites expliciter ce que l'on voit sur chacune des photographies.
Les étiquettes rouges sont celles des « acteurs » qui sont en train de manger, les autres étiquettes désignent les aliments. Ainsi, la chouette a capturé un campagnol et s'apprête à le manger ; le mulot grignote une châtaigne ; les coccinelles se régalent de pucerons.
Deux de ces animaux (la chouette et la coccinelle) mangent des animaux, alors que le troisième (le mulot) mange des végétaux (le mot végétal ne fait peut-être pas partie du vocabulaire courant des enfants, c'est le moment de l'introduire ; les plantes sont des végétaux).

b. À chacun ses aliments préférés

Pour faire la liste des aliments de l'écureuil et de ceux du hérisson, il faut reconnaître les dessins. Ce n'est pas évident pour tous, mais c'est l'occasion d'apprendre.
Si on devait mettre dans une « boîte » les aliments qui proviennent des plantes (les végétaux), et dans une autre « boîte » les aliments qui sont des animaux, que constaterait-on ? Il suffirait d'une seule boîte pour l'écureuil ; en revanche, deux boîtes sont nécessaires pour le hérisson. Ces deux animaux n'ont pas le même régime alimentaire. L'écureuil est végétarien et le hérisson omnivore.

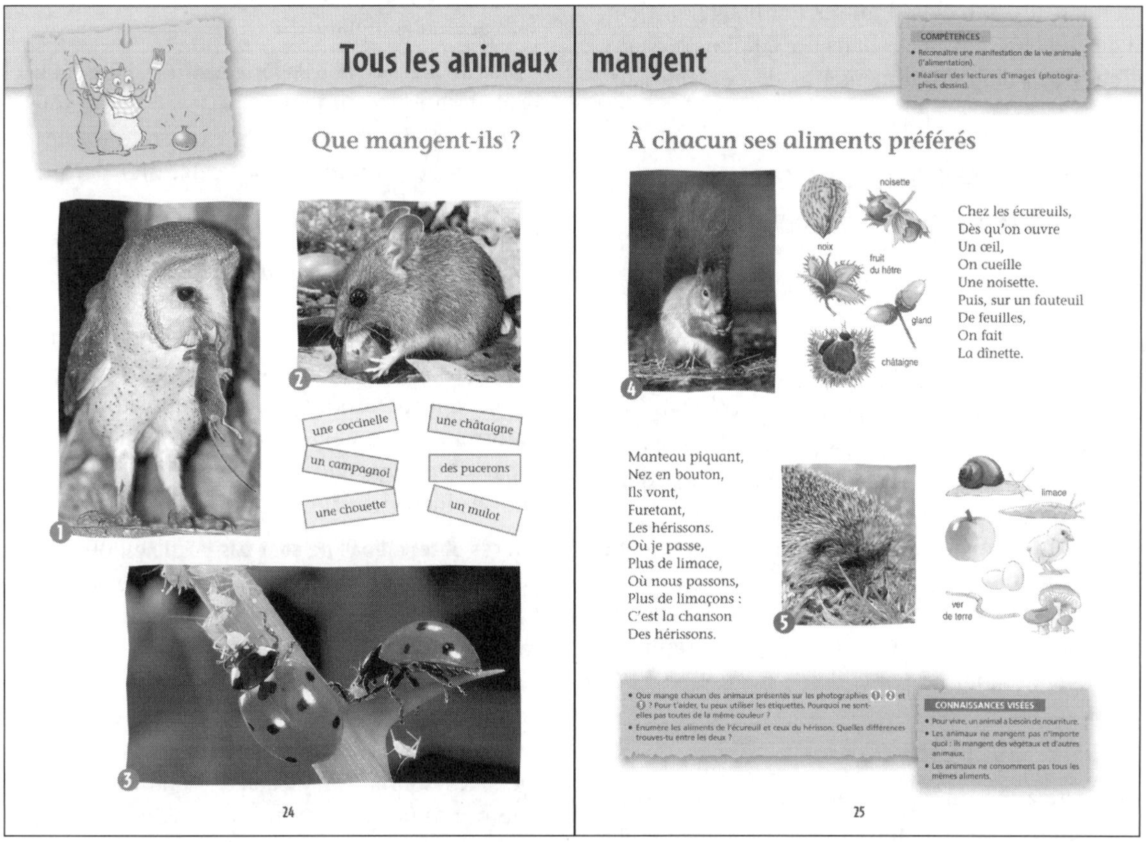

Tous les animaux mangent

COMPÉTENCES
- Reconnaître une manifestation de la vie animale (l'alimentation).
- Réaliser des lectures d'images (photographies, dessins).

Que mangent-ils ?

À chacun ses aliments préférés

Chez les écureuils,
Dès qu'on ouvre
Un œil,
On cueille
Une noisette.
Puis, sur un fauteuil
De feuilles,
On fait
La dînette.

Manteau piquant,
Nez en bouton,
Ils vont,
Furetant,
Les hérissons.
Où je passe,
Plus de limace,
Où nous passons,
Plus de limaçons :
C'est la chanson
Des hérissons.

- Que mange chacun des animaux présentés sur les photographies 1, 2 et 3 ? Pour t'aider, tu peux utiliser les étiquettes. Pourquoi ne sont-elles pas toutes de la même couleur ?
- Énumère les aliments de l'écureuil et ceux du hérisson. Quelles différences trouves-tu entre les deux ?

CONNAISSANCES VISÉES
- Pour vivre, un animal a besoin de nourriture.
- Les animaux ne mangent pas n'importe quoi : ils mangent des végétaux et d'autres animaux.
- Les animaux ne consomment pas tous les mêmes aliments.

24 25

Extrait de l'album « *Découvre le monde vivant* » pages 24 et 25.

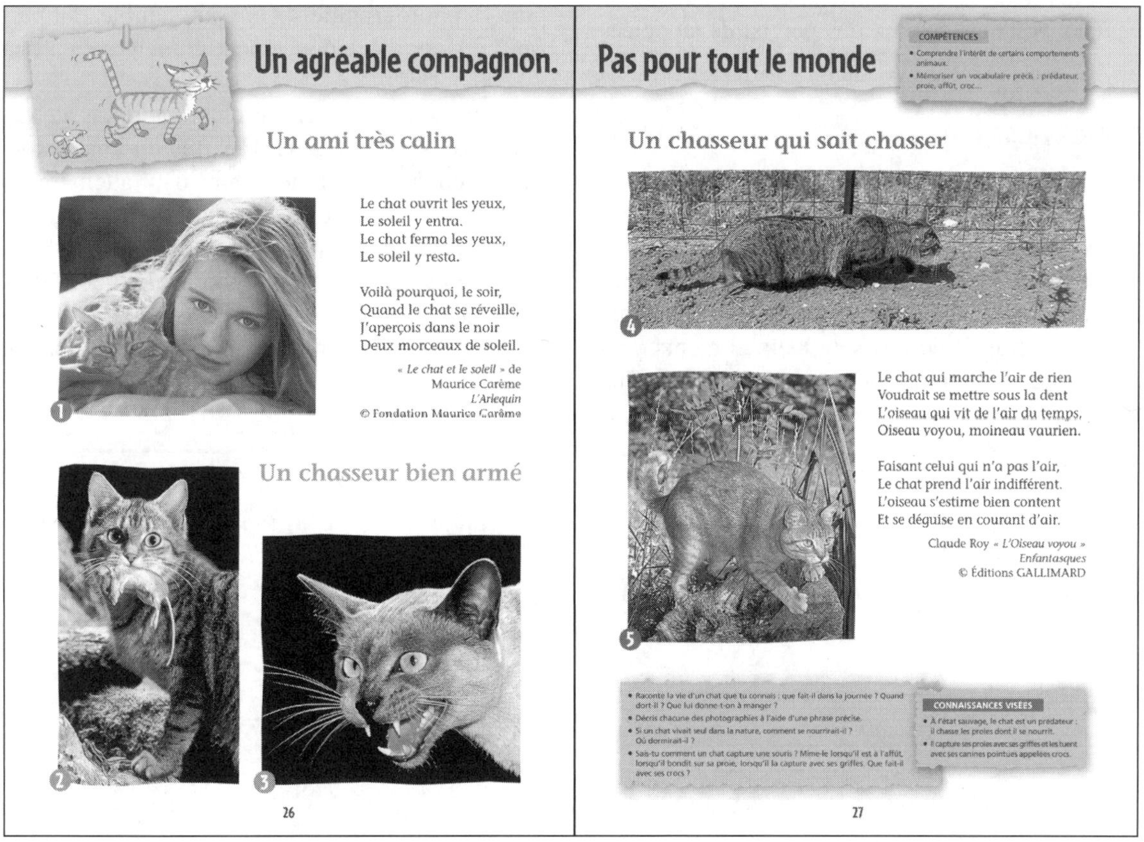

Un agréable compagnon. Pas pour tout le monde

COMPÉTENCES
- Comprendre l'intérêt de certains comportements animaux.
- Mémoriser un vocabulaire précis : prédateur, proie, affût, croc…

Un ami très calin

Le chat ouvrit les yeux,
Le soleil y entra.
Le chat ferma les yeux,
Le soleil y resta.

Voilà pourquoi, le soir,
Quand le chat se réveille,
J'aperçois dans le noir
Deux morceaux de soleil.

« *Le chat et le soleil* » de Maurice Carême
L'Arlequin
© Fondation Maurice Carême

Un chasseur bien armé

Un chasseur qui sait chasser

Le chat qui marche l'air de rien
Voudrait se mettre sous la dent
L'oiseau qui vit de l'air du temps,
Oiseau voyou, moineau vaurien.

Faisant celui qui n'a pas l'air,
Le chat prend l'air indifférent.
L'oiseau s'estime bien content
Et se déguise en courant d'air.

Claude Roy « *L'Oiseau voyou* »
Enfantasques
© Éditions GALLIMARD

- Raconte la vie d'un chat que tu connais : que fait-il dans la journée ? Quand dort-il ? Que lui donne-t-on à manger ?
- Décris chacune des photographies à l'aide d'une phrase précise.
- Si un chat vivait seul dans la nature, comment se nourrirait-il ? Où dormirait-il ?
- Sais-tu comment un chat capture une souris ? Mime-le lorsqu'il est à l'affût, lorsqu'il bondit sur sa proie, lorsqu'il la capture avec ses griffes. Que fait-il avec ses crocs ?

CONNAISSANCES VISÉES
- À l'état sauvage, le chat est un prédateur : il chasse les proies dont il se nourrit.
- Il capture ses proies avec ses griffes et les tuent avec ses canines pointues appelées crocs.

26 27

Extrait de l'album « *Découvre le monde vivant* » pages 26 et 27.

3. Travaux complémentaires

Si on connaît les aliments d'autres animaux, on peut, grâce à des images découpées dans des catalogues, faire des affiches des régimes alimentaires de ces animaux.

Un agréable compagnon, pas pour tout le monde

pages 26 et 27

Lorsqu'on étudie l'alimentation des animaux, on constate non seulement qu'ils ne mangent pas n'importe quoi, mais aussi qu'ils ne mangent pas n'importe comment. Ils n'ont pas les mêmes comportements pour se nourrir. Ces remarques ont pu être faites lors d'élevages : un hamster par exemple ne mange pas comme un cochon d'Inde, même si tous les deux ont le même régime alimentaire.
Cette double page présente l'exemple du chat, animal bien connu des enfants mais dont les comportements alimentaires sont modifiés par la domestication.

1. Notions et compétences

– La domestication du chat a modifié son comportement alimentaire ; un chat qui vit en appartement a une alimentation très différente de celle qu'il aurait s'il vivait à l'état sauvage.
– Le chat est un animal carnivore.
– Le chat est un chasseur remarquable. Il possède à la fois des outils pour capturer (griffes) et des outils pour tuer (canines pointues comme des poignards, appelées crocs).

2. Activités possibles

• **Les expériences de la vie courante** de chacun des enfants sont mises en commun afin de répondre aux interrogations concernant la vie d'un chat domestique : Où vit-il ? Que fait-il pendant la journée ? Quand lui donne-t-on à manger ? Quand dort-il ? Que mange-t-il chaque jour ? Combien fait-il de repas ? Quels aliments préfère-t-il ? Aime-t-il boire ? Comment mange-t-il ? Que contiennent les « aliments pour chats » vendus dans le commerce ? Que mangerait un chat qui vivrait à l'état sauvage dans la nature ?

• **Afin de préciser le comportement** de chasse du chat, on peut faire jouer un jeune chat avec une pelote de laine ou un bouchon attaché à l'extrémité d'une ficelle et observer ses attitudes. Pour cela, tirer par petits coups secs sur la ficelle. Pour capturer le bouchon, le chat prend des attitudes caractéristiques d'un chasseur qu'il continue d'être en dépit de la domestication.
Si l'occasion se présente, on peut observer un chat qui veut attraper un oiseau et qui se met à l'affût. Énumérer alors les moments successifs : découverte de la proie, approche silencieuse, capture avec les pattes antérieures munies de griffes acérées, mise à mort, repas. Pour chacune de ces étapes, des outils très spécialisés interviennent.

• **Si ces observations ne sont pas possibles,** on se contentera de l'analyse des photographies des pages 26 et 27.
La photographie **2** montre un chat qui capture un petit rongeur (un campagnol), il le retient avec ses dents.
La photographie **3** permet de découvrir les quatre canines du chat (ou crocs), très pointues et beaucoup plus longues que les autres dents. Ce sont des poignards qui tuent les souris, les oiseaux… que le chat attrape. La photographie permet aussi de voir les molaires aux tubercules pointus et tranchants. Les molaires de la mâchoire supérieure et celles de la mâchoire inférieure fonctionnent comme une cisaille coupante permettant de détacher des morceaux de viande. Lorsque le chat les utilise, il penche la tête sur le côté.
Sur la photographie **4**, le chat semble ramper sur le sol ; il s'approche doucement d'une proie en tentant de se camoufler.
Sur la photographie **5**, le chat s'agrippe au support à l'aide de ses griffes. Les griffes du chat servent non seulement à grimper aux arbres pour atteindre certaines proies, mais aussi à les saisir. Ces griffes étant rétractiles, elles se trouvent protégées de l'usure qui pourrait apparaître lors d'une marche prolongée. De plus, la présence de coussinets charnus sous les pattes rend la démarche des chats très silencieuse. On dit alors qu'il fait « patte de velours ».

Et si on faisait un jardin à l'école ?

Jardiner à l'école maternelle ne relève pas d'un défi insurmontable. Même modestes, les jardins sont l'occasion de nombreux soins, d'observations, de mesures, de réflexions, de déceptions aussi (lorsque, par exemple, les escargots saccagent en une nuit le travail de plusieurs semaines). Ils permettent les cueillettes qui demandent des doigts bien habiles, les séances d'arrosage, de ratissage qui réclament aussi beaucoup de dextérité. Ils donnent lieu à la confection de bouquets, à la dégustation de mets savoureux : fraises, radis, salades, fèves, petits pois...

Pourquoi réaliser des cultures à l'école ?

La vie des plantes, un peu secrète, attire moins les enfants que la vie des animaux. Cependant, dès l'école maternelle et même ensuite au cours de leur scolarité, les enfants aiment semer des graines. Ils sont ensuite émerveillés devant l'apparition d'une plante nouvelle et surveillent avec curiosité son développement.
La réalisation de cultures peut être proposée aussi bien dans les classes urbaines que dans les classes rurales. Tous les enfants doivent participer à de telles activités, si possible plusieurs fois au cours de leur scolarité. Selon l'âge, les observations réalisées, les problèmes soulevés et les notions acquises seront différents.
Ces cultures, réalisées dans le cadre de l'école permettent :
- la mise en place de concepts de base ;
- le développement de comportements fondamentaux ;
- un début d'acquisition de notions scientifiques.

A. La mise en place de concepts de base

La mise en place de ces concepts est fondamentale avec de très jeunes enfants. C'est pourquoi les cultures sont si importantes à l'école maternelle.

❶ Le concept de vie

Les arbres de la cour de l'école, les plantes vertes de la classe... sont souvent perçus par les jeunes enfants comme des objets inanimés. En effet, à cet âge, ils connaissent mal les caractéristiques des êtres vivants. Semer des graines est un moyen efficace pour les familiariser avec la vie végétale : ils découvrent ainsi qu'**une plante vit**, elle a besoin d'eau, elle grandit, elle se transforme, elle peut même mourir. En faisant des semis, les enfants prennent conscience que les plantes ont des besoins, qu'elles réagissent aux conditions du milieu, qu'elles sont donc vivantes au même titre que les animaux.

❷ Structuration du temps

La réalisation de semis permet de raconter l'histoire d'une plante, de suivre la chronologie de ses transformations, d'apprécier et de comparer des durées sur des laps de temps assez courts (quelques jours à quelques semaines), donc accessibles à de jeunes enfants.
Certaines cultures, celle du haricot par exemple, donnent l'occasion, en quelques semaines, d'obtenir de nouvelles graines. On met ainsi en évidence le **cycle de vie d'une plante**. Ainsi, plusieurs aspects du concept de temps sont abordés à travers les cultures.

B. Le développement de comportements fondamentaux

Dans la vie courante, les enfants ont rarement l'occasion de réaliser eux-mêmes des cultures. Même si, dans le contexte familial, ils voient des adultes entretenir des plantes d'appartement ou s'occuper du jardin, ils n'en sont que très rarement les acteurs. C'est pourquoi la réalisation de cultures, dans le cadre de la classe, est un véritable acte pédagogique.
Elle permet, d'une part l'acquisition de certaines méthodes de travail qui pourront être réinvesties dans d'autres activités, et d'autre part le développement de comportements fondamentaux.

❶ Mettre en place une observation continue

La réalisation de cultures n'est pas une activité ponctuelle ; elle se déroule sur plusieurs semaines et parfois davantage. Il est donc indispensable de mettre en place les outils indispensables à la collecte des observations, de faire preuve de rigueur et de soin dans la prise d'informations, de diversifier les modes d'expression et de représentation (dessins, textes, mesures...).
Toutes les informations recueillies doivent être utilisables lors des séances de bilan qui se déroulent parfois longtemps après l'observation réalisée.

❷ Développer l'esprit scientifique

Comme les élevages, les cultures permettent de développer l'esprit scientifique :
– par l'entraînement à la comparaison grâce aux observations quotidiennes des transformations ;
– par la formulation d'hypothèses qui seront ensuite vérifiées par des expériences.

❸ Entraîner à la prise de responsabilité

C'est d'un contact étroit entre l'enfant et ses cultures que dépend la réussite de telles activités. C'est lui qui prépare la terre, rassemble les récipients utiles ; c'est lui qui sème, qui arrose, qui protège.
Être ainsi responsable d'une plante ou d'un « jardin » amène à découvrir que la vie est fragile et qu'il faut prendre des précautions pour la préserver. La réalisation d'activités de jardinage constitue donc une excellente initiation au respect de la vie.

❹ Développer l'entraide et la coopération

Mettre en place un jardin, l'entretenir, nécessitent que les enfants travaillent ensemble, s'organisent, établissent avec votre aide un tour de rôle des activités à réaliser. Il est également indispensable de respecter le travail de chacun, d'aider celui qui a plus de difficultés. Les responsabilités partagées renforcent le sentiment du « nous ». La classe devient ainsi peu à peu une petite communauté de vie.

❺ Sensibiliser à la qualité de son environnement

Les activités proposées dans la classe ou dans le jardin de l'école sensibilisent les élèves à la qualité de leur environnement et au respect de celui-ci. S'ils éprouvent la nécessité d'une amélioration de leur cadre de vie, ils découvrent, grâce à toutes ces activités, que des solutions existent et que certaines d'entre elles sont directement à leur portée.

C. L'acquisition de notions scientifiques

Le contact permanent avec des plantes, qui se développent, grandissent, se transforment, fleurissent et peuvent mourir, conduit à des découvertes essentielles sur la vie végétale et à l'acquisition de notions biologiques : naissance, croissance, besoin en eau, modes de reproduction et de dispersion, influence des conditions du milieu... L'importance des végétaux dans le monde vivant, leur rôle dans les relations alimentaires des autres êtres vivants et dans l'équilibre des milieux permettent l'acquisition de notions écologiques fondamentales.

Comment réaliser des cultures à l'école ?

Bien souvent, à l'école maternelle, les enfants observent la germination des plantes pour la première fois. Certains n'ont jamais manipulé de graines et sont très étonnés de voir la diversité de forme, de couleur, de taille. Ils ont des difficultés à employer le même mot « graine » pour des graines de fève ou des graines de radis, pour des grains de blé ou des noyaux d'avocat. Les travaux de jardinage familiarisent également avec les outils du jardinage, mal connus de certains enfants. Ils font également découvrir comment poussent les légumes que l'on mange et que l'on ne connaît bien souvent que dans son assiette : radis, pommes de terre, courgettes, carottes... Comment poussent tous ces légumes ?

A. Le matériel à prévoir

L'étude de la reproduction des plantes doit commencer par la réalisation de semis dans des conditions les plus proches de celles des cultures du jardinier. Il est nécessaire que les enfants préparent leur « jardin », manipulent concrètement et suivent l'évolution de leurs cultures. Les semis se feront dans un coin du jardin scolaire, chaque fois que cela est possible, ou en classe dans des bacs ou des boîtes contenant de la terre. Les semis sur coton humide ou sur l'eau constitueront une phase ultérieure de la recherche. Ces techniques peu « naturelles » seront choisies pour chercher une réponse à des questions posées lors de l'étude des premiers semis. De plus, les enfants doivent disposer d'une grande variété de graines (une dizaine d'espèces au moins).

❶ Les récipients pour des semis en classe

Ils doivent avoir une large ouverture et être peu profonds, ce qui évite aux enfants de trop enterrer leurs graines.
Les emballages en polystyrène, obtenus facilement chez les poissonniers ou les marchands de fruits et légumes, conviennent bien. Éviter des pots à yaourt, trop étroits. Le fond de ces récipients peut être percé d'un trou pour permettre l'écoulement de l'excès d'eau. Il faut alors protéger les tables par une feuille de matière plastique et de vieux journaux.
D'autres récipients sont utilisables : boîtes en matière plastique (à fromage blanc), boîtes métalliques

à gâteaux, boîtes à chaussures tapissées intérieurement de matière plastique...
On peut aussi utiliser des bouteilles en matière plastique (bouteilles d'eau minérale) coupées dans le sens de la longueur : l'une des deux parties, remplie de terre, sert au semis ; l'autre forme un couvercle limitant l'évaporation.

2 L'installation des cultures dans la cour de l'école

Pour réaliser des cultures dans la cour de l'école, la surface nécessaire n'a pas besoin d'être très grande, les plates-bandes au pied des arbustes, les espaces autour des arbres ou de simples « jardinières » peuvent être utilisées.

Si vous disposez d'espaces disponibles plus importants, vous aménagerez des plates-bandes rectangulaires séparées par de petites allées, ou vous pratiquerez le jardinage en « carrés ».

Limitez avec des planches, de gros galets, ou de petites barrières de bois, des rectangles de 2 m sur 1 m environ. Des espaces de 30 à 50 cm de large, gravillonnés ou recouverts d'un caillebotis de bois, permettent aux enfants d'accéder aux zones de culture sans piétiner les plates-bandes.

Pour la culture en carré, des planches de coffrage non traitées, de 15 à 30 cm de largeur, 1,20 à 1,50 m de longueur et de 15 à 25 mm d'épaisseur, sont réunies aux angles par des cornières métalliques. Ces carrés (un seul peut déjà suffire pour faire des plantations intéressantes) sont déposés sur le sol. S'il s'agit de terre, elle sera préalablement bêchée et vous compléterez le remplissage du carré avec du bon terreau. Si vous ne disposez que d'un coin de pelouse, ou même d'un sol cimenté, vous remplirez le carré de terre légère (terre de jardinage mélangée à du sable). La profondeur de terre suffira pour réaliser des semis déjà intéressants, même si les récoltes ne sont pas très abondantes. Si vous installez plusieurs carrés, des allées de 60 à 80 cm de large sont aménagées entre les carrés.

Quelques outils adaptés à la taille des enfants sont utiles : pelles, râteaux, binettes, plantoirs, arrosoirs. Des morceaux de bois peuvent servir de tuteurs ou pour limiter les semis ; de la ficelle, des ciseaux sont également utilisés à un moment ou à un autre.

3 Un grand choix de graines

Quelques jours à l'avance, demandez aux enfants d'apporter diverses graines (blé, maïs, avoine, fève, haricot, pois chiche, pois de senteur, capucine, radis, poireau, graines de gazon, tournesol, laitue ou autres salades, œillets d'Inde...). En général, ils en apportent une grande variété, mais il est préférable que vous en prépariez vous aussi pour en fournir à ceux qui n'en auraient pas suffisamment. Signalons que certaines graines, achetées dans les magasins d'alimentation (lentilles, haricots par exemple), ne germent pas toujours : elles sont souvent traitées pour assurer une bonne conservation et donc empêcher leur germination.

Il arrive parfois que certains jeunes enfants croient que tous les petits objets sont des graines (pâtes alimentaires, pâtes à potage, « graines » de couscous, riz...). Il peut être intéressant de leur laisser la plus grande liberté dans le choix de ce qu'ils sèment. Ils arriveront ainsi à une première notion de la graine : une graine, c'est quelque chose qui donne une plante quand on la sème.
Vous pouvez également proposer de semer des glands, des châtaignes, des graines de pin, d'érable, de cyprès, des pépins de citron, orange, pamplemousse...

4 Des plants et des bulbes variés

Les plantations de bulbes à l'automne (tulipes, jacinthes, crocus...) permettent d'avoir un jardin fleuri au printemps.
On peut également planter des oignons, des gousses d'ail, des échalotes... Des plants de fleurs (œillet d'Inde, sauge...) ou de légumes (tomates, courgettes, aubergines) achetés sur le marché ou dans une jardinerie complètent les plantations du jardin ou des jardinières de la classe.

B. La mise en place des activités

Les activités de jardinage ne donnent pas des résultats immédiats. Après l'installation des semis ou la réalisation des plantations, des activités d'observation continue, de recueil des observations, de « mémoire » de l'évolution des plantes (dessins, photographies, textes courts, tableaux...) prolongent les premières activités.

1 Les semis dans la classe

Pour habituer les enfants au travail en groupe (de 3 ou 4 élèves), il est bon de leur proposer la réalisation d'un « jardin » dans un bac (30 × 40 cm environ). Cependant, s'ils n'ont encore jamais fait de cultures en classe, donnez à chacun la possibilité de manipuler effectivement. Pour cette raison, nous vous proposons d'organiser des semis individuels en pots, avant toute réalisation en équipe de « jardins » plus grands. Préparez, pour chaque groupe de quatre, le matériel nécessaire : une réserve de terre dans un seau en matière plastique ou dans une boîte de conserves de 5 kg, des cuillères, une bouteille d'eau, une éponge. La table est protégée par une feuille de plastique. Sur le bureau, des graines sont à la disposition des enfants qui n'en ont pas. Distribuez un pot à chaque enfant. Proposez-leur de semer des graines et laissez-les travailler librement.

• Chacun raconte ce qu'il a fait

Si le travail est réalisé en moyenne ou en grande section, demandez aux enfants d'expliquer, à l'aide de un ou plusieurs dessins, comment ils ont procédé. Les dessins sont affichés. Par leur simple observation, la classe doit pouvoir comprendre comment a travaillé le jeune « jardinier ». L'analyse collective des dessins entraîne une discussion : certains enfants ont représenté la succession des opérations sur un seul dessin, d'autres ont

fait une bande dessinée. Quelques dessins montrent même avec précision la profondeur à laquelle les graines ont été placées... Les explications verbales complémentaires permettent de constater que plusieurs méthodes ont été employées pour semer les graines.
« J'ai mis de la terre. Puis j'ai mis les graines et un tout petit peu de terre dessus. J'ai fait des trous dans la terre. J'ai rebouché les trous et j'ai arrosé » – « J'ai mis de la terre. J'ai mis les graines et j'ai enfoncé les graines avec mon doigt »...

• Un petit jardin par groupe

Donnez un grand bac à chaque groupe et demandez aux enfants de préparer un joli jardin en plantant plusieurs sortes de graines. Ils laissent libre cours à leur imagination et à leur sens esthétique, aménagent des allées, réclament des brindilles pour servir de bordure à leurs plates-bandes.
Afin de rendre plus efficace la suite des opérations, posez la question : Comment un visiteur peut-il savoir ce que vous avez semé ? Les enfants cherchent plusieurs solutions, et proposent selon leur âge :
– de faire un plan du jardin avec légendes, sans oublier les repères qui permettent de reconnaître la gauche de la droite sur le jardin et sur le plan,
– de placer des écriteaux dans chacune des planches du jardin ; si on ne connaît pas le nom de la plante, on peut fixer une graine avec du ruban adhésif transparent,
– de coller des étiquettes sur le pourtour du bac...
Comme dans l'activité précédente, la séquence se termine par la réalisation d'un dessin qui permet de savoir comment le groupe a organisé son « jardin ». La lecture collective de quelques plans permet de voir si la représentation utilisée est pertinente et compréhensible par tous.

❷ Les semis dans le jardin de l'école

On peut semer dans la classe même en hiver. Mais, pour diverses raisons (intensité lumineuse trop faible, température un peu trop élevée, profondeur de terre réduite...), vous n'arriverez pratiquement jamais à faire récolter aux enfants les radis, les carottes ou les petits pois qu'ils auront semés dans la classe.
En outre, il est souhaitable de pratiquer réellement des activités de jardinage, aussi modestes soient-elles. C'est pourquoi, il est conseillé, dès le printemps, d'inviter les enfants à réaliser quelques semis en pleine terre, à l'extérieur de la classe. Certains sèmeront des haricots ou des petits pois, d'autres feront pousser du blé, des salades ou des radis, sans oublier les pommes de terre, d'autres enfin voudront avoir des fleurs. Tous les végétaux ainsi semés seront arrosés et entretenus à tour de rôle par les enfants.
Il arrive très souvent que les enfants, n'ayant semé qu'un seul type de graines, voient apparaître de petites pousses qui ne ressemblent pas aux autres. D'où viennent-elles ? Qui les a semées ? La terre du jardin contenait des semences que les enfants n'avaient pas observées ; celles-ci, trouvant des conditions favorables, se sont développées. Que faire ? Le problème des « mauvaises herbes » dans le jardin est soulevé. Certains veulent désherber, comme le ferait un vrai jardinier, d'autres laissent pousser ces jeunes plantes « pour voir ce que ça donne ».

L'album pour les enfants

« Découvre le monde vivant »

Faire pousser des plantes, réaliser des semis, prendre soin de ses cultures... sont des activités fondamentales, à effectuer réellement tout au long de l'année. À la mauvaise saison, on peut faire pousser des plantes dans la classe ; au printemps, il est souhaitable de le faire à l'extérieur.

Les doubles pages de l'album concernent ces deux types de plantations. Elles montrent l'intérêt des enfants pour ce type d'activités, leur application et la variété des gestes qu'elles impliquent ; elles sont toujours source d'émerveillement et d'épanouissement.

J'ai rêvé que j'étais jardinier

pages 28 et 29

Cette double page n'a pas pour objectif de remplacer des activités réelles, mais de donner des idées et de motiver la mise en place d'activités de jardinage. Elle peut également être utilisée dans une phase d'évaluation, pour comparer ce que font les enfants sur les photographies avec ce qui a été fait dans la classe.

1. Notions et compétences

– Semer des graines permet de voir naître des plantes.
– Au cours de la germination, chaque graine donne naissance à une nouvelle plante.
– Chaque espèce de graine donne une espèce de plante.
– Après la phase de germination de la graine, la nouvelle plante grandit.

La mise en place des semis permet de développer bien des compétences détaillées ci-dessus, habileté manuelle, responsabilité, coopération.

2. Activités possibles sur l'album

L'organisation de la mise en place des semis a été détaillée dans les paragraphes précédents. Le choix du travail individuel ou collectif, la sélection des graines à semer, le repérage des graines semées, le rythme des arrosages, toutes ces activités font l'objet de discussions, d'échanges de vue et donc de séances de langage qui enrichissent le vocabulaire des enfants, leur permettent d'élaborer des règles de travail et les entraînent à travailler ensemble.

L'affiche des sachets de graines peut, bien sûr, être réalisée avec les graines semées par la classe. On peut le faire précéder d'un travail de décodage de toutes les informations visibles sur un sachet : le nom, la variété, la saison du semis, l'ensoleillement favorable, les conseils de culture…

Des dessins réalisés lors des semis, puis tous les deux ou trois jours, sont ensuite collés dans un ordre chronologique pour raconter « l'histoire du pied de pois » ou celle du radis…

3. Travaux complémentaires

• Je fais le calendrier du jardin

Pour accompagner les activités sur les calendriers, on peut confectionner, sous forme d'un tableau, le calendrier des semis, des plantations, des récoltes… Les différents jours sont mentionnés dans la première colonne, puis chacune des colonnes est réservée à un type de graine (tomate, radis, pois…). Dans chaque case on peut coller un dessin, écrire une phrase ou mettre une photographie.

• Je cultive dans une petite serre

Une bouteille en plastique d'eau minérale est découpée en deux moitiés, dans le sens de la longueur ; l'une des moitiés est remplie de terre, l'autre sert de couvercle.

Une demi-bouteille témoin, remplie de terre est maintenue sans couvercle. Les mêmes graines sont semées de part et d'autre, et arrosées de la même manière. Quelques jours plus tard, on peut déjà comparer les résultats.

Faire des plantations variées

pages 36 et 37

Le verbe semer est employé lorsqu'on met en terre des semences, c'est-à-dire le plus souvent des graines, parfois des fruits secs tels que des glands ou des marrons.

Le verbe « planter » est réservé à l'action de mettre en terre une plante déjà développée (planter un arbre par exemple), une jeune plante née d'un semis (plant de salade ou de tomate) ou un fragment de plante (bulbes, tubercules, rhizomes, boutures…).

1. Notions et compétences

– Il existe bien des manières de faire naître de nouvelles plantes.
– Les plantes peuvent naître autrement qu'à partir d'une graine.
– Quand un bulbe se développe, les racines poussent avant les feuilles.

Ces activités sont idéales pour mettre en place des techniques d'observation continue.

2. Activités possibles sur l'album

Les photographies des pages 36 et 37 ne peuvent remplacer des activités réelles, mais elles peuvent les susciter, et, pour les photographies de la page 36, compléter les observations réellement faites à partir de plantations ?

a. Plantons des bulbes

Cette activité convient bien au cycle 1. Selon les possibilités offertes et les travaux que l'on veut réaliser, on peut faire les plantations soit dans la classe, soit en pleine terre dans le jardin de l'école, soit dans des jardinières dans la cour de l'école.

• Il ne faut pas se contenter de planter une seule espèce mais, au contraire, envisager une grande variété : jacinthes, crocus, tulipes, narcisses, jonquilles, renoncules, anémones… Penser aussi aux légumes : oignons, ails, échalotes…
Plusieurs remarques sont importantes.
– Certains bulbes ne donneront des plantes capables de fleurir que s'ils ont été placés quelques semaines au froid avant d'être plantés.
– Les bulbes ou oignons sont en vente dans les jardineries ou chez les grainetiers à partir de septembre et vous ne trouverez sans doute plus certains d'entre eux à partir de fin novembre. L'achat est donc à prévoir en début d'année scolaire, même si vous faites les plantations beaucoup plus tard.
– On peut utiliser les bulbes plusieurs années de suite. Pour cela, après la floraison et le dessèchement des feuilles, il suffit de les enlever de terre et de les garder dans un endroit sec.

• Dans la classe, diverses techniques de plantations sont possibles

– La culture en pots : utiliser des pots présentant un écoulement d'eau à la base, remplis de terre légère ou d'un terreau. La partie supérieure du bulbe doit affleurer au niveau de la surface. Arroser très régulièrement.
– La culture en carafe : c'est la culture la plus simple et celle qui permet de voir les racines se développer. Prendre des pots à ouverture étroite (pots de confiture par exemple), les remplir d'eau à laquelle on peut ajouter quelques gouttes d'engrais liquide. La partie inférieure du bulbe doit se trouver à 2 mm au-dessus de la surface de l'eau.

• Dans la cour de l'école, il n'est pas nécessaire d'avoir beaucoup de place ; on peut planter au pied des arbustes d'une haie, autour d'un arbre, en pleine terre, ou dans des jardinières. La partie supérieure du bulbe doit être enterrée à une profondeur de 4 à 6 cm pour les crocus et les tulipes, de 10 cm pour les jacinthes et les narcisses. Au printemps, vous planterez d'autres espèces : bulbes ou tubercules de bégonias, anémones, dahlias, lis…

b. Une observation continue

Quand cela est possible, et avec de jeunes enfants, il est souhaitable de faire en classe des plantations individuelles ou par groupes de deux. Plusieurs activités vont jalonner l'observation continue.

– Réaliser, tous les 3 ou 4 jours un dessin de « sa » plantation ; prendre éventuellement des photographies. Chez les jeunes enfants, les dessins sont parfois éloignés de la réalité (des fleurs imaginaires sortent du bulbe dès les premiers jours) ; mais en organisant une observation de tous les dessins de la classe, des remarques ou des conseils sont formulés, et les productions s'améliorent progressivement ; on découvre aussi la nécessité de les dater.
– Après floraison, reprendre tous les dessins, les mettre dans l'ordre et raconter l'histoire de la jacinthe ou de la tulipe.
– Comparer l'évolution selon les différentes espèces (croissance, temps avant la floraison…).

3. Travaux complémentaires

a. Plantons des pommes de terre

Certains enfants croient que les pommes de terre se récoltent sur des arbres, ils ignorent qu'elles se développent dans le sol. Cultiver des pommes de terre ne manque pas d'intérêt.

Pour obtenir un développement complet de la pomme de terre avant les grandes vacances, vous devez effectuer cette plantation au début de printemps, au mois de mars par exemple, afin de pouvoir reprendre les observations environ trois mois plus tard. Si vous effectuez cette plantation en septembre ou octobre, les journées étant courtes, les pieds de pommes de terre grandissent beaucoup par allongement des tiges aux dépens du développement des feuilles. Vous obtiendrez cependant le résultat souhaité, à savoir le développement de petits tubercules de pommes de terre.

Pour les plantations en classe des pommes de terre, il faut des caissettes (en bois, en polystyrène ou même des boîtes en carton tapissées intérieurement d'une feuille de plastique), une réserve d'un mélange de terre et de sable, des tubercules présentant des petits germes. Signalons que certaines pommes de terre vendues dans le commerce ont été traitées pour ne pas germer. Pour les plantations en classe, il faut se procurer des pommes de terre non traitées.

Chaque fois que c'est possible, on réalisera des plantations dans la classe, et d'autres dans la cour de l'école. En général, les pommes de terre qui poussent dans la classe se développent plus rapidement (la température douce favorise la croissance, mais la luminosité provoque un allongement anormal des tiges). Il arrive aussi que les pommes de terre « du jardin de l'école » gèlent. Cet incident peut être l'occasion d'une réflexion : Comment soustraire les plantes aux rigueurs du climat ? Les enfants imaginent divers systèmes de protection.

Le moment de la récolte est source de découvertes. Même si on n'entre pas dans le détail de la formation des nouvelles pommes de terre, on découvre alors que :
– les petites pommes de terre sont à l'extrémité de sortes de racines (en réalité, ce sont des tiges souterraines),
– la pomme de terre que l'on a plantée s'est flétrie et desséchée,
– les germes de la pomme de terre initiale ont donné les tiges et les feuilles qui ont poussé,
– à partir d'une seule pomme de terre, on en a obtenu un grand nombre.

b. Faisons des boutures

Faire une bouture, c'est planter un fragment de tige portant des feuilles et obtenir ainsi une nouvelle plante. En mettant des rameaux de « misère » ou de balsamine impatience dans de l'eau, on observe rapidement la formation de racines à l'extrémité de la tige qui plonge dans l'eau. Dès que les racines ont suffisamment poussé, la bouture est plantée dans la terre.

Ce mode de multiplication convient à de nombreux arbustes et arbrisseaux d'ornement (troène, laurier, thuya, saule, rosier, vigne vierge…) et à un très grand nombre de plantes florales ou de plantes d'appartement (misère, bégonia, balsamine, papyrus…).

Dans certains cas, on réduit la perte d'eau du rameau bouturé en coupant la partie terminale du rameau (géranium), en coupant une partie des feuilles (laurier rose) ou en retirant toutes les feuilles (rosier, vigne…).

Le travail des jardiniers

pages 38 et 39

Cette double page a surtout pour objectif de présenter des installations de jardins aussi variées que possible, et de montrer divers travaux de jardinage.

1. Notions et compétences

Les travaux de jardinage s'étalent sur plusieurs mois de l'année scolaire, depuis la préparation du terrain et les installations, jusqu'aux récoltes et à la dégustation des produits.

Ils sont l'occasion de développer toutes les notions scientifiques relatives à la vie des plantes, adaptées à cet âge :
– Les plantes sont des êtres vivants qui naissent, grandissent, se reproduisent et meurent.
– Les plantes ont des besoins ; elles ont, en particulier, besoin d'eau.

2. Activités possibles sur l'album

L'analyse précise des photographies permet de :
– décrire les différentes installations proposées en utilisant un vocabulaire précis,
– reconnaître les différents travaux que l'on a soi-même réalisés dans le jardin de la classe (de **(5)** à **(7)** binage, désherbage, arrosage, récolte).

Ces exercices de langage s'appuient sur des activités concrètes ; ainsi, le vocabulaire employé l'est à bon escient et, de ce fait, bien mémorisé.

3. Travaux complémentaires

• Les animaux du jardin

Dans un jardin en trouve des escargots, limaces, fourmis, vers de terre, abeilles, papillons, coccinelles, chenilles, pucerons… Où les trouve-t-on ? Comment vivent-ils ? Que mangent-ils ? S'attaquent-ils à nos cultures ? La curiosité des enfants est sans cesse sollicitée, et de nombreuses découvertes sont alors réalisées.

Pour les guider, vous trouverez des informations dans le livre *« La découverte du monde vivant – De la maternelle au CM2 »* R. Tavernier – Éd. Bordas Pédagogie.

• Installons un épouvantail

Après s'être interrogé sur le rôle d'un épouvantail (qui peut aussi être envisagé comme élément de décoration du jardin), on décide d'en confectionner un avec des objets de récupération.

◄ **La vie des plantes, un peu secrète, attire moins les enfants que la vie des animaux. Il est donc indispensable, aussi bien dans les classes urbaines que dans les classes rurales, de « semer des graines ».**
Chaque enfant peut faire « son petit jardin » dans la classe en semant des graines, dans un mélange de terreau et de sable. Un petit jardin qu'il faudra arroser régulièrement.
Important : semer 2 ou 3 sortes de graines (ici, pois et fèves) pour voir grandir des plantes différentes (notion implicite d'espèces).

Beaucoup d'enfants pensent qu'ils vont avoir de belles plantes quelques heures plus tard, et le lendemain ils sont un peu déçus : les petits « jardins » ont le même aspect que la veille. C'est la joie quelques jours plus tard quand les plantes sortent de terre. ►

Découvre le secret des graines

Semer des graines, réaliser des plantations, voir naître et grandir des plantes sont des activités importantes pour les jeunes enfants. Cependant, le phénomène ne doit pas rester mystérieux. On ne peut les laisser dans l'ignorance totale de ce qui se produit au cours de la germination. Deux problèmes essentiels, qui seront approfondis ensuite au cours de la scolarité, peuvent être abordés même avec des enfants jeunes. On peut d'abord s'interroger sur ce qui caractérise une graine, ce qui la différencie d'une autre partie de la plante, ce qu'elle contient et qui va donner une nouvelle plante. Le second problème, facile à aborder, est celui de l'origine des graines.

Informations scientifiques pour l'enseignant

A. La naissance d'une plante à partir d'une graine

Il suffit de mettre des graines dans du sable ou de la terre humide pour qu'elles germent au bout de quelques jours. La germination débute toujours par l'apparition de la racine qui déchire l'enveloppe de la graine, ou tégument. Sur cette racine se développeront ultérieurement des racines secondaires. Ainsi la jeune plante peut rapidement s'ancrer dans le sol et y puiser l'eau et les sels minéraux nécessaires à sa croissance. La tige feuillée commence son développement avec un léger retard sur celui des racines. Dès qu'apparaissent les premières feuilles vertes, la jeune plante peut commencer à fabriquer sa matière organique et devenir autonome. Jusque là, il lui faut utiliser les réserves présentes dans la graine.

B. Dans toutes les graines, une plante miniature, l'embryon

Il suffit de retirer le tégument d'une graine de haricot mise à tremper pendant quelques heures et d'écarter ses deux cotylédons pour découvrir l'embryon.

La graine est donc formée d'un embryon (autrefois appelé germe ou plantule) reliée à deux sacs contenant des réserves nourricières (les cotylédons), le tout entouré d'une enveloppe protectrice (le tégument).

On retrouve une organisation identique chez d'autres graines : le pois, la fève, la lentille, le pépin de pomme... D'une espèce à l'autre (ricin, maïs, blé...), on note des différences : nombre de téguments, zone où sont emmagasinées les réserves... Mais, dans toutes les graines, on observe une plante miniature ayant des réserves à disposition.

C. Les conditions de germination des graines

Trois conditions doivent se trouver réunies pour que des graines puissent germer : une température suffisamment élevée, une humidité convenable, une bonne oxygénation. Dans la nature, il suffit qu'un seul de ces facteurs soit défavorable pour empêcher la germination : la sécheresse estivale en climat méditerranéen, le froid hivernal en climat tempéré. Même lorsque les semences trouvent dans leur milieu des conditions propices, elles ne germent pas nécessairement. Ainsi, en climat tempéré, l'automne est, comme le printemps, doux et humide, et pourtant, peu de semences germent pendant cette saison. Des expériences ont montré en effet que les graines subissent une température froide pendant un certain temps pour pouvoir germer. Dans la nature, cette « dormance » préserve les semences formées en automne d'une germination prématurée qui exposerait au gel les fragiles plantules.

La dormance hivernale est donc une adaptation au climat à saison froide. En Provence où la période défavorable est l'été, les semences présentent fréquemment une dormance estivale, celle-ci est généralement supprimée par un séjour au sec.

D. La vie ralentie des graines

• Les graines sont des organes très déshydratés

Tous les êtres vivants contiennent une forte proportion d'eau (90 % dans une laitue, 77 % dans une pomme de terre, 66 % dans le corps humain...). Il n'y a pas de vie sans eau.

Cependant des graines ont une très faible teneur en eau : 18 % dans les graines d'orge, 16 % dans des fèves, 11 à 14 % dans du blé, 5 à 6 % dans les graines d'arachide. Même placées à l'intérieur d'un fruit très riche en eau, les graines contiennent très peu d'eau ; c'est le cas d'un pépin de pomme, d'orange...

La déshydratation s'effectue dans les fruits, au cours de la maturation des graines.

• Qu'appelle-t-on vie ralentie ?

– Il n'y a ni fabrication de nouvelle matière, ni croissance.
– Les échanges avec le milieu sont infimes.
– Les échanges nutritifs sont pratiquement nuls.

Pourtant la graine n'est pas morte puisqu'elle pourra reprendre une vie dès qu'elle retrouvera des conditions favorables. L'activité est réduite au strict minimum indispensable au maintien de la vie.

Pour bien saisir les caractères de la vie ralentie des graines, il convient d'opposer leur vie ralentie à leur vie active.

E. Le retour à la vie active

• L'absorption d'eau

Si on sème des graines dans la terre sèche, elles ne germent pas. La germination débute par une intense absorption d'eau ; 100 g de graines de pois absorbent 300 à 400 g d'eau.

La plus grande partie de l'eau absorbée se concentre dans la plantule dont le poids va être multiplié par 10 ou 12 en quelques heures. Lorsque la graine est suffisamment réimbibée, la vie active reprend et on ne tarde pas à voir la radicule s'allonger.

• La croissance de l'embryon

Nous avons vu que toutes les graines contiennent une petite plante miniature, ou embryon. Après la réhydratation de la graine, la radicule s'allonge la première et passe à travers le tégument déchiré, puis la tige se met à grandir à son tour.

La nouvelle plante résulte ainsi de la croissance de l'embryon.

F. Comment naissent les graines ?

a. De la fleur au fruit et à la graine

Lorsqu'une fleur se fane, elle ne disparaît pas totalement ; elle se transforme en fruit qui contient une ou plusieurs graines.

Le mot fruit évoque communément un organe charnu et sucré, qui se mange en dessert, tels que la cerise, le raisin, la pomme...

En réalité, les botanistes appellent « fruit » l'organe qui contient la (ou les) graine(s) et qui provient du développement de la fleur (le pistil). Ainsi, le fruit du pavot, ou celui de la tulipe, est un organe sec, non consommable.

b. Qu'est-ce qu'une fleur ?

En dépit de leur diversité apparente, les fleurs présentent une même organisation.

Les pièces florales, disposées à l'extrémité de l'axe appelé le pédoncule floral sont :
- les sépales, formant le calice ;
- les pétales, formant la corolle ;
- les étamines ;
- le pistil.

Les organes reproducteurs de la fleur sont les étamines et le pistil.

– Chaque étamine présente une partie renflée : l'anthère qui, à maturité, libère une poudre jaune formée d'une multitude de grains de pollen microscopiques.
– Le pistil est constitué d'un ovaire surmonté d'un style, lui-même terminé par un stigmate. L'ovaire contient un ou plusieurs ovules.

c. Un phénomène indispensable, la fécondation

Une fleur ne produit des graines que si le pollen d'une autre fleur de la même espèce se dépose sur le stigmate du pistil. Chaque grain de pollen produit alors un tube pollinique qui, en s'allongeant, atteint l'ovaire et, au terme de sa croissance qui dure un à deux jours, pénètre dans un ovule. Le tube pollinique véhicule un gamète mâle (l'équivalent d'un spermatozoïde) qui vient fusionner avec un gamète femelle (l'équivalent d'un ovule de vertébré) présent dans chaque ovule de la fleur.

Ainsi, pour qu'un « ovule » se transforme en graine, il doit être fécondé. On retrouve dans cette fécondation, à quelques différences près, les mêmes mécanismes, les mêmes faits que pour la fécondation animale :

– il y a union d'un gamète mâle et d'un gamète femelle avec formation d'une cellule œuf ;
– la cellule œuf formée se divise et donne naissance au germe, c'est-à-dire au nouvel individu.

Les étamines, productrices du pollen, sont donc les organes mâles de la fleur ; le pistil, qui renferme les « ovules », est l'organe femelle et la reproduction par graines est une reproduction sexuée.

Remarque : Le mot « ovule » n'a pas exactement le même sens chez les animaux et chez les plantes. Dans le premier cas, l'ovule est le gamète femelle ; dans le second cas, c'est un ensemble de cellules qui entourent le gamète femelle.

L'album pour les enfants

« Découvre le monde vivant »

On peut réaliser des cultures en constatant que les plantes poussent, qu'il faut les arroser, et se contenter

d'observations globales. Mais, à partir de la moyenne et de la grande section, il est souhaitable d'aller plus loin dans la compréhension scientifique des phénomènes.
Les doubles pages présentées ici permettent de découvrir ce qui pousse dans la graine et de s'interroger sur l'origine des graines.

Chaque jour, tu peux voir des changements

pages 30 et 31

Après avoir réalisé des semis de graines, les enfants commencent à avoir une idée de ce qu'est une graine : « une graine, ça pousse quand on la met dans la terre ». Cette affirmation est fondamentale, elle signifie que la graine est bien à l'origine de la nouvelle plante. Plusieurs questions se posent alors. Que se passe-t-il quand la graine est dans la terre ? Comment se transforme-t-elle en une plante ?
Les documents proposés sur cette double page doivent être précédés d'activités réelles. Ils serviront ensuite pour faire la synthèse des découvertes et évaluer les acquisitions.

1. Avant d'étudier les documents

Il n'est sans doute pas souhaitable de demander aux enfants d'arracher leurs plantations pour voir ce qui se passe dans la terre. C'est pourquoi vous ferez vous-même des semis de fève, de pois, de haricot en les échelonnant (4 ou 5 graines semées tous les deux ou trois jours). Vous pouvez ainsi, au bout d'une quinzaine de jours, avoir des pieds de différentes tailles qui pourront être confiés aux enfants pour leurs observations. On peut facilement retrouver l'ordre de leur croissance et faire les constats suivants : la racine se développe avant la tige ; lorsqu'elle est dans la terre, la tige est blanche, elle devient verte dès qu'elle sort de terre.

2. Notions et compétences

– Placée dans de bonnes conditions, une graine donne naissance à une nouvelle plante comprenant des racines, une tige et des feuilles.
– Ce passage de la graine à une nouvelle plante s'appelle la germination.
– Toutes les graines contiennent une plante miniature, ou embryon.
– C'est l'embryon de la graine qui, en grandissant, donne la nouvelle plante.
Les documents photographiques proposés ont été volontairement placés dans le désordre afin de permettre la réalisation d'un exercice de chronologie.

3. Activités possibles sur l'album

a. Des plantes naissent et grandissent sous tes yeux.

Demandez aux enfants de décrire ce qu'ils voient sur chacune des photographies. Il est nécessaire de préciser que le trait noir horizontal représente la surface du sol.
(1) La peau de la graine est soulevée, la tige d'abord blanche, est verte à son extrémité ; la racine principale a de petites ramifications. **(2)** La racine est très longue avec plusieurs petites racines ; la tige montre, à son extrémité, des feuilles repliées sur elles-mêmes. **(3)** Les racines sont très nombreuses ; la tige porte des feuilles qui sont partiellement étalées. **(4)** La graine ne présente aucune trace de germination. **(5)** La peau de la graine a éclaté et la pointe de la racine commence à être visible. **(6)** Le plant de fève est déjà bien développé avec une tige portant plusieurs feuilles, et avec plusieurs racines très allongées.
Une telle description permet de comparer les photographies entre elles et facilite ainsi la mise en ordre. Elle permet également d'exprimer « ce qui se passe quand on sème une graine ». L'ordre chronologique des photographies est ensuite recherché : **4 – 5 – 1 – 2 – 3 – 6**.

b. Toutes les graines contiennent une plante miniature

La photographie **7** représente l'intérieur d'une graine de haricot au niveau de l'embryon. S'ils ont ouvert des graines de haricot, les enfants n'ont aucune difficulté pour comprendre cette photographie et les dessins associés. Dans le cas contraire, c'est l'occasion d'ouvrir réellement une graine de haricot et de comparer ce que l'on voit avec ce qui est photographié.

Sais-tu d'où viennent les graines ?

pages 32 et 33

Les jeunes enfants ne connaissent pas le rôle des fleurs dans la formation des graines. On peut cependant aborder ce phénomène de manière très simple.
Des cultures de pois ou de haricot, en classe, permettent d'obtenir en quelques semaines des fleurs et des fruits, et donc des graines. C'est l'occasion de s'interroger sur l'origine des graines, le devenir des fleurs et la notion « botanique » de fruit.

1. Avant d'étudier les documents

L'observation continue du développement d'un pied de pois ou de fève montre que, lorsque la plante est suffisamment développée, des fleurs apparaissent et s'épanouissent. Lorsqu'elles se fanent, à leur place on trouve une gousse qui grandit progressivement. Si on ouvre une gousse, elle contient des graines (de pois ou de fève). Les enfants ne diront pas spontanément que la gousse du pois est un fruit. Cette notion sera dégagée de la manipulation de divers fruits. Si vous ouvrez, avec les élèves, divers fruits communs (poire, pomme, citron, raisin, pêche, prune...), ils découvrent les pépins et les noyaux. Si, au cours des semis, ils ont mis en terre des pépins de citron, par exemple, ils n'ont aucune difficulté pour affirmer que le pépin de citron est une graine, et que, par extension, les pépins de pomme, de poire... le sont aussi. C'est plus difficile pour un noyau de prune ; il faut alors casser le noyau pour trouver la graine.

Élargissez ensuite la recherche avec une tomate, une courgette, un concombre, un melon… Pour les enfants, ce ne sont pas des fruits mais des légumes. Il est temps de donner la définition que les scientifiques donnent au mot fruit : les fruits sont les organes qui contiennent les graines.
Remarque : Avec de jeunes enfants, l'activité est plus facile avec des fruits charnus. Cependant, au cours d'une sortie dans la nature, ou même seulement dans la cour de l'école, on peut récolter d'autres fruits dont l'enveloppe se dessèche (glands, marrons…) et découvrir qu'ils contiennent également des graines.

2. Notions et compétences

– Les graines se forment lorsque la plante fleurit.
– Lorsqu'une fleur se fane, elle ne disparaît pas complètement. Elle donne une sorte de « boîte » qui contient une ou plusieurs graines.
– Cette boîte, comestible ou non, est appelée fruit par les scientifiques.
– Tous les fruits contiennent des graines.
Les activités proposées sur cette double page permettent de plus un exercice de chronologie et une activité de classement.

3. Activités possibles sur l'album

a. L'histoire d'une fleur de pois

Les enfants reconnaissent d'abord les différentes étapes de la transformation de la fleur en fruit contenant les graines. Faites-leur raconter en quelques phrases l'histoire de cette fleur de pois. Le texte peut être écrit sous la dictée des enfants.
Il est ensuite très aisé de reconnaître ce qui est visible sur chacune des photographies et de retrouver l'ordre chronologique (**3** – **2** – **5** – **4**).

b. Marchande de fruits… marchande de graines

Faites bien préciser ce que l'on appelle scientifiquement un fruit. Cette définition a été explicitée au cours de la manipulation de divers fruits.
Les fruits à pépins sont le melon, la pomme, la tomate, le citron…
Les fruits à noyau sont la pêche, la cerise, la datte…

D'amusantes cultures sur l'eau

pages 34 et 35

Lorsqu'on réalise des semis dans la terre, on ne voit pas ce qui se passe sous la surface du sol. Cette double page propose plusieurs manipulations amusantes à réaliser. L'analyse des photographies permet facilement de trouver le mode opératoire. Les informations qui suivent vous aideront à réussir ces petites expériences.

1. Regarde pousser les racines

Un petit aquarium en matière plastique est rempli d'eau. Découper un rectangle de la dimension de l'aquarium dans une plaque mince (1 cm d'épaisseur environ) de polystyrène. À l'aide d'un crayon, percer des trous dans lesquels sont placées des graines. Déposer ce flotteur dans le petit aquarium. Pour accélérer la germination, recouvrir de coton humide ou de papier ménage humide pendant 2 ou 3 jours.
On assiste alors au développement des racines, puis à celui de la tige et des feuilles.

2. Avec un noyau d'avocat

Un noyau d'avocat est maintenu sur un pot contenant de l'eau ; la partie pointue du noyau d'avocat est dirigée vers le haut et la partie renflée affleure à la surface de l'eau. Lorsque les racines se sont suffisamment développées, le noyau est placé dans la terre et la tige commence son développement.
Si la graine d'avocat ne germe pas, c'est qu'elle a perdu son pouvoir germinatif ; celui-ci est de durée très courte, mais, comme les avocats sont le plus souvent cueillis avant leur maturation, la graine est à peine mûre au moment où vous consommez le fruit. Les déboires peuvent aussi être dus à des traitements subis par le fruit pour assurer sa conservation. L'avocatier que vous obtenez après germination pousse très vite ; pour le conserver, placez-le dans une pièce claire, chauffée, et arrosez-le régulièrement.

3. Une « forêt de carottes »

Pour réussir l'expérience, il faut :
– une botte de carottes avec ses fanes,
– des billes d'argile ou des gravillons,
– une boîte en plastique transparente.
Couper les carottes à 2 cm du sommet, ainsi que les fanes. Les disposer sur le lit de billes d'argile, arroser et attendre deux à trois semaines.
Des feuilles se développent, remplaçant celles qui ont été coupées. Ceci est possible, car une racine de carotte, remise en terre, donne l'année suivante un pied de carottes avec des feuilles et des fleurs. (La carotte est une plante bisannuelle).
Il est bien sûr inutile d'expliquer ce phénomène botanique aux enfants.
Si on laisse l'expérience se prolonger, de petites racines apparaissent à la surface de la carotte.

4. Prépare un plat chinois

Les pousses de soja sont couramment utilisées dans la cuisine chinoise. Vous pourrez facilement en obtenir en suivant les indications de la recette. Si vous ne placez pas le récipient à l'obscurité, les pousses de soja pousseront moins vite et surtout elles seront vertes.

La vie d'un arbre au cours des saisons

Le monde des végétaux est beaucoup moins connu des enfants que celui des animaux. Paradoxalement, c'est aussi le plus proche et le plus accessible. En effet, l'exploration d'un milieu proche de l'école (jardin, haie d'entourage, petit bosquet d'un jardin public...) ou, à défaut, la simple observation des arbres de la cour de l'école ou des haies d'arbustes offre l'occasion de faire de nombreuses découvertes et d'appréhender les principales manifestations de la vie végétale. Ce chapitre sera consacré au monde des arbres que les jeunes enfants considèrent rarement comme des êtres vivants.

Informations scientifiques pour l'enseignant

A. Qu'est-ce qu'un arbre ?

Un arbre est un végétal de grande taille, possédant un tronc constitué de bois, et des branches ligneuses elles aussi.

1 Quelle différence y a-t-il entre un arbre et un arbuste ?

Les deux contiennent du bois, qui leur donne une certaine rigidité, alors que les plantes herbacées, qui n'en contiennent pas, restent souples.

Les arbres possèdent un tronc bien individualisé et atteignent une hauteur supérieure à 10 mètres.

Le mot arbuste est souvent employé avec des sens différents. Il peut s'agir d'un jeune arbre possédant un tronc bien net, mais dont la taille ne dépasse pas 7 mètres. Ce même terme est parfois employé pour désigner un arbrisseau, c'est-à-dire un « arbre » qui reste toujours de petite taille, inférieure à 5 ou 7 mètres, qui n'a pas de véritable tronc, et dont la tige se ramifie dès la base.

On peut aussi employer le terme d'arbuste pour un arbre ayant un tronc net, mais dont la taille, même à l'âge adulte, ne dépasse jamais 7 à 10 mètres. Ces nuances sont inutiles pour des enfants jeunes, et les définitions peuvent être très largement simplifiées, l'arbuste étant généralement considéré comme un arbre de petite taille.

2 Un arbre est une plante

Pour des enfants, la notion de plante est assez floue. Ils savent qu'un chat, un chien sont des animaux, mais le sens du mot « plante » leur est généralement inconnu. Face à un pied de tulipe, ils disent : « c'est une fleur ». Ils réservent souvent le mot « plante » aux plantes d'appartement. Il est donc important de préciser que toutes les plantes qu'ils font pousser à partir de graines ont en commun des tiges, des feuilles, des racines et, à un moment donné de leur vie, des fleurs.
Même les arbres sont des plantes. Ils ont des racines, des tiges (tronc et branches), des fleurs et donc des fruits. Le mot « plante » est souvent employé à la place de « végétal », terme plus scientifique qu'il faut les habituer à utiliser.
Nous n'avons évoqué ici que les plantes à fleurs. Dans le monde végétal, il existe aussi des végétaux sans fleurs : fougères, mousses, lichens...

B. Les feuillus et les conifères

Dans nos forêts il existe deux grandes catégories d'arbres : les feuillus et les conifères.

• **Les feuillus** sont des arbres, arbustes et arbrisseaux dont les feuilles ont un limbe très développé, large et aplati, soutenu par des nervures. Ce limbe est formé de plusieurs folioles dans le cas des feuilles composées et en une seule partie dans le cas des feuilles simples.
La plupart des feuillus ont des feuilles caduques : leurs feuilles tombent avant l'hiver. Certains feuillus ont des feuilles persistantes : l'arbre reste alors vert toute l'année.

• **Les conifères** sont des arbres dont les feuilles sont des aiguilles (feuilles allongées, très étroites) ou de petites

À la découverte des arbres

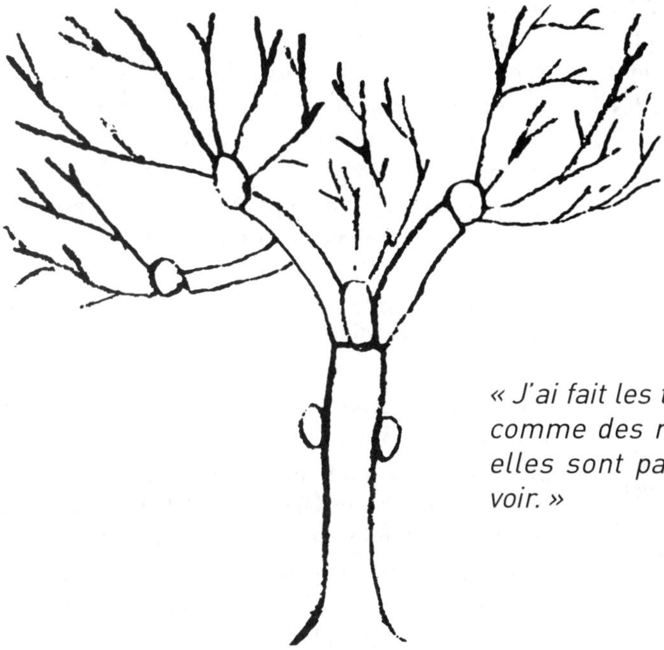

« J'ai fait les têtes des arbres et les petites branches comme des mains. Il est encore mort, ses feuilles elles sont pas poussées, il faut attendre pour les voir. »

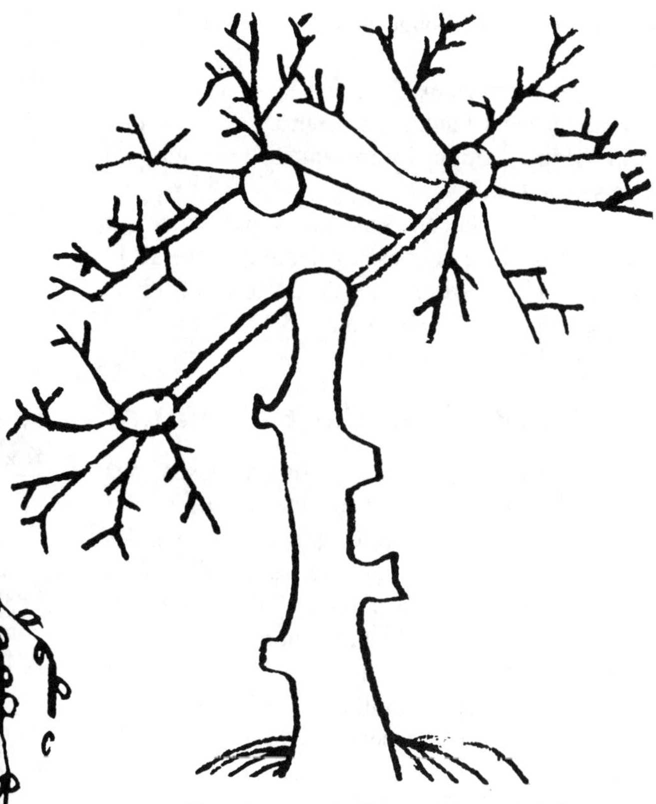

« Il est grand, il a un tronc très gros avec des bosses et des racines qui sortent. Il a plein de têtes. »

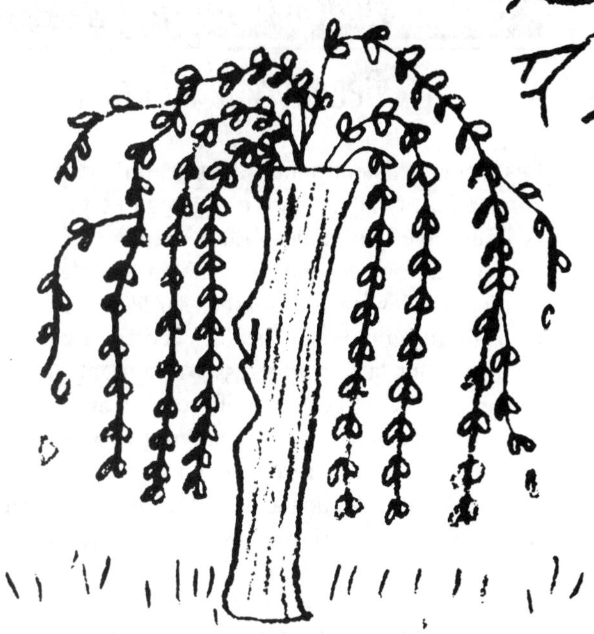

« Ses branches vont jusqu'à terre. »

Fig. 18 Dans une grande section, chaque enfant a dessiné « son arbre » et a dicté à l'enseignant ce qu'il a voulu faire.

écailles. Ces feuilles sont presque toujours persistantes. Cependant, chaque aiguille a une durée de vie limitée, entre 2 et 10 ans selon les espèces. Les conifères ont un fruit caractéristique : un cône formé d'écailles ligneuses (le mot conifère signifie « porteur de cônes »). La plupart des conifères ont des canaux sécréteurs de résine, d'où le nom de « résineux », couramment utilisé par les forestiers pour les désigner.

C. Les arbres au cours des saisons

Chez les arbres à feuilles caduques (arbres qui perdent leurs feuilles chaque année), la chute des feuilles, à l'automne, entraîne un arrêt de la nutrition carbonée et de la circulation de la sève. Ces arbres traversent donc l'hiver à l'état de vie ralentie. Sur les rameaux, seuls subsistent les bourgeons qui ont grossi au cours de l'été et qui, bien protégés par des écailles coriaces et imperméables, dorment tout l'hiver. Au printemps, c'est l'éclosion des bourgeons : ils se gonflent, les écailles s'écartent, libérant la tige miniature qui porte les feuilles ; cette tige s'allonge pendant que les feuilles s'épanouissent.
Les arbres ou arbrisseaux (pin, épicéa, houx, buis...) qui conservent leurs feuilles en hiver, connaissent eux aussi un ralentissement important de leur activité durant la saison froide.
Pour tous les arbres, la belle saison n'est pas seulement celle de la croissance ; c'est également celle de la reproduction, c'est-à-dire celle de la floraison et de la production des fruits et des graines.

D. Un arbre est un village miniature

Sur le tronc d'un arbre poussent des mousses, des lichens, parfois du lierre... Certaines feuilles sont rognées et perforées, des insectes grimpent le long des troncs... Si on secoue une branche au dessus d'un drap étendu, on est surpris par le nombre d'animaux récoltés. Quelles relations y a-t-il entre le lierre et l'arbre, le puceron et l'arbre, etc. ? À certains, il sert seulement de support ; à d'autres, il fournit de « quoi manger ».
Sur le tronc des arbres on peut observer une poudre verte ; il s'agit d'algues vertes qui recouvrent les faces des troncs exposées à l'humidité.
Des lichens et des mousses poussent également sur les troncs. Les enfants connaissent mal la différence entre ces végétaux. Un pied de mousse a toujours une tige, ramifiée ou non, et des feuilles vertes, parfois très petites ; les mousses vivent en « colonies ». Les lichens sont des plantes sans tiges, sans feuilles, sans racines ; ils présentent une grande diversité de forme. Trouve-t-on des mousses et des lichens ailleurs que sur les troncs et les branches ? Ils ont une grande diversité d'habitat : troncs, murs, toits, rochers, sol. Mousses et lichens présentent une remarquable résistance à la sécheresse et au froid. En été, ils peuvent supporter des températures très élevées, sur un toit par exemple. Une touffe de mousse, abandonnée sans eau dans la classe, se dessèche ; mais, arrosée quelques semaines plus tard, elle reverdit (c'est la reviviscence des mousses).
Les mousses, les lichens, les algues sont simplement posés sur l'écorce de l'arbre et ne portent pas préjudice à leur hôte.
Sur les feuilles des arbres, il n'est pas rare de trouver des galles. De quoi s'agit-il ? Ce sont des traces de la vie animale, généralement inconnues de la plupart des enfants. Certains pensent que ces excroissances sont des plantes qui poussent sur les feuilles des arbres comme les lichens ou les mousses sur les troncs. Proposez-leur d'en ouvrir une ; elle contient le plus souvent une larve d'insecte. Comment cette larve est-elle venue là ? Que mange-t-elle ? Comment est-elle protégée ?
Vous devez fournir des informations : en piquant avec leur tube de ponte, certains insectes déposent un ou plusieurs œufs dans une feuille, un bourgeon ou une tige. La minuscule larve qui sort de l'œuf émet des substances chimiques, et la plante réagit à cette sécrétion en produisant la galle, sorte de tumeur qui sert « de gîte et de couvert » à la larve. Après leur métamorphose, les insectes adultes sortent en perçant un orifice dans la paroi de la galle. Sur certaines galles desséchées, ces orifices sont visibles.
Ajoutons que les insectes parasites qui provoquent les galles pondent toujours dans la même espèce de plante et toujours dans la même partie du végétal. La galle qui en résulte a une forme caractéristique de l'insecte qui la produit.

L'album pour les enfants

« Découvre le monde vivant »

Les arbres existent autant dans les villes que dans les zones rurales, même si on ne les regarde pas beaucoup. À l'automne, les jeunes enfants aiment marcher dans les feuilles tombées par terre, ils en font des bouquets, ils récoltent les marrons tombés sur le sol...
Dans la très grande majorité des écoles, il y a au moins un arbre dans la cour. Intéresser les enfants à leur environnement, n'est-ce pas d'abord leur apprendre à les regarder, leur permettre d'en suivre l'évolution.
Les doubles pages présentées ici offrent l'occasion de faire le point sur le monde des arbres non seulement dans sa diversité, mais aussi dans ses caractéristiques communes.

Regarde vivre les arbres au fil des saisons

pages 40 et 41

En automne, la longueur des jours diminue, les premières gelées apparaissent, les feuilles des arbres jaunissent et

tombent, des animaux s'en vont, d'autres vont bientôt se cacher pour se mettre à l'abri du froid. Les saisons constituent un repère commode pour structurer le déroulement d'une année.
C'est aussi le début d'une année scolaire et donc le bon moment pour mettre en place une observation continue des arbres *(fig. 18)*.

1. Avant d'étudier les documents

Dans un parc voisin de l'école ou dans le « coin nature » *(fig. 19)*, les enfants vont d'abord découvrir la variété des arbres. L'activité convient bien aux élèves de Grande Section. Pour un travail efficace, il faut autant de variétés que de groupes de 3 ou 4 que vous allez constituer. Par exemple, tilleul, marronnier, platane, châtaigner, chêne, érable, noisetier, c'est-à-dire des arbres à feuilles caduques ; pin, cyprès, tous arbres à feuilles persistantes ; cerisier, amandier, poirier, prunier qui fleurissent avant d'avoir des feuilles. Certains arbrisseaux peuvent remplacer les arbres : aubépine, troène, fusain, laurier-cerise, églantier, etc. Suivant le milieu, choisissez des espèces cultivées ou des espèces sauvages.

• **Lors d'une première sortie,** chaque groupe d'enfants choisit un arbre ou un arbrisseau dont il suivra l'évolution toute l'année. Chaque groupe peut marquer son arbre avec du tissu adhésif coloré. Il récolte tout ce qui lui est nécessaire pour réaliser en classe un panneau montrant les caractéristiques de l'arbre :
– un court rameau feuillé,
– un fragment d'écorce du tronc,
– des fruits ou des fleurs, s'il y en a.
En classe, le panneau est exécuté et complété le plus souvent par un dessin. Des étiquettes portant le nom de l'arbre, ainsi que celui des différentes parties récoltées, sont placées correctement.

• **Lors d'une deuxième sortie,** les enfants réalisent le même travail (récoltes et nouveau panneau). Mais, les feuilles du tilleul ont jauni, le rameau de marronnier n'a plus de feuilles, par contre la branche de pin a toujours des aiguilles.
Après chaque sortie, les récoltes sont ainsi affichées. On constate que certains éléments de l'arbre (écorce, feuilles persistantes) ne changent pas. En revanche, à certaines périodes de l'année, des feuilles tombent, des fleurs ou des fruits apparaissent. Au bout de 4 ou 5 sorties, chaque groupe peut, à l'aide de ses panneaux, reconstituer l'évolution de son arbre et la décrire à ses camarades.
Par exemple, le marronnier : en septembre, on ramasse des marrons dans leur coque, les feuilles sont vertes ; en octobre, les marrons ne sont plus dans leur coque, les feuilles sont jaunes ou déjà brunes ; en décembre, un rameau montre de gros bourgeons gluants : « ce sont les petits bourgeons du rameau cueilli en septembre qui ont grossi ! ». Puis ce sont les feuilles et enfin les fleurs qui apparaissent après un long stade de repos.
Les travaux des différents groupes permettent d'établir des comparaisons entre les divers arbres (feuilles, fruits, fleurs, bourgeons, écorce, etc.). On constatera aussi qu'ils n'évoluent pas de la même façon :
– le marronnier a déjà des feuilles alors que le tilleul est encore en sommeil ;
– le cerisier a des fleurs avant les feuilles ; c'est l'inverse pour le marronnier et le tilleul.
Avec des enfants de petite ou moyenne section, on se contentera de suivre collectivement deux arbres de la cour de l'école ou du voisinage : un arbre à feuilles caduques et un arbre à feuilles persistantes. La confection des panneaux présentant les deux arbres permet ensuite d'établir des comparaisons.
La double page proposée permet d'évaluer si les enfants ont bien appréhendé la diversité du monde des arbres.

2. Notions et compétences

Les arbres sont des plantes de grande taille avec un tronc, des branches et des feuilles.
Il existe une grande variété d'arbres différents.
Les arbres varient plus ou moins selon les saisons. Certains ont un feuillage caduque, d'autres un feuillage persistant.
Il existe deux grands groupes d'arbres : les feuillus et les conifères.
L'étude de cette double page offre la possibilité de s'entraîner à réaliser des comparaisons.

3. Activités possibles sur l'album

a. Un marronnier près de l'école

Il est d'abord nécessaire d'identifier avec précision ce que représente chaque photographie et chaque dessin. Faites ensuite comparer les photographies **1** et **2**. Il s'agit du même arbre : on reconnaît la forme générale de l'arbre, l'environnement (le bord d'une petite route, une colline au loin...). Quelles sont les différences ? L'allure de l'environnement qui permet d'identifier la saison, la présence ou l'absence de feuilles, la présence de fleurs au printemps.
Faites alors remarquer que les petites photos et dessins montrent des détails de l'arbre. Si les enfants ont réalisé un panneau de « leur » arbre (voir ci-dessus), ils n'ont pas de difficultés à comprendre cette présentation.

b. Un pin sylvestre du quartier

On peut faire le même travail que pour le marronnier et conclure que le pin ne change pas d'allure générale selon les saisons. Cependant, au printemps il porte des fleurs (photographie **4**).

c. Comparons ces deux arbres

La recherche des ressemblances et des différences entre ces deux arbres est un très bon exercice d'entraînement.
Pour les ressemblances, tous les deux :
– sont des arbres,
– ont une grande taille,
– ont un tronc, des branches, un feuillage,
– fleurissent au printemps,
– donnent des graines.

Les différences portent sur :
– la persistance ou non du feuillage en hiver,
– la forme des feuilles,
– l'allure des fleurs et des fruits.

4. Travaux complémentaires

a. L'arbre, source de multiples activités

• L'arbre support des activités physiques

Beaucoup d'enfants aiment grimper aux arbres. Ils éprouvent sa résistance, s'éprouvent eux-mêmes dans une série de défis qu'ils s'adressent ou proposent à leurs camarades. Luttant contre leurs craintes, prenant conscience des difficultés à vaincre, ils développent le sens de l'équilibre, la maîtrise du mouvement... « Quand je serai grand, j'irai tout en haut de l'arbre. »

• L'arbre, complice des jeux imaginaires

L'arbre est aussi un élément de jeu avec de multiples rôles :
– abri, maison ;
– repère, but ;
– obstacle ou rempart...

• L'arbre et l'éveil esthétique

Il est source de joie, d'admiration ; les enfants s'émerveillent de sa force ; ils s'inspirent de ses couleurs, de ses mouvements dans le vent pour des dessins, des danses, des histoires...
Les activités pédagogiques autour des arbres s'accompagnent toujours de dessins qui évoluent peu à peu ***(fig. 18)*** et tiennent compte des observations réalisées.

b. Décorons la classe avec de jolies feuilles

Il est facile, à l'automne, de proposer des activités à partir de feuilles d'arbres ou d'arbustes, découvertes ou récoltées dans la cour de l'école. Mais il ne s'agit pas de les abandonner quelques jours sur une table : elles sont alors toutes desséchées, ont perdu leur forme et leurs jolies couleurs.
Il faut, pour les conserver, les faire sécher entre des fragments de papier journal ou de papier ménage placés sous une presse (pile de livres par exemple), pendant plusieurs jours.
Quinze jours plus tard, les feuilles sont bien étalées et sèches. Chaque groupe d'enfants s'installe alors avec un lot de feuilles variées à coller sur de grandes surfaces de papier blanc ou coloré. Le choix des feuilles, leur disposition, le mode de fixation (colle ou ruban adhésif) sont laissés à la convenance des enfants. Cette décoration les passionne. Elle leur permet de travailler par petits groupes, de manifester leurs aptitudes manuelles, leur sens de l'esthétique, leur don d'organisation.
Au cours de ces activités, les enfants font des remarques sur la forme des feuilles, leur taille, leur contour, leur couleur. Ils constatent que « la feuille de tilleul n'est pas comme celle de marronnier ». Ils savent très vite donner un nom aux différentes feuilles récoltées. Profitez de toutes ces occasions pour détailler les différentes parties de la feuille (pétiole, nervure, limbe) et pour observer leur fixation sur le rameau sans, pour cela, transformer ces observations en exercices systématiques.
On peut également conserver indéfiniment des feuilles séchées en les « plastifiant » de façon simple. Pour cela, il suffit de les recouvrir de « venilia adhésif transparent ».

Les arbres produisent tous des graines

pages 42 et 43

Si les élèves ont déjà travaillé sur des fruits et des graines, cette double page va permettre de transposer les notions acquises précédemment et de préciser que les arbres, comme toutes les plantes à fleurs, produisent des fruits et des graines.

1. Notions et compétences

Cette double page complète les notions dont la construction a été amorcée avec la double page précédente.
– Les arbres, feuillus et conifères, ont tous des feuilles. Les feuillus ont des feuilles larges, les conifères des feuilles en aiguilles ou en écailles.
– La feuille est un peu la « carte d'identité » d'un arbre. Elle suffit pour connaître le nom d'un arbre. En effet, la feuille du chêne est très différente de celle du noisetier ou de celle du pommier.
Les activités proposées ici :
– entraînent à la comparaison,
– consolident les notions scientifiques,
– permettent d'accéder à la généralisation d'une notion.

2. Activités possibles sur l'album

a. Les fleurs et les fruits des feuillus

Après avoir rappelé la définition du mot feuillu, précédemment utilisé, faites rechercher, à partir des photographies, les ressemblances et les différences
– entre les feuilles de noisetier, de chêne et de pommier,
– entre leurs fruits.

b. Les feuilles et les fruits des conifères

Dans l'environnement immédiat de l'école, vous trouverez certainement des conifères à feuilles en écailles (cyprès, thuya). Leurs feuilles seront comparées à celles de platane ou de tilleul.
La photographie **6** n'a pas pour objet de faire apprendre le nom des arbres qui possèdent des cônes, mais d'en montrer la très grande diversité. Le cône permet généralement d'identifier l'arbre qui le portait.

3. Travaux complémentaires

Pour confirmer que tous les arbres produisent des graines, proposez aux enfants de retrouver ce qu'ils savent déjà d'une graine (mise en terre, une graine donne une nouvelle plante) en faisant semer des graines d'arbres :

Des récoltes pour enrichir le « coin nature » de la classe

a

b

c

a. Il y a beaucoup de choses à récolter : des feuilles, des chataîgnes.
b. Sur les troncs des arbres, il y a de la mousse, des lichens…
c. Un panier, c'est ce qu'il y a de mieux pour le transport.
d et **e.** La maîtresse nous a demandé de dessiner une feuille : « Moi, j'ai oublié de faire les nervures et mon dessin est trop petit. »
f. Dans la classe il y a un élevage d'escargots « J'en ai trouvé deux dans mon jardin, je les ai apportés aussi ».

d

e

f

Fig. 19 Que trouve-t-on dans mon panier ? des feuilles d'arbres, des glands, de la mousse, des châtaignes… Attention ça pique !

glands, marrons, pépins de pomme, de citronnier, graine de pin, de cyprès... La germination demande généralement un certain temps. Pour faire germer des pépins de pomme ou de poire, il faut les conserver dans du sable humide pendant tout l'hiver avant de les semer au printemps.

Un arbre ne se déplace pas. Pourtant c'est un être vivant

pages 44 et 45

Les jeunes enfants reconnaissent très tôt les manifestations de la vie chez un animal. Le cochon d'Inde bouge, marche, crie quand on arrive dans la classe, il mange la salade ou la carotte.
Les manifestations de la vie sont moins évidentes pour les végétaux et surtout pour les arbres. Il est donc utile de prendre le temps d'identifier les caractéristiques qui permettent d'affirmer qu'un arbre est un être vivant.

1. Notions et compétences

Grâce aux documents présentés sur cette double page, les caractéristiques d'un être vivant se confirment pour les arbres :
– Comme tous les êtres vivants, les arbres naissent, grandissent, se nourrissent, fleurissent et donnent des graines, puis finissent par mourir.
– Naître, grandir, se reproduire, mourir sont les étapes qui jalonnent la vie d'un être vivant.

2. Activités possibles

a. Que représentent les différentes photographies ?

– Faites d'abord comparer les photographies **1** et **2** qui présentent un marronnier à deux stades de sa vie.
– Le dessin donne l'occasion d'aborder la nutrition des arbres de manière très simple. Bien qu'il n'ait pas de bouche, l'arbre, comme un animal, se nourrit. Ses racines prennent dans le sol l'eau et les aliments qui lui sont nécessaires.
– La photographie **3** rappelle que le marronnier produit des marrons, donc des graines. Le marron germe en donnant un petit marronnier (photographie **4**).
– La photographie **5** est celle d'un marronnier mort.

b. Dans quel ordre place-t-on les photographies pour raconter l'histoire d'un marronnier ?

(4) naissance d'un marronnier, **(1)** jeune marronnier produisant des fleurs et des graines, **(2)** marronnier plus âgé, **(5)** marronnier mort.

c. Les arbres sont des êtres vivants qui deviennent très vieux

L'âge des arbres est assez difficile à appréhender par de jeunes enfants. Il faut essayer d'établir des relations avec des durées qu'ils connaissent.
Le jeune marronnier qu'ils ont mis en terre en moyenne section par exemple commencera à fleurir quand ils auront 14 ou 15 ans, et il vivra beaucoup plus longtemps qu'eux (200 ans).

La vie dans un arbre

pages 46 et 47

Lorsque les enfants sont invités à aller regarder les arbres de la cour de l'école, ils découvrent en même temps la présence d'animaux ainsi que d'autres plantes qui vivent à proximité, ou sur l'arbre (lierre qui grimpe le long du tronc, lichens, mousses sur certaines branches...).
Les documents fournis sur cette double page servent à faire la synthèse de ce qui a été découvert autour et sur les arbres observés.

1. Notions et compétences

– Les êtres vivants ne vivent pas indépendamment les uns des autres ; ils se regroupent au sein d'un milieu de vie.
– Un arbre est un véritable milieu de vie.
– L'arbre sert de support et d'abri à de nombreuses plantes et à de nombreux animaux.
– L'arbre peut aussi servir de nourriture à certains animaux végétariens.

2. Activités possibles sur l'album

a. Que représentent les photographies ?

– La photographie située dans le cercle représente un très grand chêne. Faites repérer le tronc, le feuillage très dense qui cache presque toutes les branches.
– Les photographies **1** à **6** sont ensuite identifiées. Votre aide est parfois nécessaire, en particulier pour la photographie **2** qui montre diverses galles du chêne (vous expliquerez de quoi il s'agit), et pour la photographie **3** qui est celle d'un lichen. Faites ensuite dessiner un grand arbre et placer le numéro de chacune des photographies :
– Les chenilles **1** sont dans le feuillage, ainsi que les galles **2**. Le lichen **3** est sur la terre ou sur le tronc. L'écureuil **4** et la mésange **5** sont posés sur une branche. Le geai **6** est au sol où il vient de trouver un gland tombé de l'arbre.

b. Les relations entre l'arbre et ses habitants

Les phrases qui accompagnent les photographies, et que vous lirez aux enfants, permettent de trouver toutes les relations qui existent entre le chêne et ses hôtes : abri, support, nourriture. Certains sont des hôtes permanents : les chenilles, les galles, les lichens. D'autres sont seulement de passage, il peuvent aller d'un arbre à l'autre (l'écureuil, la mésange, le geai).

c. Trois acteurs racontent une histoire

La mésange va manger une chenille qui vient de dévorer plusieurs feuilles du chêne. À l'école maternelle, on se contente de constater que des êtres vivants, qui vivent dans un même milieu, peuvent avoir entre eux des relations alimentaires : les uns en mangent d'autres.

La découverte de différents milieux de vie

Dans le programme de l'école maternelle concernant la découverte du monde vivant, après avoir réalisé l'observation des caractéristiques du vivant, un paragraphe important est consacré à la découverte des différents milieux et à la sensibilisation aux problèmes de l'environnement.
Cette partie de programme, qui invite les enfants à dépasser leur cadre de vie immédiat et à s'intéresser à des espaces moins familiers, sera plutôt réservée aux plus grands.

Informations scientifiques pour l'enseignant

Dans les pages de documents proposés, plusieurs milieux sont présentés : le verger, la forêt, un milieu aquatique d'eau douce (l'étang) et le bord de mer. Il est bien évident qu'il n'est pas indispensable d'étudier tous ces milieux. Vous choisirez, en fonction de l'implantation de votre école ou des possibilités de sortie qui vous sont offertes.

A. Qu'est-ce qu'un milieu de vie ?

En biologie, on désigne sous le nom de milieu de vie aussi bien une forêt qu'un verger, une haie qui borde un chemin, un terrain vague, une mare ou une plage au bord de la mer.

1 Chaque milieu a un peuplement spécifique

Pour faire l'étude d'un milieu, il convient d'abord de faire l'inventaire des plantes et des animaux qui l'habitent, c'est-à-dire d'établir son peuplement végétal et animal. Cette étude doit être réalisée de manière qualitative puis, parfois, quantitative. L'étude du peuplement végétal est relativement aisée puisque les végétaux sont immobiles et sont immédiatement visibles. Pour la réaliser, on utilise selon les cas, des méthodes appropriées. En effet, la récolte, au hasard des rencontres, des différentes espèces végétales présentes dans un milieu terrestre ne permet pas de connaître avec précision la composition du peuplement végétal.
Il est souvent difficile d'observer et surtout de quantifier la faune des milieux terrestres, bien qu'elle soit dense et variée. Cependant, certains indices, des traces, l'utilisation de pièges ou d'autres moyens de capture… permettent d'en apprécier les caractères.

2 Les êtres vivants sont adaptés aux conditions du milieu

À l'intérieur même d'un grand milieu (terrestre, d'eau douce ou marin), des subdivisions sont possibles. Les peuplements de la chênaie sont différents de ceux de la garrigue, et ceux du littoral rocheux abrité ne sont pas les mêmes que ceux du littoral rocheux en mode battu. Donc, à tout milieu particulier, correspond un peuplement précis.
Un milieu donné offre aux êtres vivants qui l'habitent des conditions de vie particulières, et chaque espèce présente une organisation en rapport avec ces facteurs du milieu. Voici quelques exemples :
– Sur une plage sableuse, les animaux subissent des variations importantes de leurs conditions de vie (sécheresse, variations de température élevées en été, variations de salinité, mobilité du sol sous l'action du vent…) ; à marée basse, la plupart de ces espèces s'enfoncent en profondeur ou trouvent refuge sous les abris de la plage (laisses de mer, bois échoués…).
– Les plantes d'un sous-bois sont soumises à des conditions particulières d'éclairement ; celui-ci peut, en région tempérée, descendre à 2 % de l'éclairement reçu en terrain découvert ; il peut atteindre 0,1 % sous les frondaisons d'une forêt tropicale. Les espèces qui vivent là sont donc capables de s'accommoder d'une luminosité très réduite.

3 Les milieux présentent une organisation dans l'espace

C'est en milieu forestier que la stratification verticale est la plus marquée. Elle est caractérisée par plusieurs

couches horizontales, appelées strates, dont cinq sont plus ou moins distinctes suivant la taille des végétaux :
– strate arborescente comprenant les arbres de plus de 10 mètres (chêne…) ;
– strate arbustive pour les végétaux de 1 à 10 mètres (jeunes chênes, houx…) ;
– strate herbacée pour les plantes atteignant au maximum 1 mètre (fougère aigle, graminées diverses…) ;
– strate muscinale pour les mousses, lichens ou champignons ;
– strate hypogée ou souterraine pour les racines et autres parties souterraines (bulbes, tubercules…).
La zonation des algues sur le littoral rocheux, la répartition des animaux fouisseurs dans un sol vaseux sont autant d'exemples de la structuration spatiale du milieu.
Une telle organisation n'est pas fortuite, elle est liée aux conditions du milieu (qui diffèrent selon la localisation) et aux interactions multiples entre les individus qui l'habitent.

4 Les milieux présentent une organisation fonctionnelle

Dans tout peuplement, l'existence d'interactions entre individus ou entre espèces est une évidence. Les relations trophiques, fondées sur les rapports alimentaires, sont les plus aisées à identifier et les exemples observés lors de l'étude des différents milieux sont nombreux. Mais l'interactivité dans le milieu ne se limite pas aux seuls rapports alimentaires. Les soins prodigués aux jeunes par les parents, la pollinisation des fleurs assurée par des insectes, la compétition entre végétaux vis-à-vis de la lumière, les phénomènes de vie sociale… sont autant d'exemples de relations des organismes entre eux ou avec leur environnement.

5 Faire de l'écologie, c'est quoi ?

Faire de l'écologie, c'est avant tout mieux connaître les écosystèmes. Cette science est donc en premier lieu analytique (l'étude des peuplements, la détermination des facteurs physico-chimiques doivent être menées avec le plus grand soin). Cette analyse doit être associée à une réelle synthèse qui fait apparaître non seulement l'organisation spatiale et temporelle de l'écosystème, mais aussi le caractère fugitif des équilibres observés et leur extrême fragilité. La dynamique des systèmes écologiques pourra être prise en compte tant au plan des considérations théoriques qu'à celui des applications, qu'il s'agisse de conservation, de gestion ou d'exploitation de populations ou d'écosystèmes.

B. Quelques indications pédagogiques pour l'approche des milieux

Explorer un milieu proche de la classe, la cour de l'école par exemple, n'est pas à négliger. Aussi pauvre et limité soit-il, ce contact direct avec la vie animale et végétale est indispensable pour découvrir les caractéristiques d'un milieu. Cependant il est important d'amener vos élèves une fois dans l'année, dans un milieu moins artificiel, un pré, un bois, les alentours d'une petite mare, un terrain vague, etc. L'enseignant d'école urbaine devra, pour cela, utiliser un autocar. Cette difficulté supplémentaire ne doit pas le faire renoncer. Elle sera largement compensée par l'intérêt des enfants et par l'enrichissement que permettent les divers exercices.

1 Pourquoi conduire les enfants dans un coin de campagne ?

À aucun niveau de la scolarité, l'amour et le respect de la nature ne peuvent solidement s'établir par une simple évocation de celle-ci. Un contact direct, dans le cadre scolaire, avec un milieu le plus naturel possible est irremplaçable.
Dans un tel endroit, l'enfant peut se livrer à diverses activités spontanées : le jeu, l'exercice physique, la cueillette… C'est par l'action qu'il fait une première approche d'une notion écologique importante : la notion de milieu. Les animaux et les végétaux ne sont pas répartis au hasard dans la nature ; ils vivent ensemble, ils dépendent les uns des autres ainsi que des conditions physiques régnantes.
L'abondance du matériel qui peut être récolté permet la construction d'un moyen d'expression particulièrement intéressant : un modèle réduit fait d'éléments naturels.

2 Quel milieu choisir ?

La notion de milieu apparaîtra plus clairement si les enfants peuvent comparer deux milieux différents. À titre d'exemple, nous proposons ici une sortie dans un pré proche d'un bois ; mais vous pouvez choisir, suivant les conditions locales :
– un pré et la haie de clôture ;
– un pré et les abords d'un ruisseau ;
– un champ et un verger ;
– le coin abandonné et le coin cultivé d'un même jardin…
Le lieu choisi ne doit pas être trop vaste ; un petit bois, un bosquet sont préférables à une forêt non seulement pour des raisons de sécurité, mais aussi pour des motifs psychologiques : l'enfant ne doit pas être étouffé par le milieu, il doit s'y sentir à l'aise.

3 Le déroulement de la sortie

• Exploration libre du milieu

Attendez-vous à ce que, dès leur arrivée, les enfants se dispersent dans le pré, fassent des cabrioles, de la lutte, se détendent physiquement. À cette phase d'agitation succèdera une phase de cueillette ; c'est ainsi qu'Amélie a découvert un champignon qui a intéressé plusieurs camarades. Puis, à la lisière du bois, Olivier a trouvé un gland. Jules a fait provision de « poil à gratter », ce qui a eu beaucoup de succès !...
Une fillette a offert une fleur à la maîtresse, une autre lui a apporté deux mûres. De nombreux élèves se sont groupés autour de Luc qui tentait de faire sortir un grillon de son trou. Ali a pu capturer une sauterelle.

Dans le bois, chacun a pris garde de ne pas se piquer. Carole s'est égratigné le doigt. Plusieurs enfants ont été fiers de grimper sur des troncs d'arbres. Gérard a accumulé pour sa maman, dans son sac en plastique, des feuilles mortes et de la mousse ; d'autres ont voulu l'imiter, ils ont ramassé du lierre et une plume d'oiseau.

• Regroupement des enfants

Invitez les enfants à s'asseoir. Ils choisissent de le faire dans le pré. Demandez-leur les raisons de leur choix :
« – dans le bois, c'est plus mouillé ;
– c'est moins doux ;
– il y a des brindilles qui piquent ;
– on ne pourrait pas tous se voir ;
– oui, des arbres nous cacheraient ;
– on aurait un peu froid ;
– ici, l'herbe est plus douce. »

Ces remarques sont intéressantes : l'enfant commence à appréhender les relations entre les facteurs physiques (humidité et température) et les êtres vivants (arbres, herbes) ; il se sensibilise à la notion de milieu.

• Chacun montre alors ses récoltes

« – C'est moi qui ai donné la fleur à la maîtresse, dit Marine ;
– Moi, je voudrais bien lui en donner aussi ! » ajoute Carole.

La maîtresse demande à Marine où elle a trouvé cette fleur, et s'informe auprès des autres : « En avez-vous vu dans le bois ? ». Certains enfants répondent négativement, d'autres restent perplexes ou indifférents. L'enseignante propose alors de jouer à rechercher toutes les fleurs du bosquet, puis celles du pré.

Dans le premier cas, la récolte est maigre, mais, chemin faisant, on a trouvé un escargot et de très petits champignons ! Par contre, de nombreuses mains se tendent pour offrir les fleurs cueillies dans le pré ; leur variété suscite l'étonnement de tous. Catherine constate : « Quand on est arrivé, on ne voyait que de l'herbe ! ».

Le rôle de la maîtresse est très important pour entraîner la découverte et provoquer l'émerveillement. Par des jeux analogues, les enfants prennent conscience que le pré est dépourvu de glands, de feuilles mortes, de lierre.

« J'aurais voulu faire une petite maison, dit Yannick
– Avec quoi ? demande la maîtresse.
– Il y a des branches et des arbres.
– Et moi, je ferai une couronne avec les feuilles… ».

Ces réflexions permettent de motiver l'observation du sous-bois, de noter l'abondance des arbustes et des plantes piquantes, de la mousse, des branches tombées sur le sol, des insectes qui se cachent, etc.

• Récolte de matériel

Les enfants veulent, en général, rapporter des souvenirs. On décide de choisir ensemble les rameaux que la maîtresse coupera proprement. C'est l'occasion de remarquer qu'il y a différentes espèces d'arbustes, que « haut dans le ciel il y a aussi des feuilles » (les enfants n'avaient pas levé la tête pour regarder la cime des arbres), que « les troncs montent tout droit vers le ciel ».

La confection de maquettes exige un matériel abondant et varié. Si les enfants en ont apprécié l'intérêt à l'occasion d'autres activités, ils proposent peut-être d'enrichir leurs récoltes spontanées en vue de cet exercice. Dans le cas contraire, vous provoquerez un ramassage plus systématique des éléments naturels en expliquant à quoi ils serviront.

Vous veillerez cependant à ce que les prélèvements soient raisonnables et ne détériorent pas le milieu.

Remarque : Au cours de cette sortie, c'est toujours en explicitant les raisons de leur comportement que les enfants prennent conscience non seulement des éléments de chaque milieu, mais aussi de leurs caractéristiques respectives.

4 Les activités en classe

La sortie dans la campagne n'est pas suffisante, elle doit être suivie d'activités dans la classe qui permettront de consolider les notions importantes abordées au cours de la promenade.

Sans les détailler, voici quelques suggestions :
– Réaliser une maquette du coin de campagne découvert en utilisant de préférence les éléments naturels récoltés au cours de la promenade.
– Utiliser la maquette pour raconter la sortie. Ce récit, d'abord désordonné est enregistré au magnétophone, puis écouté afin de le structurer, d'améliorer la construction des phrases. Un récit plus élaboré pourra ensuite être écrit ou enregistré.
– Représenter un trajet sur la maquette. Proposez aux enfants de placer des personnages (playmobil ou en pâte à modeler) sur leur maquette. Ils doivent les déplacer en passant par des éléments caractéristiques du milieu exploré (le pré où on s'est assis, le gros arbre à la lisière du bois…).
– Raconter notre promenade.

Le désir de faire un livre sur la promenade, pour l'envoyer aux correspondants ou le montrer aux parents, fournit une excellente motivation à la réalisation de dessins individuels.

Souvent, nous conseillons de faire cet exercice dès le retour de la promenade. Dans le cas présent, il est plus urgent d'utiliser le matériel frais, ces dessins pourront être exécutés un peu plus tard, peut-être pour illustrer le texte dont la réalisation a été proposée précédemment. Les enfants dessinent ou peignent librement. Puis chacun vient expliquer son dessin à ses camarades. Quels sont les dessins qui représentent le mieux notre promenade ? Un choix est fait et les dessins retenus constitueront l'illustration de l'album.

L'album pour les enfants

« Découvre le monde vivant »

Dans le cadre de cet ouvrage, il n'était, bien sûr, pas possible d'aborder tous les milieux que vous pourriez être amenés à faire découvrir aux enfants. Le choix a donc porté sur les milieux les plus fréquents sur le territoire, à savoir les forêts.

Les milieux aquatiques (d'eau douce et marin) sont aussi présents.

Il n'est pas question de les étudier tous, mais l'approche de deux milieux différents est souhaitable car elle permet, par la comparaison, de dégager des caractéristiques communes (présence d'animaux et de végétaux, relations entre les êtres vivants et avec les éléments du milieu, rôle de l'homme sur les milieux…).

Tout semble calme dans le verger, et pourtant…

pages 48 et 49

Il est souvent plus facile de trouver, à proximité de l'école, un verger qu'une forêt.

De plus, c'est un milieu moins complexe, donc plus facile à appréhender par de jeunes enfants. L'utilisation des documents de cette double page peut être réalisée après l'étude des arbres de la cour de l'école.

1. Notions et compétences

– Découvrir qu'un milieu est peuplé de végétaux et d'animaux variés.

– Les animaux trouvent dans le milieu les aliments qui leur servent de nourriture.

– Des relations existent entre les animaux et les végétaux du milieu.

L'intérêt de ce sujet est de concevoir que les êtres vivants ne vivent pas isolément les uns des autres, des relations s'établissent entre eux.

2. Activités possibles sur l'album

a. Que représentent les différentes photographies ?

– Faites d'abord décrire la grande photographie du verger de pommier, les alignements d'arbres, les pelouses entre les arbres.

– On reconnaît ensuite les différents habitants du verger :

(1) – les chenilles qui se nourrissent de feuilles,

(2) – le rouge-gorge qui mange une chenille,

(3) – les guêpes dégustant une pomme tombée sur le sol,

(4) – les grives qui ont construit leur nid dans les branches,

(5) – le chat qui a capturé un campagnol.

Dans les photographies ovales, l'escargot mange une feuille et le hérisson une pomme.

b. Racontons des histoires qui se passent dans le verger

Les poèmes présentés racontent des histoires d'animaux du verger.
Proposez aux enfants d'en construire d'autres faisant intervenir plusieurs acteurs.

Dans une forêt il n'y a pas que des arbres

pages 50 et 51

Lorsque vous choisissez d'emmener de jeunes enfants en forêt, il faut penser à limiter de manière très précise (avec un ruban de chantier par exemple) le territoire de découverte. La zone d'exploration doit, si possible, comporter :
– de grands arbres,
– des arbustes (éviter les zones trop touffues),
– une petite clairière ou une allée assez large afin de prendre du recul pour observer la hauteur des arbres et faire des comparaisons entre eux.
Ces zones dégagées permettent aussi de réaliser les divers regroupements d'enfants qui jalonnent le déroulement de l'exploration du milieu.

1. Notions et compétences

Si vous demandez à un enfant de décrire une forêt, il vous parlera surtout des arbres ; il pensera rarement aux animaux et oubliera, le plus souvent, que dans la forêt on trouve bien d'autres végétaux (mousses, lichens, champignons, plantes herbacées…).
La forêt est un milieu de vie où un grand nombre d'êtres vivants, animaux et végétaux, vivent ensemble. Dans les classes ultérieures, les relations entre tous ces êtres vivants seront approfondies. L'approche proposée ici est plus globale : chaque étage de la forêt est peuplé d'habitants ; on trouve des animaux sur les branches d'arbre, sur le sol, dans des galeries souterraines…
La zone la plus peuplée de la forêt est la litière de feuilles mortes et la couche de sol la plus superficielle.

2. Activités possibles sur l'album

Selon l'âge des élèves, différentes activités sont possibles.

a. Découvrir les différentes photographies

Il faut, bien sûr, commencer par la grande photographie de forêt. Si les enfants ont réalisé récemment une sortie en forêt, ils retrouvent des choses déjà vues :
– le sol, avec les herbes, les mousses, les feuilles mortes et peut-être des champignons (qu'on ne voit pas ici) ;
– les troncs des arbres, de différentes grosseurs ; certains sont bien verticaux, d'autres sont tordus ;
– le feuillage des arbres…
Les petites photographies sont alors identifiées : un tapis de mousse, un jeune chêne, du lierre sur un tronc et sur le sol, des feuilles mortes avec des filaments blancs, un cloporte, un cervidé, un pic sur le tronc.

b. Faire un dessin de forêt

Au cours d'une sortie en forêt, ou de retour en classe, les enfants ont sans doute fait des dessins.

Demandez-leur maintenant de dessiner ce qu'ils voient sur la grande photographie. C'est un début d'initiation au dessin d'observation. Ils placent ensuite sur leur dessin, par leur numéro, les endroits où pourraient se placer les petites photographies. L'exercice nécessite que les enfants maîtrisent correctement l'espace représenté.

c. Comment définir une forêt ?

Dans une forêt, il n'y a pas que des arbres, mais de nombreux animaux et végétaux qui vivent ensemble. On peut aussi dire qu'il y a des habitants à tous les étages de la forêt : dans et sur le sol, sur les troncs, dans les feuillages…

Les forêts n'ont pas toutes le même visage

pages 52 et 53

Après avoir exploré des milieux proches, les enfants sont invités à s'intéresser à des milieux plus lointains, qu'ils ne peuvent peut-être pas découvrir réellement, mais qu'ils peuvent appréhender à travers des photographies, des films, des émissions de télévision…
L'entraînement à lire et comprendre des photographies va leur servir dans cet exercice de comparaison.

1. Notions et compétences

L'objectif n'est pas d'apprendre comment sont constituées les différentes forêts et en particulier celles de pins et de hêtres. La notion principale à retenir, c'est qu'il existe une grande variété de forêts :
– selon les espèces d'arbres qui s'y développent,
– selon la variété des végétaux et des animaux qui l'habitent ;
– selon que ces forêts ont été plantées, entretenues et véritablement cultivées par les forestiers, ou qu'elles poussent naturellement,
– selon les régions, en plaine ou en montagne, dans les zones tempérées ou dans les régions méridionales…
L'exemple retenu ici est volontairement simplifié ; il permet d'entraîner les enfants à rechercher les ressemblances et les différences, donc à comparer. Ainsi, ils commencent à appréhender la très grande diversité des milieux forestiers.

2. Activités possibles sur l'album

a. Une forêt de pins

Les photographies **2** et **3** sont des détails de la photographie **1**. Le premier plan de cette dernière présente une forêt de pins où les arbres, espacés les uns des autres, laissent passer de la lumière. Ainsi, de jeunes arbres (qui ne sont pas obligatoirement des pins) peuvent se développer. La photographie **2** est un détail de cette zone.
Au second plan de la photographie **1**, les pins sont plus resserrés ; le sous-bois (dont le détail est visible sur la photographie **3**) est sans végétation, recouvert d'aiguilles de pins. Faites découvrir tous ces détails par un jeu de questions – réponses.

b. Une forêt de hêtres

La photographie **(4)** montre une forêt dense. Les branches des arbres se développent assez bas le long des troncs. On voit de nombreux arbustes et de la végétation au sol. Cette forêt est donc très différente de celle de pins.

Les forêts produisent du bois

pages 54 et 55

À l'époque des matières plastiques et du béton, non seulement le bois reste un matériau très employé, mais sa consommation augmente régulièrement. On l'utilise de moins en moins à l'état brut (sauf pour le chauffage). Les progrès considérables des techniques de transformation permettent de fabriquer, à partir du bois, des produits d'une qualité exceptionnelle (panneaux de particules, contreplaqué…). C'est aussi à partir du bois que l'on fabrique du papier.

1. Notions et compétences

Les jeunes enfants ignorent que le bois d'un meuble, celui des portes ou des fenêtres, de leurs jouets en bois… provient d'un arbre. Cette double page va leur permettre de consolider cette découverte.
– Le bois est le matériau qui constitue la majeure partie du tronc et des branches des arbres.
– Les forestiers plantent des forêts et en exploitent ensuite le bois.
– Le bois des troncs est transformé avant d'être utilisé sous différentes formes.

2. Activités possibles sur l'album

a. La « récolte » du bois

Que représente chacune des photographies ? Pourquoi parle-t-on de « récolte » du bois ? Si les enfants ont fait des plantations, ils sont familiarisés avec ce terme qui est lié à la culture des plantes.

b. Que fait-on avec du bois ?

Faites énumérer tous les objets qui figurent sur l'affiche de la page 55. Les enfants sont toujours très étonnés quand on leur dit que le papier est fait à partir du bois. Avec des photographies ou des dessins découpés dans des catalogues ou dans des dépliants publicitaires, vous pouvez faire réaliser une affiche du même type.

À la découverte des champignons

pages 56 et 57

Les champignons constituent un monde étrange et un peu mystérieux qui attire toujours l'attention des enfants et suscite chez eux beaucoup de curiosité. Ainsi, lors des sorties en forêt, les enfants sont plus fascinés par les champignons que par les mousses ou les herbes. C'est pourquoi, il est souhaitable de profiter de cet intérêt spontané pour fournir quelques conseils de prudence : certains champignons sont dangereux et quelques-uns sont mortels. On ne doit donc pas sucer ses doigts quand on manipule des champignons.

1. Notions et compétences

Il est préférable d'utiliser cette double page après une récolte réelle de champignons au cours de laquelle on aura découvert :
– la variété des formes et des couleurs,
– la diversité des milieux où ils poussent…
Cependant, l'activité à partir des documents consistant d'une part en un exercice de classement, d'autre part en une comparaison entre dessins et photographies, on peut la réaliser sans avoir réellement manipulé des champignons. Il s'agit surtout ici d'acquérir des compétences.
Il faudra également retenir que, comme tous les êtres vivants, chaque champignon a un nom précis qui tient compte de ses caractéristiques.

2. Activités possibles sur l'album

a. Classer les champignons dessinés

Avec de jeunes enfants, vous devez imposer les critères de classement, c'est-à-dire les « étiquettes des boîtes » dans lesquelles on pourrait mettre les champignons.
Par exemple :
– les champignons de couleur marron et ceux qui ne le sont pas,
– les champignons avec un pied et ceux qui sont sans pied,
– les champignons à lamelles et ceux qui n'en ont pas…
Avec des enfants plus grands, vous faites rechercher et discuter des critères possibles de classement avant de réaliser le classement.

b. Donner un nom aux champignons

Pour trouver le nom des champignons photographiés, on utilise les dessins de la page 56 en observant bien les détails significatifs et en les explicitant oralement :
(1) une vesse de loup
(2) une pézize
(3) une morille
(4) un bolet
(5) une chanterelle.

La vie dans un étang

pages 58 et 59

Cette double page est surtout utile si vous avez l'occasion d'aller avec vos élèves au bord d'une mare ou d'un étang, et si vous pouvez récolter quelques animaux que vous installerez quelque temps dans un aquarium de la classe.

Pour aménager facilement un aquarium, vous trouverez des indications utiles dans le livre *« La découverte du monde vivant – De la maternelle au CM2 »* R. Tavernier – Éd. Bordas Pédagogie.

1. Notions et compétences

Les milieux aquatiques sont un peu magiques. Leur découverte éveille toujours la curiosité et l'observation de leurs habitants fascine autant les plus jeunes que les plus âgés. Avec de jeunes enfants, on se contentera surtout de viser les notions suivantes :
– Un étang, une mare, une rivière sont des milieux aquatiques, contrairement à une forêt, à un verger, un jardin qui sont des milieux terrestres.
– Comme tous les milieux, les milieux aquatiques sont peuplés d'êtres vivants.
– Des animaux et des végétaux sont caractéristiques de ces milieux.
– Ces êtres vivants trouvent généralement dans ce milieu la nourriture qui leur convient.

2. Activités possibles sur l'album

a. Que voit-on sur chacune des photographies ?

Sur la photographie de l'étang, certains enfants ont des difficultés pour reconnaître les différentes parties ; d'autres repèrent vite l'eau avec les nénuphars qui flottent. On peut faire suivre le bord de l'étang avec le doigt et constater ainsi la limite de l'eau. Au loin, l'étang est bordé d'un bois ; au premier plan, ce sont des plantes aquatiques herbacées.
Après avoir reconnu ce que représente chacune des photographies de **(1)** à **(6)**, proposez de les placer dans les zones correspondantes de l'étang : sur les berges **(3)**, dans l'eau **(4)**, sur des plantes aquatiques immergées **(5)** et **(6)**, sur des plantes du bord de l'eau **(2)**.

b. Quelles relations existe-t-il entre tous ces êtres vivants ?

Faites exprimer l'idée que ces êtres vivants ne pourraient pas vivre dans un milieu terrestre, une forêt par exemple. Deux photographies montrent un animal en train de manger un poisson. Ce sont le héron et le dytique. C'est dans l'eau de l'étang qu'ils ont trouvé leur nourriture. Cette dépendance des êtres vivants entre eux, ces interrelations caractérisent un milieu. Elle montre que tous les êtres vivants sont utiles au maintien du milieu.

La vie au bord de la mer à marée basse

pages 62 et 63

Cette double page est surtout destinée aux classes des zones côtières ou à celles qui ont le privilège de réaliser une classe de découverte au bord de la mer. Elle peut également être utile à une classe qui décide d'aller passer une journée au bord de la mer.

1. Notions et compétences

Cette double page n'aborde pas la totalité du monde marin, mais seulement la zone de la côte découverte à marée basse, c'est-à-dire la plage et les rochers.

Dans le cas d'une découverte réelle sur le terrain, il est indispensable d'explorer les deux zones car leur peuplement est différent. Les documents proposés illustrent la vie dans ces deux milieux.

Les principales notions visées sont les mêmes que pour les autres milieux :

– Plages de sable et rochers abritent des animaux et des végétaux.

– On peut découvrir ces êtres vivants à marée basse ; les uns sont fixés aux rochers, d'autres s'abritent dans les flaques laissées par le retrait de la mer, d'autres encore s'enfouissent dans le sable, marquant leur présence par des orifices ou des tortillons.

2. Activités possibles sur l'album

Les végétaux du bord de la mer sont fixés sur des rochers ou sur de gros galets : Ce sont des algues.
Aidez les enfants à reconnaître les animaux des différentes photographies :
(2) anémone de mer
(3) « chapeaux chinois » ou patelles
(4) orifices de terriers d'arénicole et tortillons d'excréments de ces mêmes animaux (comparables aux tortillons faits par les vers de terre).
(5) arénicole sorti de son terrier (les touffes rougeâtres portées par certains anneaux sont des branchies)
(6) crevette rose
(7) étoile de mer.
Vous trouverez des détails sur la vie de ces animaux et sur l'installation d'un aquarium marin dans le livre *« La découverte du monde vivant – de la maternelle au CM2 » R.* Tavernier – Éd. Bordas Pédagogie.

Extrait de l'album « *Découvre le monde vivant* » pages 62 et 63.

Explore le monde

L'album de l'élève

Sommaire

Explore le monde de la matière

Découvre le monde des objets

de la matière et des objets

Le guide de l'enseignant

Sommaire

Pages Guide

Réflexions générales sur le monde de la matière et des objets

Nos objectifs d'enseignant sont de rendre curieux les jeunes élèves à l'égard de l'environnement technique qui les entoure, de s'interroger sur la conception, la fabrication, l'origine, l'utilisation, l'entretien, le devenir de certains objets et de leur donner le goût de la production, de la création d'objets tout en développant des méthodes de réflexion et d'investigation.
Dès le plus jeune âge, nous devons doter les élèves d'outils intellectuels pour observer, trier, classer, comparer, apprendre et développer leur esprit critique, dans le souci de les rendre consommateurs éclairés et citoyens autonomes face à l'utilisation et la fabrication d'objets. C'est pourquoi les programmes de l'école maternelle demandent à l'enseignant (voir rubriques « Exploration du monde de la matière », page 30 et « Découvrir le monde des objets », page 30) de mettre les élèves dans des situations d'actions sur la matière, pour leur permettre de découvrir, de « repérer, classer, sérier, désigner les matières, les objets et leurs qualités », de distinguer objet et substance. Une attention particulière doit être portée à deux substances : l'air et l'eau (sous forme liquide et solide). Il est par ailleurs explicitement demandé d'utiliser et de fabriquer des objets.

A. Informations pour l'enseignant

1 Qu'est-ce qu'un objet ?

Au sens le plus large, un « objet » est ce qui est posé devant le « sujet » et offert à sa perception ou à son action. En ce sens, une personne peut être objet pour une autre personne : objet de désir, d'amour, de haine…
Mais le plus souvent, le terme « objet » s'applique à des éléments matériels qui peuvent être regardés, manipulés… et il est synonyme des « chose », « truc », « machin » du langage familier.

a. Les objets techniques

Par opposition aux objets naturels façonnés par la nature, les objets techniques sont **créés pour satisfaire les besoins de l'homme** : ils servent à quelque chose, ils remplissent une **fonction** : couper, râper, classer, contenir, communiquer, jouer, transporter, laver, éclairer, garder des images en mémoire…
Pour satisfaire un besoin, répondre à un problème, il y a des solutions techniques diverses, des objets techniques différents. Par exemple, pour extraire le jus d'une orange, on peut presser, frotter, centrifuger. Les objets techniques correspondants peuvent être un presse-fruits à leviers, un presse-fruits rotatif, une centrifugeuse…
Les objets techniques relèvent d'une démarche de conception, de fabrication et de commercialisation pensée par l'homme. Ils mettent en jeu des matières premières, des savoir-faire, de la main-d'œuvre et de l'énergie ; ils sont commercialisés pour devenir des biens de consommation, qui achetés puis utilisés prennent le statut de produit utilisé ; après utilisation, selon les cas, ils sont jetés puis traités alors comme déchets à « recycler » ou à détruire, ou bien réparés pour servir à nouveau, ou conservés comme témoin du temps, pour faire partie du patrimoine culturel. Ces différentes phases constituent le **cycle de vie** d'un objet technique.

b. Les objets fabriqués en classe

La démarche de fabrication d'un objet part d'une **idée**, d'un **besoin**, et va nécessiter l'élaboration d'un cahier des charges explicitant les contraintes attendues. Suivra la phase de **conception**, c'est-à-dire de recherche de solutions techniques (essais, maquettes, recherches de documents, etc.) débouchant sur un **prototype**, puis la phase de **production** amènera les élèves à organiser la fabrication de l'objet (répartition des tâches, chronologie des actions) ; enfin le moment de **fabrication** (acquisition de gestes techniques et emploi d'outils appropriés) permet d'obtenir l'objet fini qui sera utilisé, et validé (fonctionne-t-il comme on le souhaite ?). Cet objet peut éventuellement donner lieu à de nouvelles transformations pour l'améliorer, le perfectionner.

2 Matière et matériaux

« Matière » et « substance » sont donnés comme synonymes par les dictionnaires et désignent ce dont une chose est faite. Un « matériau », mot employé couramment en technologie, se définit comme « toute matière entrant dans la construction de quelque chose ». Par exemple, les matières « sucre », « bois », « verre », sont des **matières** dont on peut découvrir les propriétés physiques, mécaniques, chimiques ; elles deviennent des **matériaux** à partir du moment où elles subissent des transformations (découpage, cuisson, fusion, etc.) pour fabriquer des objets. Par exemple, le sucre sera un ingrédient de cuisine pour fabriquer un gâteau, le bois sera transformé en planche de bois destinée à un meuble, le verre sera fondu pour fabriquer un verre. Ce dernier exemple nous amène à réfléchir aux confusions qui peuvent s'instaurer entre l'objet et sa matière. En effet, dans certains cas, l'évocation du nom de l'objet tel que « un verre » fait penser immédiatement à « un verre en verre ». De même « clou », évoque de façon implicite « un clou en fer ».

Intéressons-nous aux matières pouvant servir de matériaux à des fabrications à l'école. Quels sont ces matériaux usuels qui nous entourent et comment les classer ? Il n'existe pas une classification mais des classifications possibles des matériaux selon le ou les critères de classement que l'on se fixe (origine naturelle ou artificielle, caractéristiques physiques, mécaniques, chimiques, actions de transformation, etc.). Par exemple, si l'on choisit une classification selon la forme, on pourra distinguer :

– les matériaux en feuilles : plaques rigides (bois, verre, carton fort, etc.) semi-rigides (cartons, cartolines, papiers, certaines matières plastiques, etc.), souples (tissus, peaux, etc.) ;
– les matériaux en fils (fils, ficelles, cordes, rotin, etc.) ;
– les matériaux en masse (plâtre, béton cellulaire, argile, pâte à modeler, pâte à sel...).

Nous ajouterons les matériaux de récupération (objets naturels et objets manufacturés) ainsi que les ingrédients de cuisine.

Ces matériaux nécessiteront l'emploi d'outils appropriés.

B. Les différentes approches et les objectifs dans la classe

1 L'approche des objets techniques

Dans son approche des objets techniques, l'enfant, à l'école maternelle, passe par plusieurs stades.

a. Stade 1

L'approche sensori-motrice : « Agir pour découvrir ». L'enfant découvre des matières, des objets, des outils nouveaux, en premier lieu au plan sensoriel, puis en recherchant des transformations possibles, des actions, des utilisations… Le maître n'intervient pas, il observe, encourage l'enfant qui agit librement. Ces activités de découverte peuvent être menées en atelier autonome ou dirigé, ou en activités libres dans un espace sciences. Les productions seront souvent le fruit du hasard ; elles pourront être récupérées, observées, analysées, comparées dans une phase d'échanges verbaux, ceci afin de passer ultérieurement au stade suivant. Par exemple : la découverte des moyens pour attacher : l'enfant joue et utilise des objets mis à sa disposition dans l'espace « bricolage » ; il les manipule, les emploie dans leur fonction ou pour décorer…

b. Stade 2

L'approche technique : « Acquérir des comportements techniques ». L'élève va acquérir des savoir-faire pratiques, mettre en œuvre un geste pour transformer un matériau. Par tâtonnement et essais successifs, il obtiendra le résultat escompté. Le résultat obtenu n'est plus le fruit du hasard, il est intentionnel et reproductible. L'enfant établit des relations de cause à effet. Le maître met en place une progression, favorisant des apprentissages guidés spécifiques. C'est une phase de structuration, gérée par le professeur, qui conduit l'élève à s'exprimer oralement pour décrire et expliquer. Celle-ci se clôt par une trace écrite qui servira de mémoire. Par exemple : l'enfant acquiert et affine des gestes pour utiliser les liens métalliques : serrer, torsader autour… Il prend conscience des contraintes techniques. Il apprend à manipuler les attaches parisiennes et pour cela doit enchaîner une série d'actions : percer les supports, enfiler l'attache, l'ouvrir, rabattre les deux tiges. Il compare les résultats obtenus avec divers objets… puis est établie une mémoire des découvertes et apprentissages : un panneau récapitulatif des actions dans l'espace « attacher », une trace individuelle dans le cahier. Ces écrits seront exploités au stade 3.

c. Stade 3

L'approche technologique : « Agir pour mobiliser l'action dans un projet ». Cette phase est le prolongement du stade 2. L'enfant mobilise ses acquisitions techniques pour les réinvestir à bon escient dans un projet de fabrication, en fonction du résultat escompté. Pour cela, il se rappelle les techniques, fait référence aux traces écrites établies antérieurement. En fonction de son projet, il deviendra capable de choisir les matières, les outils et de les transformer en conséquence. Cela exige une anticipation des actions dans le temps et dans l'espace. Par exemple, dans le cadre du projet « je fabrique des papillotes », (voir album *« Repère-toi dans le temps et dans l'espace »* p. 19) l'élève sera capable seul d'enrouler les bonbons, de choisir un lien et de l'utiliser afin d'obtenir un emballage efficace. Dans un projet « je relie les pages pour réaliser un recueil de mes dessins » l'élève doit choisir un moyen de liaison qui permette d'attacher des feuilles mais aussi qui permette de feuilleter le carnet ; il doit ensuite organiser les étapes de fabrication.

d. Quelques remarques

La succession des différentes phases par lesquelles passe l'enfant n'est pas liée à son âge et ne se présente pas nécessairement de façon aussi linéaire.
Bien sûr, plus un enfant est jeune plus on privilégiera la phase de découverte et la phase d'acquisition de gestes techniques, car on sait qu'il est plus difficile pour lui de se projeter dans l'action, d'anticiper un projet.

Un élève, quel que soit son âge, doit passer par les deux premiers stades. En effet, s'il découvre pour la première fois un matériau, un outil, il ne peut pas respecter les consignes de travail imposées par l'enseignant, si celui-ci vise déjà une production finie. L'élève va détourner la consigne, cherchant par contre à découvrir avec vif intérêt ce nouveau matériel, se désintéressant totalement du travail demandé par le maître. Cela est normal, il faut donner du temps aux enfants pour ces approches sensorielles et techniques.

Par ailleurs, peuvent s'envisager l'acquisition des étapes 1 et 2 au sein d'un projet de fabrication de l'enfant. Par exemple : « je fais une marionnette », « je constate que la tête ne tient pas bien », se pose alors un problème « comment assembler la tête au bâton ? ».

C'est alors que le maître met en place un atelier « attacher » où l'enfant va découvrir toutes sortes de systèmes et de techniques pour attacher, assembler, puis il s'entraînera à acquérir les bons gestes et enfin réinvestira ses acquis au service de son projet de fabrication.

2 Différents points de vue sur un objet

L'enfant de deux ou trois ans a encore une vision syncrétique de l'objet. Les activités de l'école maternelle, soutenues par le langage, vont lui permettre à la fois d'affiner et de varier les points de vue qu'il peut avoir sur un objet.

• Un point de vue d'utilisateur

L'enfant va utiliser l'objet, mais on va lui demander de prendre du recul pour expliquer comment, pourquoi il l'a utilisé. Il percevra ainsi de manière explicite qu'un objet sert à quelque chose (un gobelet sert principalement pour boire) mais qu'on peut aussi en faire un usage « détourné », autre que sa fonction habituelle (le gobelet utilisé comme instrument de percussion pour « faire de la musique »).

• Un point de vue de consommateur

Où cette marchandise est-elle vendue ? Qui l'achète ?...

• Un point de vue historique

Même si cela semble un peu abstrait et difficile pour de jeunes enfants, on peut les amener à s'interroger sur « Existe-t-il d'autres objets remplissant la même fonction actuellement ? » et « avant, y avait-il les mêmes objets » ? Des observations documentaires, une visite, l'apport d'objets anciens (ex : vieux moulins à café...) peuvent amener modestement le jeune enfant à s'interroger sur la diversité des objets qui nous entourent.

• Un point de vue « scientifique »

En comparant des objets, l'enfant va comprendre qu'un gobelet, certes, est utilisé pour boire, mais qu'on peut s'intéresser à autre chose à propos de ce gobelet : il est en verre, en matière plastique ou en métal.

• La découverte des objets techniques

Dans leur vie quotidienne, même en dehors de l'école, les enfants sont continuellement amenés à utiliser des objets (stylo, cartable, jeux, vêtements, etc.), à lire ou voir les adultes lire des emballages, à jeter des emballages, des objets consommés, usés, cassés... à stocker, à garder, à donner à réparer d'autres objets... Amenons donc les élèves à se poser des questions sur l'origine de ces objets, leur devenir... et à établir un lien entre les différents moments de la vie d'un objet de « sa naissance à sa mort ».

• On s'efforcera de faire découvrir aux élèves une très grande diversité d'objets appartenant à des domaines différents. Par exemple :
– le matériel de bureau (trombone, attache parisienne, taille-crayon, ciseaux, etc.) ;
– les objets d'emballages et de conditionnement (enveloppes, boîte, pochettes, etc.) ;
– les outils de bricolage (lime, râpe, pinceaux, pinces, etc.) ;
– les outils de communication (téléphone, fax, etc.) ;
– les ustensiles de cuisine et appareils électroménagers (presse-fruits, moulinette, râpes, etc.) ;
– les appareils audio-visuels (appareil photo, magnétophone, camescope, etc.) ;
– les moyens de transports (patinette, patin à roulettes, bicyclettes, etc.) ;
– les objets à caractère ludique (jeux sensoriels, jeux de société, jeux d'adresse, etc.) ;
– les outils du jardinage... les décorations de fête, etc.
Il est impensable bien sûr de faire une liste exhaustive des objets à étudier, à construire.

• Comment aborder la notion de fonction ? Si vous demandez à des élèves de maternelle de dire à quoi sert le photocopieur qui est dans l'école, ils répondent : « c'est pour faire de la lumière », « c'est pour faire du bruit », « c'est pour travailler », « c'est pour coller dans le cahier » ! C'est grâce à des activités d'observation, d'utilisation que les élèves découvrent la fonction « Reproduire des documents » de cette machine. De même, ils accumulent une expérience qui leur permettra de construire **les notions d'entrées** « Que faut-il pour faire fonctionner cette machine ? » (Énergie, document original, papier, encre, commandes, etc.) et **de sorties d'un système** (photocopie faite, informations données, énergie consommée, etc.) pour satisfaire la fonction d'usage. Mais ces notions ne sont pas à expliciter dès l'école maternelle. Elles le seront à la fin de la scolarité élémentaire, et surtout au collège.

• La réflexion technologique commence au moment où l'utilisateur dépasse le simple point de vue de l'utilisateur (préalable indispensable) pour s'interroger sur « comment ça fonctionne ».

Au cours d'activités d'observation, manipulation, démontage, remontage d'objets, nous devons conduire les élèves à comprendre à quoi servent ces objets, comment ils sont faits, comment ils fonctionnent, comment on s'en sert, comment on les entretient, d'où ils proviennent... Bien entendu, l'observation sera d'autant plus riche que l'activité sera motivée par un projet. Par exemple, on cherche à comprendre comment sont montées les roues d'une petite voiture jouet si l'on veut construire un chariot avec des roues **qui tournent**. C'est le projet de fabrication qui motive le mieux l'observation d'objets techniques existants : on cherche des solutions techniques à des **problèmes** effectivement rencontrés.

Dans tous les cas, s'impose au préalable une approche sensorielle de l'objet technique qui conduira l'enfant à voir, toucher, entendre, sentir... à réagir face à ces objets, à exprimer ses sensations, à les décrire... Laissons du temps aux enfants pour d'abord ressentir, manipuler, observer, puis s'interroger et exprimer spontanément leurs observations... C'est à partir du moment où sera établie une relation entre l'enfant et l'objet que pourront naître un questionnement et une investigation d'ordre technologique qui dépasseront la subjectivité pour devenir objectifs.

3 La fabrication d'objets techniques

Pour amener les élèves à produire des objets, le professeur tentera de faire vivre peu à peu la démarche évoquée ci-dessus qui mettra l'enfant au cœur de la conception et de la réflexion pour faire. Cette démarche de conception et fabrication nécessite un grand soutien de la part du professeur auprès des élèves pour les amener méthodiquement à réfléchir en agissant.

Dans tous les cas, l'objet produit s'inscrit dans un projet. Différents points de départ sont envisageables :

– **un besoin, une idée** venant de l'élève ou du maître ;

– **un objet déjà conçu** à reproduire, à transformer : celui-ci peut-être un objet du commerce, un modèle réalisé par l'enseignant, un objet représenté sur document sous différentes formes (photographie d'un objet fini, fiche de fabrication...). Prenons quelques exemples.

a. La production de lunettes fantaisie

Cette production (voir album *« Repère-toi dans le temps et dans l'espace »*, p. 32) répond au projet de se déguiser pour la fête de Carnaval. La consigne formulée par l'enseignant amène les élèves à vivre dès le départ la démarche complète : élaboration du cahier des charges, mise au point des formes et dimensions, puis recherche de décors, élaboration de la chronologie des actions et confection individuelle de paires de lunettes et bien sûr l'utilisation le jour de la fête !

Autres exemples : une lettre à envoyer aux correspondants, un enclos pour les play-mobil...

b. La fabrication du semainier

Cette fabrication (voir album *« Repère-toi dans le temps et dans l'espace »*, p. 10) se fait à partir d'un modèle. La photographie de l'objet fini analysé dans l'album ou le modèle de cet objet fabriqué par l'enseignant et apporté en classe amène l'enfant à retrouver la conception de l'objet, les matériaux mis en jeu, et la chronologie de la construction. Ici, l'enfant ne conçoit pas l'objet mais retrouve sa structure et sa fabrication.

c. Une production d'objet à partir d'une fiche de fabrication

Pour réaliser le pliage d'une marionnette (voir album *« Découvre le monde de la matière et des objets »*, p. 47), l'élève choisit le personnage qu'il veut reproduire et doit lire scrupuleusement la fiche de fabrication pour exécuter. Ici, il ne conçoit pas, il reproduit, en développant des compétences de lecture. En revanche, à l'issue de cette première fabrication, on peut imaginer qu'il décide d'inventer un nouvel animal, en réponse à un nouveau besoin : l'illustration d'un conte. Il décidera de réaliser par exemple un cochon en choisissant lui-même, le matériau, sa taille, en adaptant le nouveau pliage pour satisfaire sa demande. Ici l'enfant devient concepteur, en réponse à sa demande. Cette dernière activité peut par ailleurs constituer un excellent moyen d'évaluation des savoir-faire acquis.

Selon les projets de la classe, l'âge des enfants, les objectifs visés, vous chercherez, tout au long de l'année à varier les points de départ et les moments où vous entrez dans la démarche.

4 L'enfant découvre des propriétés liées aux objets ou aux substances

a. Les premiers classements

Les premiers classements qu'un enfant construit autour des propriétés d'un objet vont le plus souvent par paire en opposition. Certaines activités s'appuient sur ce mode de pensée enfantine pour construire des propriétés par l'intermédiaire de classement en deux ensembles. Par exemple un objet flotte ou coule dans l'eau, une substance est attirée ou non par un aimant.

D'autres activités invitent les enfants à dépasser ce partage en deux ensembles oui/non. Elles peuvent aboutir à des classements en plus de deux ensembles, et permettre à l'élève de construire des connaissances relatives à de nouvelles notions, comme celle de substance, de liquide, solide, solide en grains. Dans certains cas, on peut très bien envisager une catégorie d'objets à classer qui porterait l'appellation « je ne sais pas ». Par exemple, on cherche à classer des objets par matériaux : un plat en métal → catégorie Métal, un plat en matière plastique → catégorie Plastique. En l'occurrence où placer un plat en matière plastique dorée ? En carton métallisé ? Soit on se donne des moyens pour vérifier par des tests mécaniques, le matériau mis en œuvre, soit on ne dispose pas de moyens pour le faire, à ce moment-là, on doute et ce sera plus tard que les enfants pourront affiner leurs perceptions. D'autre part, il peut arriver que certains objets puissent se positionner dans deux ensembles. Considérons le cas de la boîte de sardines ouverte et vide qui peut « flotter » quand elle est posée à plat à la surface de l'eau et « couler » lorsqu'elle se remplit d'eau. Ici il sera pertinent de placer cet objet dans les deux catégories d'objets qui peuvent flotter et couler. Dès l'école maternelle apprenons à rester modeste, à douter, à ne pas être toujours formel. Ce sont les prémices mêmes d'un comportement scientifique.

b. Différencier l'objet de sa matière

Le professeur amène peu à peu les enfants à différencier l'objet de sa matière. Un verre peut être en verre, mais aussi en matière plastique ou en métal, un clou est en métal qui peut être du fer, mais aussi du laiton... À l'heure actuelle, avec la grande diversité de matières qui existent, leurs mises en forme différentes et les imitations (la matière plastique qui imite le bois, etc.) il est souvent difficile à l'enfant de s'y retrouver.

De plus, quelques abus de langage dans la vie courante contribuent parfois à entretenir des confusions. Qui n'a pas entendu l'expression « du papier d'aluminium ». La lecture de la dénomination du produit sur l'emballage d'un rouleau d'aluminium ménager indiquera « feuille ou film d'aluminium ». En effet, il s'agit exclusivement de la matière aluminium conditionnée en feuille de très faible épaisseur. L'appellation papier est réservée à la matière réalisée exclusivement à partir de fibres de cellulose. Cependant, vous pouvez acheter du papier métallisé aluminisé ! L'emploi du terme juste aide les enfants à construire des notions de plus en plus précises.

c. La substance

L'enfant à l'école maternelle peut et doit commencer à construire la notion de conservation de la substance.
C'est le cas pour l'eau, qu'il devra apprendre à reconnaître sous sa forme liquide dans des situations très variées (à la maison, dans la nature), mais aussi sous forme solide (glace, neige) : il s'agit de la même substance eau. La conservation de l'eau quand elle est sous forme de vapeur d'eau invisible se travaille à l'école élémentaire.
C'est le cas aussi pour l'air ; dont l'enfant devra déceler la présence, là encore, dans des situations variées.

Pour construire la notion de conservation de la substance, les enfants seront confrontés à des situations de transformations :
- des transformations mécaniques (modeler, couper, écraser, graver, etc.) qui modifient seulement l'aspect de l'objet. Par exemple, on retrouve le goût du sucre après avoir écrasé un morceau de sucre ;
- des changements d'états physiques (fusion et solidification de l'eau) ;
- des transformations (le plus souvent chimiques comme des cuissons) qui modifient plusieurs propriétés (aspect, texture, goût, etc.). La substance est alors modifiée. Les élèves mettront en relation l'action et la transformation obtenue.

À l'école maternelle, on ne travaille pas les conservations des **quantités** (masse, capacité et volume). Cette notion est à construire à l'école élémentaire.

C. Les choix faits dans l'album

Trois directions de travail autour des objets peuvent être repérées : l'utilisation, la fabrication et l'exploration d'objets.

1 Utilisation d'objets, d'outils

Les élèves sont amenés à utiliser des objets au cours d'activités scientifiques et technologiques à l'école maternelle dans différents contextes :
– **Lors de fabrications.** Ils doivent alors repérer la fonction de l'outil, et l'adaptation de l'outil à la tâche à réaliser. Citons par exemple les outils pour transvaser (pages 6 et 7), pour préparer des jus de fruits (pages 40 et 41) et pour modeler des pâtes (pages 14 et 15). Nous pourrions ajouter pratiquement toutes les fabrications, au cours desquelles les élèves ont à découper, assembler, déformer... en utilisant outils et procédés variés.
– **Pour découvrir les conditions d'utilisation** et certains aspects de la maintenance d'un objet, par exemple au cours d'activités autour d'appareils électriques (pages 36 et 37 ; pages 38 et 39).
– **Pour découvrir le mode d'emploi d'un objet** (par exemple le presse-agrumes page 40, le presse-ail page 41, page 14). Dans ce cadre, il est possible d'apporter en classe un objet « mystérieux », dont les enfants auront à découvrir et à expliciter par des mots à la fois la fonction et le mode d'emploi : moulinette à légumes, dénoyauteur... Une évaluation sous forme de jeu (type jeu de portrait) peut être mise en place après l'analyse de plusieurs objets : un enfant choisit un de ces objets et répond aux questions de ses camarades qui, sans voir l'objet, doivent l'identifier grâce aux réponses à leurs questions.

2 Exploration d'objets

L'enjeu est ici de faire construire par les élèves des connaissances scientifiques autour des notions d'objet, de substance, de propriétés d'objet ou de substance, et autour de mises en relation entre une propriété d'un objet (ou d'une partie d'un objet) ou d'une substance et un effet ou une caractéristique. C'est le début de la construction de la causalité.
Le plus souvent, les connaissances relatives à des propriétés sont construites à partir d'activités de classement (par exemple substance pages 4 et 5 ; solide, liquide pages 8 et 9 ; flotter ou couler dans l'eau pages 10 et 11 ; attiré ou non par un aimant page 12 ; déchets pages 18 et 19).
Les mises en relation le sont à partir de comparaison d'objets ou de situations, d'essais expérimentaux ou de fabrications (par exemple avec des aimants page 13 ; autour du vent pages 20 et 21 ; pages 22 et 23 ; pages 24 et 25 ; autour de l'air pages 26 et 27, pages 28 et 29 ; autour de l'eau liquide pages 30 et 31 ; pages 32 et 33 ; pages 33 et 34 ; autour de la stabilité de culbutos pages 46 et 47).

Dans ces activités, les élèves aboutissent à des conclusions exprimées oralement, mais aussi sous forme de tableaux, de dessins légendés, de phrases dictées à l'adulte.

❸ Fabrication d'objets

Vous trouverez des fabrications d'objets dans différents albums, en particulier dans l'album concernant l'espace et le temps car toute fabrication permet, peu ou prou, de travailler la chronologie, et de faire anticiper les enfants en les engageant dans un projet de fabrication.

Les fabrications retenues dans l'album « *Explore le monde de la matière et des objets* » permettent aux élèves de découvrir ou de retrouver des propriétés d'objets ou de substances. Citons pour exemple la fabrication de jeux avec des aimants (page 13), la fabrication d'objets à partir de pâtes à modeler (page 14), la fabrication de moulinets (pages 24 et 25) de lance-fusées (page 29), la préparation d'un goûter glacé (pages 34 et 35), d'un jus de fruit (pages 40 et 41), de voiliers (pages 42 et 43)…

Nous avons regroupé les pages de l'album en différentes rubriques, selon les connaissances, les démarches ou les supports auxquelles elles renvoient prioritairement :

- Une exploration du monde des objets
- Qu'est-ce qu'un liquide ? Qu'est-ce qu'un solide ?
- D'autres propriétés d'objets ou de substances
- Reconnaissance de matériaux
- Prendre conscience de l'existence de l'air
- L'eau, la glace, la neige, c'est toujours de l'eau
- Beaucoup d'appareils fonctionnent à l'électricité
- Des fabrications d'objets.

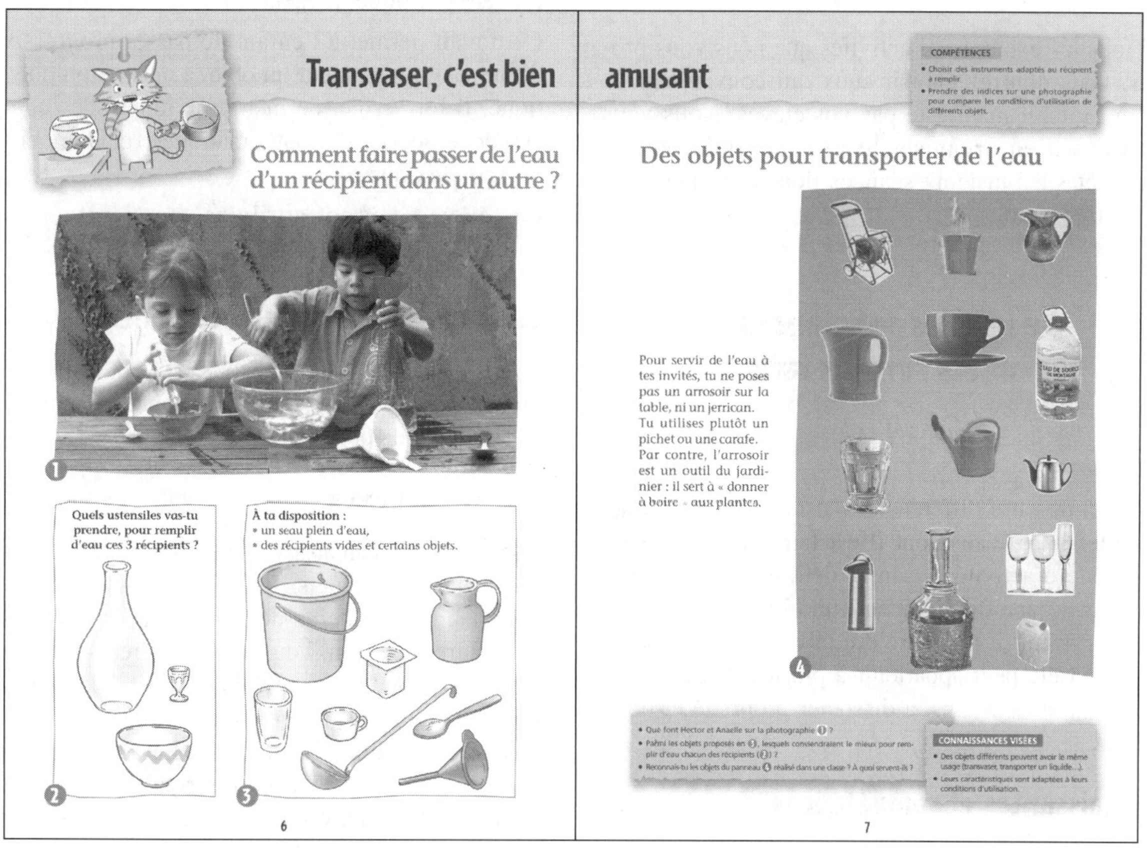

Extrait de l'album « *Explore le monde de la matière et des objets* » pages 6 et 7.

Une exploration du monde des objets

Les enfants ont une notion intuitive de l'objet, et il n'est pas question de les amener à en donner une définition précise. Vous introduirez le mot de façon naturelle : « quels sont les objets placés sur cette table ? ». Choisissez d'accepter le sens large pour le mot « objet » : une graine, une feuille, un fruit seront considérés comme des objets au même titre qu'un caillou, un crayon, une cuillère, un flacon, ou un morceau de bois.

L'album pour les enfants

Explore le monde de la matière et des objets

Parmi tous les exemples d'activités que nous vous proposons, vous pourrez choisir ceux qui conviennent le mieux à l'intérêt manifesté par vos élèves. Nous vous conseillons d'en organiser le plus possible, en les répartissant sur plusieurs séances dont certaines peuvent être très courtes.

De quelles substances ces objets sont-ils faits ?

pages 4 et 5

Il s'agit ici de faire différencier par les élèves un objet et la ou les substances dont il est fait. Ce travail peut être précédé d'activités visant à définir des propriétés d'objets, avec une double idée : un objet possède plusieurs propriétés (il peut être dur, allongé, rouge, etc.), et une propriété peut appartenir à plusieurs objets. Les enfants apprendront ainsi à dissocier propriété et objet ***(fig. 20)***.

1. Connaissances et compétences

Les élèves vont découvrir que :
– un objet possède différentes propriétés ;
– des objets très divers peuvent avoir une propriété commune ;
– il existe des substances différentes.

Ils apprendront que des objets différents peuvent être faits de la même substance, et qu'un objet peut être constitué d'une ou de plusieurs substances.

Les élèves devront savoir classer des objets en fonction de leur substance, et savoir reconnaître et nommer des substances, par exemple le verre, le bois, le papier, la matière plastique, le métal…

Ce travail permet à l'enfant de passer progressivement d'une vision globale d'un objet à une vision plus analytique. Il lui permet de mettre en œuvre des compétences développées en mathématiques (classer) et d'enrichir son lexique.

Les élèves devront attribuer une signification à un codage.

2. Avant d'utiliser les documents

Avant d'utiliser l'album, vous pouvez proposer à vos élèves des lots d'objets qu'ils pourront manipuler, et sur lesquels ils pourront travailler.

a. Classer des objets

• **Dans le cadre d'un atelier,** vous pouvez donner à chaque enfant un lot d'objets. Ils nommeront ces objets, puis vous leur demanderez de les regrouper, de les classer sans autre précision. Vous aurez différents types de classement : selon une propriété des objets, par exemple les objets rouges/non rouges, ou brillant/non brillant (ou mat), allongé/non allongé ; ou selon l'usage des objets, par exemple ceux dont on se sert à l'école et ceux dont on se sert à la maison, ou pour manger… ; certains élèves auront peut-être classé en fonction de la substance, les objets en plastique, en bois… Attention, il est probable que vos élèves n'auront pas fait de véritable classement : certains font évoluer les critères qu'ils retiennent et font des regroupements des objets rouges, puis des objets qu'on utilise pour manger, et ensuite des objets en bois, et enfin du reliquat. On peut alors trouver des objets qui pourraient appartenir à deux groupes, par exemple des objets à la fois en bois et rouges. Les propositions de vos élèves sont riches d'exploitation sur ce qu'est un véritable classement : si le critère de classement est pertinent, un objet ne peut appartenir qu'à un seul groupe, et tous les objets doivent être placés. Leurs propositions sont aussi le moyen de définir ce qu'on appelle une propriété d'un objet :

– les caractéristiques qui ressortent d'une approche sensorielle (couleur, forme, toucher) ;
– l'usage ;
– ce à quoi il sert (la fonction) ;
– les situations dans lesquelles on l'utilise ;
– la ou les substances dont il est fait.

Beaucoup d'objets sont faits de plusieurs substances. Si vous voulez travailler cette notion, il est souhaitable de proposer aux élèves, dans un premier temps, des objets faits en une seule substance.

• **Chacun de vos élèves ayant réalisé un véritable classement,** vous pouvez demander aux autres enfants de l'atelier de trouver le critère retenu, en fonction de quoi le classement a été réalisé. Cela vous permettra d'enrichir l'éventail des possibilités, et d'évaluer la capacité de vos élèves à classer.

Vous pouvez aussi, pour les évaluer, leur demander de réaliser tous le même classement, par exemple selon que les objets sont durs ou mous, d'une seule couleur ou de plusieurs couleurs…

• **Le travail portant sur des objets tirés de notre environnement,** souvent complexes, plusieurs possibilités peuvent apparaître à l'enfant pour un même objet. Par exemple, un objet peut être rugueux sur une face et lisse sur une autre. Cela provoquera des discussions qui amèneront les élèves soit à éliminer l'objet en question, soit à reformuler les propriétés. Par exemple, pour l'objet précité : au lieu de rugueux, la propriété pourrait être : une partie de l'objet est rugueuse.

b. Décrire un objet par ses propriétés

Vous pouvez proposer à vos élèves un jeu du portrait d'objets, à partir des propriétés de ces objets. Diverses règles du jeu sont possibles, dont nous vous proposons quelques exemples. Vos élèves et vous-même pourrez en imaginer d'autres.

Divers objets choisis par les enfants sont déposés sur une table. Un enfant choisit mentalement un objet et vous en indique tout bas le nom. Les autres enfants essaient de deviner quel est cet objet en posant des questions. L'enfant qui a choisi l'objet répond seulement par oui ou non. Les enfants comprendront assez vite, et vous les y inciterez, qu'il n'est pas intéressant de nommer successivement tous les objets, jusqu'à trouver celui qui a été choisi, mais qu'il vaut mieux utiliser des propriétés, qui permettent d'éliminer plusieurs objets, et de n'en retenir que quelques-uns.

Un enfant quitte le groupe. Les autres choisissent l'un des objets. L'enfant revient et doit interroger ses camarades, qui doivent répondre comme dans la règle précédente seulement par oui ou par non. Il est seul à poser des questions, ce qui rend l'exercice plus difficile. Pour amener les élèves à utiliser d'autres propriétés, vous pouvez interdire certaines questions par exemple sur la couleur.

Quatre à cinq objets sont posés sur la table. Un enfant s'éloigne en les emportant. Il en choisit un, qu'il met dans sa poche ou dans un sac opaque, laisse les autres, et se prête alors au jeu des questions, jusqu'à ce que les élèves aient trouvé l'objet dans sa poche ou le sac. Ce jeu présente une certaine difficulté car ni le meneur de jeu, ni les autres enfants ne peuvent s'aider de la vue pour poser les questions ou y répondre.

• **Le jeu d'enchaînement de propriétés,** qui présente des analogies avec le jeu de domino, développe les mêmes compétences. Chaque enfant reçoit un lot de cinq ou six objets. Un premier objet, ne faisant pas partie des lots des enfants, est posé sur la table. Il s'agit de placer à côté un objet qui présente une propriété commune avec le premier. Puis il faut poser un troisième objet qui a une propriété commune avec le deuxième, et ainsi de suite. Par exemple, bouchon de bouteille d'eau minérale → (rond) boîte à savon → (plastique) règle → (allongé) crayon bleu → cuillère à glace bleue → (lisse) feuille de papier.

• **Un autre jeu, la récolte des propriétés.** Le meneur de jeu (vous ou un enfant) choisit un objet qu'il présente au groupe. Tous les élèves qui peuvent nommer une propriété de cet objet lèvent la main. Un seul est interrogé, et ne peut plus participer tant que tout le monde n'a pas donné une réponse. Le jeu se poursuit jusqu'à épuisement des propriétés, que vous pouvez noter à mesure. Il devient bien sûr de plus en plus difficile. Il peut être mené en atelier, ou avec l'ensemble de la classe lors d'un regroupement.

3. Activités possibles sur l'album

a. En quelle substance sont faits ces objets ?

• **Avant de travailler sur l'album,** vous pouvez proposer à vos élèves des lots d'objets que vous aurez choisis faits d'une seule substance, et leur demander de les classer ; le classement selon la substance est alors possible, et vous donnera l'occasion d'introduire les noms de ces substances.

• **La photographie de l'album** présente des objets faits d'une seule substance (si on néglige les inscriptions portées sur la règle). Vous pouvez l'utiliser pour évaluer les acquis de vos élèves quant à la reconnaissance et à la désignation d'une substance. Elle vous fournira l'occasion de leur faire découvrir, la signification du codage : les signes correspondent au verre, au métal ou à la matière plastique. Ce codage placé près de chaque objet est un moyen de traduire un résultat différemment du regroupement d'objets (avec étiquetage ou non) qu'ils ont pu utiliser en manipulant les objets. Deux erreurs ont été faites : la boîte Kinder est en plastique et la cuillère en métal.

b. Une, deux ou plus de deux substances ?

• **En classant des objets selon leur substance,** les élèves auront peut-être voulu prendre comme exemple d'autres objets faits de plusieurs substances. C'est un cas très courant. Dans ce cas, un classement n'est pas pertinent, et il est plus judicieux de repérer les différentes substances présentes dans l'objet. Par exemple, un pinceau a un manche en plastique ou en bois, des poils en crin naturel ou fibre synthétique, une partie métallique, des inscriptions à l'encre et, éventuellement, du vernis.

• **Le dessin des objets** page 5 de l'album vous permet d'évaluer les acquis des élèves. Les objets constitués d'une seule substance sont : la fourchette, la cocotte en papier, le ballon de baudruche, la vis, le bracelet élastique et l'éponge (si vos élèves ne savent pas qu'elle contient de l'air, ce que vous pouvez accepter). Les objets constitués de deux substances sont : l'épingle à linge, le verre d'eau, la bouteille d'eau (sans étiquette), la bougie, la capsule (et éventuellement l'éponge). Ceux constitués de plus de deux substances sont le marteau (bois, métal, peinture, vernis). À vous de voir si vos élèves reconnaissent maintenant que la règle de la photographie précédente est faite de deux substances (le métal et l'encre des inscriptions) !

Le cas de la brosse à dents peut conduire à une discussion intéressante : les élèves peuvent considérer qu'elle est constituée de deux substances, ou d'une seule, selon qu'ils différencient ou non la matière plastique du manche et des poils.

D'autres exemples que vous aurez choisis en classe peuvent provoquer des hésitations et des interrogations. Par exemple : papier et carton sont-ils une même substance ? Les enfants n'ont pas toujours les moyens de trancher. En développant leurs arguments, ils s'interrogent sur la notion de substance et ressentent le besoin d'en savoir davantage.

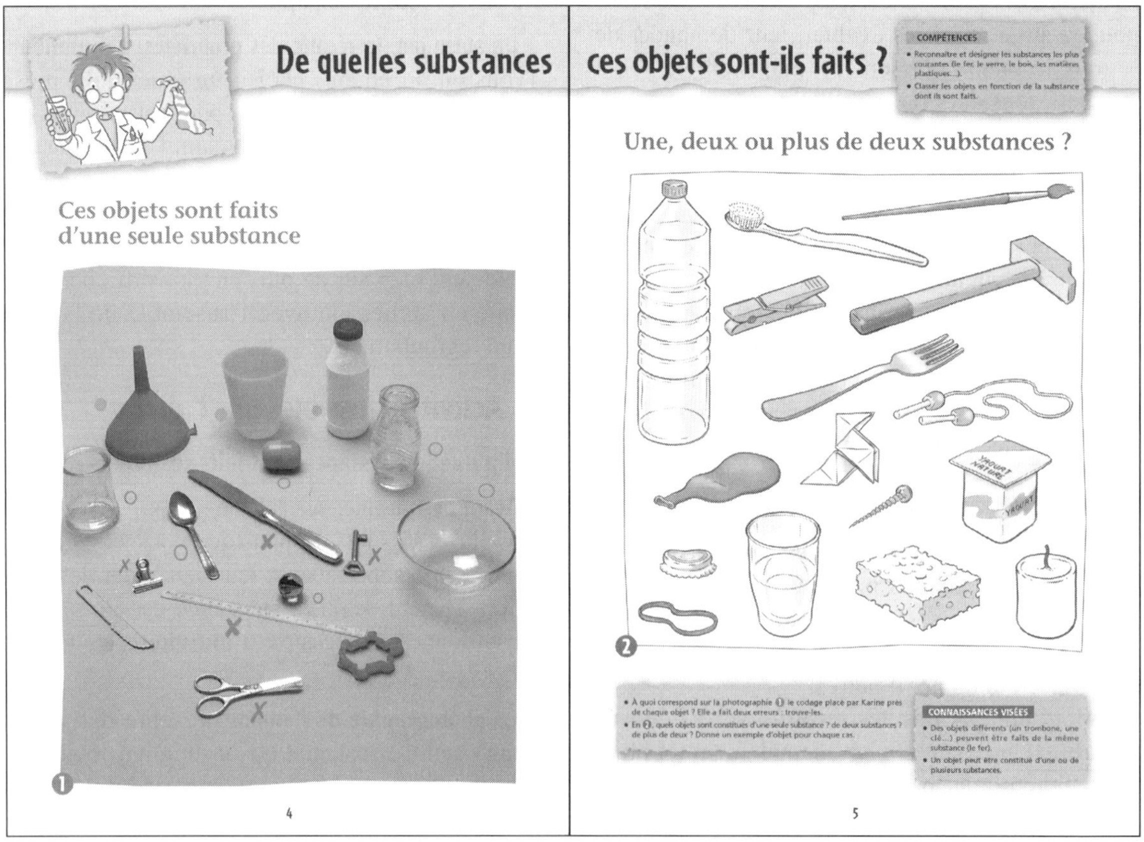

Extrait de l'album « *Explore le monde de la matière et des objets* » pages 4 et 5.

Le domino des propriétés

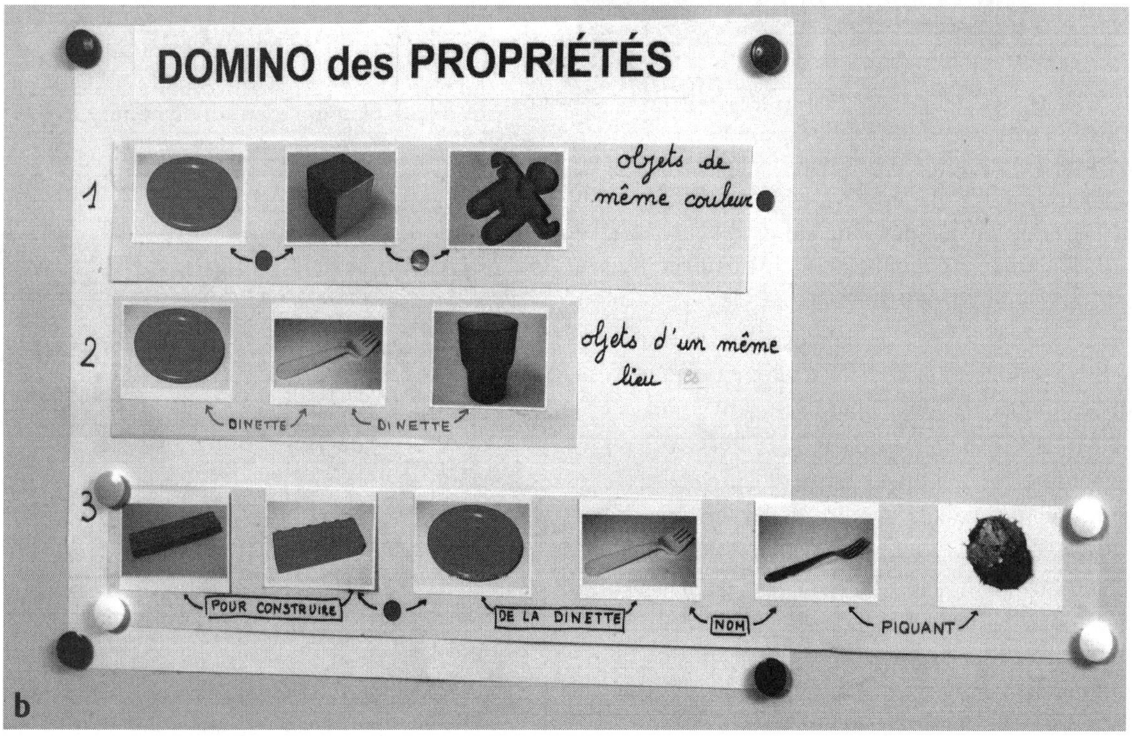

Fig. 20 **a.** Les enfants doivent déposer un objet ayant une relation avec l'objet précédent. Les critères de couleur, de lieux de provenance, sont utilisés lors des premiers jeux. L'enseignant oriente ensuite vers d'autres critères de choix : fonction, matière, qualité sensorielle…
b. La photographie des objets permet d'analyser a posteriori les critères de choix et de les garder en mémoire, pour faire évoluer la connaissance de la matière et des objets.

Qu'est-ce qu'un liquide ? Qu'est-ce qu'un solide ?

Des activités variées peuvent être menées autour des liquides et des solides, avec des approches différentes. L'eau est le liquide le plus manipulé.
Vous proposerez à vos élèves des situations de manipulations d'eau au cours desquelles ils feront des transvasements. Cette approche sensorielle (vue, toucher, ouïe) de l'eau leur permettra d'en repérer certaines propriétés. Vous les inviterez aussi à manipuler des outils pour transvaser pour affiner leur geste, et repérer la fonction de ces outils.
Une approche plus scientifique peut être proposée, qui vise à comparer des liquides et des solides pour apprendre à les différencier et les caractériser.

Informations scientifiques pour l'enseignant

On reconnaît un liquide parce que, lorsqu'on le verse, il coule, forme une flaque en s'étalant sur le sol, ou prend la forme du récipient qui le reçoit. La surface libre d'un liquide, celle qui est en contact avec l'air, a toujours une direction horizontale.

On distingue deux types de solides : les solides compacts et les solides en grains. On peut prendre à la main un solide compact (s'il n'est pas trop lourd).

La plupart des solides compacts sont indéformables ; on peut toutefois les briser en exerçant sur eux une action mécanique adaptée (on peut piler du verre, râper du gruyère, découper du fer, etc.). Ces transformations sont irréversibles.

Soumis à une action mécanique adaptée, certains solides se déforment de façon réversible, c'est-à-dire qu'ils reprennent leur forme initiale quand l'action mécanique ne s'exerce plus : ils sont élastiques.
D'autres peuvent se déformer, mais gardent la forme obtenue après que l'action mécanique a cessé : ce sont des solides plastiques. La pâte à modeler, la pâte à tarte... mais aussi le métal martelé, plié, sont des exemples de solides pouvant se déformer de façon plastique.

Un solide en grains possède certaines propriétés des liquides : il coule quand on le verse. On peut pourtant l'en différencier : quand on le verse dans un récipient, le niveau n'est pas spontanément horizontal (il l'est après agitation du récipient, qui permet aux grains de glisser les uns sur les autres) ; si on le verse sur une table, sur le sol, on obtient un tas alors qu'on aura toujours une flaque avec un liquide. Chaque grain peut être considéré comme un solide compact.

Place de l'album pour les enfants Explore le monde de la matière et des objets

Transvaser, c'est bien amusant

pages 6 et 7

Les enfants éprouvent toujours beaucoup de plaisir lors d'activités de transvasement. Vous mettrez à profit cet intérêt pour les conduire à de nombreuses découvertes (***fig. 21***).
Si vous organisez les activités sur plusieurs séances, les enfants auront l'occasion de réutiliser des acquis de séances antérieures, et l'ajout de nouveau matériel maintiendra leur curiosité et leur intérêt en éveil.

1. Connaissances et compétences

Transvaser, transporter de l'eau, conduit à reconnaître et utiliser l'instrument adapté. Les manipulations

Comment transvaser de l'eau ?

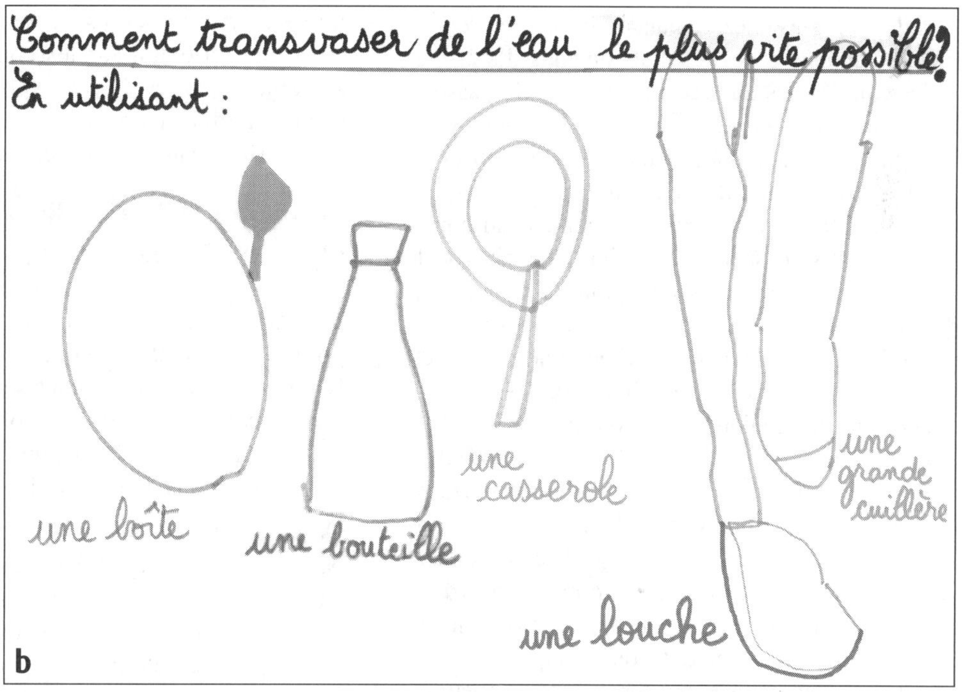

Fig. 21 **a.** Les enfants et l'enseignant apportent des objets, et la table d'exposition s'enrichit peu à peu. Les échanges qui ont lieu à chaque nouvel apport permettent de dégager les caractéristiques et fonctions de ces objets.
b. et **c.** Les actions et les résultats obtenus sont l'objet de discussions. La synthèse des découvertes se traduit par l'organisation des dessins des enfants sur des affiches.

confrontent les élèves à des caractéristiques d'un liquide, à travers l'exemple de l'eau : on peut transvaser un liquide d'un récipient à un autre, il coule quand on le verse, il faut le mettre dans un récipient dont le fond n'est pas percé pour le transporter.
En comparant des ustensiles utilisés pour transporter de l'eau, les élèves les mettront en relation avec leurs conditions d'utilisation et leurs caractéristiques : utilisable pour transporter de grandes quantités ou non, à la maison ou à l'extérieur, possédant une poignée ou non, un couvercle ou dispositif de fermeture ou non...
Ils pourront classer ces objets en fonction d'un critère qu'ils préciseront, et trouver un moyen pour rendre compte de ce classement : regroupement des objets ou de leurs images, tableau, utilisation d'un codage...

2. Avant d'utiliser les documents

• **Avant d'utiliser l'album,** il est nécessaire de mettre les enfants en situation de manipulation. C'est possible dès la petite section, dans le cadre d'activités en autonomie ou dans le cadre d'un atelier encadré. Vous pouvez faire transvaser de l'eau, mais aussi du sable, du riz (les grands sacs de riz pour animaux conviennent bien), des graines... Mettez du matériel à leur disposition (cuillère, louche, gobelets, bouteilles, boîtes, entonnoir, passoire, écumoire, etc.), et laissez-les agir. Très vite, vous pourrez les voir se lancer dans des transvasements, en prenant les objets d'abord au hasard, puis en les choisissant.

• **Le moment est alors venu** d'organiser un atelier encadré, au cours duquel vous allez demander aux élèves de verbaliser leurs actions et les résultats obtenus. Ils arriveront à des conclusions du type : l'écumoire, la passoire « ne prennent pas l'eau » car l'eau passe par les trous ; pour remplir facilement une bouteille, il faut utiliser un entonnoir... L'utilisation de l'entonnoir n'est pas spontanée chez l'enfant qui le considère comme un contenant en obturant sa base avec un doigt, pour pouvoir le remplir. L'enfant devra découvrir qu'un entonnoir permet de transvaser et guider un liquide grâce à son rétrécissement. Une diversité de tailles d'entonnoirs soumettra à l'enfant des problèmes de choix pour les adapter aux dimensions des goulots des flacons à remplir.
Des enfants jeunes peuvent continuer à remplir une bouteille d'eau alors qu'elle l'est déjà, et certains appuient sur l'eau (pour tasser ?). Il faut les laisser se confronter à la situation, jusqu'à ce qu'ils comprennent que la bouteille ne doit pas être remplie d'eau (donc qu'il faut la vider au moins en partie) pour qu'on puisse la remplir. Ils s'en rendront compte soit tout seuls, soit parce que vous aurez semé le doute (peux-tu rajouter de l'eau ?) et qu'ils l'auront entendu, parce qu'ils sont prêts pour dépasser cette étape.

3. Activités possibles sur l'album

a. Comment faire passer de l'eau d'un récipient dans un autre

• **La photographie** de l'album évoquera pour les élèves une situation qu'ils auront eux-mêmes vécue. Ils pourront reconnaître les ustensiles déjà rencontrés, en découvrir éventuellement de nouveaux, qu'ils pourront tester en les manipulant. Ils indiqueront quels gestes doivent faire les enfants de la photographie pour remplir le bol rouge et la bouteille en prélevant l'eau dans le saladier.

• **Le dessin** permet de poser un problème plus précis : quels objets choisir pour remplir chacun des trois récipients (carafe, saladier et petit verre) ? Vous avez pu leur proposer ce problème lors d'un atelier encadré. Dans ce cas, le dessin de l'album servira de support pour l'évaluation des acquis des élèves. S'ils n'ont pas été confrontés au problème, ils peuvent faire des propositions, qui devront être validées par des manipulations.

b. Des objets pour transporter de l'eau

• **Le panneau photographié** a été réalisé à partir de photographies découpées dans des catalogues ou journaux publicitaires, ce qui explique que les tailles relatives des objets ne soient pas respectées. Les élèves reconnaîtront ces objets et les nommeront avec votre aide. Ils pourront chercher quel est leur point commun : on peut mettre de l'eau dans tous ces objets, ce qui sera validé par la lecture du titre, qui introduit une idée supplémentaire, celle du transport de l'eau.

• **Plusieurs classements** peuvent être demandés : selon le lieu d'utilisation (à table ou au jardin, en camping), selon la quantité d'eau transportée (beaucoup, peu), selon que le récipient est fermé ou non, a une poignée ou non pour le transport, selon qu'il faut le remplir au préalable ou le relier en permanence au robinet (le tuyau d'arrosage en est le seul représentant)... C'est ainsi une réflexion sur les conditions d'utilisation de ces objets que les élèves expliciteront. Dans le même temps, l'idée qu'un récipient est nécessaire pour transporter l'eau est renforcée.

4. Travaux complémentaires

• Pour les plus jeunes vous pouvez compléter ou faire précéder cette activité par la collecte d'objets. Ainsi on peut constituer, par exemple, une collection d'objets pour contenir et transporter l'eau dans la maison. L'apport d'un nouvel objet sera sujet à des échanges sur les caractéristiques de l'objet : à quoi sert-il ? en quoi est-il fait ? quelle quantité d'eau peut il contenir ? connaissez-vous d'autres objets qui lui ressemblent ?

• Vous pouvez prolonger l'activité par la constitution d'un panneau analogue à celui proposé dans l'album. Il pourra s'enrichir au fil du temps par l'apport de nouvelles images par vos élèves, présentées lors de regroupements collectifs, par exemple au moment de l'accueil du matin.

Est-ce un solide ou un liquide ?

pages 8 et 9

Les enfants ne se posent pas spontanément la question de savoir si un échantillon de matière est sous forme solide ou liquide. Pourtant, un travail sur cette connaissance est important à l'école maternelle, car elle n'est pas reprise et elle est supposée connue des élèves de l'école élémentaire.

1. Connaissances et compétenc,es

En manipulant, en analysant et comparant différentes situations, les élèves apprendront à classer des substances selon qu'elles sont liquides ou solides, et à différencier liquide et solide en grains.

Ils énonceront certaines de leurs caractéristiques, qui permettent de les reconnaître :
– un solide compact peut être tenu à la main (s'il n'est pas trop lourd) ; on peut casser ou couper un solide compact ;
– un liquide, un solide en grains coulent quand on les verse ; il faut les mettre dans un récipient pour les transporter ;
– un liquide s'étale en flaque quand on le verse sur une surface plane, tandis qu'on peut obtenir un tas avec un solide en grains ;
– on peut séparer les grains d'un solide en grains, alors que c'est impossible avec un liquide.

Les élèves reconstitueront la chronologie du passage du solide compact à un solide en grains fins grâce aux photographies du morceau de sucre écrasé.

2. Avant d'utiliser les documents

• Avant d'utiliser l'album, vous pouvez **proposer à vos élèves des échantillons de substances solides et liquides à classer.** Sélectionnez dans un premier temps uniquement des solides compacts et des liquides, mis dans des récipients, en précisant qu'on s'intéresse à l'eau, l'huile, le produit à vaisselle… et non au récipient.

Si vous ne donnez pas de critères de classement, ce qui est souhaitable dans un premier temps, certains élèves classeront les échantillons en fonction du contexte d'utilisation (pour manger, s'habiller, bricoler, etc.), de la couleur… C'est l'occasion d'un retour sur les usages et les propriétés d'objets. Certains auront peut-être classé selon que la substance est solide ou liquide. Si ce n'est pas le cas, acceptez bien sûr leurs classements s'ils sont corrects, et demandez un autre classement.

• **Vous pouvez aussi amorcer vous-même ce classement.** Par exemple, vous mettez ensemble un verre d'eau et une bouteille d'huile, et dans un autre groupe une vis et une pomme. Demandez aux élèves de poursuivre ce classement. Ils parviendront aux deux groupes que vous nommerez seulement à ce moment : la pomme, le caillou, le bonnet… sont des solides ; l'huile, l'eau… sont des liquides.

• **Attention,** le mot solide est polysémique et veut dire aussi : résistant, qui ne se casse pas. Il est alors toujours un adjectif, alors qu'il peut être un nom ou un adjectif dans le sens qui s'oppose à liquide. C'est le sens de résistant que les élèves connaissent généralement, et qui explique qu'ils ont parfois des difficultés à classer un bonnet, un vêtement dans les solides (car ils sont souples), ou de la pâte à modeler (car ils la déforment et la cassent facilement). À ce niveau de la scolarité, le critère qui permet de reconnaître un solide est qu'on peut le tenir à la main. L'introduction d'échantillons qui prêtent à discussion permet de le préciser.

3. Activités possibles sur l'album

a. Solide ou liquide

Le dessin peut être utilisé comme support d'évaluation. Les élèves nommeront les objets dessinés et donneront la signification des deux symboles utilisés : la croix pour un solide et le rond pour un liquide. Ils repéreront les erreurs : l'eau doit être marquée par un rond et le bonnet par une croix.
Vous lirez les trois étiquettes, et leur demanderez de les faire correspondre aux solides pour les deux premières, et aux liquides pour la dernière.

b. Qu'est-ce qu'un solide en grains ?

Les élèves pourront **décrire les quatre photographies** : on verse de l'eau, du sel ou du sucre. On obtient une flaque avec l'eau, et un tas avec le sel et le sucre en poudre. Les élèves vérifieront ces résultats en réalisant les mêmes manipulations.
Pourquoi ces différences ? Vous pouvez proposer des échantillons de liquides et de solides en grains (sel, sucre, sable, semoule…), à classer. Les élèves arriveront au classement en liquides et solides en grains, dont vous devrez introduire l'expression. Faites verbaliser les différences entre liquides et solides en grains.

c. Les transformations d'un morceau de sucre

Les élèves pourront essayer de reproduire le passage du sucre en morceaux au sucre en poudre en l'écrasant avec un pilon et son mortier, ou au marteau, le morceau de sucre étant enfermé dans un sachet en plastique ou un chiffon pour éviter les projections.
Ils remettront les photographies dans l'ordre chronologique : 7, 8, 9, 10, 6.

D'autres propriétés d'objets ou de substances

Les élèves ont pu déjà rencontrer des propriétés d'objets ou de substance lors de tri et de classement d'objets, lors d'activités sensorielles. Les activités proposées ici permettent de définir quelques propriétés spécifiques :
- *une propriété liée aux objets, qui flottent ou coulent quand on les met dans l'eau ;*
- *une propriété liée aux substances, qui sont ou non attirées par un aimant ;*
- *des propriétés liées à des substances, modelables ou non.*

Il est évidemment hors de propos de faire découvrir à d'aussi jeunes enfants :
- *les lois sur les corps flottants ;*
- *les raisons pour lesquelles certaines substances sont attirées par un aimant et d'autres pas ;*
- *pourquoi les propriétés de l'argile sont modifiées de façon irréversible par la cuisson.*

▸ L'album pour les enfants

Explore le monde de la matière et des objets ◂

Flotte ou coule ?

pages 10 et 11

Les enfants aiment jouer avec l'eau, mais se demandent rarement quels sont les objets qui flottent. Vous amènerez vos élèves à se poser cette question et organiserez des activités pour tenter d'y répondre. Ces activités sont un support intéressant pour développer une attitude scientifique : prudence dans les affirmations, souci de vérifier par l'expérience.

1. Connaissances et compétences

En plaçant des objets dans l'eau, les élèves vont découvrir une propriété de ces objets : flotter ou couler dans l'eau. Le classement des objets en fonction de leur position dans l'eau permet de définir cette propriété, avec le lexique qui lui correspond. Les élèves apprendront un deuxième sens du mot « couler », différent de celui qu'ils connaissent pour décrire le versement d'un liquide.

En fait, couler ou flotter dépend de la densité de l'objet donc de celle de la substance qui le constitue (s'il est constitué d'une seule substance). À l'école maternelle, il n'est pas possible d'arriver à ce niveau de connaissance, qui permet de comprendre pourquoi un clou en fer coule tandis qu'une brindille de bois flotte, mais aussi pourquoi un clou en fer coule tandis qu'un bateau en fer flotte. C'est donc bien une propriété liée à l'objet (cet objet que l'on a testé fait d'une ou de plusieurs substances, possédant une forme…), et non à la substance, que les élèves construisent.

Plusieurs traductions des résultats expérimentaux sont possibles : les élèves les repéreront, les utiliseront. Toutes doivent donner les mêmes informations sur les résultats.

2. Avant d'utiliser les documents

Avant d'utiliser l'album, il est nécessaire de mettre les enfants en situation de manipulation et d'observation.

• Vous pouvez, **dans le cadre d'un atelier**, susciter l'intérêt de vos élèves en choisissant deux objets (par exemple un caillou et un bouchon de liège), et en leur demandant ce qui se passe quand on les met dans l'eau. Laissez-les parler. Le recours à l'expérience s'impose pour valider (ou non) leur réponse. Le caillou tombe au fond de l'eau ; le bouchon de liège reste près de la surface. Introduisez le lexique correct : « le bouchon flotte, le caillou coule ». Profitez-en pour différencier ce sens du mot couler avec le sens plus courant (l'eau coule).

• **Vous proposerez ensuite à chaque enfant** un lot de cinq à dix objets, avec un récipient rempli d'eau (aquarium, saladier, pot de fromage blanc…), pour qu'ils les testent et les classent selon qu'ils flottent ou coulent dans

Flotte ou coule : comment noter les résultats ?

a

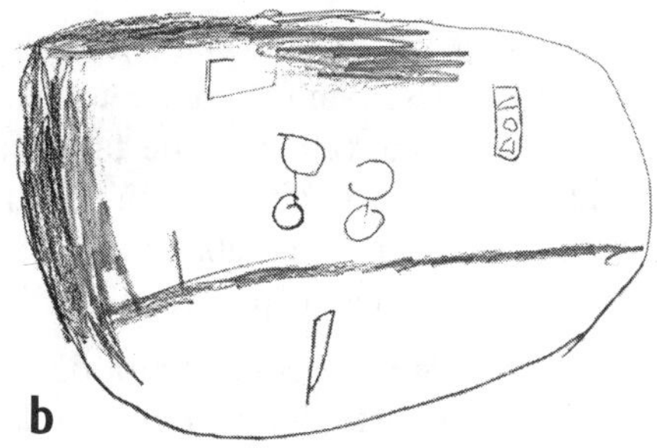

b

c

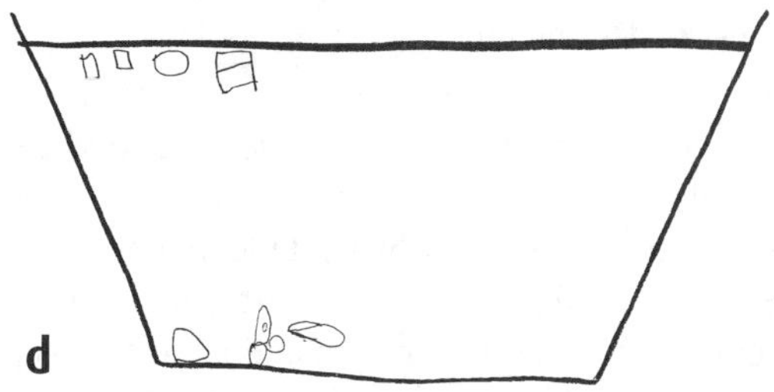

d

Plusieurs façons de présenter les résultats :
a. et **b.** Deux premiers dessins des deux enfants.
c. et **d.** Deuxièmes dessins après discussion sur les premiers dessins.
e. Tableau à double entrée élaboré par l'enseignant.

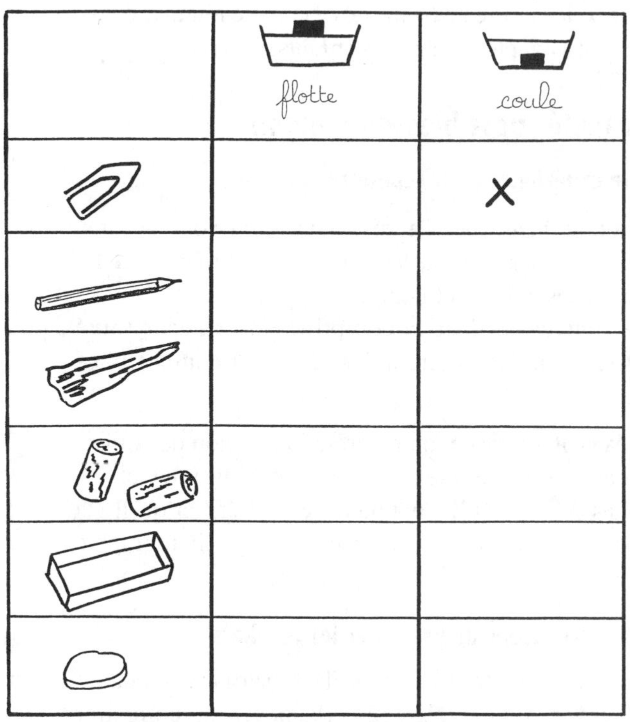

e

Fig. 22 Représenter les résultats obtenus est une étape fondamentale de la démarche pédagogique.

l'eau. Ils manipulent souvent de façon désordonnée dans un premier temps, plongeant tous les objets simultanément dans l'eau, ou les plongeant et les sortant de l'eau sans observer le résultat.

À vous d'insister sur le fait qu'ils devront présenter à leurs camarades le résultat de leur classement. Cela les incitera à observer et à être plus organisé.

Deux procédés sont possibles : placer tous les objets dans l'eau et les y laisser, en repérant ceux qui sont au fond et ceux qui se trouvent près de la surface ; ou plonger les objets un par un, observer où il se trouve, le sortir de l'eau et le poser sur la table près d'objets déjà testés, qui ont occupé la même position dans l'eau.

• **La comparaison des classements** permettra de vérifier la compréhension des mots flotter et couler. Si des désaccords apparaissent entre les classements sur des objets identiques, l'expérience tranchera.

• **Une réflexion** peut ensuite s'engager sur **la façon de garder une trace du résultat** obtenu.

Plusieurs solutions sont possibles :
– une photographie du résultat, avec une légende écrite « flotte », « coule » ;
– le collage sur une feuille des objets, de leurs dessins, ou de leurs photocopies organisés soit dans deux « patates » étiquetées « flotte » et « coule », soit dans un tableau à deux colonnes intitulées « flotte » et « coule », soit dans un tableau à double entrée ;
– en vrac sur une feuille avec un codage placé près de chacun des objets ou dessins.

Le choix de la mise en forme de ce compte rendu d'expérience est à adapter à l'âge des enfants.

3. Activités possibles sur l'album

a. Une expérience pour répondre

• **Vous rappellerez l'activité** déjà menée, ou vous la ferez retrouver à partir de la lecture de la photographie **1** : que font ces enfants et pourquoi ?
Vous pouvez utiliser la comptine pour lancer toute l'activité sur les objets qui flottent ou coulent dans l'eau.

• **Sur la photographie 2,** on repérera la position des objets mis dans l'eau. Les élèves retrouveront ainsi des objets proches de ceux qu'ils ont pu tester, et vérifier qu'il y a accord entre leurs résultats et ceux de la photographie de l'album.

b. Diverses façons de présenter les résultats

Si vous avez fait travailler vos élèves sur la présentation de leurs résultats ***(fig. 22)***, ils pourront comparer leur mode de présentation avec les deux proposés dans l'album.

Il faut toujours vérifier que les résultats ont été bien notés. En les rapprochant des informations tirées de la photographie **2**, vos élèves constateront que c'est le cas pour le panneau **3**, mais qu'il y a une erreur dans le tableau **4** : la bougie doit être placée dans la colonne « flotte ».

4. Travaux complémentaires

• **Pourquoi ne pas engager vos élèves dans une activité de schématisation,** en leur demandant de dessiner un objet qui coule et un objet qui flotte. L'aquarium n'est pas toujours représenté vu de côté, mais parfois de dessus, ce qui nuit à la lisibilité du dessin. De plus, si, assez souvent, les objets qui coulent touchent le fond du récipient, ceux qui flottent sont parfois représentés nettement au-dessus de l'eau. Les élèves pointeront des différences par comparaison de leurs dessins. Le recours à l'observation permettra de trancher pour savoir quelle représentation convient le mieux. L'utilisation d'étiquettes représentant les objets que l'on peut déplacer est un intermédiaire parfois nécessaire.

• Vous pouvez **poser de nouveaux problèmes**, que vos élèves résoudront en expérimentant de façon tâtonnante. Par exemple, vous leur demanderez de faire couler un objet qui flotte, tel qu'un pot de yaourt : il faut le charger pour l'alourdir.

5. Quelques précisions complémentaires pour l'enseignant

Il est possible, à l'inverse, de faire flotter un objet qui coule, par exemple une pomme de terre ou un morceau de pâte à modeler. Éplucher la pomme de terre, en couper un tout petit morceau, ou une plaque fine et plate ne convient pas : dans tous ces cas, le morceau de pomme de terre coule.

Ce résultat remet en cause des représentations courantes sur le phénomène : un objet petit et léger, ou plat et léger, doit pouvoir flotter. C'est faux. La seule solution consiste à creuser la pomme de terre ou le morceau de pâte à modeler (à lui donner un peu la forme d'un bateau).

Jeux avec des aimants

pages 12 et 13

Apportez des aimants, et vous verrez des enfants tout de suite intéressés et avides de faire de nombreux essais. Vous profiterez ainsi de cet intérêt pour mettre en place des activités riches autour des aimants ***(fig. 23)***.

Comme dans l'activité précédente, le travail avec les aimants incite les enfants à vérifier leurs affirmations, à utiliser des compétences liées au classement, à l'organisation des essais expérimentaux : mise à l'épreuve des objets de façon systématique, et non au hasard au risque d'en oublier.

1. Connaissances et compétences

En manipulant avec des aimants, les élèves seront amenés à classer des objets selon qu'ils sont ou non attirés par un aimant, puis à comprendre que cette propriété est liée à la substance, et non à l'objet.

Le fer est attiré par un aimant. Ils distingueront fer et métal.

Jeux avec des aimants

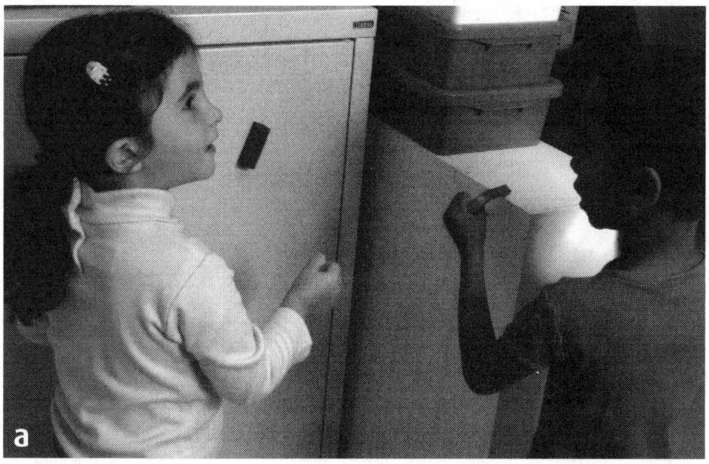

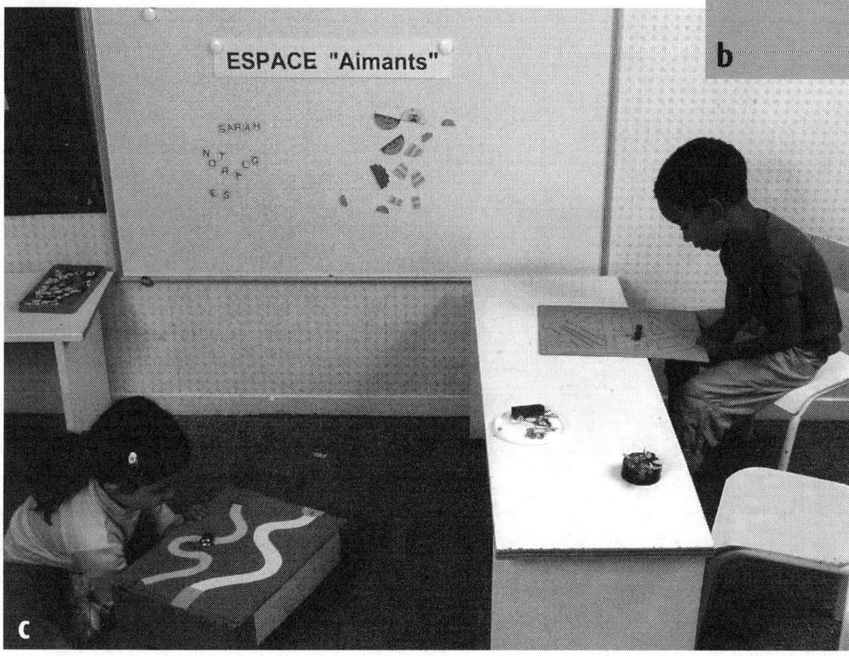

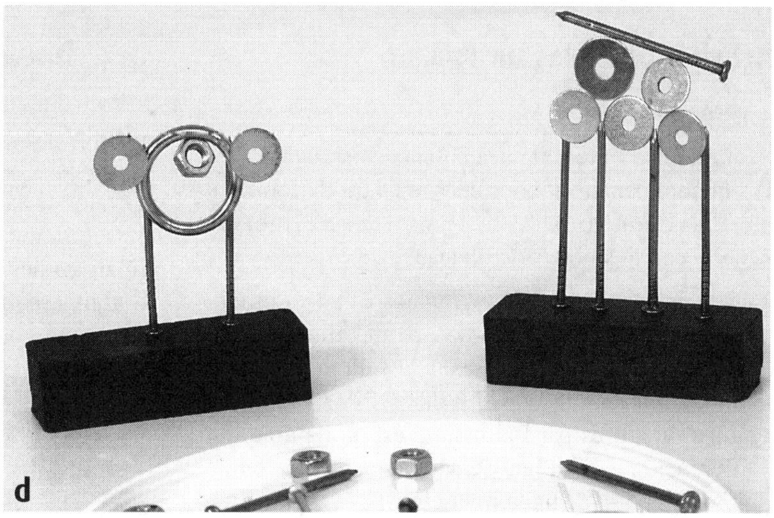

Fig. 23 **a.** Découvertes libres avec des aimants.
b. et **c.** L'espace « aimants » propose des jeux du commerce : lettres ou formes aimantées, labyrinthe, jeu d'équilibre, pêche... ainsi que des jeux fabriqués en classe. Un lot d'aimants permet des jeux libres : quelle surprise de voir que parfois l'aimant est attiré et ne tombe pas !
d. Ce jeu est constitué d'un aimant et d'éléments de quincaillerie en acier (clous, écrous, rondelles anneaux, etc.) permettant la réalisation de sculptures.

En fabriquant des jeux, ils découvriront qu'un aimant attire les objets en fer à travers un écran en carton et que deux aimants peuvent s'attirer ou se repousser selon l'orientation qu'on leur donne quand on les approche l'un de l'autre.

2. Avant d'utiliser les documents

Avant d'utiliser l'album, vous pouvez, dans le cadre d'un atelier, distribuer un aimant à vos élèves, et un lot d'objets, et les laisser manipuler et faire leurs premières observations. Choisissez dans un premier temps des objets en fer et des objets non métalliques.

• **Les élèves constateront** que certains objets sont attirés, et que s'ils approchent leurs aimants, ceux-ci s'attirent ou se repoussent. Passé ce premier moment de manipulation et d'émerveillement, vous leur ferez verbaliser ces premières observations. C'est l'occasion de préciser le lexique : les élèves disent souvent que « l'aimant colle, accroche ». Vous leur ferez faire la comparaison avec deux objets collés, ou accrochés. Ce n'est pas la même chose avec l'aimant, et le verbe correct est « attirer ».

• **Les objets ayant été classés,** les élèves constateront que tous les objets en fer sont attirés, et pas les objets non métalliques. Ils pourront conclure que c'est le fer, et non l'objet, qui intervient dans cette attraction.

• Vous pouvez, à ce moment de l'activité (dans un atelier suivant), proposer un **nouveau lot d'objets** à classer a priori, sans aimant. Dans ces objets se trouveront des objets en fer, des objets en autre métal et des objets non métalliques. Les élèves les classent le plus souvent en deux catégories : les objets non métalliques ne sont pas attirés par un aimant, tandis que les autres le sont. Ils seront très surpris, lors de la vérification avec un aimant, de constater que certains objets métalliques ne sont pas attirés par un aimant. Seuls les objets en fer le sont. Les métaux non ferreux (en dehors du nickel) ne le sont pas. Cette activité est ainsi l'occasion de distinguer fer et métal : le fer est un métal, mais tous les métaux ne sont pas du fer.

3. Activités possibles sur l'album

a. La pêche à la ligne

• **La photographie 1** présente des enfants en situation. Les élèves la commenteront pour décrire ce qu'ils font : un aimant fixé au bout de la ligne leur permet de « pêcher » certains objets du plateau.

• **Les objets ont été classés** (photographies **2** et **3**). Les élèves pourront retrouver le critère de classement, confirmé par la lecture des titres. C'est un moyen pour vous de vérifier leurs acquis. En effet, s'ils vous disent non attirés ou attirés par l'aimant, c'est qu'ils n'auront pas différencié métal et fer. Ce sera alors l'occasion de revenir sur ce point difficile pour eux.

• **Pour prolonger l'activité,** vous pouvez organiser une chasse aux objets qui contiennent du fer dans la classe. L'aimant les attire, ou est attiré par eux (radiateur, tubes des pieds de chaise...). L'attraction n'est pas seulement dans le sens aimant-objet, c'est une interaction à double sens entre l'aimant et l'objet : le plus mobile se déplace.

b. Des déplacements mystérieux

• **Les élèves** observeront la photographie **4** et **donneront la règle du jeu**. Ils essaieront de trouver **comment la voiture peut se déplacer**. Le gros plan de la photographie **5** montre qu'elle est montée sur un trombone en fer, et les élèves doivent supposer que les enfants manipulent un aimant à l'intérieur de la boîte. Ils pourront le vérifier avec un aimant, une feuille de papier ou de carton et un trombone, puis fabriquer le jeu.

• **La boîte a été réalisée** à partir d'une cagette en carton, mais toute boîte en carton (ou plastique) convient, en plaçant l'ouverture sur un côté pour le passage des mains des joueurs. Les élèves pourront inventer et réaliser leur tracé, modifier l'objet déplacé. Le trombone tordu permet d'avoir à la fois une assise et un plan vertical sur lequel est fixée la figurine découpée. On laissera les élèves s'interroger sur la manière d'assembler le trombone à l'objet mobile.

• **Dans le deuxième jeu,** le titre indique que la voiture avance ou recule sans qu'on la touche. Comment est-ce possible ? Les élèves utiliseront les conclusions des essais faits avec des aimants pour trouver qu'il faut un aimant sur la voiture et un dans la main pour la piloter. L'analyse de la photographie **7** le confirme. Ils pourront réaliser facilement ce jeu. Un adhésif double face collé sur la voiture permet une fixation aisée de l'aimant.

4. Travaux complémentaires

• Vous pouvez **laisser ces jeux en accès libre dans un espace-sciences de la classe.** Y trouveront leur place des objets comme un tableau magnétique avec lettres et jeu de formes, un jeu de construction magnétique, des jeux de parcours du commerce (labyrinthe, circuit). Peuvent aussi rester à disposition le matériel utilisé lors des activités dirigées (pêche aux objets...) Les enfants prendront plaisir aussi à y apporter des objets aimantés de la vie courante.

• Pourquoi aussi ne pas **donner des photographies de « sculptures »** à réaliser avec des petits objets en fer (pointes, rondelles, écrous...) et un aimant plat. Il s'agit alors à la fois d'un exercice de motricité fine et de structuration de l'espace, dans le repérage des positions relatives des différentes pointes. Les élèves inventeront d'autres sculptures à proposer à leurs camarades, sculptures que vous pouvez photographier pour alimenter le catalogue des sculptures aimantées de la classe.

5. Quelques précisions complémentaires pour l'enseignant

• Un aimant interagit avec le fer. Le fer sous-entend toutes les variétés de substances ferreuses : fer, fonte, acier. Un aimant attire aussi quelques métaux moins usuels, par exemple le cobalt, que l'on ne rencontre pas dans le monde qui entoure l'enfant, mais aussi le nickel que l'on trouve dans certaines pièces de monnaie.

• Les pièces de 1, 2 et 5 centimes sont en acier recouvert de cuivre, et sont donc attirées par un aimant, malgré leur couleur. Les pièces de 10, 20 et 50 centimes sont dans un alliage de cuivre, d'aluminium, de zinc et d'étain et ne sont donc pas attirées par un aimant.

Pour les pièces de 1 et 2 euros, le centre est en trois couches (une couche d'acier, une couche en zinc, et un alliage nickel-acier, et une couche en alliage nickel-acier, zinc et nickel), et l'anneau est un alliage de cuivre et de nickel. Elles sont attirées par un aimant.

• Un objet en fer resté au contact d'un aimant devient lui-même un aimant. Ainsi une paire de ciseaux pourra conserver assez longtemps son aimantation,

• Des aimants peuvent se désaimanter. Pour les conserver, il faut prendre quelques précautions : éviter de les chauffer et de les laisser tomber car chaleur et chocs les désaimantent ; ranger par paire et tête-bêche, comme ils se placent spontanément, les aimants allongés, dont les pôles (les parties qui attirent) sont aux extrémités. Faire de même pour les aimants plats, dont les pôles sont sur les faces, et pour les aimants en U.

Vous éviterez de les ranger près de boussole, si vous partagez votre matériel avec vos collègues de l'école élémentaire, et vous éviterez d'approcher toutes les cartes à pistes magnétiques (bancaire, ticket de métro) d'un aimant, au risque d'effacer, ou de modifier cette piste.

• La plupart des aimants actuels ne sont pas fabriqués à partir d'acier ou d'alliage contenant du fer. Ils peuvent être fragiles et se briser en cas de chute. Dans ce cas, vous obtenez deux aimants. Il existe des aimants incassables (caoutchouc imprégné de ferrite de baryum).

Avec des « pâtes » à modeler

pages 14 et 15

Les activités de modelage ont toujours beaucoup de succès auprès des jeunes élèves, qui aiment déformer, aplatir, rouler... des pâtes. Les pâtes utilisées par les élèves sont la pâte à modeler, la pâte à sel, l'argile, la terre à modeler synthétique, des pâtes à modeler durcissables à l'air. Toutes ces pâtes sont sans danger.

La pâte à sel nécessite un séchage (à l'air ou à four doux) ; l'argile doit être cuite ; les pâtes synthétiques, le plus souvent durcissent à l'air. Ces pâtes peuvent être peintes, vernies, émaillées après séchage ou cuisson, selon les cas.

On peut également proposer des matériaux modelables comestibles (pâte sablée, pâte à pain, etc.).

1. Connaissances et compétences

La réalisation d'objets en pâtes à modeler va conduire les élèves à mettre en œuvre et à connaître des actions produisant des déformations plastiques. Auparavant on ne peut que vous recommander de mettre en place des activités sensorielles sur un ou plusieurs matériaux afin de les connaître, de les comparer en analysant, l'odeur, la couleur, le toucher, la texture...

Parmi ces actions plastiques, citons le modelage, la gravure, l'estampage (dominos de la photographie **2**), l'extrusion (photographie **1**). Le modelage consiste à pétrir, écraser, pincer, creuser, rouler, effectuer des colombins... avec les mains, les doigts, des couteaux, des ébauchoirs, des mirettes, des rouleaux...

• **La gravure** est l'action de creuser à la surface pour laisser des traces avec des outils pointus, comme les couteaux, les cure-dents, des stylos billes usagés...

• **L'estampage** est le façonnage par déformation d'une masse, d'une plaque à l'aide d'une matrice, d'un objet qui va servir de support pour laisser la déformation (par exemple une plaque de terre disposée sur une assiette épousera la forme creuse de celle-ci). On obtient ainsi la réplique du support. Estamper, c'est également imprimer en relief ou en creux au moyen d'un outil*(**fig. 24**)*. En appuyant des objets sur une surface de pâte, on laisse des empreintes qui peuvent composer des frises, des dessins, des remplissages de surfaces pour traduire des effets, obtenir des rythmes, des textures à l'infini. On vous recommande de collecter un très grand nombre d'objets qui laisseront des traces variées : brosse à dent, pince à linge, clous, brique Lego, capuchon de stylo, ficelles, bouchons... Selon le sens d'utilisation d'un objet, l'empreinte obtenue sera très différente : par exemple, le résultat différera selon qu'une pince à linge sera appuyée dans le sens de la largeur ou de sa longueur ou sur son extrémité.

• **L'extrusion** consiste à obtenir des formes allongées (fils, bandes, boudins...) à partir d'un bloc de pâte passée à travers une filière. En classe, pour extruder on se servira d'une passoire, d'un presse-ail (photographie **1**), d'une poche à douille, d'une presse spécifique... On jouera sur la grosseur, le nombre et la forme des filaments qui sortent de l'appareil à extruder. On pourra faire référence à la fabrication des pâtes alimentaires.

Les élèves seront amenés à mettre en relation l'utilisation d'un outil et le résultat obtenu, par exemple le rouleau pour aplatir, le couteau pour découper, un bâtonnet pour graver, un presse-ail pour extruder... Des jeux peuvent être instaurés pour retrouver l'outil du camarade qui a déformé la pâte ou laissé des traces.

Les élèves découvriront quelques étapes du travail d'un potier, et les mettront en relation avec leur propre activité en repérant les ressemblances (modelage, séchage, cuisson pour l'argile et la terre à modeler), mais aussi les différences (utilisation d'un tour pour l'artisan, la quantité d'objets fabriqués, dont certains sont fabriqués à l'identique en série et aussi commercialisation de l'objet fabriqué).

Il semble fondamental de ne pas s'arrêter à de pures activités de façonnage, de production qui certes sont essentielles au plan du développement sensoriel et de la motricité fine, mais de développer un comportement scientifique en observant dans le temps l'évolution du

matériau, au cours du séchage et de la cuisson. Le séchage qui consiste en une évaporation progressive de l'eau contenue dans la pâte va se manifester par un changement de la consistance, de la couleur et même de la taille. Il est intéressant que les enfants observent par la vue et le toucher cette modification. L'élaboration d'un panneau faisant apparaître dans le temps l'évolution de ce changement semble pertinente. Que se passe-t-il si on sèche trop vite de l'argile sur un radiateur ? Au contraire progressivement sous un tissu, un plastique, comme les potiers ? Pour répondre à ces questions, on peut mettre en place des expériences qui permettront de déboucher sur des conclusions.
De même, la cuisson est une transformation qui modifie la nature de la substance (l'argile cuite n'a plus la même composition chimique que l'argile humide), et donc ses propriétés (dureté, couleur, aspect de surface). La notion de réversibilité et irréversibilité d'une transformation peut être testée par les enfants. L'argile séchée peut redevenir un bloc de terre malléable en lui rajoutant de l'eau et en la malaxant pour homogénéiser sa consistance. Une terre cuite, concassée et humidifiée ne redonnera jamais une terre modelable.

2. Avant d'utiliser les documents

Avant d'utiliser l'album, il est nécessaire, avec de jeunes enfants, de les laisser agir librement, seulement pour le plaisir du geste, ou pour obtenir un objet de leur choix ? Vous pourrez ensuite les orienter vers des projets de fabrication plus ambitieux.

3. Activités possibles sur l'album

a. Des réalisations dans la classe

• La photographie **2** donne des **exemples de réalisations finies**, qui pourront suggérer des idées à vos élèves.
Un hérisson a été réalisé en pâte à sel : (modelage et extrusion) ; des petits objets confectionnés en pâte durcissable à l'air peuvent aussi être faits en pâte à sel : une punaise magnétique, une pince pour feuilles de papier, des éléments de décoration montés sur piques ou à suspendre. Est aussi présenté un jeu de memory en terre à modeler estampée.

• Vous définirez avec vos élèves un **projet de fabrication** adapté à leur âge et au temps que vous souhaitez y consacrer. La réalisation du jeu de memory nécessite une organisation conduisant à la fabrication d'un jeu collectif, avec une normalisation de la taille des « cartes » : recherche d'un gabarit, choix des outils d'estampage, organisation d'un travail en série…

• **Les élèves feront des suppositions** pour expliquer quels outils ont été nécessaires pour fabriquer les objets : un rouleau, un couteau, des éléments pour graver ? la photographie **1** donne des informations sur des outils pouvant êtres utilisés pour obtenir les piquants du hérisson (ou des cheveux dans un autre projet de fabrication), ici un presse-ail ou une passoire.

b. Le travail du potier

• La photographie **3** présente le modelage de l'argile humide. Le potier utilise un tour (partiellement visible sur la photographie), et ses mains pour obtenir la forme souhaitée.

• Les photographies **4** et **5** présentent le four dans lequel les objets sont cuits.

• La lecture du texte vient compléter et valider les informations tirées des photographies.

4. Travaux complémentaires

Pour prolonger l'activité, il est intéressant de visiter un atelier de poterie. La référence à un contexte de fabrication extérieur à l'école permet de donner du sens aux réalisations des enfants et permet de comparer différents systèmes de production.

Estamper : imprimer une empreinte en creux ou en relief

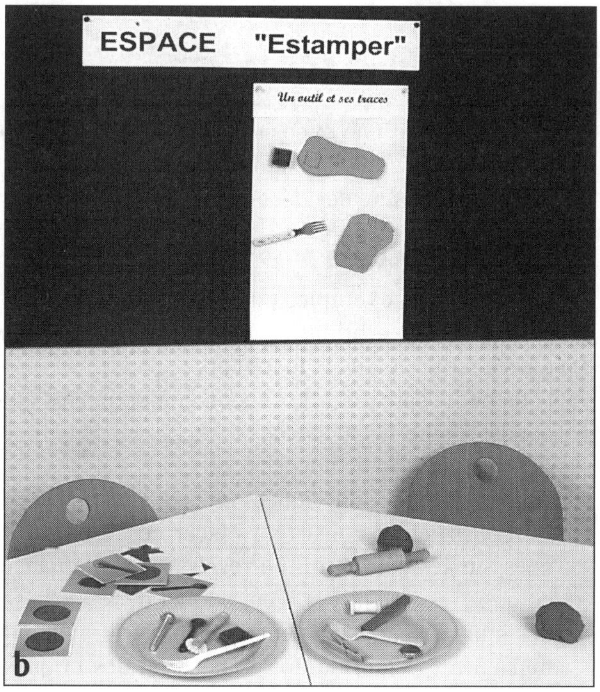

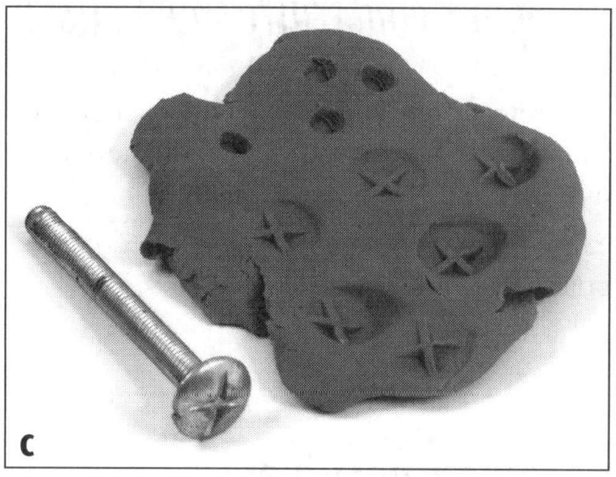

Fig. 24 Dans l'espace « estamper » on trouve de la pâte à modeler et des outils divers susceptibles de laisser des traces. Un panneau montre les différentes traces d'un outil. Un jeu d'association comporte des photos d'outils et des photos d'empreintes à apparier, la pâte à modeler étant là pour valider.

L'utilisation de matériaux, le rejet de déchets

Pour construire une maison ou un immeuble, pour fabriquer les emballages de nombreux produits, notamment les produits alimentaires (bouteilles, petits pots, barquettes, etc.), les hommes utilisent des matériaux divers qu'ils prélèvent dans la nature.
Dans certains cas, le terme « matériau » peut avoir plusieurs sens différents. Par exemple, dans le bâtiment, le terme « matériau de construction » a un sens particulier : il désigne aussi bien des matériaux utilisés effectivement dans les constructions (sable, puis ciment, plâtre, peinture, etc.) que des éléments déjà préfabriqués (parpaings, tuiles, carreaux, éléments de portail, gaine pour câble, buses, etc.).
Un autre aspect est très important : que faire de tous ces emballages ? Actuellement on parle très souvent de « recyclage des déchets ». Quel est l'intérêt de ce projet ? Comment le réalise-t-on ?
Ces problèmes concernent la protection de notre environnement. Une « sensibilisation » est possible, et souhaitable, avec les enfants ; elle permet de nombreuses manipulations qui les intéressent beaucoup.

Quels matériaux utilise-t-on pour construire une maison ?

Pour se protéger du loup, trois petits cochons décident de se construire une maison. Quels matériaux ont-ils choisis ? La paille ? le bois ? la pierre ?

En réalité, dans nos régions, quels matériaux utilise-t-on pour construire une maison ?

A. Activités possibles

Les activités peuvent se réaliser à deux niveaux soit à l'extérieur de la classe, soit par des manipulations en classe.

1 Visites et réalisation d'une exposition

Selon l'intérêt des enfants, leur âge et les possibilités locales, différentes activités sont envisageables et même souhaitables :
– visite d'un chantier de construction d'une maison ou d'un immeuble à différentes étapes ;
– découverte d'une carrière d'exploitation de roches, d'une zone d'extraction de sables et granulats…
– réalisation d'une exposition : le « musée de la construction » avec la collection de matériaux divers réunis au fur et à mesure des découvertes.

2 Manipulations possibles

On peut, par exemple, construire un mur en « parpaings ». Les « briques » utilisées peuvent être obtenues à partir de divers matériaux :
– de petits parpaings de ciment, confectionnés à l'école par des adultes ;
– des morceaux de bois ;
– des « briques » fabriquées en pâte à sel…
La construction consiste à placer ces « briques » les unes sur les autres soit en respectant l'alternance, soit en ne la respectant pas. Ceci permet de tester la solidité des murs obtenus. On peut aussi construire un angle de mur en respectant ou non la position des briques dans les angles.

B. L'album pour les enfants : « Explore le monde de la matière et des objets »

L'album « Explore le monde de la matière et des objets » propose des documents qui peuvent servir soit comme point de départ, soit comme compléments aux activités décrites précédemment.

Pour construire une maison

pages 16 et 17

1. Activités possibles sur l'album

a. Quelques étapes d'une construction

Sur la photographie **1**, les murs sont montés en briques rouges, ainsi que la cheminée.

Sur la photographie **2**, la charpente en bois est posée, deux lucarnes sont construites sur le toit.

Les enfants prélèvent des indices qui leur permettent de trouver dans quel ordre ont été prises les photographies.

On peut compléter l'observation de cette page en suivant l'évolution d'un chantier de maison en construction, en prenant des photographies et en les utilisant pour présenter les étapes de cette construction.

Si vous en avez l'occasion, il peut être intéressant de comparer avec la construction d'un immeuble, où de grands éléments de murs extérieurs sont préfabriqués, soulevés et mis en place à l'aide d'une grue.

b. Les matériaux de construction

La photographie **3** correspond à un panneau réalisé dans une classe.

Les enfants ont découpé des photographies présentées dans des catalogues publicitaires de matériaux de construction.

Les enfants identifient des éléments et matériaux employés pour la construction, et indiquent **à quoi ils peuvent servir** : les planches entre charpentes et tuiles, les tuiles pour la couverture du toit, la laine de verre pour l'isolation, le sable et le ciment pour la préparation du béton utilisé pour les dalles de fondation, les chapes des sols, les parpaings et les briques creuses pour les murs, les pavés pour les allées, le portail pour l'entrée, les tommettes et carreaux pour le carrelage, les portes et les fenêtres pour les ouvertures de la maison, les buses pour l'évacuation des eaux usées, la gaine tubulaire pour protéger les câbles électriques, les tubes métalliques pour les installations sanitaires…

Les élèves pourront repérer des éléments analogues dans l'école, chez eux, ou sur un chantier non loin de l'école.

2. Connaissances et compétences

Les élèves seront amenés à retrouver et décrire la chronologie de quelques étapes de la construction d'une maison, et à découvrir ou reconnaître des matériaux utilisés dans la construction.

C. Informations scientifiques pour l'enseignant

1 Certaines roches sont utilisées comme matières premières

Le sable, les cailloux sont des roches. Le ciment est un produit fabriqué à partir de roches.
Depuis des millénaires (et même des millions d'années), les hommes utilisent des roches pour fabriquer des outils (silex taillés, puis outils de bronze, poteries, etc.), pour se loger (abri sous roche puis construction d'habitation)…
Actuellement, dans la construction des habitations, les roches sont encore utilisées directement (pierres de taille, ardoises, dallages, pavés, etc.), mais elles servent le plus souvent de matières premières à la fabrication de matériaux divers : ciment, béton, briques, tuiles, plâtre, verre, fer, etc.

2 Qu'est-ce que le ciment ?

Le ciment est obtenu à partir d'un mélange de **calcaire** (80 %) et d'**argile** (20 %), finement broyé. Ce mélange est alors cuit à 1 450 °C. Le produit qui sort du four est mélangé éventuellement à certains additifs et broyé à nouveau : on obtient ainsi une poudre minérale très fine (grains inférieurs à 100 micromètres), le ciment.

3 Qu'est-ce que le béton ?

Le béton est le produit industriel le plus utilisé dans le monde à l'heure actuelle. C'est un mélange, en proportions convenables, de granulats (sables et graviers), de ciment et d'eau.
Dans un morceau de béton, les granulats apportent le volume et la résistance. Le ciment sert de liant à l'ensemble. La plupart du temps, on augmente la résistance du béton en « noyant » une armature de barres d'acier : c'est le ferraillage. On obtient ainsi du **béton armé**.

4 Qu'appelle-t-on granulats ?

On appelle granulats un ensemble de grains de dimensions comprises entre 0 et 80 mm, destinés notamment à la confection de mortiers, de bétons, de couches de fondation, de base et de roulement des chaussées et des voies ferrées. Cette définition signifie qu'un matériau qui, pour être utilisable dans l'un ou l'autre des emplois mentionnés, nécessite une préparation (criblage, lavage, concassage, etc.) n'est pas encore un granulat. Il ne le devient qu'après cette élaboration.

5 La fabrication de petits parpaings

Voici une recette simple pour fabriquer des petits parpaings qui seront ensuite utilisés pour bâtir un mur.
Dans un bol, mettre trois cuillerées à soupe de sable et deux cuillerées à soupe de ciment. Bien mélanger. Ajouter de l'eau pour obtenir une pâte assez humide mais pas trop. Verser le mélange dans le tiroir d'une petite boîte d'allumettes qui servira de moule. Laisser sécher et démouler le lendemain.

Les parpaings sont préparés par des adultes et ensuite donnés aux enfants qui les empileront.

6 La fabrication des tuiles et des briques

L'argile est une roche dont les propriétés sont différentes selon qu'elle est sèche ou humide.
L'argile sèche, roche rugueuse, s'émiette facilement, est poreuse et absorbe l'eau. Quand elle est saturée d'eau, elle devient pratiquement imperméable. Cette propriété permet de comprendre l'existence de zones humides, voire d'étangs, sur les terrains argileux.
L'argile humide est plastique et peut se modeler. Elle est utilisée depuis fort longtemps pour la fabrication des poteries, des tuiles, des briques... après cuisson à environ 1 150 °C. « L'argile cuite » n'est plus de l'argile : elle a perdu de l'eau de manière irréversible. Cette terre cuite présente de nouvelles propriétés. L'argile est également utilisée dans la fabrication du ciment.

Le recyclage des déchets

On appelle généralement « déchets », ou plus précisément « déchets ménagers », tout le contenu de nos poubelles. Il s'agit de produits très divers. Les plus abondants sont les emballages de nombreux produits alimentaires ou non alimentaires :
– les bouteilles en verre (eau, vin, sirops, etc.) ou en matière plastique (huile, jus de fruits, sodas, eaux minérales, etc.) ;
– les petits pots en verre (contenant les aliments pour bébés) ;
– les pots à confitures, à olives, à cornichons, à moutarde...
– les boîtes en carton (lait, boissons diverses) ;
– les boîtes métalliques, ou « canettes » (cola, bière, jus de fruits, etc.) ;
– les boîtes de conserves métalliques (de légumes, de pâtés, etc.) ;
– les barquettes (en aluminium, en polystyrène) ;
– les pots de yaourts, de laitages, de crèmes dessert.
Ajoutons à tout cela les cartons, les journaux, les magazines...

Il est facile d'imaginer que la fabrication de ces produits est coûteuse en matières premières et en énergie. De plus, on comprend aisément qu'après utilisation, on soit très embarrassé de ces emballages devenus inutiles.

Actuellement, 80 % des « déchets » cités précédemment pourraient être recyclés. Mais, dans la réalité, c'est loin d'être le cas, même si une bouteille en verre sur deux est actuellement une bouteille obtenue par recyclage.

Il est important d'aborder ce sujet avec les enfants. Il donne lieu à diverses activités. Il permet en outre de reparler de la notion de substances puisque, avant de pouvoir recycler, il faut trier selon la nature de la substance qui constitue l'emballage.

A. L'album pour les enfants : « Explore le monde de la matière et des objets »

Une double page est consacrée à ce thème. Son utilisation peut être précédée d'activités préparatoires :
– un entretien (éventuellement précédé d'une enquête) pour établir l'inventaire de tout ce que l'on met dans la poubelle ;
– une sortie au point d'apport volontaire situé à proximité de l'école (s'il existe) ;
– un inventaire de tout ce qui est jeté dans la poubelle de l'école...

On trie les déchets : sais-tu pourquoi ?

pages 18 et 19

1. Activités possibles sur l'album

a. Un rassemblement des « déchets » les plus courants

Que reconnaît-on sur la photographie **1** ? Pourquoi appelle-t-on cela des déchets ? Pouvez-vous en citer d'autres ? Que fait-on de ces déchets ? Que deviennent-ils ensuite ?
Toutes ces questions guident l'entretien que l'on doit réaliser avec les élèves dans un premier temps.

b. Qu'est-ce que le « recyclage » des déchets ?

La photographie **1** présente plusieurs emballages que l'on jette, et qui peuvent être recyclés. Les photographies **2** et **3** indiquent qu'on peut fabriquer de nouvelles bouteilles de verre à partir de bouteilles en verre déjà utilisées et jetées. Les photographies **4** et **5** indiquent qu'à partir du plastique des bouteilles, on peut fabriquer de nouveaux matériaux comme la fibre polaire utilisée en confection. À travers ces deux exemples, les élèves commencent à construire l'idée de « recyclage » des matériaux.

c. Pour recycler, il faut d'abord trier

Les photographies **6** et **7** indiquent que le tri se fait en deux étapes, d'abord à la maison, puis par des professionnels.
Des informations portées sur les conteneurs donnent des indications sur les déchets à y déposer. Que met-on dans le conteneur bleu ? et dans le vert ?...

2. Connaissances et compétences

La quantité de déchets produits et rejetés est très importante. Pour en limiter l'impact sur l'environnement, les citoyens sont invités à trier leurs déchets, dont certains peuvent être recyclés pour de nouvelles fabrications.

Trier les déchets nécessite de connaître certains matériaux : papier, verre, matière plastique. Un premier tri est réalisé à la maison, et un second tri est opéré par des professionnels.

3. Informations scientifiques pour l'enseignant

a. La production de déchets ne cesse d'augmenter

En France, la masse des ordures ménagères a plus que doublé en 30 ans.
La France produit chaque année 580 millions de tonnes de déchets :
- 30 millions de tonnes de déchets ménagers ;
- 150 millions de tonnes de déchets industriels ;
- 400 millions de tonnes de déchets dans l'agriculture et les industries agro-alimentaires.

Nos poubelles contiennent en moyenne 2 % de textile, 6 % de métaux, 10 % de matières plastiques, 12 % de verre, 15 % d'éléments fins et divers, 25 % de matières organiques (restes de repas et déchets de jardin), 30 % de papiers et cartons.

b. Qu'est-ce que le recyclage ?

Le recyclage est l'opération qui consiste à transformer ou à traiter un déchet afin de pouvoir le réutiliser pour fabriquer d'autres produits.
Le cas du verre est particulièrement démonstratif : trié, lavé, concassé, le verre forme alors le calcin. Ajouté à des matières premières, le calcin est fondu, soufflé dans des moules et redonne ainsi de nouvelles bouteilles. Ce recyclage est particulièrement important pour la protection de l'environnement. Il permet non seulement de faire des économies de matières premières, mais également des économies d'énergie. Pour fabriquer du verre « initial », il faut un mélange de sable et de calcaire chauffé à 1 580 °C, alors que le calcin fond à une température bien moins élevée (1 000 °C environ).

Les économies d'énergie s'accompagnent d'une diminution des pollutions atmosphériques notamment du rejet de gaz carbonique qui agit sur l'effet de serre.
En recyclant le verre, on évite sa mise en décharge. Aujourd'hui, grâce aux efforts de tous, une bouteille sur deux est en verre recyclé.

c. Le tri des déchets se fait en deux étapes successives

La « collecte sélective » des déchets est organisée dans la plupart des agglomérations. Les habitants effectuent un tri préalable pour séparer ce qui est recyclable de ce qui ne l'est pas. Ils mettent ainsi de côté, dans des poubelles spéciales, le verre, les plastiques, les papiers et cartons, les emballages métalliques… Cependant, ils ne trient pas les différentes sortes de matières plastiques, les différents métaux…
Une deuxième étape a lieu dans un centre de tri. La séparation des différents matériaux s'effectue de manière essentiellement manuelle par des trieurs installés de part et d'autre d'un tapis roulant. Généralement, chacun d'eux récupère un matériau précis (carton, acier, aluminium, les différentes sortes de plastiques…) et le dépose dans un bac. Les matériaux ainsi triés sont ensuite dirigés vers des usines de recyclage spécialisées.

Extrait de l'album *« Explore le monde de la matière et des objets »* page 19.

Prendre conscience de l'existence de l'air

À l'école maternelle, l'enfant « repère des réalités moins visibles comme le vent, et ainsi prend conscience de l'existence de l'air ». Il faut donc lui proposer des situations où le vent et l'air interviennent, de façon à provoquer cette prise de conscience. Ce travail important sera poursuivi au cycle 2.
Parmi les supports proposés dans l'album, vous trouverez des situations de la vie courante, l'utilisation d'objets fabriqués par l'homme, mais aussi des fabrications d'objets par les enfants, et des mises en situation expérimentales, au cours desquelles ils devront manipuler et observer.

Informations scientifiques pour l'enseignant

L'air n'est ni un liquide, ni un solide. C'est un gaz. De plus c'est un gaz invisible et inodore, donc difficile à percevoir pour les enfants. La prise de conscience de l'existence de l'air n'est pas évidente et doit être progressive. Il faut pouvoir proposer des situations où la présence de l'air est rendue sensible.
• Une première série de situations fait intervenir le vent. Le vent est de l'air en mouvement, et il produit des effets observables : mise en mouvement des ailes d'un moulin, d'objets divers (le linge étendu sur une corde, les cheveux qui reviennent dans le visage…).
• Une seconde série consiste à rendre visible un passage d'air dans de l'eau : souffler avec une paille dans un verre d'eau, presser sur un flacon d'air placé sous l'eau. L'air est alors visible sous forme de bulles qui se déplacent, qui montent dans l'eau. Le mot bulle convient, car il désigne des poches de gaz dans un liquide.
• D'autres situations doivent permettre de comprendre qu'un récipient apparemment vide est en réalité rempli d'air. On peut y parvenir en chassant l'air : on crée alors un courant d'air plus facile à percevoir, ou, mais c'est plus difficile à l'école maternelle et les enfants l'aborderont au cycle 2, en remplaçant l'air par une autre substance, de l'eau par exemple.
• On peut aussi repérer la présence d'air dans un sac, un ballon, selon qu'il est gonflé ou non.
Une dernière série de situations consiste à utiliser des objets qui créent un courant d'air, et à mettre en évidence sa présence.
• Notons qu'il existe encore un autre moyen : utiliser la résistance de l'air (parachute par exemple). Il est plus accessible à des élèves de cycle 2.

L'album pour les enfants Explore le monde de la matière et des objets

À quoi vois-tu qu'il y a du vent ?

pages 20 et 21

Des photographies évoquent des situations de la vie courante, tandis qu'une installation faite par une classe dans une cour d'école ne manquera pas de susciter l'intérêt de vos élèves.

1. Connaissances et compétences

Les élèves mettront en relation la présence de vent et le fait que des objets bougent (cheveux, drapeau) ou s'inclinent dans le sens où va le vent. Ils pourront s'inspirer des installations photographiées pour suspendre des objets réagissant à la présence de vent, et faire des essais avec différents objets et matériaux. Différents modes de suspension pourront être testés. Les objets doivent offrir une surface suffisante de prise au vent. Fabriqués dans un matériau souple, ils bougeront,

Produire et utiliser du vent

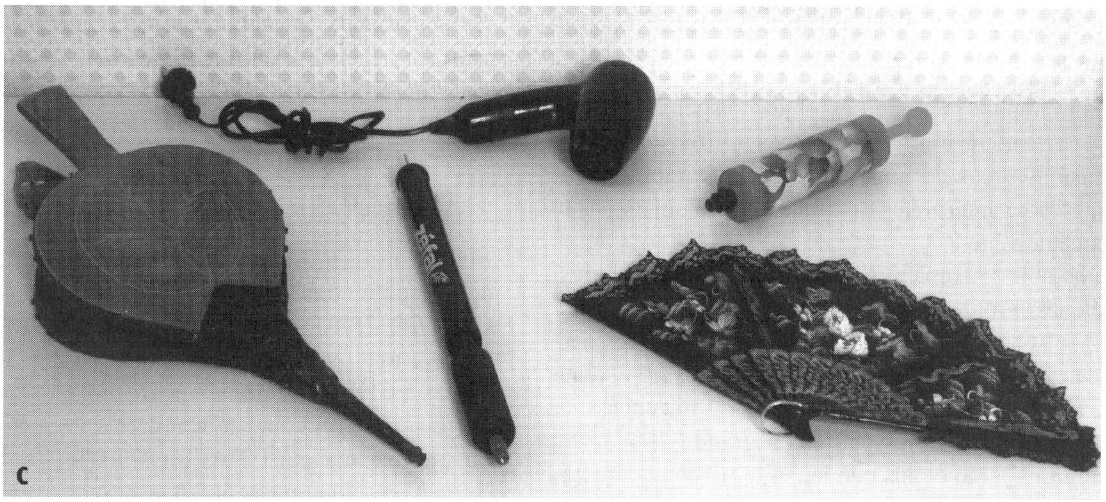

Fig. 25 **a.** et **b.** Les élèves ont fabriqué des chars avec des voiles de tailles différentes (**b**). Ils les font avancer avec un sèche-cheveux (**a**) : tous les chars à voile ne parcourent pas la même distance.
c. Collection d'objets qui produisent du vent. Les élèves ont classé des objets apportés en classe, en relation avec le vent. Cela permet de mieux comprendre la notion de fonction.

s'inclineront même s'il n'y a pas de possibilité d'orientation au niveau de la fixation. Fabriqués dans un matériau rigide, ils doivent avoir une mobilité au niveau de la suspension.

2. Avant d'utiliser les documents

Vous pouvez profiter d'un jour de grand vent pour faire faire des remarques à vos élèves. Vous pouvez aussi leur demander de faire un dessin sur lequel il y a du vent. Comment vont-ils choisir de le représenter : des objets qui volent ? des nuages dans le ciel ?...
Les enfants associent souvent le vent et les nuages, sans savoir alors qu'il peut y avoir du vent sans nuages, et sans toujours distinguer si c'est le vent qui fait bouger les nuages, ou les nuages qui produisent le vent.

3. Activités possibles sur l'album

a. Soufflez monsieur le vent !

• **Les photographies évoquent des situations** que les élèves ont déjà pu rencontrer. Ils les décriront, et proposeront des explications aux cheveux en désordre, au drapeau et à la manche à air bien déployés et presque à l'horizontale, à la fumée qui ne s'élève pas au-dessus de la cheminée. Le vent en est responsable, et les élèves pourront tenter dans chaque cas de dire dans quel sens il souffle : de la gauche vers la droite sauf pour la photographie **3**.
Ces photographies seront l'occasion d'évoquer des situations personnelles vécues par les élèves chez eux ou à l'école, et pour lesquelles ils donneront des **indices de la présence de vent** : les feuilles virevoltent, les arbres sont agités, les nuages se déplacent rapidement dans le ciel, les fils électriques bougent, les papiers s'envolent...
La comptine, que vous pouvez choisir de lire en fin ou en début d'activités, confirmera les exemples fournis par les élèves, ou en évoquera d'autres.

b. Dans la cour de l'école

La photographie présente des objets suspendus sur un fil traversant la cour. Vos élèves réutiliseront les conclusions tirées de l'analyse des photographies précédentes pour interpréter l'inclinaison des objets par la présence de vent.
Certains objets semblent s'incliner moins que d'autres. Vos élèves feront des suppositions liées à la nature de l'objet, à son poids, sa taille, sa forme. Des essais permettront de vérifier ces suppositions. Par exemple, une boule de Noël légère s'incline plus qu'une perle de bois plus lourde et plus petite. La grande assiette en aluminium s'incline plus que la petite barquette en aluminium. Les grands rubans de tissu, de plastique souple, de papier crépon sont très sensibles au vent, mais certains ne résisteront pas à la première pluie ! Tous les essais des enfants feront ainsi l'objet de remarques relatives à certaines de leurs propriétés liées à l'objet (forme, taille, poids) ou au matériau (rigidité).
Différents moyens de suspendre sont proposés sur la photographie **5**, mais vos élèves peuvent souhaiter par exemple utiliser deux épingles à linge pour suspendre des plaques rectangulaires. La fixation laissera plus ou moins de mobilité selon la position de la pince sur le fil ; ainsi, si les pinces sont enfoncées, on pourra constater que si le matériau est rigide (carton ondulé par exemple), le dispositif sera peu sensible : un vent faible ne l'inclinera pas, tandis qu'un rectangle de tissu souple réagira à ce vent faible.
Une analyse plus précise du mode de suspension de la plaque de carton sur la photographie montre qu'elle est fixée à l'aide de deux trombones. Les élèves réaliseront ces deux modes de suspension (deux épingles à linge ou deux trombones) et compareront la mobilité de la plaque pouvant plus ou moins tourner autour du fil. Une suspension par un seul fil permet aussi une grande mobilité.

Produire et utiliser du vent

pages 22 et 23

Tous les enfants ont déjà soufflé sur une fleur fanée de pissenlit pour s'amuser de voir ses graines s'envoler au vent. Leurs parents leur ont déjà séché les cheveux avec un sèche-cheveux. Ils ont sans doute déjà vu des moulins à vent, dans leur région, lors de voyages, ou sur des images ou des reportages à la télévision. Et les voiliers les font souvent rêver.
Les situations choisies évoquent ainsi toutes des objets susceptibles d'être connus des enfants. Ils peuvent alors décrire ou reproduire ces situations ou les effets obtenus.

1. Connaissances et compétences

La description des photographies conduira les élèves à parler du vent, soit parce qu'il est produit par l'objet (le sèche-cheveux, l'éventail que l'on agite...), soit parce qu'il est nécessaire au fonctionnement de l'objet (moulin, voilier et char à voile miniature). Les élèves pourront procéder à un classement des objets selon ce critère : produire ou utiliser du vent.

2. Avant d'utiliser les documents

Avant d'utiliser l'album, vous demanderez à vos élèves de chercher tous les moyens possibles pour faire du vent *(fig. 25)*. Ils proposeront de souffler, mais aussi d'agiter une feuille de papier, un objet plat, ou d'ouvrir portes et fenêtres pour « faire un courant d'air ». Certains pourront citer le ventilateur, le sèche-cheveux, ou encore un gonfleur, un soufflet, selon qu'ils connaissent ou non ces objets.

3. Activités possibles sur l'album

• **Les élèves retrouveront** certaines de leurs suggestions : souffler, agiter l'éventail, utiliser un sèche-cheveux. Les autres photographies correspondent à la même idée. Les élèves trouveront peut-être que moulin, voiliers et char à voile tournent ou se déplacent parce qu'il y a du vent. Les objets (au sens large) photographiés sont ainsi classés en deux catégories, et le critère de classement est validé par le titre de la page : produire, utiliser du vent. Des objets peuvent être apportés et manipulés ; ce qui permettra de valider ce classement par une mise en œuvre réelle.

• **Le char à voile** est facile à construire. En analysant sa photographie, les élèves feront l'inventaire du matériel nécessaire : une petite voiture, une voile en papier et un mât en bois (cure-dent ou morceau de pique à brochette) fixé sur la voiture avec du ruban adhésif (ou de la pâte à fixer). Les enfants fabriqueront leur char à voile. Les voiles peuvent être de tailles et formes différentes, mais il faut adapter hauteurs du mât et de la voile. Ils pourront essayer leur char en soufflant dessus, ou en utilisant un gonfleur, un sèche cheveux…

• **Une course** remportera un vif succès. Tout le monde doit partir en même temps de la ligne de départ. Mais quelle règle choisirez-vous : chercher à aller le plus vite, à franchir le premier la ligne d'arrivée, ou aller le plus loin en un seul souffle ? Pour structurer l'observation vous pouvez proposer de ne faire varier que la taille de la voile.

4. Travaux complémentaires

Pour prolonger l'activité, vous laisserez à disposition, dans un espace-sciences, du matériel varié pour fabriquer et fixer les voiles pour un char à voile. Vos élèves pourront alors poursuivre leurs essais avec du papier, du carton, du plastique, du tissu… et prolonger leurs découvertes sur les propriétés des matériaux.

Tournent, tournent les ailes des moulinets

pages 24 et 25

S'engager dans une activité de fabrication séduit toujours les enfants, surtout si l'objet fabriqué fonctionne bien ! Deux modèles de moulinet sont proposés : vos élèves choisiront celui qu'ils veulent réaliser. Ils ne manqueront pas ensuite de l'utiliser !

1. Connaissances et compétences

La principale connaissance est encore ici l'existence de l'air. Pour faire tourner le moulinet, il faut souffler dessus, le placer dans un courant d'air, ou le déplacer dans l'air immobile.
Pour fonctionner correctement, les pales du moulinet doivent être suffisamment larges, et doivent être inclinées.
Dans le même temps sont travaillées des compétences liées à la réalisation d'un projet de fabrication : inventaire du matériel, repérage et préparation des pièces, assemblage.

2. Avant d'utiliser les documents

Vous pouvez proposer à vos élèves des images de moulins à vent. Ils utiliseront leurs acquis sur les effets du vent pour expliquer que le vent fait tourner les ailes du moulin. Selon les cas, et ce sera ou non précisé sur vos documents, le moulin est utilisé pour produire de la farine, de l'huile… Les élèves pourront apporter leurs propres images pour compléter cet affichage.
Si vous ne souhaitez pas introduire l'activité par ces images, le simple apport d'un moulinet en classe, ou l'observation de sa photographie suffira pour obtenir l'adhésion des élèves.

3. Activités possibles sur l'album

a. Construis ce moulinet

• **La photographie présente l'objet fini,** tenu par une fillette. Vos élèves feront des remarques sur ce qu'est cet objet, et comment il peut fonctionner. Ils rapprocheront sans doute sa forme de celle des ailes d'un moulin, et vous confirmerez que c'est un moulinet, comme le précise le titre. Les photographies **2** et **3** montrent des détails aidant les élèves à préciser leur projet de construction. Il faut un disque de carton, trois bandes de carton léger et six carrés pour faire les pales (aux extrémités des ailes) ; une épingle à tête, une perle et un bouchon de liège. On peut tenir le bouchon directement ou le piquer dans une aiguille à tricoter (ou pique à brochette) tenue à la main.

• **Vous mettrez à leur disposition le matériel nécessaire.** On peut poser sur une table des bandes et des carrés prédécoupés, ou donner des gabarits pour les préparer. Les niveaux de difficultés pour fabriquer ne sont alors pas les mêmes. Pour des élèves plus jeunes, on peut choisir de proposer une fabrication « en prêt-à-monter », les pièces nécessaires étant fournies.

• **Pour l'assemblage,** il faut d'abord coller les trois bandes sur le disque. Il faut ensuite plier les carrés en deux selon une diagonale (pointe à pointe), et coller une partie à chaque extrémité de bande. Attention à l'orientation ! Vos élèves devront avoir droit à l'erreur, rectifiant leur collage après constat du mauvais fonctionnement de leur moulinet. Il faut ensuite placer l'épingle, la perle et le bouchon. Certains enfants ont du mal et peuvent demander votre aide ; il est plus facile d'enfoncer le bouchon dans l'épingle que l'inverse, mais les enfants ne pensent pas spontanément à cette possibilité qui oblige à retourner l'objet.

• Après avoir fabriqué le moulinet, **il faut l'utiliser,** par exemple en soufflant dessus, ce qui est en général la première idée qui vient aux élèves. Cela permet de faire des constats et, si nécessaire, des rectifications sur les fabrications.
Par exemple, une épingle trop enfoncée, la perle étant trop serrée entre le disque de carton et le bouchon, et les frottements sont trop importants (il suffit alors de sortir légèrement l'épingle).

• Vous inviterez vos élèves à **trouver tous les moyens possibles** pour faire tourner le moulinet, à l'exclusion de la main : souffler dessus, le mettre au vent dans un sens ou dans l'autre, ou le déplacer en avant ou en arrière dans l'air immobile de la classe.
Certains élèves peuvent mettre en relation la vitesse de rotation du moulinet et la vitesse du vent ou du dépla-

cement du moulinet dans l'air. D'autres (mais vous ne chercherez pas à en faire une étude systématique qui convient mieux à des enfants plus âgés) mettront en relation le sens de rotation du moulinet avec le sens du vent, ou du déplacement du moulinet, et aussi avec le sens d'inclinaison des pales.

b. Un autre modèle à réaliser

• **La démarche suivie** peut être analogue à celle décrite précédemment. Ce moulinet a huit branches collées sur un disque en bois ; les disques bleus sont collés à chaque extrémité. L'inclinaison est obtenue en pliant la bande, et non le disque. Une pointe passée dans une perle traverse la roue et la fixe sur une baguette de bois. Comme dans le cas précédent, il faut utiliser ce moulinet, le rectifier si nécessaire et trouver tous les moyens de le faire tourner sans la main.
• À travers cette fabrication les enfants expérimenteront la fonction des pales et la variation de prise au vent ; le comportement du moulinet variera si le pliage est inexistant ou si les pales sont plus ou moins relevées.

4. Travaux complémentaires

Pour prolonger l'activité, faites éventuellement utiliser ces moulinets pour détecter la présence de vent dans la cour. Seront-ils plus ou moins sensibles que les objets de la page 21 ?

Comment peut-on voir de l'air ?

pages 26 et 27

Dans les situations des pages précédentes, l'air était rendu perceptible sous forme de vent, qui est de l'air en mouvement. Les activités de cette double page vont faire réfléchir les élèves sur d'autres moyens que le mouvement pour déceler la présence d'air ***(fig. 26** et **fig. 27)**.*

1. Connaissances et compétences

Les élèves analyseront, manipuleront, reproduiront et compareront les situations proposées pour repérer différents indices permettant de déceler la présence d'air : les bulles et des objets gonflés.
Ils découvriront qu'il suffit d'ouvrir un sac pour le remplir d'air : il n'est pas nécessaire de souffler dedans ou de le déplacer dans la classe.

2. Avant d'utiliser les documents

• Avant d'utiliser l'album, vous pouvez, dans le cadre d'un atelier, mettre du matériel à disposition des élèves, et leur demander de trouver tous les moyens possibles de faire des bulles.
• Il serait intéressant de proposer : des récipients avec de l'eau, des récipients avec de l'eau savonneuse ; des pailles, des anneaux, des tubes, des pompes à vélo avec leur raccord, des gonfleurs, des seringues (sans aiguille). Les élèves feront des essais, qu'ils présenteront à leurs camarades, en explicitant le procédé utilisé : souffler dans une paille plongée dans l'eau, mettre l'extrémité d'un gonfleur, d'un raccord de pompe à vélo, d'une seringue dans l'eau, et pousser sur la poignée ou appuyer sur le gonfleur ; plonger un anneau dans de l'eau savonneuse et souffler délicatement sur le film de savon pris dans l'anneau…
• Vous pouvez faire préciser qu'on met de l'air pour former les bulles (dans l'eau ou entourée de savon).

3. Activités possibles sur l'album

a. Que de bulles !

• **Si les élèves ont eu le moment de recherche précédent,** les photographies serviront de support pour une évaluation de leur compréhension. Sur la photographie **1**, on voit des bulles dans le sirop ; donc la fillette souffle dans la paille, et obtient des bulles d'air. Sur la photographie **2**, l'enfant souffle sur le film d'eau savonneuse pris dans l'anneau, et une bulle d'air entouré de savon se forme alors. Sur la photographie **3**, Alex introduit de l'air dans l'eau à l'aide de la pompe : cet air est alors visible sous forme de bulles dans l'eau. Sur la photographie **4**, de l'air sortant du ballon passe par le tube dont l'extrémité a été trempée dans de l'eau savonneuse, et une bulle d'air entouré de savon se forme.

• **Si vos élèves n'ont pas eu le moment de recherche,** ils chercheront à reproduire ces situations, et à les décrire et les expliquer. Ils pourront chercher avec quels autres moyens faire des bulles, et vérifier leurs propositions en les testant expérimentalement.

b. Qui veut un sac plein d'air ?

• **Avant d'utiliser l'album,** présentez donc un sac en plastique transparent fermé rempli d'air et demandez aux élèves ce qu'il contient. Certains vous diront qu'il est vide ; d'autres peut-être qu'il contient de l'air. Il faut vérifier ces propositions. Quand on appuie sur le sac, on sent une résistance : il semble donc qu'il y ait quelque chose dans le sac. Une autre possibilité consiste à ouvrir, ou plutôt à percer le sac pour voir si quelque chose en sort. On ne voit rien, mais on peut sentir un léger courant d'air sur la peau. Lequel de vos élèves proposera, comme dans deux des situations de la page 26, de mettre le sac dans l'eau pour voir si des bulles apparaissent près du trou ?
• Vous pouvez proposer des sacs en plastique (de petite taille pour des raisons de sécurité) et des ballons de baudruche **à gonfler**. Comment faire ? Les élèves feront des propositions et des essais : souffler avec la bouche, utiliser un gonfleur ou une pompe pour ballon de baudruche. La pompe à vélo ne convient pas car il n'y a pas de valve en sortie comme sur les gonfleurs (la valve est sur la chambre à air). D'autres enfants marcheront ou courront avec le sac ouvert avant de le fermer. Il est probable que peu (voire aucun) laisseront le sac ouvert et immobile, ce qui suffit pourtant pour le gonfler car l'air est dans le sac dès qu'il est ouvert et déplié.
• Si les **photographies** de l'album servent de **support pour une évaluation**, les élèves doivent décrire et expliquer les différentes situations. Elles peuvent aussi

« Je souffle avec une paille dans un verre d'eau »

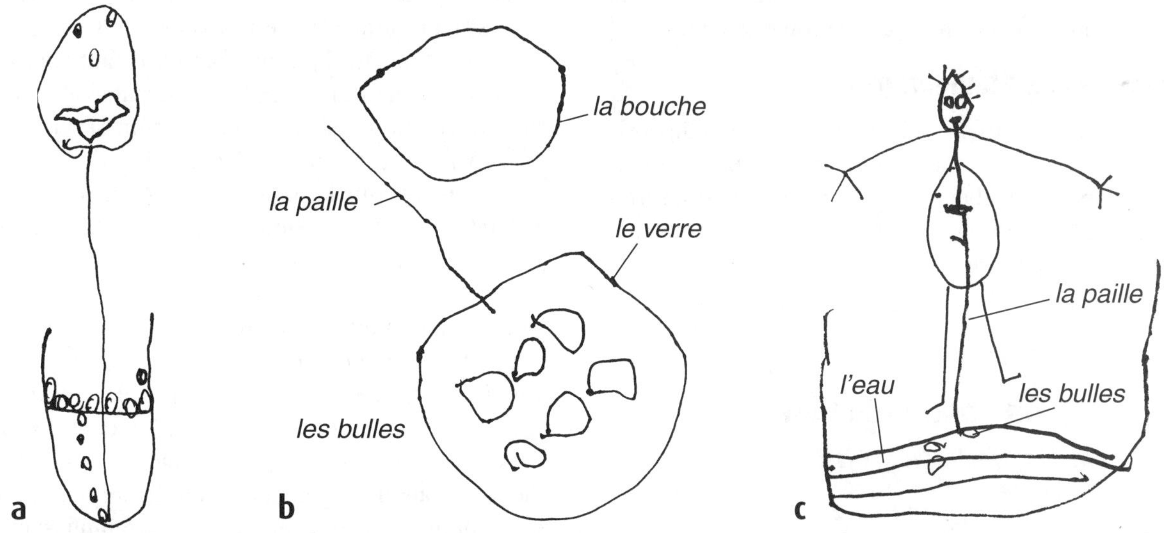

a Lauriane (GS) — b Brieuc (MS) — c Hector (PS)

Fig. 26 L'expérience est suivie d'un premier dessin dont voici trois exemples.

« J'enfonce une bouteille vide dans un saladier d'eau »

■ Première expérience suivie d'un premier dessin

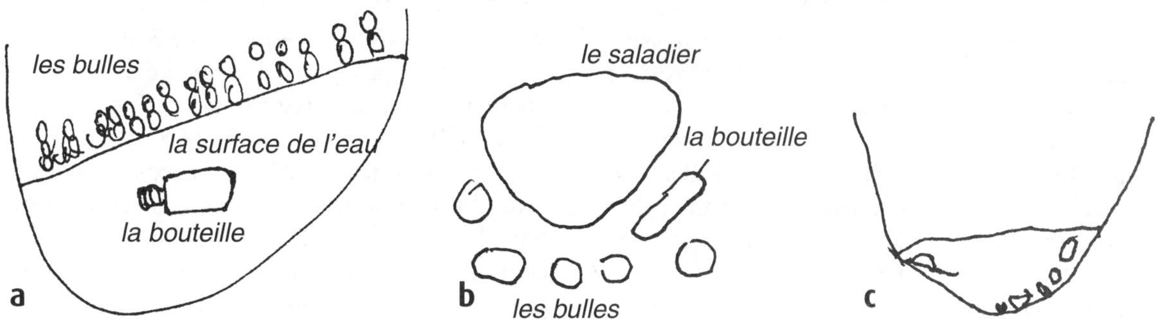

a Lauriane (GS) — b Brieuc (MS) — c Hector (PS)

■ Nouvelle expérience commentée suivie d'un deuxième dessin

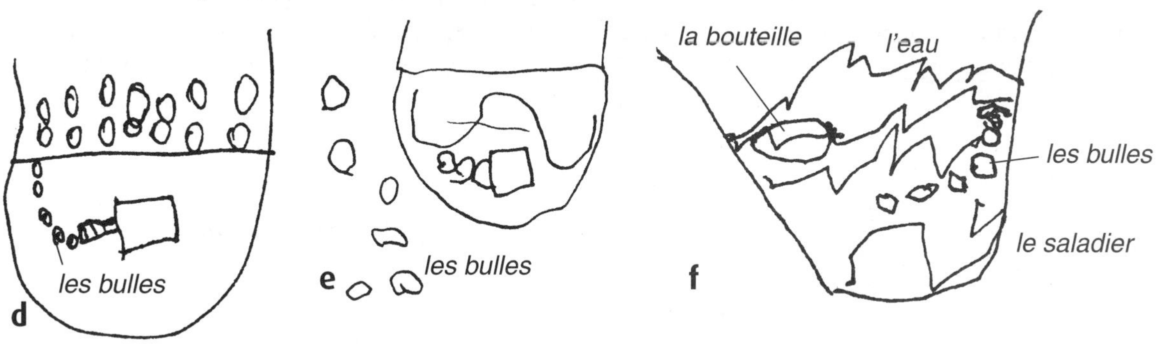

d — e — f

Fig. 27 Les dessins deviennent de plus en plus précis.

donner des idées de procédés pour gonfler. Sur la photographie **7**, Lola est immobile, sac ouvert ; elle le ferme sur la photographie **8**, et on voit alors qu'il est gonflé d'air. Les élèves doivent souvent refaire la manipulation pour se convaincre de son efficacité.

4. Travaux complémentaires

Pour prolonger l'activité, vous pouvez laisser à disposition des élèves des pompes, gonfleurs, seringues et ballons qu'ils pourront aller gonfler librement. Ils conforteront leurs acquis, affineront leurs gestes, et rencontreront d'autres situations. Par exemple, quand on lâche le ballon, l'air sort et le ballon se déplace dans la classe !

Une bouteille vide n'est pas vide

pages 28 et 29

Les élèves vont être conduits à repérer la présence d'air dans une bouteille apparemment vide, au travers de constructions et mises en situations attrayantes. Ils retrouveront des procédés déjà utilisés pour déceler la présence d'air : comparer un même objet gonflé et dégonflé, chasser l'air d'un flacon et créer alors un courant d'air qui permet de rendre sensible la présence de l'air initialement dans la bouteille *(fig. 27)*.

1. Connaissances et compétences

Les élèves analyseront des photographies et dessins pour prendre des informations permettant de construire un objet ou mettre en place un dispositif.

L'utilisation de cet objet ou de ce dispositif permet de comprendre que la bouteille « vide » est pleine d'air : on peut faire passer l'air qu'elle contient dans un ballon pour le gonfler ; on peut chasser l'air qu'elle contient et le rendre observable sous forme de bulles dans l'eau, ou parce qu'il met un objet en mouvement.

2. Activités possibles sur un album

a. Des expériences amusantes

• Vous pouvez partir de l'album, et demander aux élèves ce que fait l'enfant sur les photographies **1**, **2** et **3**. Ils feront des suppositions, qu'ils vérifieront en réalisant et testant le dispositif.

• Vous pouvez aussi leur proposer un ballon enfilé sur l'ouverture d'une bouteille souple (type bouteille de lait), et leur demander de trouver le moyen de le gonfler. En tâtonnant, ils trouveront qu'il faut appuyer sur la bouteille : de l'air de la bouteille passe alors dans le ballon. Les photographies de l'album serviront alors pour évaluer la bonne compréhension du phénomène par les élèves. Sur la photographie **1**, la bouteille n'est pas déformée. En **2**, Simon appuie sur la bouteille, et de l'air passe de la bouteille dans le ballon ? En **3**, Simon a relâché la bouteille, qui reprend sa forme initiale quand l'air repasse du ballon dans la bouteille.

• La photographie **4** peut servir de support d'évaluation. Léa appuie sur le flacon souple, de l'air en sort et devient visible sous forme de bulles dans l'eau. Vos élèves pourront essayer ; ils constateront que, s'ils relâchent la bouteille en mettant l'ouverture hors de l'eau, elle reprend sa forme initiale en se remplissant d'air. S'ils la relâchent en maintenant l'ouverture sous l'eau, elle reprend sa forme en s'emplissant d'eau.

b. Construis un lance-fusée

• Sur les deux photographies, les enfants utilisent le même lance-fusée : un flacon souple (d'un yaourt à boire par exemple), dont le couvercle percé est traversé par une paille. Vous devrez fournir les bouchons percés à vos élèves.

• Les élèves proposeront des explications à ce qu'on peut observer sur les photographies. Ils les vérifieront en fabriquant et utilisant les deux modèles de fusée, et le lance fusée. Sur la photographie **5**, il s'agit d'un simple cône de papier posé à l'extrémité de la paille. Sur la photographie **6**, la fusée est un triangle de papier doté d'une paille plus grosse que le lance-fusée.

• Vous inviterez aussi les élèves à fabriquer les « fusées » en utilisant les dessins **7**, et un lance-fusée pour les propulser. Ils manipuleront et découvriront comment s'en servir, en appuyant sur le flacon pour faire sortir de l'air qui pousse sur la « fusée ». Un retour sur les photographies **5** et **6** permettra d'évaluer la bonne compréhension du phénomène par les élèves.

• On pourra garder une mémoire de la fabrication dans le cahier de la classe ou le cahier individuel ; l'expérience sera par exemple dessinée par les élèves et une brève conclusion sera transcrite par le maître.

L'eau, la glace, la neige : c'est toujours de l'eau

L'eau est une substance familière pour les enfants quand elle est à l'état liquide. C'est pour eux, le plus souvent, l'eau du robinet qu'ils utilisent pour se laver les mains, dans leur bain... Pour autant l'eau liquide est présente en d'autres endroits dans la nature, et les enfants devront apprendre à reconnaître une même substance dans l'eau du robinet, l'eau d'un lac ou d'une rivière, dans la pluie.
Par ailleurs, on trouve l'eau assez facilement, dans notre environnement, à l'état solide : ce sont les glaçons que l'on sort du congélateur, la flaque d'eau gelée un matin d'hiver, ou encore la neige qui recouvre le paysage. Les enfants devront apprendre à identifier une même substance, l'eau, sous ces différents aspects.
La vapeur d'eau, invisible, n'est pas au programme de l'école maternelle.

Informations scientifiques pour l'enseignant

L'eau existe sous différents états, les états solide, liquide et sous forme de gaz. Dans tous les cas, il s'agit de la même substance, et on dit qu'il y a conservation de la substance quand l'eau passe d'un état à un autre.
L'eau n'a pas le même aspect selon l'état sous lequel elle se trouve. L'eau liquide est celle qui sort du robinet par exemple, elle coule quand on la verse, comme tous les liquides.
L'eau à l'état solide est appelée glace ou même neige. Elle a les propriétés des solides : on peut par exemple la tenir dans la main. La neige est formée de cristaux, eux-mêmes formés de petits cristaux de glace, trop petits pour être visibles à l'œil nu. Un flocon de neige est un ensemble de cristaux de neige.
En refroidissant de l'eau liquide, on peut la faire geler. De même, en fournissant de la chaleur à de l'eau solide (glace ou neige), elle fond et se transforme en eau liquide. Ces transformations, appelées changements d'état, sont réversibles.
Quand on fait geler de l'eau, on obtient de la glace, et pas de neige, car les conditions de formation des cristaux de neige n'existent que dans les nuages : il faut une croissance assez lente des cristaux.
La neige est plus légère que la glace ou l'eau liquide, car une grande quantité d'air est emprisonnée à l'intérieur les cristaux de neige, et entre les cristaux d'un flocon. Cela explique qu'on puisse tasser de la neige, alors qu'il est impossible de tasser de la glace.
Quand elle est sous forme de gaz, appelé vapeur d'eau, l'eau est invisible. De la vapeur d'eau est toujours présente, en proportion variable, dans l'air, et on ne peut pas la voir, ni la sentir car elle est inodore.

L'album pour les enfants

Explore le monde de la matière et des objets

Dans les activités proposées, les enfants seront amenés à identifier l'eau dans différents milieux, et sous forme liquide ou solide. Ils auront aussi l'occasion de la manipuler sous ces deux formes.

Il pleut, il neige, il gèle très fort

pages 30 et 31

L'évocation de phénomènes météorologiques, et l'analyse de documents photographiques en présentant certains, permettront aux élèves de commencer à percevoir la présence de l'eau en différents lieux, et sous différentes formes.

1. Connaissances et compétences

En décrivant et analysant les photographies, en les rapprochant de situations courantes où l'eau intervient, les élèves reconnaîtront la présence d'eau liquide dans l'eau qui coule du robinet, d'une fontaine, dans la pluie, un lac, une rivière…
Ils mettront en relation le temps qu'il fait (froid) et la présence de glace ou de neige. Ils pourront émettre des idées sur la nature de la glace et de la neige, qui sont de l'eau à l'état solide.

2. Avant d'utiliser les documents

Vous profiterez d'un jour de pluie pour faire parler les enfants, et leur demander ce qu'est, selon eux, la pluie. Ils vous diront que « ça mouille », « c'est froid »… Certains vous diront peut-être qu'il s'agit d'eau. Vous proposerez alors d'en recueillir dans un récipient pour le vérifier.
Vous pouvez également leur demander de citer des endroits où on trouve de l'eau. Ils vous donneront probablement des exemples pour lesquels l'eau est liquide (mer, rivière, flaque, lac, etc.). Y aura-t-il un élève pour vous citer la glace ou la neige ? Quelle que soit la réponse, c'est un bon moment pour engager l'activité proposée dans l'album.

3. Activités possibles sur l'album

a. Voici de l'eau

• **Les élèves décriront** les deux photographies, et ne manqueront pas de relever la présence de l'eau qui coule à la fontaine, et de celle de la flaque dans laquelle saute la fillette. Celle-ci se protège de la pluie avec son parapluie. Ces photographies sont l'occasion de faire parler les élèves en leur fournissant si nécessaire le lexique approprié (fontaine, pluie, flaque d'eau), mais en cherchant également à leur faire reconnaître dans chaque exemple la présence d'une substance commune : l'eau (liquide).

• Il est souhaitable **d'enrichir les exemples** en demandant aux élèves de donner des lieux, des situations dans lesquelles il y a de l'eau : au robinet, dans une mare, un lac, une rivière, la mer, au fond d'un puits, dans une réserve placée au jardin… Il est possible de construire un grand panneau regroupant des photographies ou dessins de ces exemples, que les élèves enrichiront à mesure en apportant de nouvelles photographies, présentées et collées lors de regroupements collectifs. Une recherche dans les albums du coin bibliothèque peut aussi être entreprise.

b. Depuis plusieurs jours, il fait très froid

Les élèves reconnaîtront la présence de glace et de neige sur les photographies, ce qui pourra être confirmé pour la neige par la lecture de la comptine.
Ils pourront faire des suppositions sur les raisons qui expliquent la présence de blocs de glace sur la rivière, et de la neige qui remplace la pluie plus courante sous nos latitudes : il doit faire très froid. Cela est confirmé par la lecture du titre.

Vos élèves peuvent par ailleurs suggérer que la glace et la neige sont de l'eau, s'ils savent de par leur expérience personnelle qu'on obtient de l'eau liquide quand elles fondent. Cela sera vérifié et repris dans les pages suivantes.

L'eau : est-ce un liquide ou un solide ?

pages 32 et 33

Les enfants aiment à manipuler des glaçons, ce qui leur permet de découvrir leur nature : ils fondent quand on les manipule, se transformant en eau liquide. Pour beaucoup d'enfants, la présence de neige est un événement merveilleux, que nous vous proposons d'exploiter.

1. Connaissances et compétences

En analysant des photographies, en manipulant et en observant, les élèves découvriront qu'en fondant, la glace et la neige se transforment en eau liquide. À l'inverse, on obtient de la glace en mettant de l'eau liquide dans un endroit très froid (congélateur, compartiment à glace d'un réfrigérateur, dehors quand il gèle). La glace, comme la neige, est de l'eau à l'état solide.

2. Avant d'utiliser les documents

• Vous pouvez **distribuer un glaçon** à chaque enfant, sans consigne précise, et les laisser manipuler, ressentir des sensations, et observer. Faites-les ensuite parler, et vous obtiendrez de nombreuses remarques : c'est froid, c'est mouillé, ça fond…

• Revenez alors sur **le devenir du glaçon qui fond**. Des élèves vous diront qu'il « devient de l'eau ». Comment le vérifier ? Il faut mettre en place un dispositif permettant une observation facile, par exemple en plaçant un glaçon sur une soucoupe ou dans un verre, et en le laissant sur une table. La fusion de la glace à température ambiante est un phénomène assez lent, et vous pouvez en profiter pour engager les élèves dans la représentation du dispositif au départ, puis pour deux ou trois étapes ultérieures.

• Il vous faut revenir sur **l'expression « devient de l'eau »**. En effet, le glaçon **est** de l'eau.

Pour le faire appréhender par les élèves, demandez-leur comment on peut obtenir un glaçon. Ils proposeront certainement de mettre de l'eau au congélateur, ou dans un réfrigérateur. Leur proposition pourra être validée expérimentalement en utilisant le réfrigérateur de l'école (ou chez eux si ce n'est pas possible à l'école).

La place du récipient d'eau dans le bas du réfrigérateur ou dans le bac à glace sera alors discutée. On pourra conclure : on part d'eau (liquide) pour obtenir de la glace ; la glace en fondant devient de l'eau (liquide). La glace est de l'eau solide.

• Seul **le rapprochement des deux transformations inverses** (fusion et solidification) permet aux enfants de construire la conservation de la substance : c'est toujours de l'eau, solide ou liquide. Cette construction abstraite, à la portée d'enfants de l'école maternelle, peut ne pas être effective pour tous les enfants au même moment.

Le travail de l'enseignant est de mettre les enfants dans une situation où ils sont susceptibles de la construire.

3. Activités possibles sur l'album

a. La glace, qu'est-ce que c'est ?

• **Si vous avez fait vivre à vos élèves des situations d'expérimentation et d'observation** sur la glace et l'eau liquide, les documents de l'album peuvent servir de support pour une évaluation et une mise au point. Comment les glaçons (photographie **1**) ont-ils été obtenus ? Que se passe-t-il sur la série de photographies avec le verre ? Que montre le dessin ?

• **Si vous n'avez pas encore fait manipuler vos élèves,** les documents peuvent servir de point de départ. La photographie **1** permet de poser la question de l'obtention de glaçon. Elle suggère l'utilisation du compartiment à glace d'un réfrigérateur. Vos élèves feront sans doute la supposition que le bac à glace a été, au départ, rempli d'eau (liquide). Cela devra être vérifié expérimentalement.

• **La série de photographies** présente ce que devient un glaçon laissé dans une pièce. Les élèves noteront l'augmentation progressive de la quantité d'eau liquide, et la diminution de la taille du glaçon, jusqu'à ce qu'il y ait seulement de l'eau liquide. Ils pourront vérifier ce résultat en manipulant et observant eux-mêmes.

Comme nous l'avons indiqué plus haut, **le rapprochement des deux transformations** permet aux élèves de comprendre que glace et eau liquide sont une même substance : l'eau.

• Les photographies peuvent être utilisées pour un **travail de schématisation** : les élèves adopteront peut-être une vue de dessus pour représenter le glaçon en train de fondre. Il est intéressant de comparer les productions des élèves, entre elles et avec les photographies, en repérant les points de vue adoptés.

b. Qu'est-ce que la neige ?

Un travail sur la neige n'est intéressant que si les enfants sont en contact avec elle. Profitez donc d'un jour de neige pour les faire marcher dedans et repérer les empreintes faites : la leur faire toucher (c'est froid et mouillé) ; leur faire modeler des boules, ou un bonhomme de neige s'il y en a suffisamment. Ils feront des observations et découvriront ainsi certaines de ses propriétés.

Les observations qu'ils effectueront, la lecture du poème de Jacques Prévert, les amèneront à penser que la neige fond et se transforme alors en eau liquide.

4. Travaux complémentaires

Pensez à rapporter quelques verres de neige non tassée. Au retour en classe, faites évoquer par vos élèves ce qu'ils viennent de vivre. Cela permet de préciser des propriétés de la neige : blanche, froide, modelable. Cela permet aussi de poser la question de ce qu'elle devient. Certains enfants vous diront qu'elle fond, d'autres qu'elle disparaît, d'autres encore qu'elle devient de l'eau (liquide). Comment le vérifier ? Les élèves peuvent proposer de prendre de la neige, de la mettre dans la classe et d'observer. Cela sera possible avec les verres que vous aurez remplis de neige non tassée. On obtient de l'eau liquide. Le volume d'eau liquide est très petit par rapport au volume de neige initial : vous constaterez ce résultat avec vos élèves. Il est lié au fait que beaucoup d'air est emprisonné dans la neige, ce qui explique qu'on puisse la tasser (mais les enfants peuvent penser qu'il y a du vide, et non de l'air, dans la neige). Cette interprétation sera accessible au cycle 2.

De sucettes et des coupes glacées

pages 34 et 35

La préparation d'un goûter peut donner aux enfants, par les manipulations qu'elle nécessite, l'occasion d'utiliser le passage de l'eau liquide en glace, et de faire quelques mélanges.

1. Connaissances et compétences

Les élèves constateront que l'eau et le sirop se mélangent bien, tandis que des feuilles, des fleurs, restent visibles dans l'eau.

Mis au congélateur, un mélange avec de l'eau gèle.

2. Activités possibles sur l'album

a. Quelles bonnes sucettes !

La série de photographies donne les étapes de la préparation, que les élèves devront suivre dans l'ordre.

Sur la photographie **5** sont visibles des sucettes glacées à deux couleurs. Comment ont-elles été obtenues ? Les élèves feront des propositions, qu'ils vérifieront en préparant de telles sucettes.

b. Fabrique des coupes glacées

Les photographies donnent le début de la recette : mettre du sirop à l'eau dans une coupelle, y ajouter quelques feuilles de menthe et placer à l'intérieur une autre coupelle. La photographie **8** présente le résultat : les deux coupelles ont été retirées, et la coupe en glace est utilisée pour présenter des fruits…

Comment s'est opéré le passage de **7** à **8** ? Il est intéressant de demander aux élèves de représenter les étapes de fabrication de la coupe glacée. Les élèves devront utiliser leurs acquis pour proposer de placer les coupelles au congélateur, de façon que l'eau mélangée au sirop et aux feuilles gèle. Ils le vérifieront en le réalisant. La trace écrite sera alors complétée.

Beaucoup d'appareils fonctionnent à l'électricité

L'électricité fait partie de notre environnement quotidien, et les enfants sont familiers avec ces appareils. Manipuler des appareils électriques les attire toujours, d'autant plus que souvent un interdit est posé à la maison quant à cette manipulation. C'est légitime car, si les accidents dus à l'électricité peuvent facilement être évités, ils sont souvent très dangereux voire mortels.
Vous pouvez mettre à profit cet intérêt pour leur proposer une exploration intéressante, en ayant en tête des préoccupations liées à la sécurité.

Informations scientifiques pour l'enseignant

Les dangers pouvant provenir d'une mauvaise manipulation des appareils sont liés à la tension électrique (le voltage) sous lesquels ils fonctionnent.

On estime, qu'à partir de 24 volts, un danger peut exister pour l'homme. La tension électrique disponible au niveau des prises de courant est de 220 volts, et peut donc être très dangereuse : risque de brûlures et d'électrocution pouvant provoquer la mort par asphyxie, les muscles respiratoires étant tétanisés.

Il n'est pas question d'évoquer les raisons du danger du courant électrique du secteur avec les élèves, mais il faut renouveler les mises en garde et l'interdit de manipulation de ces appareils sans adulte.

En revanche, il ne faut pas considérer tout appareil électrique comme potentiellement dangereux : les appareils alimentés par piles, dans lesquels la tension est le plus souvent inférieure à 9 volts, sont sans danger, même si leur manipulation est maladroite.

L'album pour les enfants Explore le monde de la matière et des objets

Ils fonctionnent à l'électricité

pages 36 et 37

Les enfants doivent être alertés très tôt sur les dangers liés à l'électricité, et doivent être capables pour cela de repérer les appareils reliés au secteur, et ceux utilisant des piles ou des batteries.

1. Connaissances et compétences

Les élèves prendront des indices sur des dessins ou des objets présents dans la classe pour repérer des appareils alimentés sur secteur et sur piles, et les classer en fonction de ce critère. Les appareils électriques reliés au secteur ont tous un cordon d'alimentation.`
Les élèves repèreront que tous leurs jouets électriques sont alimentés par des piles, pour des raisons de sécurité. Des objets assurant la même fonction, par exemple éclairer, peuvent être électriques ou non.

2. Avant d'utiliser les documents

Vous pouvez rassembler des appareils fonctionnant à l'électricité et des appareils ne fonctionnant pas à l'électricité, et demander aux élèves de les comparer ***(fig. 28)***.
Vous choisirez alors des appareils électroménagers, des jouets, des appareils avec des écrans. Vous ferez fonctionner vous-mêmes ces appareils, en leur signalant que certains peuvent être dangereux. On reconnaît les appareils électriques par la présence de lampes ou témoins lumineux, par le bruit que peut faire un moteur, qui met tout ou partie de l'objet en mouvement.
Les élèves remarqueront que, parmi les appareils électriques, on en distingue deux catégories : ceux qui ont un fil, et qu'il faut relier à une prise de courant murale, et ceux qui n'en ont pas.

Vous les encouragerez à chercher par quoi est remplacée la prise de courant sur les appareils sans cordon électrique ; ils trouveront le compartiment à piles, qu'ils pourront ouvrir pour vérifier leur idée.

3. Activités possibles sur l'album

a. Lesquels doivent être branchés sur une prise de courant ?

Il s'agit ici surtout d'un travail sur document, qui permettra de vérifier les acquis des élèves, si vous leur avez fait vivre les activités évoquées plus haut.
Sinon, vous pouvez apporter quelques appareils électriques dans la classe. On peut aussi profiter de la constitution d'une collection d'objets lors d'un travail sur un thème tel que les objets de mesure du temps, les presse-agrumes, les objets produisant du vent…
Les élèves repèreront les appareils avec un cordon d'alimentation : lampe de chevet, fer à repasser, grille-pain, téléviseur, aspirateur, réfrigérateur et sèche-cheveux. Ils doivent être branchés sur une prise de courant murale pour fonctionner. Les autres (appareil photographique, réveil, lampe torche et montre) utilisent des piles. Observer ces objets pour y localiser et en sortir la ou les piles serait opportun.

b. Pourquoi a-t-on regroupé ces objets ?

Le premier dessin présente des objets qui sont tous des jouets. Les jouets électriques fonctionnent avec des piles pour des raisons de sécurité. Si vous disposez de ces jouets, ou d'autres jouets électriques, faites repérer le logement des piles ; vous pouvez aussi les sortir.
Le deuxième dessin présente des objets dont le point commun est la fonction : éclairer. Les élèves noteront que deux seulement sont électriques : la lampe torche alimentée par des piles et la lampe de bureau à brancher sur une prise de courant murale.

4. Travaux complémentaires

Si vous le souhaitez, prolongez l'activité en faisant travailler vos élèves sur des objets d'autrefois et de notre époque, ayant la même fonction. Par exemple, autrefois, l'éclairage électrique n'existait pas. De même, les appareils utilisés à la cuisine n'étaient pas électriques. L'idée est de commencer à faire prendre conscience aux élèves que l'électricité n'a pas toujours existé, et qu'il ne suffisait pas d'appuyer sur un bouton pour éclairer une pièce.

Choisis les bonnes piles

pages 38 et 39

Les appareils à piles sont sans danger. Ils permettent donc une exploration plus importante par les enfants. Il ne s'agit pas à l'école maternelle de travailler sur le circuit électrique, ce qui sera le cas à l'école élémentaire. Par contre, il faut faire comprendre aux élèves que les appareils électriques non reliés au secteur ont besoin de piles pour fonctionner, et que ces piles s'usent et doivent être alors remplacées. L'électricité n'est pas gratuite !

1. Connaissances et compétences

Les élèves découvriront qu'il existe une grande variété de piles, et qu'il faut choisir la pile adaptée à l'appareil qui la reçoit. De plus, quand il y a plusieurs piles, leur orientation est importante pour le bon fonctionnement de l'appareil, et il faut lire et respecter le codage indiqué par le fabricant pour les installer.
Les piles rechargeables ne sont pas des piles, mais des accumulateurs : vous ne ferez pas la distinction à ce niveau de la scolarité.

2. Avant d'utiliser les documents

Vous demanderez à vos élèves d'apporter des piles en classe. Leur comparaison permettra de repérer des différences de forme, de taille, de couleur… Vous pourrez lire les indications qui sont portées dessus, et faire différencier les marques de piles, et les indications de voltage. Par exemple, les piles plates peuvent être de différentes marques, mais portent toutes l'inscription 4,5 V.

3. Activités possibles sur l'album

a. Des piles de toutes sortes

La photographie **1** présente une partie d'un rayon de magasin. On y repère différents modèles et différentes marques de piles. Certains modèles sont repris sur la photographie **2**. Si vous n'avez pas demandé à vos élèves de le faire, vous apporterez un échantillon de différentes piles en classe.
Pourquoi tant de modèles ? Pour répondre à cette question, les élèves s'appuieront sur leur expérience personnelle, et sur ce qu'ils auront retenu de l'observation des piles d'appareils électriques en classe. Ils ont alors constaté que tous n'utilisent pas les mêmes piles, ni le même nombre de piles.
Les photographies **3** et **4** d'une lampe de poche et d'une montre peuvent servir de support à la validation des remarques des élèves, ou à l'évaluation. Les élèves y localiseront les piles, et choisiront sur la photographie **2** (ou dans le lot de piles que vous aurez apporté) la pile qui convient à chacun de ces objets.
Vous pouvez prolonger l'activité en prenant comme support les appareils électriques à piles apportés en classe.

b. Ne place pas les piles n'importe comment !

Ce magnétophone fonctionne sur pile. Les élèves trouveront qu'il en faut quatre (les quatre compartiments sur la photographie **6** et photographie **7**). Ils remarqueront (photographie **8** et dessin) que le fabricant a inscrit un codage sur le fond du compartiment des piles.
Pour savoir comment utiliser ce codage, les élèves devront repérer les signes « + » et « – » ainsi que la forme des piles ; ils mettront en relation ces indications portées par les piles avec les codages inscrits sur l'appareil. Ils peuvent alors trouver comment placer les piles, soit en les mettant dans l'objet si vous l'avez, soit en les plaçant sur la table dans l'orientation indiquée par le dessin.

4. Travaux complémentaires

Vous prolongerez éventuellement l'activité en faisant remplacer les piles d'appareils électriques présents dans la classe. Les élèves choisissent-ils le bon modèle, et utilisent-ils correctement le codage indiqué par le fabricant ?

Un appareil électrique (le batteur) vu par des enfants de MS

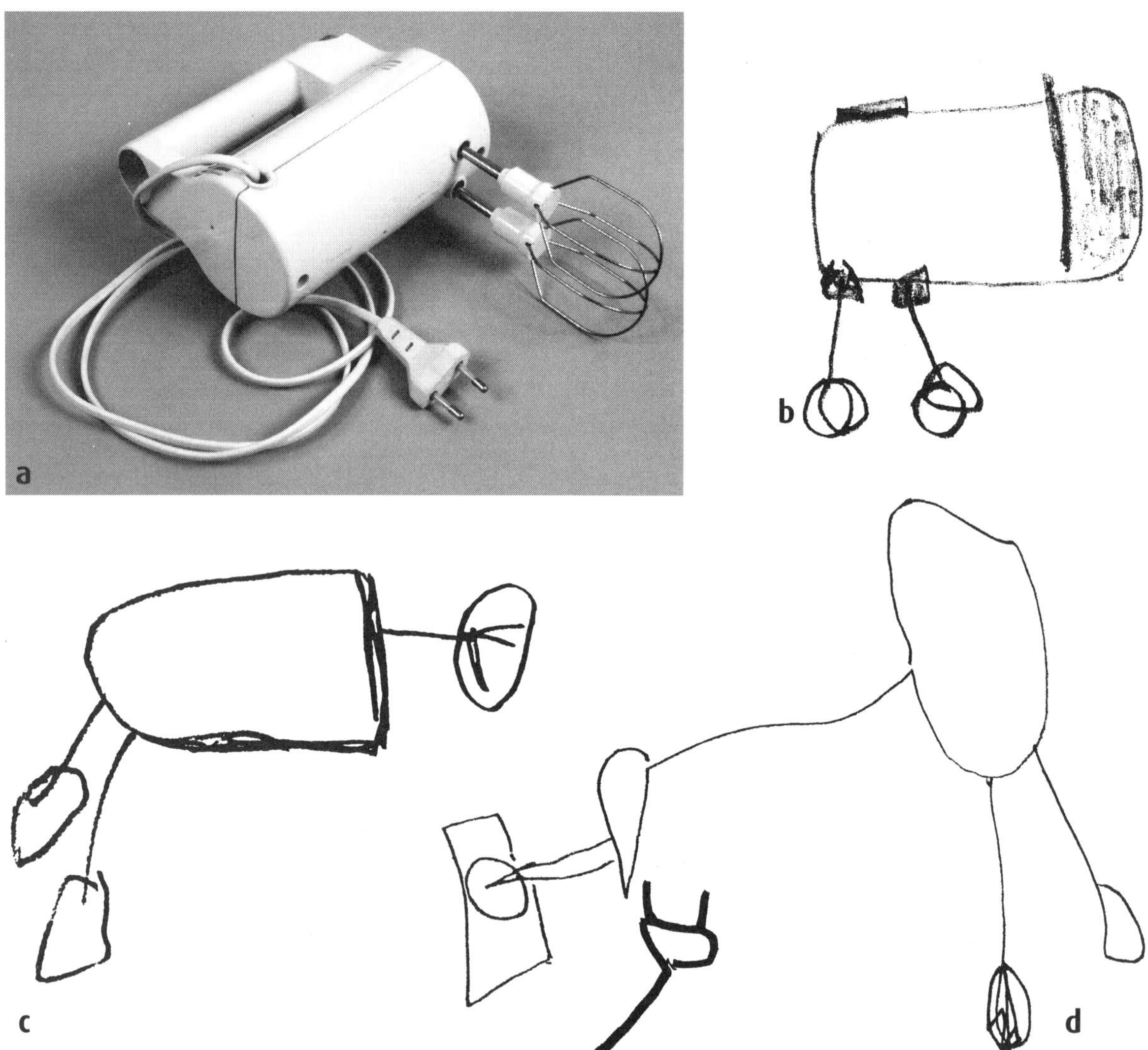

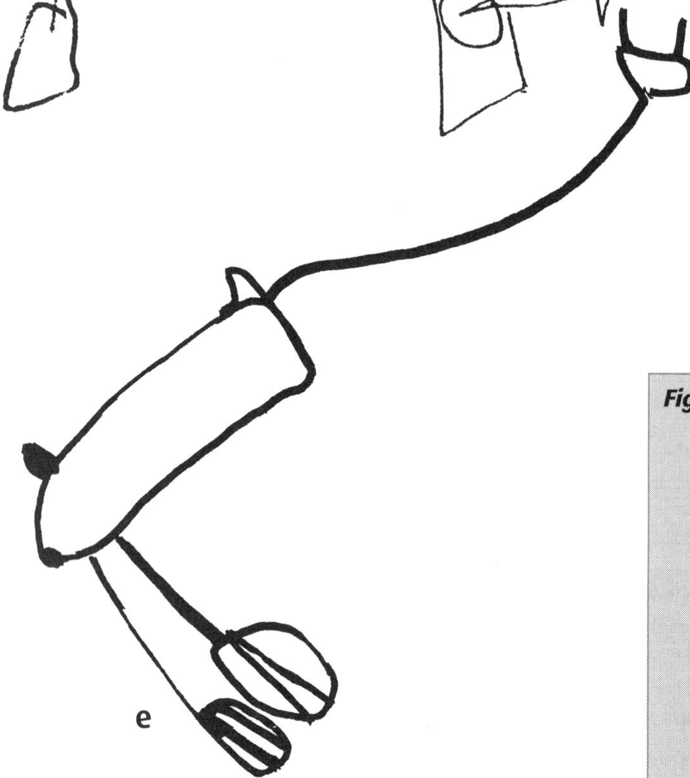

Fig. 28 Les élèves ont observé un batteur électrique lors d'une réalisation culinaire.
Sur les dessins, on peut remarquer la présence ou non d'un cordon d'alimentation, d'une prise murale. Des échanges autour de ces dessins et une observation guidée du batteur amènent à la conclusion que « les appareils électriques reliés au secteur ont tous un cordon d'alimentation » et que des règles de sécurité sont à respecter.
L'analyse des dessins permet aussi de mettre en évidence les différents organes (fouets, poignée, interrupteur…) et leurs fonctions.

Des fabrications d'objets

Diverses fabrications sont proposées, qui vont permettre aux enfants d'utiliser des acquis antérieurs sur des propriétés d'objets ou de matériaux, sur des procédés techniques, mais aussi d'en découvrir de nouveaux.
Des fabrications très différentes sont proposées :
– une préparation culinaire qui donne l'occasion d'utiliser des outils et d'extraire le jus d'un fruit ;
– une fabrication de bateaux qui invite les enfants à retrouver la propriété « flotter ou couler dans l'eau », à faire des essais, et à appliquer des techniques d'assemblage... ;
– une fabrication de marionnettes, à partir de carrés de papier et mettant en œuvre un processus de pliage et une lecture de résultats que l'on veut obtenir.
Il s'agit aussi pour les élèves d'anticiper, de suivre ou de retrouver la chronologie d'une fabrication.

Place de l'album pour les enfants

Explore le monde de la matière et des objets

Des approches différentes sont possibles pour les fabrications proposées par l'album. Les photographies vont montrer des exemples de procédés possibles pour obtenir un résultat ; les élèves devront reproduire ces procédés et les intégrer dans un processus de fabrication dont ils définiront les étapes (voir l'exemple des jus de fruit). Dans le cas de la fabrication des voiliers, les élèves peuvent définir eux-mêmes leur projet de fabrication, et les documents de l'album sont alors utilisés comme une aide pour trouver des solutions techniques. Dans le cas des marionnettes, une fiche définit les étapes de fabrication que les élèves doivent respecter.

Une dégustation de jus de « fruits »

pages 40 et 41

Beaucoup de préparations culinaires sont possibles à l'école (préparations salées, gâteaux, salades de fruits, sucettes glacées, etc.), et suscitent toujours l'intérêt de la part des enfants. La préparation de jus de fruit va les amener à faire des découvertes intéressantes ***(fig. 29)***.

1. Connaissances et compétences

Des jus de fruits peuvent être préparés à partir de nombreux fruits différents. Pour chacun d'eux, il faut trouver un procédé pour extraire et séparer le jus du reste du fruit. On utilise le pressage pour extraire le jus. Les instruments utilisés sont différents selon les fruits : le presse-agrume convient pour les jus d'orange, de citron, de pamplemousse, mais pas pour les autres fruits.

2. Avant d'utiliser les documents

Vous recueillerez les idées des enfants sur la préparation de jus de fruits. Certains en ont déjà vu préparer à la maison, en particulier du jus d'orange. D'autres enfants pensent que cela se prépare seulement en usine, et n'imaginent pas qu'ils sont obtenus à partir de fruits. Il est donc judicieux de faire exprimer ces idées : cela suscitera encore plus d'intérêt pour la suite de l'activité.

3. Activités possibles sur l'album

a. Sais-tu préparer le jus d'orange ?

• La photographie **1** présente une **grande variété de jus de fruit** vendus dans le commerce. En s'aidant des images sur les étiquettes, les élèves repèreront orange, pomme, pamplemousse, ananas, raisin, banane…

• La photographie 2 montre la **dernière étape de la préparation du jus d'orange**, et suggère les étapes antérieures, que les élèves devront retrouver : couper l'orange, en poser une moitié sur le presse-agrumes et la faire tourner en appuyant, verser le jus recueilli dans un verre. Vous pouvez utiliser cette photographie ou des photographiess réalisées lors de la préparation d'un jus d'orange par les élèves, comme support d'évaluation.

b. Des jus de fruit de toutes sortes

• Les photographies **3** et **4** montrent **comment extraire du jus** d'une fraise ou d'une groseille, en pressant les fruits dans un presse-ail. Les élèves pourront essayer (protégez leurs vêtements) et constater que le procédé fonctionne : il permet de recueillir le jus du fruit, sans sa peau.
Ce procédé pourrait convenir avec un quartier d'orange, par contre le presse-agrumes ne conviendrait pas pour la fraise.

• Vous pouvez demander à vos élèves de proposer **d'autres instruments possibles**. Un pilon convient, mais il faut ensuite séparer reste de pulpe et peau du jus, à l'aide d'une passoire par exemple. Avec un presse-citron utilisé pour le thé, une moulinette à légumes, on peut, comme avec le presse ail, séparer le jus du reste du fruit. Laissez les enfants tester ces appareils, et comparer les gestes à faire et les résultats obtenus.

• La photographie **5** présente **une grande variété de fruits et légumes dont on peut extraire le jus**. Les élèves devront proposer l'instrument le plus adapté. C'est le presse-agrumes pour le citron, l'orange, la clémentine, et un presse-ail ou une moulinette pour les autres. Les enfants réussiront pour les fruits très juteux à chair molle. C'est plus difficile pour la pomme ou la carotte. À la maison, on utilise plutôt une centrifugeuse pour extraire le jus des fruits et légumes à chair plus ferme (pomme, carotte, ananas).

4. Travaux complémentaires

Pour enrichir et prolonger l'activité, suggérez à vos élèves une variété de presse-agrumes à comparer : Quels sont leurs ressemblances, leurs différences, concernant les matériaux, les formes, leur utilisation… ? Sur les presse-agrumes fonctionnant à la main, il y a ou non un réceptacle pour le jus, et le geste à faire consiste, selon les modèles, à faire tourner la moitié du fruit sur l'appareil, ou à faire tourner l'appareil dans le fruit. Vous pouvez apporter et faire fonctionner vous-même un presse-agrumes électrique : le cône cannelé extracteur de l'appareil tourne dans le fruit, entraîné par un moteur électrique. L'obtention du jus est plus rapide qu'avec les autres presse-agrumes, mais avec du bruit et une consommation d'électricité *(fig. 29)*.

Petits bateaux qui vont sur l'eau

pages 42 et 43

Vous pouvez placer cette activité juste après celle portant sur les objets qui flottent ou coulent dans l'eau, ou l'aborder de façon indépendante. Mais les bateaux fabriqués par les enfants doivent flotter et ne pas se renverser *(fig. 30)* !

1. Connaissances et compétences

Les élèves découvriront ou retrouveront le sens des mots « flotter » et « couler ». Ils repèreront, découvriront et utiliseront des techniques d'assemblage différentes : piquer, nouer, coller, enfiler. Ils devront par ailleurs choisir les éléments nécessaires à leur fabrication, et anticiper les étapes pour la mener à bien.

2. Avant d'utiliser les documents

On envisagera de demander aux élèves de décrire ou de dessiner le bateau qu'ils auraient envie de fabriquer. Ils feront parfois des propositions trop compliquées, évoquant des bateaux à moteur par exemple. Vous pourrez chercher ensemble les points communs à tous leurs bateaux : une coque, et quelque chose pour qu'il puisse avancer un moteur, une voile.
Vous pouvez alors limiter le projet à des voiliers, et leur demander de s'engager dans une fabrication. Ils doivent alors définir de façon plus précise leur projet. De quoi vais-je avoir besoin ? Comment fabriquer, ou que choisir pour les différentes parties du bateau ? Comment les assembler ?
Ils pourront faire des essais à partir de matériel qu'ils auront apporté ou que vous aurez mis à leur disposition. Ils devront tester leur bateau sur l'eau, et faire des modifications si nécessaire.

3. Activités possibles sur l'album

a. Des bateaux à voile

Les photographies donnent des exemples de réalisation de voiliers et incitent les élèves à fabriquer leur propre bateau.
En comparant ces réalisations, les élèves repèreront leurs points communs, et vous les aiderez en précisant le lexique à utiliser : une coque, un mât et une voile.

b. À ta disposition

La photographie et le dessin fournissent des suggestions pour compléter celles de la page précédente.
La photographie **6** permet aux élèves de repérer le matériel à apporter en classe, pour constituer une réserve, afin de réaliser la coque du voilier. Chacun pourra ensuite choisir l'élément qui lui convient.
Les voiles peuvent être réalisées en feuilles de plastique, en carton ondulé, en mousse… et avoir des formes variées (rectangulaires, triangulaires…). Les mâts eux, seront des morceaux de pailles, de pique à brochette, des tourillons fins, des bâtons. Les élèves puiseront dans le matériel mis à leur disposition pour préparer leur voile. Selon l'âge et le niveau de difficulté auquel vous voulez les confronter, vous laisserez les feuilles à découper, ou vous fournirez des gabarits de formes et tailles différentes. Avec les plus jeunes, vous aurez préparé des voiles de formes et tailles variées, qu'ils choisiront en fonction de la taille de leur mât et de leur coque.
Les élèves pourront analyser le dessin, pour choisir le mode de fixation de la voile sur le mât : coller avec du ruban adhésif, percer et entortiller un fil métallique, entailler et enfiler… Ils sélectionneront alors les outils et éléments nécessaires : ruban adhésif, perforatrice, liens armés…

Divers appareils pour faire des jus d'orange

a

Les enfants ont fabriqué du jus d'orange pour la collation.
Émilie présente ici les étapes successives de la fabrication qu'ils ont réalisée.

b

Fig. 29 Des presse-agrumes à utiliser et comparer. Comment fonctionnent-ils ? Quels sont les différentes parties et à quoi servent-elles ? Comment préparer l'orange pour le pressage ? Quelle quantité de jus peut-on obtenir ?
On peut aussi préciser s'ils fonctionnent manuellement ou à l'électricité (à pile ou sur secteur).

Après la fabrication, les bateaux doivent être testés sur l'eau. Ils doivent flotter (c'est en général le cas avec les coques proposées), et être stables. Le défaut le plus fréquent est un mât trop haut et trop lourd avec sa voile, qui fait coucher le voilier. Pour y remédier, on peut soit réduire la hauteur du mât et la voilure, soit lester le fond de la coque : attention de ne pas lester jusqu'à faire couler le bateau ! Les élèves trouveront ces solutions par tâtonnement, essais et erreurs.

4. Travaux complémentaires

Les voiliers doivent se déplacer au vent. Les élèves souffleront dessus directement, ou utiliseront le vent à l'extérieur, ou un instrument permettant d'obtenir un courant d'air rencontré au cours d'activités sur l'air (gonfleur, pompe, ventilateur ou sèche-cheveux que vous manipulerez). Ils remarqueront que si le vent est trop fort, leur voilier chavire : il faut donc doser la force du souffle et du vent, et éviter de sortir le voilier en cas de tempête !

La fabrication de simples barques est aussi un support intéressant pour approcher les notions de flottaison : barquettes en polystyrène, pots en plastiques, boîtes métalliques se prêtent à ces réalisations. Une consigne telle que « vous devez choisir, parmi ces boîtes métalliques, une barque pour votre petit personnage qui veut aller à la pêche » engendre des productions variées et confronte les enfants au problème de stabilité et de poids, (le pêcheur attrapant trop de poissons !) ; vous les amènerez à observer les avantages et inconvénients d'un couvercle et d'une boîte à bord haut *(fig. 30)*.

Une poule qui picore du pain dur

pages 44 et 45

Un culbuto est un objet fascinant, et les enfants, qui ne se lassent pas de le regarder se dandiner, seront heureux de découvrir son secret en le fabriquant.

1. Connaissances et compétences

Les compétences travaillées ici sont liées à l'élaboration d'un projet de fabrication, à l'utilisation de techniques d'assemblage, mais aussi à la mise en place d'une recherche expérimentale pour trouver ce qu'il faut mettre dans le culbuto.

Pour fonctionner correctement, le culbuto doit être lesté vers le point posé sur la table, et ce lest ne doit pas bouger.

2. Avant d'utiliser les documents

• **Vous apporterez éventuellement des culbutos en classe**, ou en ferez apporter par les enfants. Ils pourront alors les comparer, et constater que tous ont un mouvement de balancement quand on les fait pencher, puis qu'on les lâche.

• Les enfants remarqueront que ce mouvement est souvent accompagné d'un son dans les culbutos utilisés comme jouet par les bébés. Ils pourront peut-être, en les manipulant, trouver qu'ils sont lourds « vers le bas ». Ces constatations les aideront quand ils construiront leur propre culbuto.

• **Vous pouvez choisir de démarrer l'activité sans l'album**, en présentant deux boîtes cylindriques plates, extérieurement identiques, dont l'une est un culbuto, tandis qu'on peut placer l'autre dans n'importe quelle position sur la tranche. Vos élèves seront étonnés, et chercheront pourquoi une des boîtes peut se balancer en revenant toujours dans la même position. Pour résoudre ce problème, ils procéderont d'une façon analogue à celle décrite dans les activités ci-dessous. L'album peut alors être introduit : il donne des idées d'habillage de culbuto, ou sert de support pour l'évaluation des élèves.

3. Activités possibles sur l'album

a. Fabrique un culbuto

• **La comptine** qui accompagne la photographie **1** permet de comprendre que la poule et le poussin se balancent quand on les pousse légèrement : ce sont des culbutos. Vous pouvez montrer à vos élèves ce jouet très utilisé par les jeunes enfants, qui amène souvent un sourire sur leurs visages. Ils comprendront alors ce que doit faire la poule.

• **Sur la photographie 2, vos élèves repèreront les éléments nécessaires à la fabrication :** une boîte (type boîte de fromage) avec son couvercle, deux silhouettes de poules (qui seront collées sur la boîte et son couvercle), des éléments de décor (ailes, crêtes, yeux) à fixer sur chacune des silhouettes. Attention à l'orientation et à la symétrie ! Le collage des éléments du décor ne doit pas entraver le balancement de l'objet fini.

• S'ils réalisent le culbuto avec ces éléments, les élèves obtiendront **un objet** qui ressemble à celui de la photographie, mais **qui ne se balance pas. Pourquoi ?**

b. Que faut-il mettre dans la boîte ?

• Pour faire balancer le culbuto, **les élèves proposent** facilement de « mettre quelque chose dans la boîte ». Il leur faut trouver quoi. Ils peuvent faire des propositions, que vous compléterez. Le dessin peut donner des idées d'objets à introduire.

• **Vous mettrez le matériel à leur disposition :** sable, graines, billes, pâte à modeler, pâte à fixer,... Les élèves feront des essais. En tâtonnant et multipliant ces essais, ils constateront :
– qu'il ne faut pas remplir la boîte ;
– que les éléments introduits ne doivent pas bouger ;
– qu'il faut les mettre vers le bas de la poule ;
– que les éléments introduits doivent être assez lourds.

• **Le dessin** peut être utilisé pour évaluer les acquis des élèves. Parmi les propositions faites, ne fonctionnent pas la dernière (rien dans la boîte), la première et la troisième (sable et billes peuvent bouger). La deuxième peut convenir, mais le lest n'est peut-être pas assez lourd ; la quatrième (billes immobilisées par de la pâte à modeler) convient bien.

Petits bateaux qui vont sur l'eau

Fig. 30 **a.** À partir d'emballages variés, les enfants peuvent réaliser des barques, péniches…
b. Ici, l'enseignant a proposé des boites métalliques et a donné cette consigne : « chaque personnage play-mobil veut partir à la pêche ; il faut choisir sa barque ». La mise à l'épreuve des propositions et une démarche par essais et erreurs vont permettre d'aborder des notions liées à la flottaison.

c. D'autres constructions

La photographie présente d'autres modèles, qui donnent l'idée d'utiliser d'autre matériel pour fabriquer un culbuto : une boîte de conserve, une boîte de pastilles, une grande boîte à bonbons, avec des CD pour le décor. Bien sûr, il faut dans tous les cas lester les fabrications.

Elles obéissent au doigt et à l'œil

pages 46 et 47

Vous utilisez peut-être un castelet pour certaines de vos activités de langage. Les enfants peuvent construire des marionnettes avec lesquelles ils pourront jouer des histoires lues auparavant, ou imaginées. Nombreux sont les albums à personnages multiples qui se prêtent à une animation. Les marionnettes proposées sont simples à fabriquer, car toutes utilisent la même forme et le même pliage de base ***(fig. 31)***.

1. Connaissances et compétences

Les compétences essentiellement développées ici sont la lecture de fiche de fabrication pour la réalisation d'un pliage, l'acquisition de gestes de pliage et l'élaboration de projets de personnages à partir d'un même pliage, dont on varie les couleurs, les décors, les derniers plis et les assemblages.

2. Activités possibles

a. Des marionnettes pour ton castelet

La photographie **1** qui présente plusieurs marionnettes dans le castelet, est une incitation et une invitation à entrer dans un projet de fabrication de marionnettes, à définir avec les enfants.
Les photographies **2** et **3** présentent la même marionnette vue de face et de dos. **Les élèves repéreront** ainsi les deux éléments de papier utilisés pour la tête et le reste du corps, et le mode de fixation du bâton : enfilé dans le corps et le bas de la tête, puis fixé avec du ruban adhésif. Ici est photographiée une technique d'assemblage mais d'autres sont imaginables. En s'aidant de ces informations, les enfants trouveront que les marionnettes présentées sont en fait des marottes faites à partir de deux éléments (tête et tronc) auxquels ont été ajoutés des éléments de décoration (yeux, moustaches, chapeau...). Cela leur permet de **préciser les étapes de fabrication** : préparer les deux éléments de base, en choisissant une couleur adaptée au personnage à représenter, fixer le bâton et les éléments de décor. Chaque élève réalisera un personnage. Vous pouvez garder le même thème, la même histoire pour tous les ateliers dans lesquels des groupes d'enfants vont se succéder, ou au contraire les varier selon ces groupes.

b. Un même pliage pour tous

Le dessin des étapes du pliage montre que la feuille de départ est toujours un carré. La dimension de ce carré varie selon la taille souhaitée pour l'élément à fabriquer.
Les deux premières étapes sont toujours les mêmes. Un carré plié en deux selon une diagonale. Cela suppose que les élèves ont déjà quelques pré-requis en matière de pliage : plier une feuille et marquer le pli, plier bord à bord. Ici il s'agit de plier angle sur angle. Les étapes suivantes varient selon le personnage à réaliser. La fiche de fabrication propose cinq variantes. Une lecture collective de la fiche permettra de repérer l'ordre des étapes en suivant flèches et numéros, et de décrire les actions effectuées. Laissez vos élèves faire des essais avec du papier ordinaire, des carrés de deux ou trois tailles étant à leur disposition.
Pour certains enfants, un support plus concret avec des étapes réalisées peut venir en soutien.
Quand ils auront choisi quel personnage faire, quelle taille donner à la tête et au tronc, vous pourrez mettre à leur disposition des carrés de deux ou trois tailles différentes, et de couleurs variées. Ils réaliseront leur personnage, et l'habilleront en collant des éléments, et ou en les dessinant. Puis ils fixeront le bâton pour pouvoir tenir la marotte.
Et maintenant, il s'agit d'animer ces marionnettes et de raconter une histoire avec elles !

Vive les marionnettes !

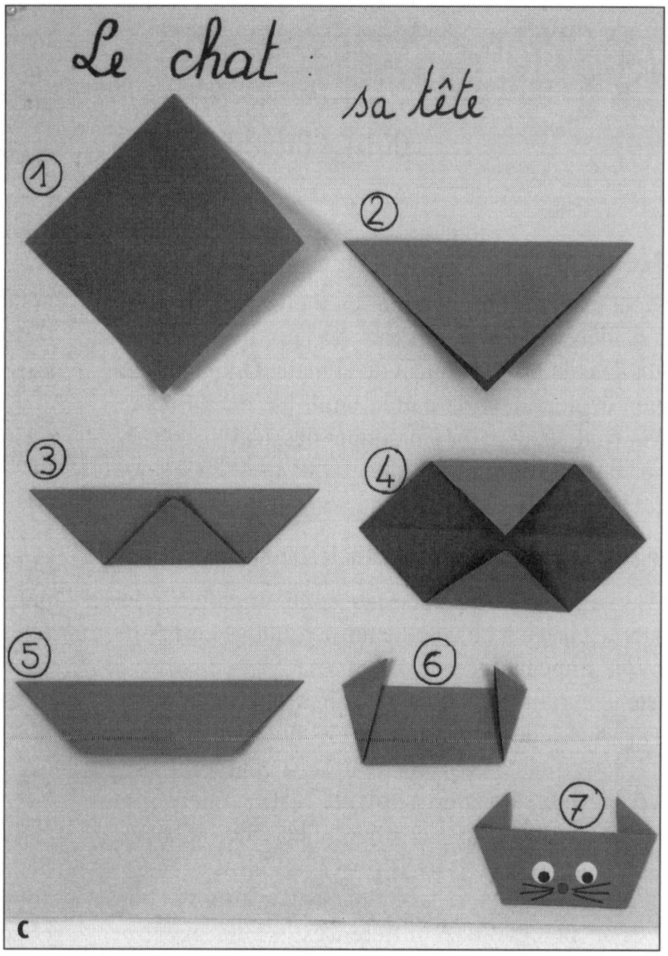

Fig. 31 **a.** et **b.** Les enfants ont réalisé les pliages de base décrits dans l'album. Suite à la lecture d'un conte avec personnages nombreux (conte en randonnée par exemple), il est proposé aux enfants de réaliser les animaux de l'histoire.
c. D'autres pliages peuvent être appris. Une affiche avec les pliages intermédiaires et successifs collés permet une lecture moins abstraite que la fiche avec les étapes dessinées, tout en développant des compétences de lecture (chronologie, repères dans l'espace…).

Des gestes techniques à connaître

*Découper, coller, assembler sont des opérations techniques élémentaires, mises en œuvre quotidiennement à l'école, que l'on va rencontrer dans un grand nombre de réalisations technologiques et qui nécessitent des apprentissages spécifiques. Il semble donc intéressant de rappeler quelques points techniques et pédagogiques (**fig. 32**).*

Informations pour l'enseignant

1 Découper

Découper est l'action de couper en morceaux, en parts. On considère ici l'acte qui met en jeux une paire de ciseaux dans le prolongement de la main. On ne parlera pas bien évidemment du cutter, outil interdit à l'école. On peut également avoir à pratiquer des actions comme fendre, tailler, franger, évider... qui mettent en jeu l'acte de découper.

a. Une paire de ciseaux est un outil technique

On réserve le terme de « ciseau », au singulier, pour désigner le ciseau à bois du menuisier, qui ne comporte qu'un seul tranchant.

Il existe une grande diversité de paires de ciseaux selon les matériaux à découper, la minutie du travail à effectuer... : les ciseaux à papier, à carton, à couture, à broderie, à cheveux, à ongles, à volaille... Il est intéressant avec les élèves d'organiser une collecte de paires de ciseaux pour une activité d'observation, de classement... pour en dégager les éléments constitutifs communs et en percevoir les différences, s'interroger sur leur appartenance (où les trouve-t-on ? qui les utilise ? pour quoi faire ?).

b. Comment est faite une paire de ciseaux ?

Une paire de ciseaux, quelle qu'elle soit, comporte deux parties reliées par un pivot. Chacune se compose d'une lame, constituée d'une plane et d'un tranchant, qui se prolonge par une branche et un anneau. Les deux parties sont reliées au niveau de l'entablure (partie plate) par une vis ou pivot permettant ainsi un mouvement de rotation de celles-ci. Les différences portent sur les matériaux, la taille, la forme des lames, des anneaux, les décorations...

c. Comment fonctionne une paire de ciseaux ?

Le principe est le frottement de deux lames l'une contre l'autre. On peut très simplement observer le frottement en actionnant verticalement des ciseaux à contre jour. Quand la main se ferme, le pouce permet d'exercer une pression de la lame intérieure sur la lame extérieure. C'est pourquoi il est très important de posséder dans une classe des ciseaux pour enfants gauchers et des ciseaux pour enfants droitiers, la position des lames étant inversée. Un enfant gaucher qui utilise des ciseaux de droitier écarte les lames au lieu de les faire frotter l'une contre l'autre en découpant. Un ouvrier doit posséder un bon outil ! On ne peut donc que vous recommander d'avoir dans une classe des paires de ciseaux métalliques de qualité adaptées au papier, pour envisager sérieusement l'apprentissage du découpage. C'est un investissement coûteux mais qui doit durer dans le temps.

2 Coller

Coller, c'est fixer, maintenir solidement et durablement deux matériaux semblables ou différents au moyen d'une colle. Pour coller, on a recours à des produits comme les colles à base de produits naturels (colle à l'amidon...), ou des adhésifs qui font appel à des résines de synthèse.

À l'école, on utilisera exclusivement des produits sans solvants dangereux pour les enfants.

a. Quelles sont les colles couramment utilisées ?

Ce sont :

– les colles cellulosiques, par exemple la colle à papier peint à l'amidon pour fabriquer du papier mâché ;

– les colles blanches, en tube ou en pot, sans solvant chimique nocif : à utiliser, par exemple, pour des petites

Des gestes techniques à connaître : découper, coller

■ Tenir les ciseaux correctement

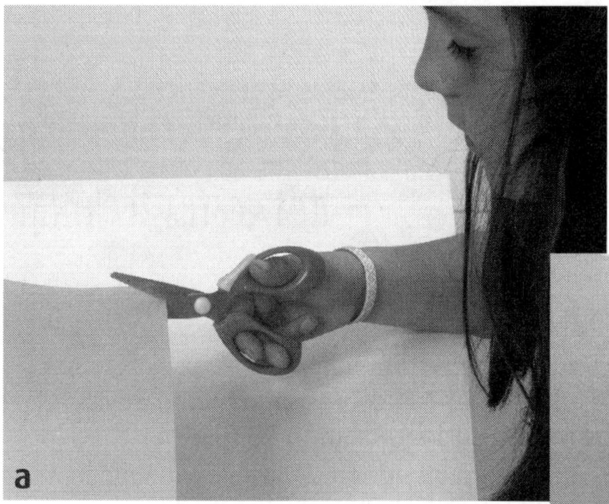

Julie découpe une feuille de papier. Sur la photographie **a**, elle ne tient pas correctement ses ciseaux.

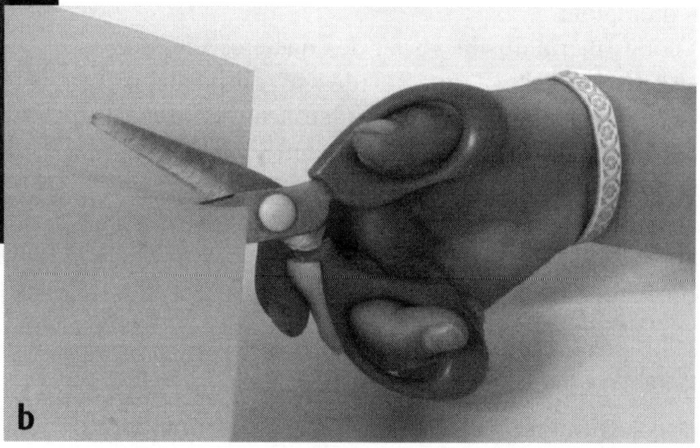

Sur la photographie **b**, elle les tient comme il faut. Elle bénéficie alors d'une bonne prise en main de l'outil.

■ Quelques précautions à prendre pour ne pas mettre de la colle partout

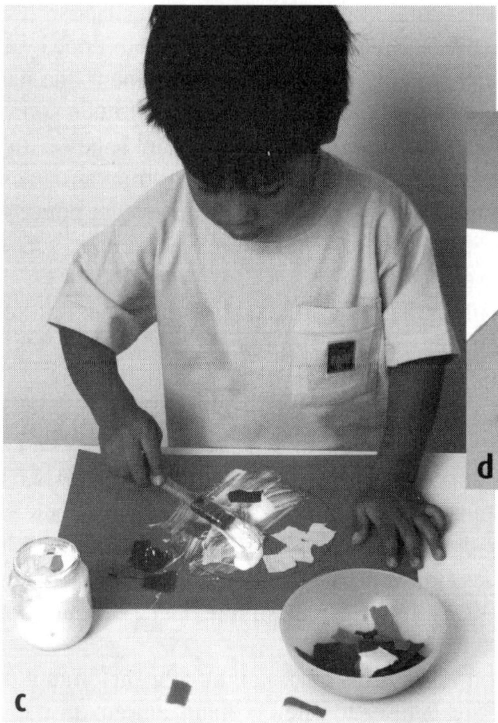

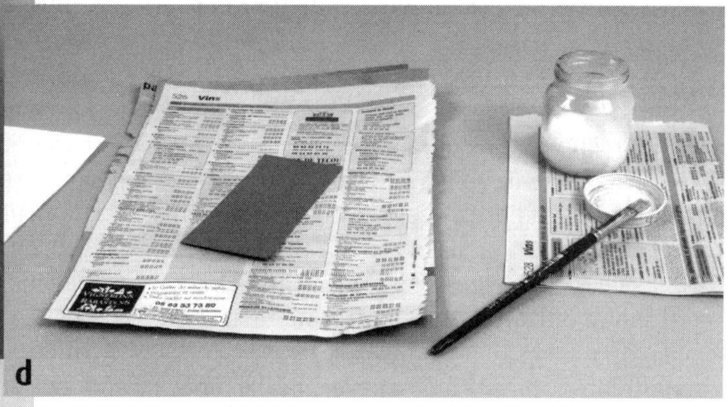

Hector étale la colle sur le support de son collage ; il y déposera les petits bouts de papier coloré.
Pour réaliser un travail soigné, il faut protéger la table et installer le travail à accomplir et le pot de colle liquide sur des feuilles de protection qui sont jetées à la fin du travail.

Fig. 32 Des recommandations utiles.

surfaces, des matériaux sensibles à l'eau comme le papier vitrail…
– les colles liquides en dispersion dans l'eau, comme la colle blanche vinylique, très utilisée à l'école : la prise résulte en la formation d'un film de colle, due à l'évaporation de l'eau et à la dispersion de l'eau dans le matériau. Cette colle permet de coller des matériaux capables d'absorber de l'eau : le papier, le carton, le bois, le cuir, les tissus de coton…
– les colles à solvants chimiques permettant de coller des matières plastiques, du polystyrène, du verre, du métal sont à proscrire de par leur nocivité et leurs difficultés d'emploi ;
– les colles thermofusibles sont des matières thermoplastiques sans solvant. Solides à température ambiante, elles sont fondues grâce à un système, comme le pistolet à colle qui les chauffe puis, appliquées à l'état fondu, elles se durcissent très vite en refroidissant. Cette colle peut être employée, mais attention à la chaleur. Elle peut rendre service pour certains matériaux un peu délicats à assembler.

b. Quelles précautions prendre pour réussir un assemblage par collage ?

Il faut connaître la qualité des matériaux à assembler, choisir la colle (qualité, présentation, quantité, etc.) et l'outil en conséquence : l'outil adapté à l'encollage.
Il faut préparer son plan de travail et vérifier que les matériaux à assembler soient propres. Autant que faire se peut, protéger la table avec une **macule** (feuilles de protection destinées à recevoir les taches de colle puis à être jetées) sous le travail à accomplir et le pot de colle liquide.
Il faut **encoller** (enduire de colle) la surface appropriée, puis procéder à l'assemblage en prenant le soin d'évacuer la macule sale, et de maroufler (lisser) la surface collée avec la main ou avec un petit chiffon propre, si cela s'impose.

❸ Assembler

Concevoir et réaliser un objet fait appel à la recherche et à la mise en œuvre de solutions techniques relatives aux assemblages de pièces, c'est-à-dire aux **liaisons** dans un objet. En effet, un objet est constitué de différentes pièces liées entre elles mécaniquement.
Le fonctionnement attendu conditionnera le type d'assemblage à retenir.
Si l'on considère 2 pièces à assembler, la liaison est complète ou partielle, temporaire ou permanente :
– **complète** si les 2 pièces liées ne peuvent avoir de mouvement l'une par rapport à l'autre. Ce sera le cas de 2 pièces assemblées par collage, vissage, couture…
– **partielle** si l'une des 2 pièces liées peut avoir un mouvement par rapport à l'autre : par exemple dans un assemblage à l'aide d'une charnière, d'une attache parisienne ou d'une épingle une pièce peut effectuer un mouvement de rotation… (exemple : le moulinet p. 24 et 25 de l'album *« Explore le monde de la matière et des objets »*) ;
– **temporaire ou démontable** si les 2 pièces sont aisément séparables sans être dégradées (assemblage par encastrement, boulonnage, attache parisienne, glissière, anneaux, fermeture à glissière, auto-aggripant type « Velcro », laçage, nouage (le lance-fusée p. 29) ;
– **permanente** si on doit détériorer ou rompre l'une des deux pièces au moins (collage…).

L'enfant acquiert des gestes techniques

❶ Découper

Découper constitue une éducation gestuelle et sensorielle, favorise la coordination oculo-manuelle, la latéralisation, l'organisation spatiale et l'indépendance segmentaire au niveau de la main. L'enfant va prendre conscience des phalanges, du rôle du pouce, de l'index, des autres doigts, ainsi que des articulations : poignet, coude, bras.
Comment tenir une paire de ciseaux ? En observant les deux photographies de la main de l'enfant ***(fig. 32)***, on peut s'interroger sur la bonne tenue à adopter en particulier, sur le rôle de l'index dans la tenue de l'outil. Beaucoup d'adultes et d'enfants placent directement le pouce dans l'anneau supérieur et l'index dans l'anneau inférieur. On s'aperçoit très vite en faisant l'expérience de tenir une grosse paire de ciseaux que l'outil n'est pas soutenu et que l'écartement des lames reste réduit. Au contraire en soutenant une branche de l'outil avec l'index et en plaçant le majeur (l'annulaire et l'auriculaire si c'est possible) dans l'anneau inférieur, on dispose là d'une bonne prise en main de l'outil. Habituons donc les élèves dès le plus jeune âge à tenir correctement une paire de ciseaux. Même si cela n'est pas une attitude spontanée, avec un peu de contrainte, en rectifiant le geste, un jeune élève y parvient très bien. On rencontrera aussi des maladresses comme positionner la main avec le pouce vers le bas et le poignet tourné, découper les lames vers soi au lieu de placer les lames vers l'extérieur…
La maîtrise de ce geste demandera beaucoup d'entraînement, au travers d'exercices variés et répétés au fil de fabrications diverses, de projets techniques.
Vous proposerez aux élèves des découpages libres, en franges, en jouant sur les rythmes rapides et lents, longs et courts, serrées, espacées… de grandes bandes, des dents de scie, des zigzags, en utilisant toute la longueur de la lame, au contraire, la pointe des ciseaux puis des figures géométriques, carrés, ronds… sans tracés puis avec tracés, sur simple épaisseur sur papier en double épaisseur…
On doit aussi réfléchir à la tenue du matériau à découper. Faut-il faire tourner la main autour du papier ou faire pivoter la feuille pour conserver la main toujours dans le même axe ?
Il serait pertinent d'élaborer une progression pédagogique au cours du cycle pour travailler la tenue de l'outil, l'ampleur du mouvement, la précision.

2 Coller

En classe, on conduira les enfants à savoir utiliser les colles, en fonction du travail à accomplir, des surfaces à traiter. Pour coller un polycopié dans le cahier, pour coller des grosses boules de papier froissé destinées à un décor mural, pour remplir une surface de confettis, pour faire un masque en bandes de papier journal, quelle colle va-t-on choisir ? quel élément de l'assemblage va-t-on enduire de colle ? quel outil va-t-on utiliser (doigts, pinceau, spatule, etc.) ? Autant de problèmes à résoudre que de situations de collage…

Coller est un acte technique difficile et long à acquérir, qui développe la coordination oculo-manuelle, le sens de l'organisation dans le temps et dans l'espace, le soin, la rigueur, la précision, la connaissance de matériaux et matériel variés. Il est souvent difficile pour les élèves de prendre l'habitude de protéger la table de travail, de savoir doser la quantité de colle juste suffisante, de savoir enduire une surface rapidement de façon régulière en évitant les paquets de colle, les bulles disgracieuses…

3 Assembler

En classe, au cours d'activité de fabrication, vous aurez le souci d'amener les élèves à réfléchir au type de liaison attendue et à préciser sa fonction : « il faut que ça tienne sans jamais se défaire, se démonter », « je veux ouvrir et fermer ma couronne sans l'abîmer », « il faut que le curseur du calendrier puisse glisser sur la bande »… Ils rechercheront alors un éventail de solutions techniques répondant aux contraintes fixées afin de faire un choix. Les résultats des recherches seront gardés en mémoire, référencés et enrichis au fil de l'année pour être réinvestis dans des projets ultérieurs (espace « Attacher » par exemple).

Selon le projet et en fonction du résultat attendu, les fonctions de l'assemblage seront différentes : assembler pour fermer (attacher le sac de bonbons, fermer l'enveloppe), pour permettre un mouvement (calendrier bonhomme), pour fixer (piètement des lutins, abat-jour de la guirlande lumineuse), pour empiler (briques pour construire un enclos)…

Il sera essentiel de proposer aux enfants des situations variées d'assemblage pour enrichir leurs ressources. La diversité portera sur la nature des éléments : des matériaux en feuilles ou en volume (papiers, feuilles de mousse, tissus, mais aussi bois, boites d'emballage…), des éléments bruts ou modulaires, des formats différents…

On multipliera aussi les moyens d'assemblage avec apport de matériel riche et diversifié de la vie courante (matériel de bureau, de mercerie, de quincaillerie…) engendrant ainsi la mise en œuvre d'actions et de gestes nouveaux (entourer, entortiller, enfiler, coudre, nouer…).

Les jeux de construction offrent aussi une panoplie de liaisons : de simples appuis (Kapla), des encastrements (Lego), des liaisons fixes ou des liaisons permettant une rotation ou une translation… On y trouve aussi des pièces qui s'emboîtent ou s'encastrent directement et d'autres qui nécessitent une pièce intermédiaire (type mécano). Ce qui fait apparaître des difficultés plus ou moins grandes selon le résultat recherché.

Dans la vie de la classe l'enfant sera sollicité pour assembler, attacher ensemble des éléments : attacher ses chaussures, mettre son étiquette dans le tableau de présence, visser le bouchon d'une bouteille, fixer le dessin sur le tableau aimanté, fermer la veste de la poupée…

L'acte d'assembler est plus ou moins complexe selon le nombre d'éléments intervenants, l'enchaînement des actions, les propriétés des matériaux, la rapidité du résultat. Il est donc important de graduer les difficultés et de construire une mémoire des vécus. C'est dans la variété des situations que l'enfant construira son apprentissage.

Se repérer

L'album de l'élève

Sommaire

Le temps qui passe

Repérage dans l'espace

dans le temps et dans l'espace

Le guide de l'enseignant

Sommaire

Se repérer dans le temps et dans l'espace

Les programmes de l'école maternelle demandent à l'enseignant (voir rubriques « Repérages dans l'espace » et « Le temps qui passe » dans le texte officiel, page 31) de placer les élèves dans des situations variées, pour leur permettre de construire des compétences dans le domaine de la structuration de l'espace et du temps.
Les activités en sciences et technologie n'ont pas l'exclusivité de ce domaine. D'autres types d'activités, à orientation géographique, historique, mathématique, artistique, motrice, et bien sûr langagière, sont essentielles pour aider les élèves à construire et structurer l'espace et le temps. Nous nous limiterons ici à celles relevant du domaine scientifique et technologique.

Quel espace pour des élèves de l'école maternelle ?

A. Définir l'espace

Adulte comme enfant, nous avons différentes expériences de l'espace :
– **L'espace vécu,** le plus souvent lié à des perceptions motrices, et très lié au temps. Quel adulte n'est pas surpris, quand il refait une promenade de son enfance, de la trouver bien courte, alors que le chemin lui paraissait interminable ; ou bien de trouver ridiculement petit un lac qui, dans son souvenir, était immense ? Il s'agit bien évidemment ici d'une espace centré sur soi.
– **L'espace topologique :** dans cet espace, les objets ont des positions relatives. Tel objet est au-dessus, ou à côté, ou à l'intérieur d'un autre. Des déplacements d'objets sont décrits à ce niveau de construction de l'espace. Un enfant décrira d'abord un espace topologique et des déplacements centrés sur lui, et, progressivement, il apprendra à se décentrer et à situer ces objets les uns par rapport aux autres, il commencera à décrire et nommer des formes et des positions, des déplacements d'objets, dans un **espace projectif** qui prend en compte de multiples points de vue sur l'objet.
– **L'espace métrique** ou **euclidien :** espace de la géométrie, de la mesure. Les positions relatives perdurent, mais s'y ajoutent des grandeurs telles que les distances, les dimensions des objets, qui permettent de préciser leurs positions, leurs formes et leurs déplacements.

B. Où en est un enfant de l'école maternelle ?

Cet enfant va passer d'un espace vécu à un espace perçu. Très jeune, l'enfant construit un espace pratique, avec ses trois dimensions topologique, projective et euclidienne. Des relations topologiques (voisinage, continuité, séparation, etc.) sont vécues par le très jeune enfant. Il construit de même la permanence perceptive de la forme et de la taille d'un objet. Cela suppose, sur le plan pratique, une certaine décentration par rapport à la perception et à l'action immédiate.
À partir de deux ans, l'enfant construit un espace représenté selon les mêmes étapes topologique, projective et euclidienne. Il doit donc passer d'un point de vue exclusivement centré sur lui-même à une décentration qui lui permet de se représenter l'objet (forme, dimension, positions relatives et déplacements) sans se référer à son seul point de vue d'observateur. Cette construction se poursuit, sur le plan des opérations concrètes, jusque vers 11-12 ans. Les relations métriques sont construites après l'école maternelle.
Cette évolution est résumée dans le tableau suivant :

Âge préscolaire	Espace vécu sur un mode affectif et pratique
Âge de l'école maternelle	Passage à la représentation mentale Décentration et construction de repères spatiaux : positions, formes, taille…
Âge de l'école élémentaire	Construction du concept d'espace mesurable

C. Les choix faits dans l'album

Indiquons tout d'abord qu'un travail sur la structuration de l'espace peut être mené dans presque toutes les activités proposées dans l'ensemble des albums, ne serait-ce que pour situer une photographie par rapport à une autre ! Dans de nombreuses fabrications proposées dans l'album *« Explore le monde de la matière et des objets »*, des relations spatiales existent entre les différentes parties d'un objet, leur forme, que les élèves doivent le plus souvent repérer et dire.

Nous avons, dans cet album sur l'espace et le temps, choisi des supports d'activités permettant de travailler de façon explicite :

– la décentration (par exemple « Où était le photographe » p. 48, « Des photographies et des maquettes » p. 50, etc.) ;

– la représentation de déplacements (par exemple « prévoir le trajet d'une bille » p. 56, « des cartes animées à envoyer à tes amis » p. 62) ;

– les formes et tailles d'objets (par exemple « Uniquement avec des ronds et des carrés » p. 52, « Tu peux fabriquer des puzzles » p. 60).

Quel temps pour des élèves de l'école maternelle ?

A. Définir le temps

• Adulte comme enfant, nous avons différentes **expériences du temps**.

– **Le temps de l'intérêt :** il est lié directement à la personne, et fait que le temps passe vite ou non. Peu à peu, un enfant va évoluer d'un intérêt immédiat, du temps vécu à l'instant vers le temps projeté, imaginé permettant la tâche à échéance. Cette évolution apparaît fort importante. En même temps qu'un ancrage dans le réel extérieur, elle assure une amorce de structuration de l'action et, pour cela, nécessite la mise en œuvre de la mémoire, de la possibilité d'anticipation, d'un minimum de conscience de son pouvoir, ceci soutenu par un apprentissage langagier. Mais il serait vain de vouloir accélérer cette évolution : si les projets peuvent être un moteur puissant en grande section, il en est difficilement question chez les petits. Plus les enfants sont jeunes, plus proposition et réalisation doivent être proches dans le temps, sous peine de désintérêt, voire d'oubli de la consigne. À ce « temps psychologique » s'ajoute la fatigabilité nerveuse de l'enfant jeune, donc ses limites à l'attention, la précision.

– **Le temps de l'habitude :** il dépend des conditions matérielles. Ce sont des repères fixes : passage aux lavabos, récréations, prise de repas, sieste… Ce sont des repères fixes, porteurs de plus ou moins de valeur affective. Il serait vain, cependant, de penser que l'institution de repères peut à elle seule favoriser l'acquisition de la notion de temps.

– **Le rite :** il cumule le temps d'intérêt par sa forte densité affective et l'habitude par sa fréquence d'apparition. Il peut s'attacher à des actes de la vie courante (dire bonjour quand on rencontre quelqu'un), ou au début d'une activité cyclique à l'école (par exemple annoncer le moment du conte en allumant une bougie), ou encore être lié à certains événements (anniversaire, Noël, veille de vacances, etc.). Le rite relie le temps réel du « faire » et celui du fantastique, c'est un pont entre l'activité et la libération de l'imaginaire. Le rite paraît très proche de l'habitude : extérieurement, le « faire » correspond à l'habitude. Que l'on songe à la confection du thé au Japon. Le rite, pour un japonais, c'est l'implication profonde dans ses gestes qui sont une véritable communion avec ceux qui boiront le thé. Et l'enfant fait très bien la différence entre le geste, ou la phrase, rituels, et celui ou celle de l'habitude.

– **Le temps de la fête,** à la fois temps social et temps renversé. Les fêtes sont en relation avec une date sur le calendrier, avec des modes de vie sociale. Mais le temps de la fête est aussi un temps renversé car la fête bouscule les habitudes.

• Au niveau **conceptuel**, le temps peut s'appréhender selon deux dimensions.

– Le temps est d'abord **déroulement**, flux perpétuel : le temps passe, il ne s'arrête pas. De manière continue, le futur devient passé, le présent n'étant que la frontière infinitésimale entre les deux.

– Dans ce flux continu, nous inscrivons des points fixes, des repères, des **« dates »**. Ces repères peuvent être de nature sociale, conventionnelle (heure de l'horloge, moment du repas familial, fête inscrite sur le calendrier, etc.) ou liés étroitement à l'expérience personnelle subjective (un événement chargé d'émotion, telle que l'annonce de la maladie d'un proche, ou une rencontre amoureuse, etc.).

Ce sont ces repères, ces dates qui permettent de distinguer un « avant » et un « après », de situer les événements les uns par rapport aux autres, d'établir une **chronologie**.

Ce sont également ces repères qui servent de bornes pour définir une **durée** c'est-à-dire un intervalle de temps, et introduisent la possibilité d'une **mesure du temps**. On utilise pour cela des instruments adaptés (chronomètre, horloge, calendrier, etc.)

B. Où en est un enfant de l'école maternelle ?

Cet enfant va passer d'un **temps vécu** à un **temps perçu et pensé**. Tout ce que nous vivons, tout ce que nous ressentons est perçu avec un « avant » et un « après ». Cela commence dès les premiers jours de la vie où, à travers des sentiments comme le désir, la crainte, le regret, le soulagement… les perceptions s'organisent progressivement autour du souvenir et de l'attente.

Cette structuration temporelle de la conscience, d'abord étroitement liée aux besoins et à leur satisfaction (faim, sommeil, etc.) et aux émotions les plus frustes (peur par exemple), s'affine et s'enrichit peu à peu avec le développement des relations avec l'entourage et, surtout, avec l'apprentissage du langage. L'enfant est alors capable de souvenirs plus organisés et plus étendus et d'anticipations plus précises et plus lointaines. Le langage et les concepts qu'il véhicule révèlent et, sans doute, renforcent ces capacités nouvelles de l'enfant de se projeter dans un avenir plus ou moins lointain, de comparer son présent à l'attente qu'il en avait, d'organiser son action non seulement en fonction de ses tensions internes (physiologiques ou psychologiques), mais aussi en fonction de repères sociaux. Sur le plan comportemental, il devient capable d'attendre, de patienter.

L'âge de la maternelle est précisément la période pendant laquelle s'effectue ce passage du vécu à la représentation mentale, ce qu'on peut appeler une « prise de conscience » du temps.

Bien sûr, la construction de la notion de temps n'est pas achevée à six ans. Elle se poursuivra durant les années d'école élémentaire, intégrant des repères de plus en plus lointains, et de plus en plus abstraits, jusqu'à inclure l'idée d'un temps indéfini et homogène, permettant la chronologie historique ou géologique par exemple. La durée deviendra alors une grandeur mesurable et mesurée.

Très grossièrement, on pourrait schématiser les étapes de la construction du temps chez l'enfant dans le tableau suivant :

Âge préscolaire	Temps vécu sur un mode affectif
Âge de l'école maternelle	Passage à la représentation mentale Découverte et organisation de nombreux repères
Âge de l'école élémentaire	Construction du concept de temps mesurable

C. Les choix faits dans l'album

Ces choix tiennent compte à la fois de l'âge des élèves, de leur perception du temps, et des attentes de l'institution.

Ainsi, nous avons choisi des supports qui permettent aux élèves :

– De travailler sur la **chronologie** d'actions ou de situations se déroulant sur des durées plus ou moins longues : des durées assez courtes quand il s'agit de la chronologie des étapes d'une fabrication, d'une histoire ; des durées à l'échelle de la journée (par exemple « Que fais-tu à l'école ? » p. 6), puis de la semaine et de l'année (repérage des saisons, etc.).

– D'utiliser des outils ou des instruments pour **se repérer dans le temps** : frises chronologiques, calendriers,... À cet effet, nous proposons des activités liées à un certain nombre de fêtes sociales (la galette, le 1er avril, etc.) mais aussi associant des instruments aux situations dans lesquelles on les utilise (par exemple une montre pour ne pas rater son train).

– De traduire le temps dans des fabrications telles que des semainiers, des calendriers...

Activités pour la classe

• **L'album** *« Repère-toi dans le temps et dans l'espace »* propose des activités dans les domaines cités précédemment.

– Retrouver une chronologie : pages 4, 6, 8, 40, 44.

– Construire des instruments pour se repérer dans le temps : pages 10, 14, 42.

– Mettre en relation des observations et un repérage sur un instrument : pages 12, 22, 26, 34, 38, 42.

– Fabriquer en fonction de fêtes sociales repérées sur un calendrier : pages 16, 18, 20, 24, 28, 30, 32, 36.

– Se décentrer dans l'espace : pages 46, 48, 50, 54.

– Travailler sur les formes et les tailles : pages 52, 58, 60.

– Représenter des déplacements : pages 56, 62.

• **Appréhender la notion de vitesse**

Le texte officiel du programme précise : *« D'une manière générale, il est important de considérer que la structuration du temps et celle de l'espace sont indissociables. Une part importante du sentiment de la distance, par exemple, est liée à la représentation du temps nécessaire pour aller d'un point à un autre et suppose donc que la vitesse soit prise en compte. Pour l'enfant, ces phénomènes fonctionnent longtemps comme des obstacles à une appréhension claire des réalités... »*.

L'album pour les enfants vous propose une première approche de la notion de vitesse par la comparaison de différents animaux. Pour simplifier, on imagine que tous ces animaux sont partis au même moment et sur une même ligne de départ (fictive bien sûr). Le dessin les représente à l'endroit qu'ils ont atteint une heure plus tard. L'autruche a fait 50 kilomètres et le martinet presque 200 kilomètres.

Voici, pour votre information, les vitesses des différents animaux, exprimées en km/h : chauve-souris 20, épervier 40, cigogne 75, canard 100, martinet 200, escargot 6 mètres/h, tortue 2, autruche 60, lièvre 70, kangourou 70, guépard 100, truite 5, manchot 40, thon 80.

Ce schéma permet également de constater que, dans le milieu aérien, le déplacement est le plus rapide, et, dans le milieu aquatique, il est le plus lent.

Plusieurs activités peuvent précéder ou compléter l'analyse de ce document.

– Organiser, dans la cour de l'école, une course avec 3 ou 4 enfants. D'une ligne de départ que vous avez matérialisée, ils partent tous en même temps et courent dans la même direction. Trente secondes plus tard, à votre signal, ils s'arrêtent. Lequel a couru le plus vite ? Ils ont tous couru pendant le même temps. Le vainqueur est celui qui a parcouru la plus longue distance depuis la ligne de départ.

– Choisir quatre animaux du dessin qui vont être représentés par quatre enfants. Par exemple, Ali est une tortue, Marine une autruche, Fabien un lièvre, Camille un guépard. Où sont-ils arrivés au bout d'une heure de course ? Il faut d'abord préciser la ligne de départ. Quel est celui qui est arrivé le plus loin ? Comment se placent-ils les uns par rapport aux autres ?

Les enfants sont ainsi conduits à mimer ce qu'ils voient sur la figure.

On peut ensuite renouveler l'exercice avec les animaux qui volent, avec ceux qui nagent. Cette activité aide les enfants à comprendre le schéma et la vitesse relative entre les différents animaux présentés.

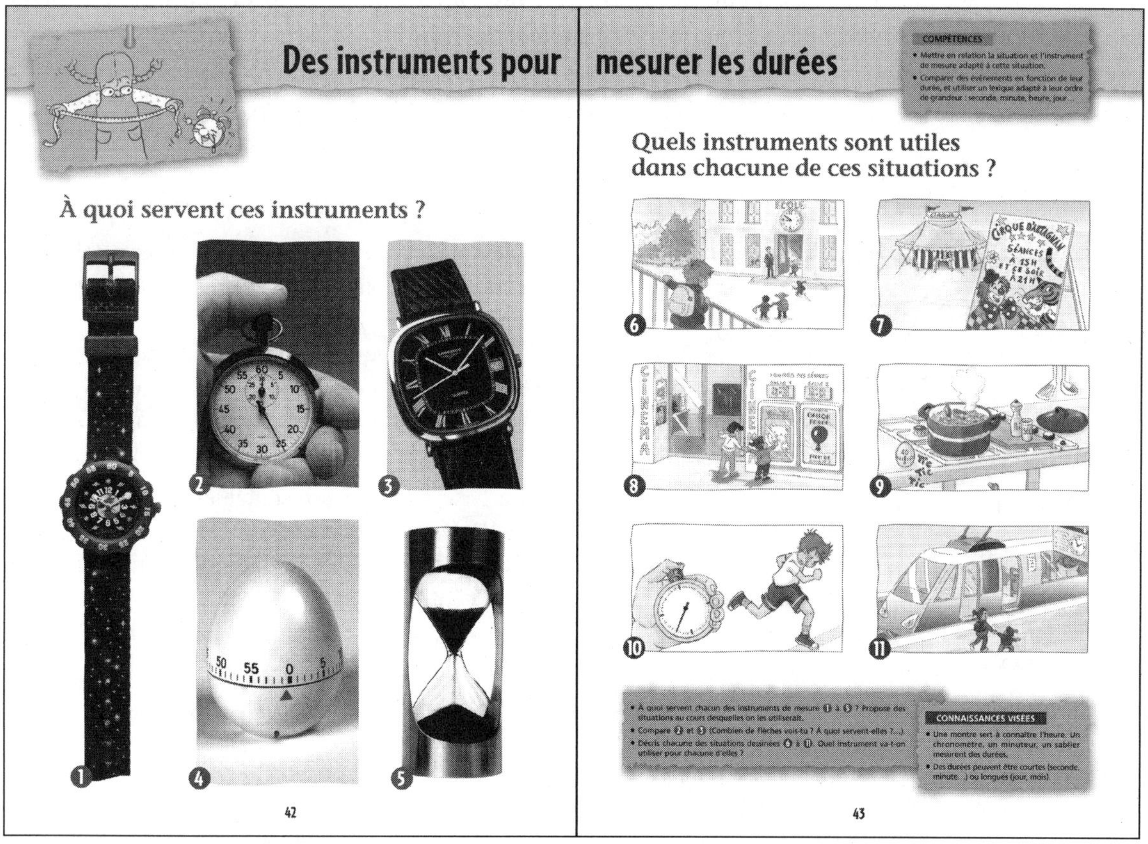

Extrait de l'album « *Repère-toi dans le temps et dans l'espace* » pages 42 et 43.

Un jour, qu'est-ce que c'est ? et une semaine ?

Identifier différents moments d'une journée, à partir d'un ensemble de photographies, de dessins plus ou moins schématiques, voire de symboles, puis les placer dans l'ordre chronologique (ils deviennent alors des repères) sont des activités importantes pour l'approche de la notion de temps. Dans une première étape, la chronologie peut se limiter à une demi-journée, puis à la journée complète suivie de la nuit. Pour un enfant, la journée commence quand il se lève. Ces activités permettent en outre l'appropriation progressive de mots de vocabulaire précis comme « maintenant », « avant », « après »...
Pour placer les repères de la journée les uns par rapport aux autres, il est souhaitable de ne pas se contenter d'une seule frise chronologique mais d'utiliser plusieurs modes de représentation : frise horizontale, frise verticale, « roue » du temps.
L'album « Repère-toi dans le temps et dans l'espace » propose des activités qui peuvent être utilisées de différentes manières : comme motivation, en bilan ou pour une évaluation (Que représentent ces photographies ? Pourquoi les a-t-on regroupées ? Que peut-on faire ? Peut-on prendre des photographies qui illustrent le même problème ?...).

Aujourd'hui, c'est un jour d'école

pages 4 et 5

1. Compétences

– Identifier des moments vécus en observant des photographies.
– Situer les uns par rapport aux autres les différents moments présentés sur les photographies.

2. Connaissances

La vie d'un enfant est rythmée par une série d'événements (se lever, manger, jouer, etc.) qui peuvent être pris comme points de repère pour une première approche de la notion de temps.

3. Activités possibles sur l'album

• Que représente chacune des photographies ? Où ont-elles été prises ? Quel vêtement porte Alice ? Que fait-elle ?
Toutes les questions doivent aider l'enfant dans l'analyse des photographies et lui permettre de relever des indices pertinents.

• Dans quel ordre faut-il placer les photographies **1** à **5** de la page 4 pour raconter ce que tu fais avant de venir à l'école ?
Certains enfants hésitent dans cette mise en ordre. Le petit déjeuner se place-t-il avant ou après la toilette ?
Dans les deux cas, Alice est encore en pyjama. La discussion est intéressante. Pour trancher, le vécu des enfants est pris en compte.

• La frise de temps présentée en page 5 est incomplète. Quelles étapes sont représentées ? Quelles étapes ne sont pas représentées ? On les indique à l'aide de leur numéro.

Qu'as-tu fait à l'école ce matin ?

pages 6 et 7

Généralement, une matinée d'école est faite d'une succession d'événements toujours placés dans le même ordre. Être capable de les identifier et de les ordonner est un objectif capital dans l'approche de la notion de temps.
Au bout de quelques semaines d'école, des enfants deviennent capables, à la fin de la demi-journée, de raconter le déroulement de la matinée.

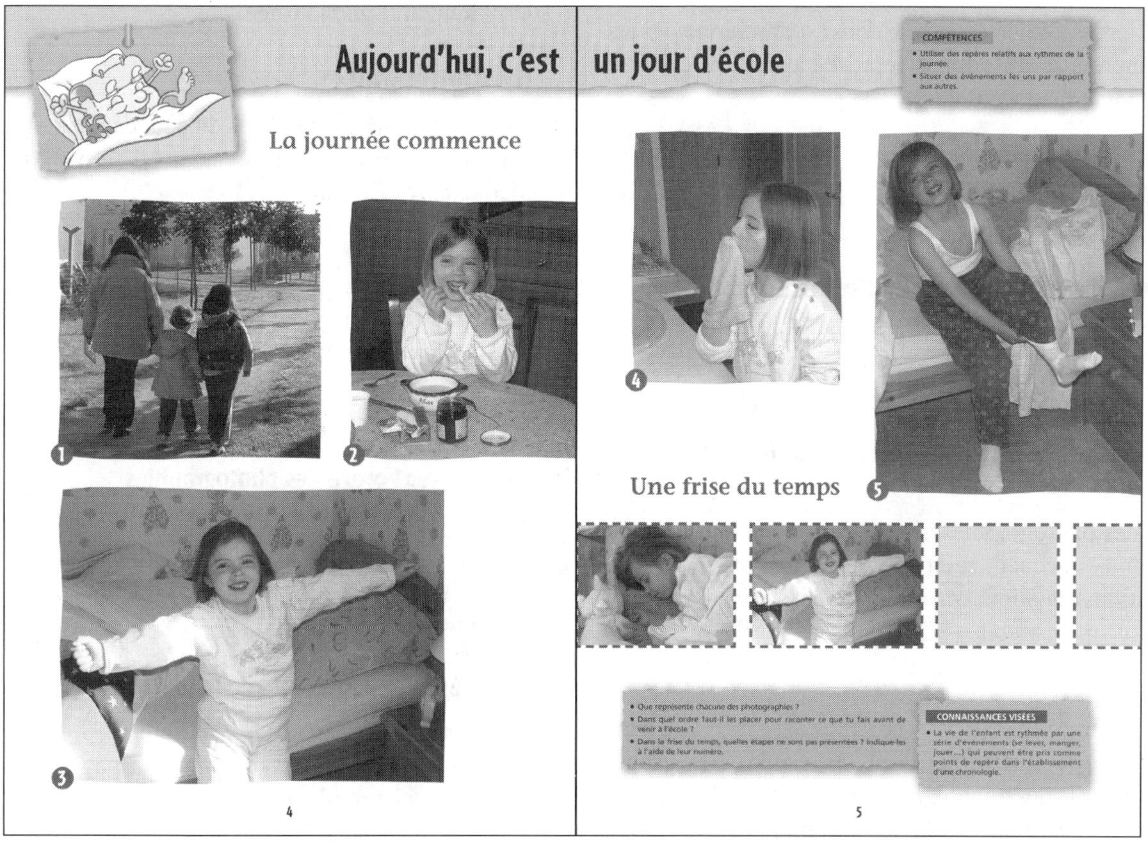

Aujourd'hui, c'est un jour d'école

COMPÉTENCES
- Utiliser des repères relatifs aux rythmes de la journée.
- Situer des événements les uns par rapport aux autres.

La journée commence

Une frise du temps

- Que représente chacune des photographies ?
- Dans quel ordre faut-il les placer pour raconter ce que tu fais avant de venir à l'école ?
- Dans la frise du temps, quelles étapes ne sont pas présentées ? Indique-les à l'aide de leur numéro.

CONNAISSANCES VISÉES
- La vie de l'enfant est rythmée par une série d'événements (se lever, manger, jouer...) qui peuvent être pris comme points de repère dans l'établissement d'une chronologie.

4 5

Extrait de l'album « *Repère-toi dans le temps et dans l'espace* » pages 4 et 5.

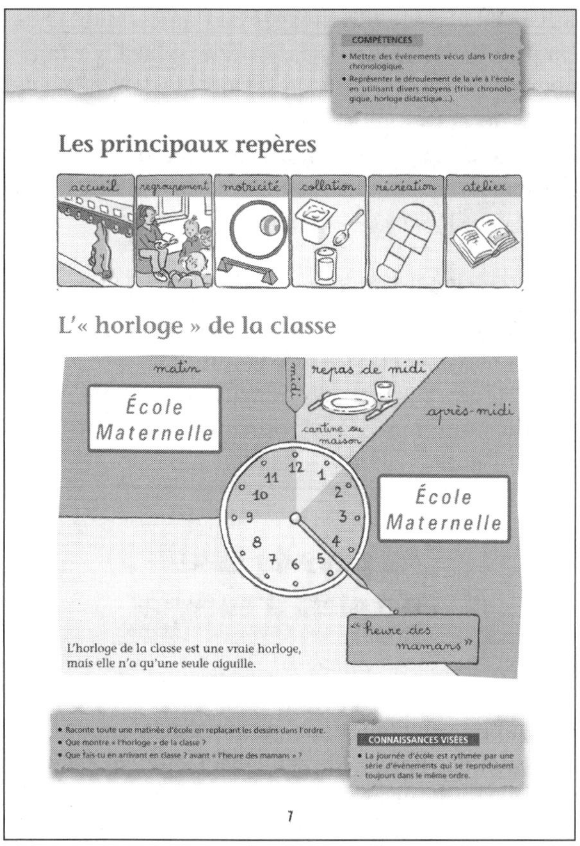

COMPÉTENCES
- Mettre des événements vécus dans l'ordre chronologique.
- Représenter le déroulement de la vie à l'école en utilisant divers moyens (frise chronologique, horloge didactique...).

Les principaux repères

L'« horloge » de la classe

L'horloge de la classe est une vraie horloge, mais elle n'a qu'une seule aiguille.

- Raconte toute une matinée d'école en replaçant les dessins dans l'ordre.
- Que montre « l'horloge » de la classe ?
- Que fais-tu en arrivant en classe ? avant « l'heure des mamans » ?

CONNAISSANCES VISÉES
- La journée d'école est rythmée par une série d'événements qui se reproduisent toujours dans le même ordre.

7

Extrait de l'album « *Repère-toi dans le temps et dans l'espace* » page 7.

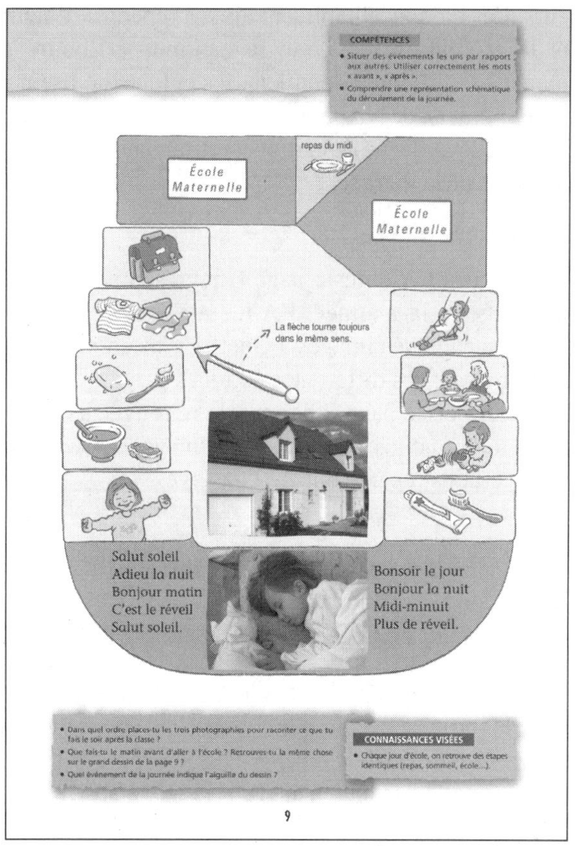

COMPÉTENCES
- Situer des événements les uns par rapport aux autres. Utiliser correctement les mots « avant », « après ».
- Comprendre une représentation schématique du déroulement de la journée.

Salut soleil
Adieu la nuit
Bonjour matin
C'est le réveil
Salut soleil.

Bonsoir le jour
Bonjour la nuit
Midi-minuit
Plus de réveil.

- Dans quel ordre places-tu les trois photographies pour raconter ce que tu fais le soir après la classe ?
- Que fais-tu le matin avant d'aller à l'école ? Retrouves-tu la même chose sur le grand dessin de la page 9 ?
- Quel événement de la journée indique l'aiguille du dessin ?

CONNAISSANCES VISÉES
- Chaque jour d'école, on retrouve des étapes identiques (repas, sommeil, école...).

9

Extrait de l'album « *Repère-toi dans le temps et dans l'espace* » page 9.

1. Compétences

– Mettre des événements vécus dans l'ordre chronologique.
– Comprendre différentes représentations du déroulement d'une matinée d'école.

2. Connaissances

La matinée d'école est rythmée par une série d'événements qui se déroulent toujours dans le même ordre.

3. Activités possibles sur l'album

L'utilisation de la double page de l'album (pages 6 et 7) doit être précédée d'activités en classe, renouvelées plusieurs fois ; cette utilisation viendra dans un second temps.

a. Réalisons une frise pour représenter notre matinée d'école

Avec des photographies prises à différents moments de la matinée (accueil, regroupements, activités motrices, récréation, collation, travail en atelier, cantine…), ou à l'aide d'images codées, on réalise une frise représentant une matinée d'école.

b. L'horloge de la classe

Une horloge électrique, dont on a enlevé la grande aiguille (celle des minutes) et conservé l'aiguille des heures (prolongée d'une flèche de carton), est affichée dans la classe. Avec des repères colorés (comme l'indique le dessin de la page 7), on marque les différents moments de la journée d'école. Les photographies prises précédemment, ou les images, sont placées dans les différents secteurs. Les enfants s'habituent ainsi à repérer « l'heure » de la récréation, celle de la cantine, « l'heure des mamans »... Bien évidemment, les enfants ne lisent pas l'heure ; mais, dès la petite section, ils se repèrent sur la position de la flèche de carton et retrouvent les différents moments de la journée.

c. La journée d'Alice

Les dessins **1** à **6** de la page 6 représentent différents moments de la matinée d'Alice à l'école. Que représente chacune des images ? Que font les enfants ? Quel est l'ordre de ces différentes activités ?
La lecture de la page 7 permet de retrouver le déroulement de la matinée, à travers des images sur lesquelles seuls certains repères ont été conservés.

Une journée bien remplie

pages 8 et 9

Après la journée de classe, c'est le retour à la maison. Entre la sortie de l'école et le coucher, différents moments peuvent aussi servir de repères dans le temps : le repas du soir en famille, la toilette, des activités diverses…

1. Compétences

– Situer des événements les uns par rapport aux autres.
– Apprendre à utiliser correctement des mots tels que « avant », « après »…
– Comprendre des représentations schématiques du déroulement d'une journée.

2. Connaissances

– Dans chacune des journées du petit écolier, on retrouve des étapes identiques : avant l'école, pendant l'école, après l'école.
– On retrouve, pour chacune de ces étapes, des moments caractéristiques : le réveil, la préparation avant d'aller à l'école, la matinée de classe, le repas de midi, l'après-midi de classe, le retour à la maison, le sommeil de la nuit, etc.

3. Activités possibles sur l'album

a. Retrouver l'ordre des photographies

Les photographies **1** à **3** sont décrites avec précision. Que fait Alice ? Où est-elle ? À quel moment de la journée se déroule l'action ? Dans quel ordre place-t-on ces photographies ?

b. Représenter l'ensemble de la journée

Le schéma de la page 9 de cet album reprend la représentation de la journée utilisée à la page 7. Mais ici l'horloge est remplacée par une simple flèche qu'on peut tourner à la main et placer devant chacune des images. Celles-ci ne représentent que le temps vécu en dehors de l'école, le matin depuis le réveil jusqu'à l'arrivée en classe, et le soir après la sortie de l'école.
On peut, bien sûr, l'enrichir avec des images de la matinée de classe et des images de l'après-midi.
Remarque : la flèche de la « vraie » horloge fait, en réalité, deux tours en 24 heures, alors que le schéma de la page 9 de cet album représente un jour complet de 24 heures. Cette précision n'est pas à fournir aux enfants. En revanche, il est important que la flèche soit toujours tournée dans le sens des aiguilles d'une montre.

c. La succession des jours

Après la nuit de sommeil, que se passe-t-il ? C'est le réveil et une nouvelle journée commence.
Grâce à toutes ces activités, renouvelées de nombreuses fois, on commence à s'approprier les notions de « aujourd'hui », « hier », « demain ».

Au pays du lundi, on a plein d'énergie

pages 10 et 11

De nombreuses comptines permettent d'apprendre la succession des jours de la semaine. Celle qui est proposée dans l'album associe une couleur à chacun des jours. Cette succession se retrouve dans le dessin de la page 10. Après avoir reconnu les jours par « leur » couleur, les enfants repèrent progressivement leur nom écrit. Vous trouverez page 216 toutes les indications utiles pour explorer les documents de cette double page.

Comment se repérer au cours d'une année ?

Se repérer dans le temps, c'est non seulement construire et utiliser des frises chronologiques pour représenter le temps proche, mais aussi prendre conscience de la succession des jours. On apprend progressivement à employer correctement des mots importants : aujourd'hui, hier, demain. On découvre peu à peu ce qu'est une semaine. On apprend le nom des jours de la semaine. L'enfant devient capable de dire « aujourd'hui, c'est mardi ; hier, c'était lundi... ». Puis il est temps de découvrir ce qu'est un mois, une année.
Pour un enfant d'école maternelle, une année est une période très longue, difficile à appréhender. Cependant, des événements en marquent le déroulement :
– des repères sociaux (Noël, Carnaval, la fête des rois, etc.) ;
– des repères plus personnels (son propre anniversaire, celui de Martin, etc.) ;
– des repères liés au cycle de la végétation (les feuilles des arbres qui jaunissent en automne, qui tombent avant l'hiver, etc.), aux travaux des champs... ;
– des repères liés à la météorologie (la neige, le givre, la chaleur de l'été, etc.).
Prendre conscience de ces repères est important, même si on n'en maîtrise pas la durée. C'est pourquoi, l'album pour les enfants « Repère-toi dans le temps et dans l'espace » propose plusieurs documents intéressants pour aider à les appréhender.

Mois... année... comment se repérer ?

pages 12 et 13

Il est classique de représenter une année sous la forme d'un cycle : quand une année se termine, une autre recommence. On retrouve alors les mêmes repères. Après le printemps vient l'été ; après l'été, c'est l'automne.

1. Compétences

– Reconnaître le caractère cyclique de certains phénomènes (saisons et manifestations diverses qui les accompagnent).
– Se repérer dans la succession des saisons, dans celle des mois de l'année.

2. Connaissances

– L'année comprend douze mois et quatre saisons.
– Les saisons débutent à des dates précises.

3. Activités possibles sur l'album

– Décrire chacune des photographies, les comparer (repérer en particulier qu'il s'agit du même arbre, au bord du même chemin, mais avec des aspects différents selon les saisons).
– Suivre un arbre de la cour de l'école ou de son environnement immédiat, et l'observer aux différentes saisons : un arbre au cours des saisons.
– Apprendre le nom des mois de l'année dans l'ordre de leur déroulement.
– Connaître le nom des quatre saisons et les situer les unes par rapport aux autres avec les caractéristiques découvertes sur les photographies. Celles-ci seront complétées avec les documents des pages suivantes.

À quoi reconnais-tu l'automne ?

pages 22 et 23

L'album *« Repère dans le temps et l'espace »* propose, sur l'automne, de très belles photographies au sujet desquelles les enfants vont avoir beaucoup de choses à dire. Ces documents ne remplacent pas, bien sûr, les observations réelles, notamment celles des arbres de la cour de l'école et de l'environnement proche. Cependant les

deux sources d'informations se complètent et s'enrichissent mutuellement de manière très intéressante.
Un point est important à souligner : le changement de couleur des feuilles des arbres et arbustes ne se fait pas d'un seul coup ; les couleurs de l'automne s'installent peu à peu, en plusieurs jours et même plusieurs semaines. D'après le calendrier, l'automne débute le 21 septembre, mais il va de soi que les changements du paysage sont progressifs.

1. Compétences

– Prélever sur des photographies des indices qui caractérisent une saison.
– Établir des comparaisons entre les saisons afin de dégager les éléments caractéristiques de l'automne.

2. Connaissances

– À l'automne, de nombreuses feuilles d'arbres et d'arbustes changent de couleur avant de tomber sur le sol.
– L'automne est aussi la saison où mûrissent de nombreux fruits sauvages, où se développent les champignons de la forêt, où certains animaux (les insectes, certains oiseaux, etc.) « disparaissent ».

3. Activités possibles

a. Installer une exposition sur l'automne

À l'aide de récoltes faites dans la cour, dans la nature, ou sur le chemin de l'école, on réalise une exposition dans un « coin » de la classe ou de la salle d'accueil. Elle présente les aspects caractéristiques de la mise en place de l'automne : des marrons, des châtaignes dans leur coque épineuse, des glands, des fruits d'automne (mûres, baies des buissons ardents, etc.), des feuilles plus ou moins jaunes, des feuilles plus ou moins rouges. Pour que l'exposition soit « belle » et dure longtemps, on prendra la précaution de faire sécher les feuilles entre des journaux et sous une pile de livres (comme pour la confection d'un herbier).
On peut aussi « illustrer » d'autres aspects de l'automne (jours de plus en plus courts, abondance de pluies, températures plus basses, etc.). Il va de soi que ces « trésors » de l'automne sont disposés par les enfants eux-mêmes qui ont beaucoup de plaisir à enrichir progressivement leur mini-musée. Des dessins d'enfants sont également réalisés et exposés.
Ce coin-nature, bien aménagé, est, après quelques jours, présenté aux parents et commenté par les enfants.
On peut également concevoir des jeux avec l'exposition. Par exemple, vous déposez un, ou plusieurs, intrus au milieu des objets (une feuille encore verte, un fruit d'une autre saison, cerise ou fraise par exemple), et le lendemain les enfants doivent les découvrir, et expliquer pourquoi ce sont des intrus.

b. Les photographies de l'album

Les photographies des pages 22 et 23 sont décrites avec précision. Certaines ont été prises à la campagne, d'autres en ville.
Dans le jardin public, on voit des arbres dont les feuilles commencent à jaunir, d'autres totalement jaunes, d'autres qui vont rester vertes pendant tout l'hiver.
Sur la photographie **3**, on retrouve les mêmes caractéristiques avec toutefois des couleurs beaucoup plus variées (jaune, rouge, pourpre, etc.). La photographie **2** a pu être prise en ville sous un châtaignier, ou en forêt. On voit non seulement des feuilles, mais aussi des châtaignes dont certaines sont encore dans leur bogue épineuse. La photographie **4** est celle des mûres que certains enfants connaissent bien pour les avoir récoltées… et mangées sur le bord d'un chemin. La photographie **5** est celle de champignons (amanites tue-mouches) sans doute parmi les plus beaux champignons de la forêt.

c. Certains arbres sont toujours verts

Au cours d'une sortie en automne, les enfants ne manquent pas de signaler que certains arbres ou arbustes ne changent pas de couleur « Ils restent verts toute l'année. Ils ne savent pas que c'est l'automne ».
Si on les observe de plus près, on constate que la plupart d'entre eux ont soit des petites feuilles en écailles, soit des feuilles longues et étroites encore appelées aiguilles. Ce sont des conifères ; ils possèdent des cônes.
Cependant, certains feuillus, le laurier par exemple, gardent aussi leurs feuilles vertes à l'automne.

d. La chute des feuilles

À l'automne, un jour de vent, on assiste à la chute des feuilles. Les enfants aiment les ramasser, en faire des bouquets… Si vous voulez prolonger l'observation, il est intéressant de les faire sécher entre des feuilles de papier journal, sous presse. Vous pouvez ensuite organiser des activités de comparaison, des classements, des collages, des dessins, des pochoirs et de nombreuses autres activités esthétiques « pour décorer la classe ».

4. Informations pour l'enseignant

• Pourquoi les feuilles jaunissent-elles ?

La couleur verte des feuilles est due à la chlorophylle qu'elles contiennent. Lorsque les jours raccourcissent, à l'automne, la chlorophylle se décompose en substances diverses aux couleurs variées.

• La chute des feuilles

Au cours de l'automne, la plupart des feuillus perdent leurs feuilles. Les botanistes disent que ces arbres ont des **feuilles caduques**. D'autres (certains feuillus et les conifères) conservent leurs feuilles vertes pendant plusieurs années : ce sont des arbres à **feuilles persistantes**.

Comment sais-tu que c'est l'hiver ?

pages 26 et 27

Après l'automne, vient l'hiver. Qu'est-ce qui caractérise l'hiver ? En montagne, ce sont d'abondantes chutes de neige. Mais en plaine, on voit très peu de neige.

L'observation avec les enfants des photographies des pages 26 et 27 est intéressante. Elles permettent d'appréhender quelques manifestations sensibles de l'hiver en donnant l'idée d'une température basse, du froid, du gel…

1. Compétences

– Prélever dans les photographies des indices pertinents qui caractérisent l'hiver.
– Établir des comparaisons entre des paysages, entre des situations…

2. Connaissances

Dans nos régions, plusieurs phénomènes caractéristiques marquent l'hiver :
– la chute totale des feuilles de la plupart des feuillus, arbres et arbustes ;
– l'installation de températures froides ;
– l'apparition fréquente de gelées nocturnes ;
– la présence, après des nuits froides, de givre sur la végétation, sur les fenêtres, sur les routes…
– des chutes de neige (surtout en montagne).

3. Activités possibles sur l'album

a. L'observation des photographies de l'album

La plupart des enfants ignorent à quoi correspond le givre (photographies **1** et **3**) mais beaucoup savent que, en hiver, après une nuit très froide, « la voiture est toute blanche » et qu'« il faut gratter le pare-brise avant de partir à l'école ».

• Sur la photographie **1**, plusieurs phénomènes sont à faire découvrir :
– les arbres ont perdu leurs feuilles (ce caractère à lui seul indique que l'on est en hiver) ;
– ils sont couverts de cristaux de glace ;
– les feuilles au sol sont également givrées.
Tous ces phénomènes sont liés au froid. Des activités complémentaires sont à entreprendre.

• Sur la photographie **2**, en regardant le rouge-gorge, on pense tout de suite qu'il fait froid ; il gonfle ses plumes pour avoir moins froid (on peut, à ce sujet, évoquer les anoraks « doudounes » bien gonflés que l'on porte en hiver quand il fait très froid). Des enfants très observateurs ne manqueront pas de voir de la neige dans le coin inférieur droit de la photographie.

• La photographie **3** montre une feuille de ronce toute givrée. Ses bords sont hérissés de cristaux de glace. Vous pouvez proposer aux enfants d'en faire un dessin. Certains d'entre eux peuvent rapprocher ce phénomène de celui de « l'orange givrée » qu'ils ont déjà mangée, ou du sirop glacé dont le bord du verre a été « givré ».

• Le paysage de montagne de la photographie **4** est intéressant à analyser dans le détail. Il n'y a pas de la neige partout. Il fait soleil et pourtant la neige n'a pas fondu. Pourquoi la montagne n'est-elle pas toute blanche ? Pourquoi n'y a-t-il pas de neige sur les sapins de la forêt ? Les enfants qui ont fréquenté la montagne en hiver peuvent donner des réponses. Dans tous les cas, l'analyse de cette photographie permet un exercice de langage intéressant.

• Sur la photographie **5**, faites rechercher les oiseaux qui s'approchent de la mangeoire. Combien sont-ils ? Au moins six. Comment sait-on que c'est l'hiver ? Pourquoi installe-t-on des mangeoires à oiseaux dans les jardins en hiver ? Que contient la mangeoire ? La neige est tombée depuis quelques heures seulement. À quoi le voit-on ?

• L'hiver est aussi la saison des « sports d'hiver » pour ceux qui ont la chance de pouvoir y aller. Sur la photographie **6**, le moniteur en rouge initie les jeunes enfants aux joies du ski. Comment ces enfants sont-ils habillés ? Que portent-ils sur leur tête, sur leurs yeux, sur leurs mains… ? Quand cela est possible et selon leur niveau, certains enfants racontent comment se passe une journée à la montagne en hiver.

b. Activités complémentaires

De nombreuses activités complémentaires peuvent être entreprises pour mieux comprendre les phénomènes vus sur les photographies. Elles peuvent se situer avant ou après l'observation.
– Faire geler de l'eau dans le bac à glaçons du réfrigérateur.
– Mettre un récipient ou un objet mouillé dans le compartiment à glace du réfrigérateur pour faire apparaître du givre.
– Un matin de grand froid, rentrer dans la classe un objet givré (feuille, branche), un morceau de glace prélevé dans une flaque…, et observer la fonte et l'apparition d'eau liquide.
– Prélever de la neige tombée pendant la nuit et la rentrer dans la classe…

4. Informations pour l'enseignant

• Qu'est-ce que le givre ?

Pour le comprendre, il faut rappeler plusieurs phénomènes.
– À une température inférieure à 0 °C, l'eau devient de la glace (« l'eau liquide » devient de « l'eau solide »). Quand la température s'élève au-dessus de 0 °C, la glace fond et donne de l'eau liquide.

– Un linge humide sèche, et on ne sait pas très bien ce qu'est devenue l'eau qui l'imprégnait. Le phénomène est bien connu : l'eau liquide s'évapore et devient un gaz invisible qui se mélange à l'air, la vapeur d'eau.

– La vapeur d'eau contenue dans l'air peut se condenser sur une surface froide (une vitre par exemple) et redevenir de l'eau liquide. Le matin, on peut voir des gouttelettes d'eau sur les voitures, sur les plantes, sur le chemin, etc., c'est la **rosée**.

– Quand il gèle (température au-dessous de 0 °C), la vapeur d'eau ne se dépose pas sous forme de gouttelettes d'eau mais sous forme de cristaux de glace, c'est le **givre**.

Remarque : la notion de vapeur d'eau n'est pas abordée à l'école maternelle. Il n'est donc pas question d'expliquer exactement comment se forme le givre. Cependant, les cristaux de glace que l'on voit le matin en hiver sont un signe de gelée nocturne.

Des instruments pour se repérer dans le temps

A. Autour des calendriers

Le travail sur le calendrier est un travail de longue haleine, qu'il faut mener à l'école maternelle, mais qui se poursuivra, en particulier pour la structure de l'année, au cycle 2.
Les fabrications proposées viennent compléter des activités menées le plus souvent en grand groupe, collectivement, sur la date. Elles permettent de matérialiser certaines caractéristiques du temps tel son caractère cyclique dans la succession des jours de la semaine (*fig. 33* et *fig. 34*).

Au pays du lundi, on a plein d'énergie

pages 10 et 11

1. Connaissances et compétences

Les enfants prendront conscience de l'aspect cyclique du temps : les semaines se succèdent, **l'ordre des jours se retrouve toutes les semaines**, mais **les événements** qui se déroulent **sont différents**.
Ils devront savoir qu'une semaine comporte **sept jours**, connaître, mémoriser et lire les sept jours de la semaine. Ils apprendront à utiliser un semainier : situer et nommer le jour de la date, d'hier et de demain.
Vous les amènerez à observer des documents photographiques pour **comprendre le fonctionnement d'un objet**, découvrir sa conception et son utilisation. Vous les aiderez à prévoir la fabrication d'un objet et mener à bien un projet de fabrication.
En réalisant ces fabrications ils acquerront des savoirs faire pour découper, coller, assembler…

2. Avant d'utiliser les documents

Au cours du rituel du matin, pour indiquer la date du jour, vous aurez déjà été amené à manipuler et à utiliser quotidiennement dans la classe un ou des calendriers qui auront permis à vos élèves de découvrir les jours de la semaine.

3. Activités possibles sur l'album

a. Comment se repérer dans la semaine ?

• **La comptine** proposée ici permet de rappeler **les noms des jours de la semaine**, ou d'aider à les mémoriser dans l'ordre. Les élèves peuvent la mettre en relation avec la frise linéaire du bas de page. **Sur cette frise**, ils remarqueront qu'on retrouve le lundi, puis le mardi, etc., toujours dans le même ordre. Les couleurs aident à leur repérage. Le caractère répétitif des jours qui se succèdent dans une semaine doit être repéré par les élèves, mais, dans le même temps, deux lundis successifs ne sont pas identiques. Ils ne portent pas le même numéro, on n'y fait pas tout à fait les mêmes activités. Les documents proposés dans l'album sont un support pour faire réfléchir les élèves, et leur faire formuler, avec leurs mots, les remarques précédentes.

• **Le semainier** fabriqué intègre dans sa conception le caractère répétitif et cyclique des jours de la semaine. On peut l'utiliser n'importe quelle semaine de l'année. **Les élèves analyseront les photographies** pour repérer la structure de l'objet et son mode de fonctionnement. Cet objet est conçu à partir d'une boîte ronde avec son couvercle. Le couvercle de celle-ci présente un titre et sur son épaisseur une encoche pour laisser apparaître le nom des jours de la semaine. L'encoche du semainier sera placée quotidiennement en face du jour à indiquer. Cette observation permet aux élèves d'inventorier le matériel nécessaire pour le fabriquer : une boîte à fromage ronde et sept étiquettes portant chacune le nom d'un jour de la semaine. Les étiquettes des jours sont collées autour de la base de la boîte.
Vous mettrez le **matériel à la disposition des élèves** ; attention, fournissez-leur des étiquettes ayant toutes la même taille. Ils devront fabriquer le semainier en veillant aux points suivants :
– L'ordre dans lequel les étiquettes doivent être collées, étiquettes qu'ils liront en se référant à un calendrier présent dans la classe.
– Le découpage de la fenêtre dans le couvercle, qui doit avoir la même longueur (ou une longueur un peu plus petite) que celle d'une étiquette. En posant une étiquette sur le couvercle, les élèves peuvent tracer les limites de l'encoche à découper.

Une fabrication intéressante

a

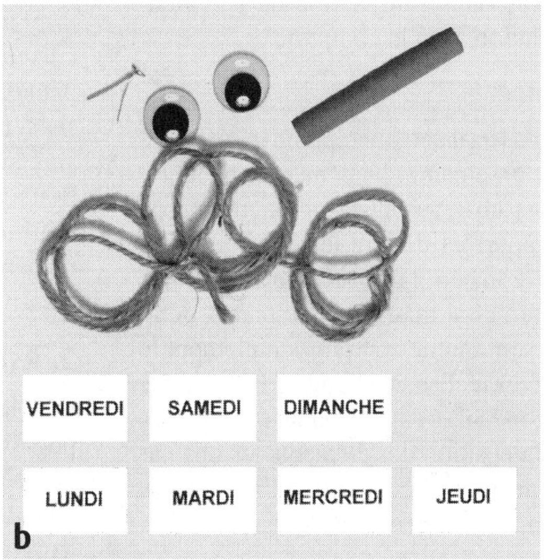

b

Fig. 33 Le semainier à tourner (album pour les enfants *« Repère-toi dans le temps et dans l'espace »* p. 11). Quel matériel faut-il pour le réaliser ? Le calendrier demonté permet de valider les hypothèses des enfants.

Fig. 34 Pour aider à l'écriture de la date sur le cahier de vie de la classe, des étiquettes adhésives sont mises à la disposition des enfants.

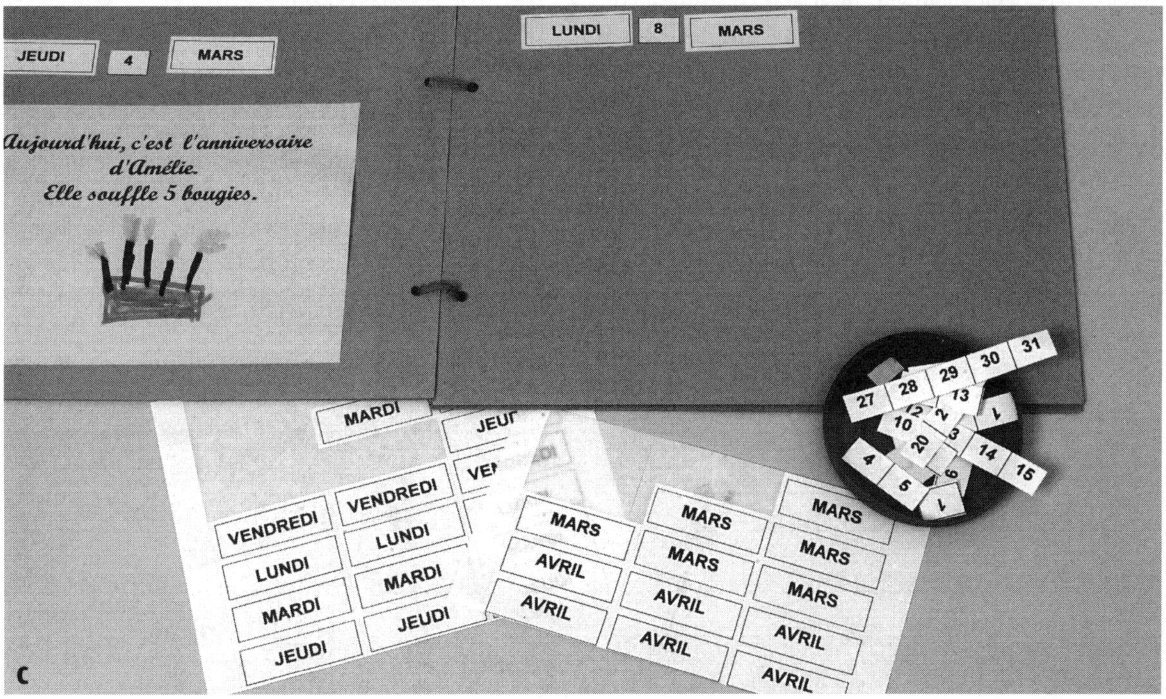

c

L'habillage et le décor de la boîte peuvent se faire par peinture ou collage. Sur le couvercle, il est possible de choisir une autre formulation du titre avec les élèves.
Pour les plus jeunes vous pouvez proposer la bande des noms de la semaine déjà imprimée ; l'objectif essentiel résidera alors dans l'utilisation de ce calendrier et la mise en relation avec la comptine.

b. Le calendrier à tourner

• **C'est un autre modèle de semainier**, qui reprend le caractère cyclique des jours de la semaine. La démarche peut être analogue : Les élèves observeront la photographie de l'objet proposé ; ils pourront décrire les différents éléments constitutifs et le matériel qu'il reconnaisse. Vous pouvez alors introduire un « magasin » de pièces détachées dont certaines sont inutiles ou plus simplement le calendrier que vous avez réalisé et démonté. Les enfants établiront des correspondances entre la photo et les pièces afin de comprendre la position des éléments les uns par rapport aux autres et de trouver les opérations techniques à accomplir : découpage, collage et assemblage.

• Comme pour le semainier précédent, il faut **coller les étiquettes** dans le bon ordre, mais aussi **avec la bonne orientation** : elles seront placées à mesure sur le fond du calendrier, dans l'encoche, après l'assemblage de toutes les pièces. Il faut seulement faire tourner la roue progressivement et toujours dans le même sens : les étiquettes doivent juste se toucher. Cette méthode ne nécessite pas de calcul préalable des espaces mais impose une précision dans le collage.

• **Vous pouvez choisir de ne faire fabriquer qu'un des deux modèles.** Le second pourrait servir alors de support pour l'**évaluation**, de façon à vérifier que les élèves ont bien repéré ses caractéristiques : un seul nom de jour visible à la fois, et les noms des jours dans l'ordre des jours de la semaine. Les élèves peuvent aussi choisir le modèle qu'ils souhaitent fabriquer. Dans les deux cas, les compétences et la démarche d'investigation visées sont analogues puisque le livre offre un support d'analyse photographique d'objets finis pour lesquels, il faut retrouver la structure et la fabrication.

4. Travaux complémentaires

Pendant quelque temps, les semainiers seront rassemblés sur une table ou accrochés au mur ; les enfants, à leur arrivée dans la classe, y afficheront la date. Cela peut-être repris lors du rituel du regroupement du matin.

Jour après jour, les jours s'enchaînent

pages 14 et 15

Les fabrications proposées viennent compléter des activités menées le plus souvent en grand groupe, collectivement, sur la date. Elles permettent de matérialiser certaines caractéristiques du temps tel son caractère cyclique dans la succession des jours de la semaine.

1. Connaissances et compétences

Les élèves apprendront que, pour donner la date, trois informations sont nécessaires : le nom du jour, le numéro du jour et le nom du mois.
Ils découvriront qu'on peut indiquer la date sur un calendrier à l'aide de différents systèmes techniques, dont le curseur est un exemple. Un curseur est un système qui peut glisser le long d'une bande ou d'une fente.
Ils seront amenés à lire des photographies et des dessins techniques (codages) pour comprendre la conception d'un objet, pour le fabriquer et l'utiliser.
Pour mener à bien leur projet de fabrication, ils devront rechercher des solutions techniques et faire preuve de créativité, puis se répartir les tâches au sein du groupe.

2. Avant d'utiliser les documents

• **Une lecture de la date et une analyse de calendriers** sont proposées aux élèves. Trois éléments sont nécessaires pour donner la date : le nom du jour de la semaine, le numéro du jour et le nom du mois. Les élèves pourront repérer ces trois éléments sur des calendriers présents dans la classe ou apportés à cette occasion : éphémérides, jeu d'étiquettes...

• **Ils compareront les modes d'emploi.** Par exemple, sur l'éphéméride, à chaque jour correspond une feuille, qui ne peut plus être réutilisée, tandis que les étiquettes, utilisées collectivement chaque matin, sont réutilisées. Il en est de même pour un calendrier à curseur. Quand on manipule ces calendriers perpétuels, on change quotidiennement le nom du jour et son numéro, mais pas le nom du mois. Ces remarques pourront être formulées par les élèves, avec leurs mots, et de façon plus ou moins complète.

• Avant de faire fabriquer des curseurs en papier, **vous ferez rechercher aux élèves des systèmes qui permettent d'indiquer un choix, dans une liste** par exemple (***Fig. 35***) ; vous disposerez dans une boîte des objets susceptibles de répondre à ce besoin comme des post-it pour livres, trombones, pinces à linge, pinces à cheveux, pinces à dessin, marque-page, etc. Les enfants seront encouragés à les manipuler, les utiliser et à partir à la « chasse » aux systèmes analogues dans la classe, l'école ou chez eux. Vous-même, vous introduirez de la variété dans les procédés de repérage sur les affichages de la classe : tableau des responsables pour arroser les plantes, nourrir le lapin, distribuer les boîtes de feutres ou tableau de choix pour le goûter, la participation à un atelier... On peut aussi varier les systèmes de marquage employés dans les affichages des rituels (météo, date, etc.).

3. Activités possibles sur l'album

a. Petit papillon, dis-moi la date

• **L'observation de la photographie** du calendrier aux papillons mettra en évidence les trois éléments qui donnent la date ; ils sont pointés à l'aide des trois curseurs. Le calendrier papillon peut être utilisé tous les jours. Son fonctionnement renforcera les caractéristiques d'un calendrier perpétuel.

À quoi sert un curseur ?

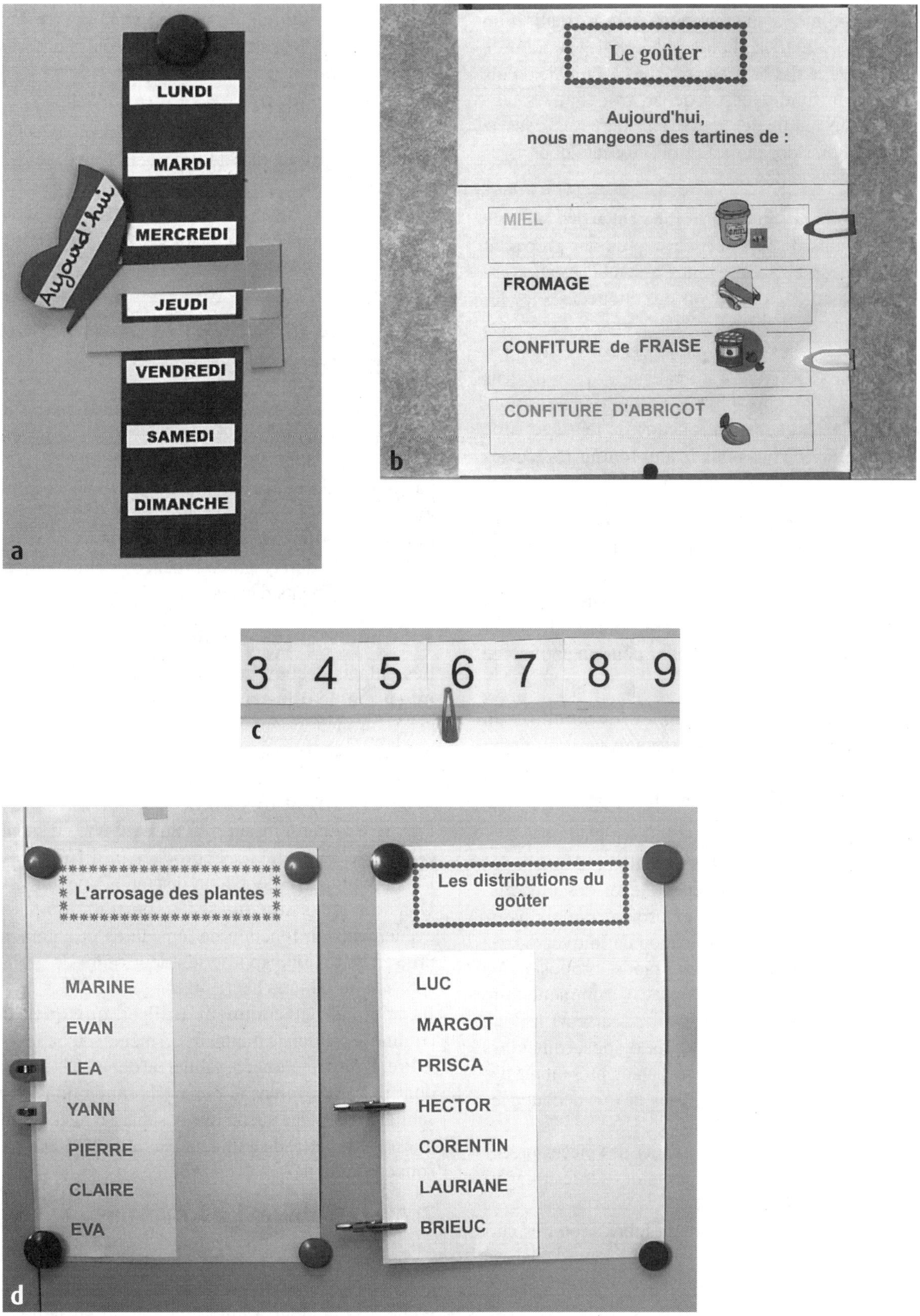

Fig. 35 À quoi sert un curseur ? Pour faire repérer cette fonction, l'enseignant pourra mettre en place différents systèmes de repérage sur les affichages de la classe (tableau des responsables, choix des ateliers ou du goûter…). Pour cela, on peut utiliser toutes sortes de pinces (pinces à linge, crocodile, à cheveux, à dessins…, des trombones…).

b. Pour t'aider à fabriquer ce calendrier

• **Engager les élèves dans la fabrication** de ce calendrier va les aider à s'approprier sa structure. Par ailleurs, ils vont être confrontés à un **problème technique** : réaliser un curseur. L'analyse de la photographie va les conduire à **dresser l'inventaire des différentes parties** à préparer, puis assembler : un fond avec un décor, trois bandes correspondant aux noms des jours, aux numéros dans le mois, et aux noms des mois, et trois curseurs pour assurer l'affichage de la date.

• Vous organiserez une **fabrication collective** pour le groupe d'enfants de l'atelier, chaque enfant préparant une bande ou un curseur, avant l'assemblage en commun. Il est commode de prévoir des étiquettes avec les noms des jours de la semaine, des mois, les nombres de 1 à 31, que les élèves devront placer dans l'ordre sur une bande, en se référant à un calendrier présent dans la classe, ou à la photographie de l'album. Si vous voulez leur faciliter la tâche, en fonction de leur âge et de leurs compétences, vous pouvez leur fournir les bandes avec les noms et nombres déjà inscrits.

• **Pour la fabrication des « curseurs en papiers »**, une phase de recherche est nécessaire ; en effet, il n'est pas simple pour un enfant d'anticiper sur la conception de l'objet curseur, de prévoir sa structure dans l'espace (comment est-ce derrière pour coulisser et tenir ? comment et où plier et coller pour un coulissage aisé ?).

Toutes ces questions seront soulevées au cours du tâtonnement, et nécessiteront des essais pour atteindre la réussite. Un retour à la photographie du calendrier permettra de **valider les solutions trouvées**.

Différentes démarches de recherche sont possibles :
– Les photographies et dessins de l'album donnent des indications ; les élèves devront prélever des informations et essayer avec du papier ordinaire mais assez rigide avant de passer à la fabrication définitive.
– Vous pouvez aussi, avec les grands, proposer une recherche répondant au problème : « comment faire tenir et glisser un système en papier (curseur) le long d'une bande sans tomber ? ». Ils disposeront alors d'une bande et de rectangles de papier présentant des proportions adaptées à des pliages et des découpages permettant des succès.
– Pour d'autres, on peut aussi donner des pièces prédécoupées en kit ; la recherche porte alors sur les pliages, les collages et les assemblages.
– C'est simplement à l'issue de la fabrication des curseurs que l'on envisagera des décors ajoutés tels que les papillons.

• **Attention, pour l'assemblage définitif** des éléments sur le fond, il faut coller les bandes sur le fond seulement aux extrémités, pour que les curseurs coulissent.

• Tout en respectant la même conception, on peut très bien **imaginer des décors différents** sur d'autres thèmes : la mer et les poissons, par exemple.

4. Travaux complémentaires possibles

• Comme pour les semainiers, **les calendriers peuvent être affichés** pendant un certain temps dans la classe, et les élèves (à tour de rôle de jour en jour) pourront y afficher la date à leur arrivée. Un contrôle mutuel pourra être exercé librement tout au long de la journée.

• **L'écriture de la date sur le cahier de la classe** vient en renforcement des apprentissages cités précédemment. Des étiquettes adhésives écrites à l'ordinateur sont mises à disposition des élèves : les jours, des numéros de 1 à 31 et les noms des mois. À tour de rôle, ils composeront la date par collage des étiquettes. La même activité peut se faire avec des étiquettes cartonnées dans le coin « regroupement ».

B. *Des instruments utilisés pour mesurer le temps*

Dans notre environnement comme dans celui des enfants, des instruments existent, qui viennent concrétiser la possibilité d'une mesure du temps. Il ne s'agit pas d'apprendre aux enfants à s'en servir et à les lire, mais seulement à repérer leurs fonctions, et les conditions dans lesquelles on les utilise.
La notion de durée sera approchée en utilisant certains de ses instruments dans des situations du quotidien.

1. Connaissances et compétences

Les enfants découvriront **qu'il existe autour de nous un ensemble d'instruments de mesure du temps**. Ils apprendront à les connaître, **les nommer** (chronomètre, minuteur, sablier, pendule, montre, réveil, etc.).
Ils devront savoir **mettre en relation ces instruments avec des situations de la vie courante** : donner l'heure à la gare, mesurer la durée d'une cuisson... Ils commenceront ainsi à approcher la différence entre l'heure, qui correspond à un instant, et une durée.
Dans quelques situations, ils pourront comparer des événements en fonction de leur durée et commencer à utiliser un lexique approprié à leur ordre de grandeur : seconde ou minute, heure, jour.
Ils apprendront **comment utiliser quelques objets** comme le sablier, le minuteur..., même s'il ne savent pas le lire. Il faut retourner le sablier au début de l'événement dont on veut évaluer la durée ; la durée donnée par le sablier est écoulée quand tout le sable a coulé. Il faut faire tourner une partie du minuteur par rapport à l'autre, et une sonnerie indique quand cette durée est écoulée.

2. Avant d'utiliser les documents

• Vous pouvez **amorcer une collection d'objets en relation avec le temps**, et inviter les enfants à la compléter (chronomètre, minuteur, sablier, etc., et aussi montre, pendule, réveil, radioréveil) ***(fig. 36)***.
Vous leur demanderez de **les nommer** ; des étiquettes avec les noms peuvent désigner chaque objet ainsi exposé à l'espace « Sciences ». Il est aussi intéressant de préciser à quel moment on les utilise, et d'évoquer, de décrire des situations d'utilisation.

Une collection d'appareils pour mesurer le temps

a

■ Dessins de quelques appareils (M.S.)

• un sablier

b

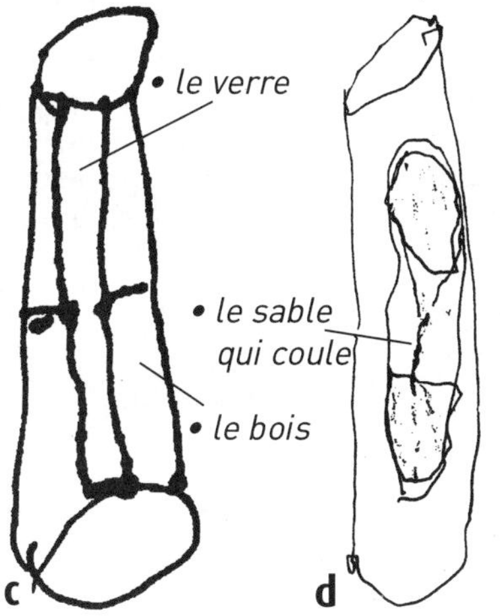

c d

• une pendule

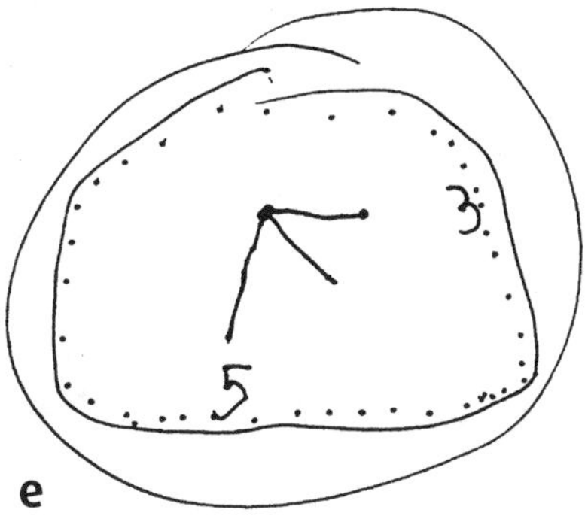

e

• un réveil

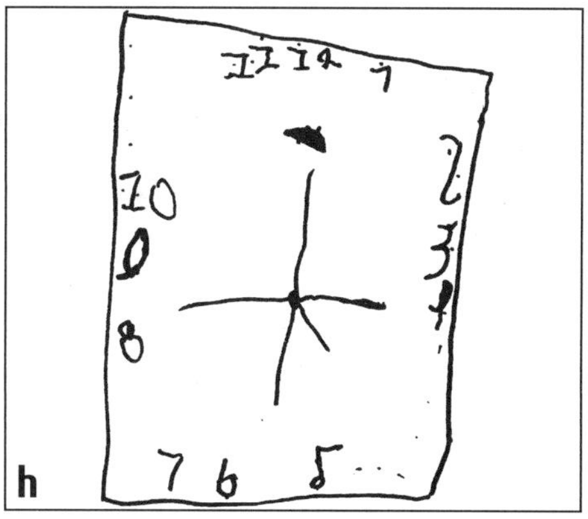

h

• un minuteur électronique

f

g

Fig. 36 Les appareils du « petit musée » permettent de comparer les fonctions, les contextes d'utilisation et, avec les plus jeunes, tout simplement de repérer les objets qui ont une relation avec le temps. Chez les plus grands, la réalisation de dessins puis la comparaison et l'analyse de ceux-ci par les enfants, les amènent à prendre conscience des éléments essentiels de chaque objet (sable du sablier, deux aiguilles pour la pendule, etc.).

• Les élèves peuvent suggérer de **classer ces instruments** selon leur mode d'affichage : avec des nombres ou sans nombre (sablier), ou selon leur utilisation (pour « lire l'heure » ou pour « savoir combien de temps ça dure »).

• Si vous demandez aux élèves de **dessiner les instruments** présentés, l'observation et la comparaison de ces représentations serviront à aborder les caractéristiques d'un dessin d'observation et à entrevoir la **notion de fonction**. Qu'est ce qui est essentiel au fonctionnement de l'objet ? À quoi servent les nombres ? Y a-t-il des aiguilles ? Combien ?... Ce type de questions amènera peu à peu les élèves à affiner leur regard sur les objets techniques, à reconnaître une activité scientifique et à différencier un dessin d'observation d'un dessin imaginaire (***Fig. 36***).

3. Activités possibles sur l'album

a. À quoi servent ces instruments ?

– La plupart des instruments photographiés sont connus des enfants. Ils devront dans un premier temps **les reconnaître et les nommer**. S'ils ne connaissent pas certains d'entre eux vous pourrez en apporter un exemple en classe de façon à le leur faire découvrir et utiliser même s'ils ne savent pas donner un résultat de mesure avec des nombres.

– **Si une collection a été précédemment constituée**, l'album vient comme support de langage pour mémoriser, transférer ou évaluer ce qui a été fait avec des objets réels.

b. Quels instruments sont utiles dans chacune des situations ?

– **Les élèves décriront** les situations évoquées par chacun des dessins. Ils préciseront ensuite quel instrument on utilise dans chaque cas, en essayant d'argumenter, par exemple en s'appuyant sur des exemples rencontrés en classe ou dans la vie courante.

4. Travaux complémentaires

• **La collection d'instruments** de mesure du temps apportés par vous-même et les élèves sera enrichie à mesure dans la classe, soit avec les objets (hors d'usage ou non), soit avec des images prises dans des catalogues. Chaque nouvelle introduction sera l'occasion de préciser le nom de l'instrument, et dans quelles situations on l'utilise.

• **L'utilisation des instruments** pourra devenir fonctionnelle dans le cadre de pratiques de classe : limiter la durée d'un atelier, le temps imparti pour un jeu, le temps de présence au coin « garage »...

• Vous pouvez aussi prolonger l'activité en engageant vos élèves dans la **fabrication d'un sablier**, à partir de matériel que vous mettrez à leur disposition : flacons de faible ouverture, ou avec leurs bouchons percés, sable, semoule, graines, ruban adhésif, etc. Ils feront des essais d'assemblage et compareront leur sablier à celui de la photographie, en mettant en correspondance les éléments utilisés dans leur fabrication avec les parties du sablier repérées sur la photographie. Bien sûr, il n'est pas question, à l'école maternelle, d'étalonner ces petits sabliers. Ils peuvent simplement comparer les durées : « celui qui a fini de s'écouler le premier, le dernier, etc. »

Fabriquer des objets pour préparer les fêtes

Les fêtes permettent de marquer des repères dans l'année. Ce sont aussi des marques de la société dans laquelle nous-même, et les enfants, vivons. Les fêter a ainsi une double fonction, par rapport à la structuration de temps de l'année, et aussi par rapport à l'insertion dans la société dans laquelle nous nous trouvons. Ces fêtes, à l'école, sont avant tout des fêtes sociales, et ce quelle que soit leur origine. Elles sont l'occasion d'événements exceptionnels, qui peuvent se traduire par des fabrications pour décorer, pour partager autour d'une table...

C'est l'anniversaire de Martin

pages 16 et 17

Les anniversaires permettent de matérialiser le caractère cyclique du temps avec le rappel d'un événement chaque année, à la même date. Ils offrent la possibilité d'utiliser un calendrier, de s'y repérer. Mais ils sont aussi l'occasion de « faire la fête ».

1. Connaissances et compétences

Fêter l'anniversaire d'un camarade sera l'occasion de situer un événement dans le temps, et de le repérer sur un calendrier.

Les enfants apprendront à prévoir et organiser un projet (choix des fabrications, répartition des tâches, planning...), à analyser des documents pour mettre en œuvre des procédés de fabrication.

Ils devront chercher et mettre en œuvre des solutions techniques pour résoudre un problème. Ils découvriront par exemple des solutions pour maintenir debout un sujet.

Des savoir-faire doivent être acquis, tels le découpage selon un tracé précis.

2. Avant d'utiliser les documents

Vous profiterez de l'anniversaire d'un enfant de la classe pour travailler autour de la préparation d'une table. **La date** de cet anniversaire **est repérée** sur le calendrier. Vous pouvez marquer cet événement de la classe en faisant participer un groupe d'élèves à l'élaboration d'objets pour décorer. **Ce travail pourra être renouvelé**, à l'occasion d'un autre anniversaire, à plusieurs reprises dans l'année, **en y faisant participer d'autres élèves**. C'est donc une activité qui ne va pas impliquer tous les élèves au même moment dans l'année, mais qui marquera dans la classe le temps des fêtes d'anniversaire. Les choix et la mise en œuvre prendront en compte les apprentissages et activités en cours à cette période, permettant soit de renforcer des acquis, soit de les réinvestir dans un projet.

3. Activités possibles sur l'album

a. Une table de fête pour le goûter

• Les enfants peuvent apprendre **la comptine**, pour la dire à l'enfant fêté ce jour-là.

• L'observation de l'album fait apparaître **trois types d'objets** : des ronds de serviette, des porte noms, et des lutins pour décorer la table du goûter. **Chacun a une fonction différente** : maintenir la serviette, repérer une place autour de la table, et tous sont des éléments de décor. Ils font intervenir **des procédés techniques variés** : découper, plier, coller. Vous pouvez choisir de faire fabriquer aux élèves les trois types d'objets, ou seulement l'un d'eux pour un anniversaire donné.

• **Les dessins** à côté des ronds de serviette **donnent des indications pour les fabriquer**. Les élèves mettront en relation la forme de départ et l'objet fini : un carré pour le rond de serviette violet, un triangle pour le vert et un rond pour l'orange.

– **Pour les grands**, vous proposerez du papier ordinaire pour qu'ils fassent leurs premiers essais, et ajustent la taille de la feuille de départ à celle de la serviette à entourer et le nombre de tours à effectuer. Vous pouvez choisir de ne pas faire apparaître ce problème en donnant des feuilles de dimensions adaptées. Les élèves remarqueront que le papier n'est pas assez rigide, et qu'il vaut mieux utiliser du papier Canson (ou de la cartoline ou du bristol par exemple), plus raide.

– **Aux plus jeunes**, vous pouvez proposer des feuilles de différentes formes portant déjà les traits de découpe. Ce découpage s'inscrira dans une progression pour l'apprentissage de ce savoir faire prenant en compte la tenue des ciseaux, le guidage de la feuille, la précision... les élèves se seront préalablement entraînés pour maîtriser le geste graphique du mouvement en spirale et apprendre à occuper l'espace.
On peut aussi faire des essais en découpant des spirales présentant des spires plus ou moins espacées et voir les effets obtenus sur les produits finis.

• **Les porte-noms photographiés** ont tous la même forme de départ ; ils sont ici de tailles différentes. En analysant la photographie, les élèves devront trouver **comment les faire tenir debout** : en pliant et en découpant une entaille dans le pied. Les élèves devront préparer autant de porte-noms que d'élèves dans la classe. La proposition des **gabarits** suscitera des interrogations sur le tracé et le codage des actions (plier, découper).

• **Les lutins** sont des éléments pour décorer. En analysant la photographie, les élèves remarqueront que **trois parties** en papier Canson sont nécessaires pour les fabriquer : un pour le tronc, un disque pour la tête et un triangle pour le chapeau. Vous pouvez les aider en mettant le matériel à disposition dans trois boîtes. Ils assembleront ces différentes parties par collage, puis ajouteront bouche et yeux, voire d'autres éléments pour décorer (des boutons sur le vêtement par exemple). On peut aussi proposer des **gabarits** tels que des blocs logiques, pour le tracé des différents morceaux, offrant ainsi une variété de tailles et de formes.
Il faut ensuite les faire tenir debout. On peut utiliser les mêmes procédés que pour les porte noms. D'autres solutions sont proposées, par ajout d'éléments collés ou encastrés. Les élèves analyseront les photographies pour les tester.
On peut aussi proposer les gabarits. L'attention étant alors portée sur l'assemblage du lutin puis l'agencement du piétement sur le personnage ; l'observation de la photo de l'album facilitera le passage du plan à sa mise en forme dans l'espace.

• **Lors des anniversaires suivants**, les élèves travaillant dans cet atelier choisiront de reprendre des éléments de décor identiques, ou en inventeront de nouveaux (bougies en carton à la place des lutins, petits pots de fleurs pour les porte-noms...) en réinvestissant eux-mêmes les techniques de support pour « faire tenir debout », sans ajout de matière ou avec ajout de matière.
Pour enrichir le décor de fête, on peut également imaginer des sets de table réalisés par pliage et découpage de rectangles de papier, des décors de verres...

4. Travaux complémentaires

• **Vous aurez pris soin de photographier**, pour chaque anniversaire, la table et les éléments du décor. Ces photographies stockées dans un album ou un classeur, seront consultables et serviront de mémoire de l'activité, mais aussi de mémoire des apprentissages et des techniques utilisées. En ce sens, les élèves seront encouragés à **venir y chercher une information, une réponse technique**... lors d'activités ultérieures dans le cadre de la réalisation d'une table de fête ou de tout autre projet.

• Par ailleurs, les comparaisons que les élèves feront pourront, à leur demande (ou à la vôtre), être reprises dans des moments collectifs.

Des bonbons en habits de fête

pages 18 et 19

Ces emballages pour bonbons peuvent être fabriqués à l'occasion de différentes fêtes : anniversaire, Noël, fête des mères, fête des pères, fête de l'école...

1. Connaissances et compétences

Les élèves s'interrogeront sur les emballages de friandises pour repérer leur fonction principale (cacher et protéger).
Ils découvriront le principe des aumônières et des papillotes.
Ils devront savoir reconnaître et nommer des formes géométriques comme rond, carré, rectangle.
Au cours des fabrications, ils chercheront et mettront en œuvre des solutions techniques pour résoudre un problème : fermer un emballage (***fig. 37***).
Ils seront amenés à analyser des documents pour découvrir de nouveaux matériaux, mettre en œuvre des techniques de fabrication et acquérir des savoir-faire comme nouer, torsader, pincer...
Ils pourront apprendre à élaborer un document de synthèse des résultats obtenus.

2. Avant d'utiliser les documents

Vous pouvez organiser une collecte d'emballages de friandises afin d'en dégager un point commun : leur fonction principale (cacher et protéger).
Des activités d'observation, de tri et de classement permettront de découvrir leurs caractéristiques communes, mais aussi leurs différences : dans quelles situations les utilise-t-on ? qu'emballent-ils ? quels matériaux sont utilisés ? quelles sont les formes ? les systèmes de fermeture ?...

3. Activités possibles sur l'album

a. Sais-tu fabriquer une aumônière ?

• **Les photographies 1** et **2** en présentent **plusieurs modèles**. En les comparant, vos élèves pourront en repérer et décrire les points communs : il s'agit toujours d'un emballage pouvant contenir quelques bonbons ou friandises, en tissu souple et fermé par un lien noué (bolduc, ruban, etc.). Vos élèves ne manqueront pas de relever les différences : formes, fond rigide ou non.

• **Vous les aiderez à mettre en relation** les aumônières ouvertes de la photographie **3** avec les objets finis. La

Attacher

Dans la classe, l'espace « attacher » s'enrichit au fur et à mesure des découvertes et des apprentissages.
Le matériel laissé à la disposition des enfants évolue et peut être utilisé en autonomie.

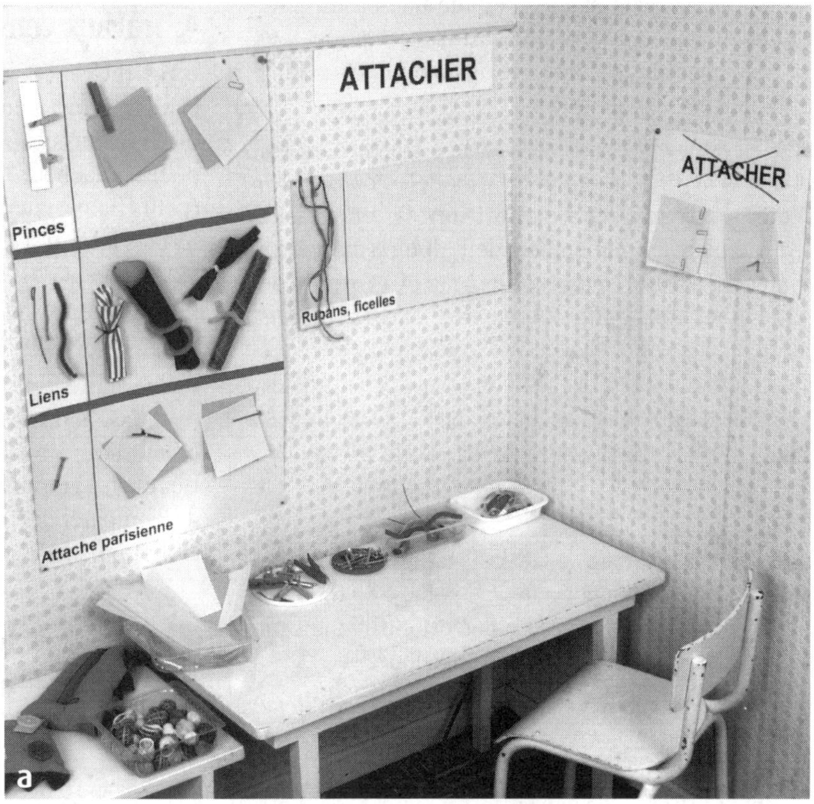

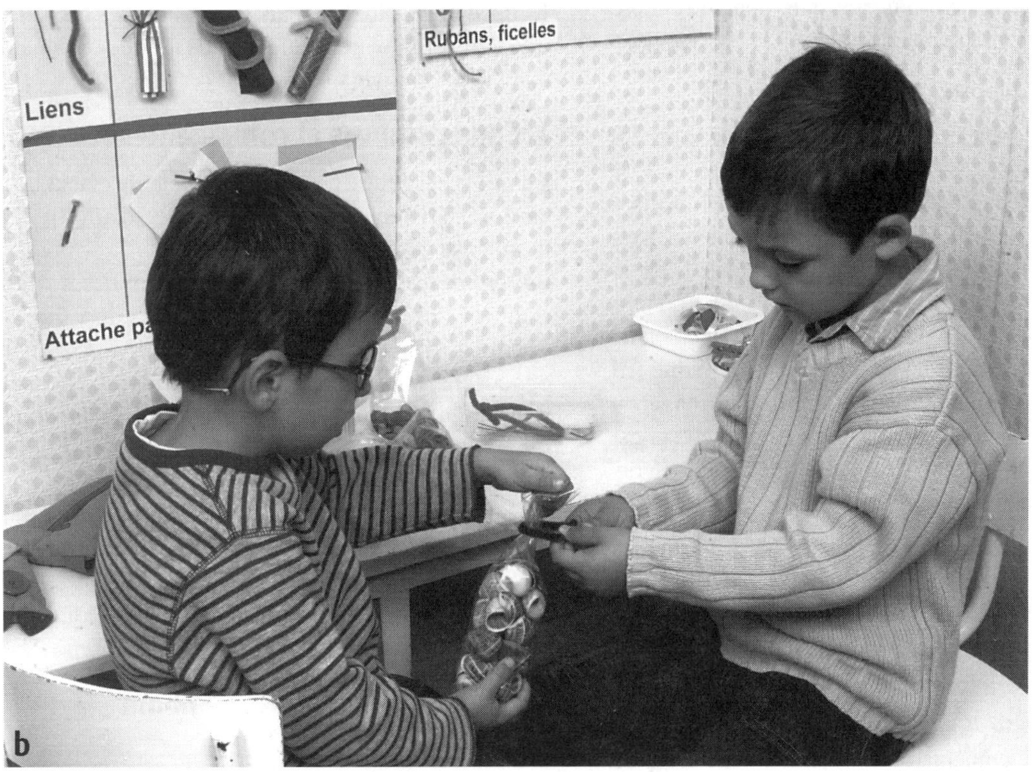

Fig. 37 Un espace d'activités en petits groupes.

photographie de gauche correspond à l'aumônière jaune, celle du milieu aux aumônières verte et rouge, et celle de droite à l'emballage pyramidal de la photographie **2**. Ces mises en correspondance seront validés après des essais et confirmés par la fabrication des aumônières. Plus l'aumônière présente une base rigide large, plus elle tendra vers une forme « conique » et plus la base est réduite, voire inexistante plus la forme finale fermée est « sphérique ».

• **Chaque élève pourra choisir un modèle à fabriquer.** Il est intéressant d'avoir l'ensemble des modèles dans l'atelier. **Vous mettrez à leur disposition du matériel** : celui utilisé pour les aumônières de l'album (morceaux de tarlatane de différentes formes, carrés et ronds de carton), auquel vous pourrez ajouter d'autres éléments pour enrichir les essais des élèves : des carrés et ronds de tissus de nature et tailles différentes ; des cartons de formes et dimensions variées (carrés, ronds, rectangles, triangles). Pour les liens, choisissez de la cordelette, des rubans, du bolduc, etc., et amenez les élèves à apprendre à nouer.

• **Pour réaliser l'aumônière pyramidale**, la taille et la position du fond de carton sont importantes ; le collage du fond sur le tissu facilitera l'emballage. Le lien est enfilé dans un trou ménagé à chaque angle du tissu puis noué.

• **Pour évaluer les acquis des élèves**, plusieurs possibilités : leur faire mettre en correspondance une aumônière fabriquée par un camarade avec le matériel nécessaire (ou la photographie de ce matériel), ou bien leur demander de sélectionner (avec les objets réels ou sur photographie) le matériel pour fabriquer une aumônière à fond rigide triangulaire, etc.

b. Des papillotes colorées

• **Les élèves compareront** les différents modèles de la photographie **6**. Toutes les papillotes sont en papier coloré (papier crépon, cristal, de soie…) ; les éléments utilisés pour la fermeture ne sont pas les mêmes. **Les élèves mettront en relation** les éléments du « magasin » de la photographie **7** avec ces papillotes : le cure-pipe pour la papillote bleu clair, le fil de laiton et de fer pour la bleue au-dessus, le bolduc pour la vert foncé, le lien armé (fil métallique gainé de matière plastique de jardinage ou lien pour sac de congélation) pour la vert clair, etc. C'est donc un **travail de lecture d'image** et de mise en correspondance que vous leur demandez.

• Une réflexion analogue peut être menée à partir des photographies **7**, **8**, **9** et **10**. Dans chaque cas, les élèves doivent **associer les gestes décrits** aux étiquettes. Ils pourront **faire des suppositions, qu'ils valideront** en fabriquant des papillotes et en manipulant.

• **Vous pouvez choisir** de les faire d'abord fabriquer et manipuler : les documents de l'album servent alors de support pour l'évaluation et pour apporter des solutions nouvelles.

• **Pour évaluer les acquis des élèves**, il est possible de les faire à nouveau travailler sur des mises en correspondance entre du matériel et des gestes techniques. Vous en profiterez pour leur **faire acquérir le vocabulaire relatif aux matériaux et à ces gestes** mis en jeu. **Un fichier-référence présentant les assemblages** faits s'enrichira au fil de l'année et resservira au fur et à mesure des besoins, au cours de nouvelles fabrications.

4. Travaux complémentaires

• **Les références mémoires** (affichage mural, fichier, cahier…) ont leur place **dans un espace spécifique** qui offrirait aussi une variété de matériel et de supports pour « attacher ». Des sachets de papier ou de plastique (petits pour éviter les risques d'asphyxie), pourront être fermés à loisir avec le matériel laissé à disposition pour vos élèves. C'est alors une appropriation des différents procédés, mais aussi un entraînement à la maîtrise du geste qui se poursuivent.

• Une collection d'emballages de bonbons (dragées, pochons, boîtes, etc.), telle que celle que vous avez peut-être utilisée en début d'activité, peut s'étoffer à mesure. Les élèves auront alors à nouveau l'occasion d'utiliser et de comparer les procédés de fermeture : liens variés, emboîtements, encastrements, boutonnage…

Les belles lumières font partie de la fête

pages 20 et 21

Les objets lumineux décoratifs trouvent leur place lors des fêtes de la période hivernale : fête de la lumière du 13 décembre, Noël… mais leur fonction décorative justifie leur emploi tout au long de l'année pour décorer une table, ou divers espaces.

1. Connaissances et compétences

Les élèves découvriront la fonction d'usage et les caractéristiques d'un photophore, d'une guirlande lumineuse (***fig. 38***).
Ils feront des observations sur les propriétés des matériaux et devront savoir les classer selon qu'ils sont opaques, translucides ou transparents. Un matériau opaque ne laisse pas passer la lumière ; un matériau transparent la laisse passer. Un matériau opaque laissera passer la lumière s'il est perforé.
À partir de l'analyse des photographies de l'album, les élèves devront mettre en œuvre des projets de fabrication en choisissant les matériaux, les techniques de réalisation appropriés.
Ils acquerront ou renforceront l'acquisition de gestes techniques : coller, découper, perforer, agrafer…

2. Activités possibles sur l'album

a. C'est féerique et facile à réaliser

• **Les photographies de l'album** présentent différents photophores. Vous pourrez rechercher avec les élèves la définition d'un photophore, la fonction d'usage qui lui revient, le comparant à un bougeoir, à une lampe. **En comparant les modèles** exposés dans l'album, les

Préparer de belles lumières pour la fête

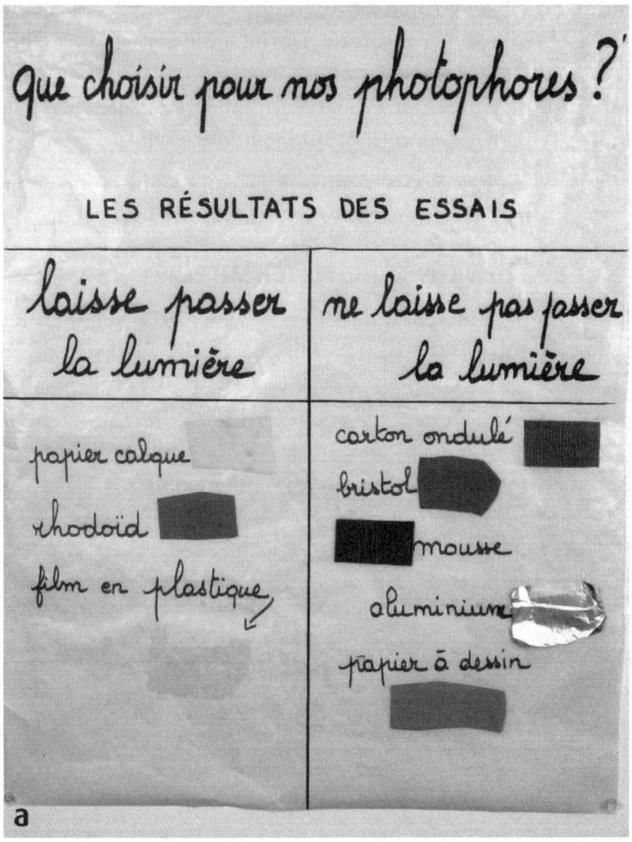

Pour choisir le matériau adapté à la fabrication de photophores, les enfants font un tri qui aboutit à éliminer les matériaux opaques. Suite à ce premier tri, d'autres critères (rigidité, etc.) seront pris en compte pour le choix définitif.

Les abat-jour peuvent avoir des formes différentes : un demi-cercle enroulé en forme de cône, deux rectangles assemblés et une bande pliée en deux. Agrafage ou collage les maintiennent autour des ampoules.

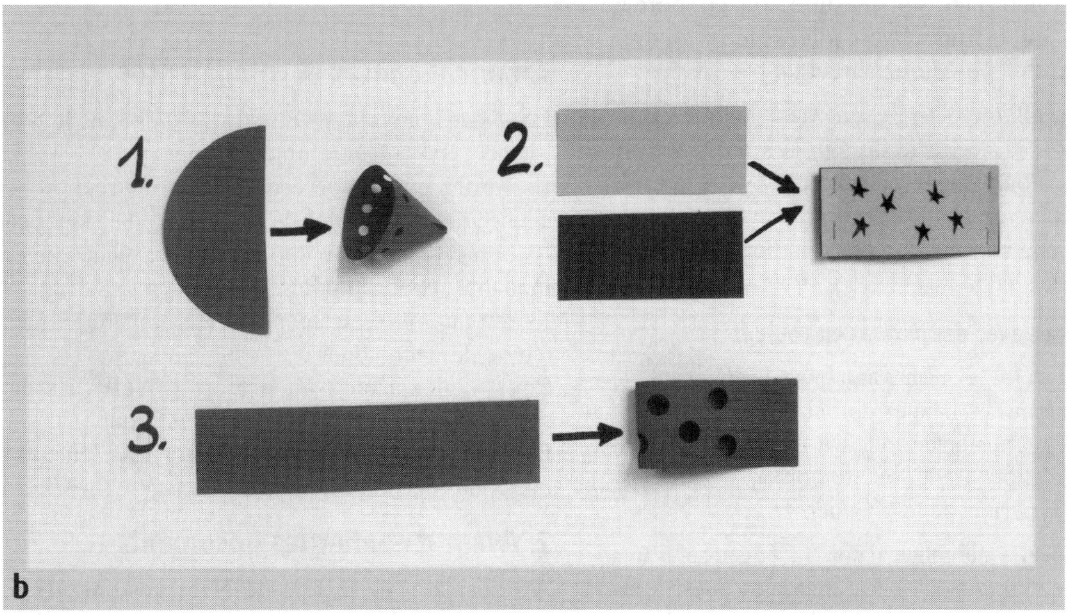

Fig. 38 Deux moyens de faire de belles lumières : **a.** Faire des photophores. **b.** Habiller les ampoules d'une guirlande électrique (voir album enfant « *Repère-toi dans le temps et dans l'espace* » page 21).

élèves remarqueront **les éléments nécessaires**, communs à tous pour leur fabrication et **les deux types de solutions techniques** adoptées pour les réaliser : choisir un contenant résistant au feu (pot de yaourt, de crème, etc.) pour recevoir l'élément éclairant qu'est la bougie (de chauffe-plat). Les techniques de fabrication retenues ici sont : coller des éléments sur des pots transparents de verre résistants à la chaleur, ou habiller ces pots de matériaux transparent, translucide, ou opaque mais ajouré. Vous aiderez les élèves à mettre en relation les éléments figurant dans la liste du matériel avec chacun des photophores photographiés.

• Vous pouvez engager vos élèves dans **un tri de matériaux** « laissant passer ou non la lumière » ; les résultats consignés, par exemple, dans un tableau à double entrée justifieront les choix ultérieurs.

• Lors de la fabrication d'un photophore, au **matériel** précisé dans l'album, il est possible d'en ajouter d'autres, qui leur permettront de faire des remarques intéressantes : du papier d'emballage (kraft ou de cadeau), des tissus divers (velours, feutrine, coton, etc.), des rubans style dentelle, raphia... Vous remarquerez qu'il s'agit le plus souvent d'un matériau opaque. Cela sera donc un moyen pour vos élèves d'utiliser la synthèse des essais préalables et de retrouver **la différence entre opaque, transparent et translucide**. Les matériaux de décor peuvent être collés avec du vernis-colle.

• Vous pourrez aussi solliciter une réflexion sur l'utilisation adaptée d'éléments opaques (par exemple en juxtaposant partiellement ou en espaçant des gommettes adhésives, en collant des formes en papier avec de la colle, des boulettes d'aluminium à l'aide de ruban adhésif double face) ou sur la **nécessité de perforer une surface translucide ou opaque**.

• **Les bandes** d'habillage sont ensuite soit **enroulées pour former un cylindre**, soit **pliées pour former une paroi parallélépipédique** autour du pot.

• Les élèves n'allumeront pas seuls leur bougie. Vous les alerterez sur la nécessité de toujours le faire faire par un adulte. Pour améliorer encore les **conditions de sécurité**, vous pouvez leur suggérer de verser quelques millimètres d'eau au fond du pot. Si la bougie allumée se retourne, elle s'éteindra.

b. Des guirlandes avec des papiers en couleur

• **Ce travail met en jeu les mêmes acquis que le précédent :** le matériau entourant les lampes doit être transparent (en général coloré), translucide, ou, s'il est opaque il doit être ajouré. Ce choix vient donc renforcer ces connaissances, ou vous permet de les évaluer.

• **Pour mener à bien la fabrication**, il vous faut disposer d'une guirlande du commerce avec les ampoules nues. Vous mettrez du matériel à disposition des élèves, qu'ils choisiront et découperont en fonction des dimensions des lampes, et des formes qu'ils veulent donner. Ici sont présentés des cache ampoules de formes différentes : le cône est obtenu à partir un demi cercle enroulé ; les autres habillages partent d'un rectangle : une bande pliée en 2 ou deux rectangles identiques agrafés à leurs extrémités. Il serait intéressant que **les élèves évaluent par tâtonnement les dimensions des bandes** de papier suffisantes à la décoration ou bien c'est l'enseignant qui les prédécoupe. Les enfants devront résoudre le **problème de la fixation**. L'analyse de la photographie leur suggère des solutions (nouage, agrafage, etc.). Pour ajourer les papiers opaques, différents outils conviennent (poinçon, emporte-pièce, perforeuse, perforatrices fantaisie, ciseaux, etc.) ; vos élèves en reconnaîtront sur la photographie.

• C'est vous seul qui branchez la guirlande, pour que tous puissent admirer et commenter le résultat.

3. Travaux complémentaires

Vous pouvez là encore constituer un **espace-collection**, à partir d'objets ou de photographies d'objets. À chaque fois qu'un nouvel objet est apporté, il est présenté collectivement, pour vérifier qu'on peut bien l'ajouter à la collection. C'est ainsi un **autre moyen d'évaluer les acquis** des élèves sur ce qui permet de reconnaître un photophore, et sur les caractéristiques des habillages des lampes.

Des pendeloques pour Noël

pages 24 et 25

Le point commun à toutes ces pendeloques, outre leur fabrication au moment de Noël, est d'utiliser une même forme géometrique de base : le carré (***fig. 39***). Ici, on appellera pendeloque une décoration qui pend au bout d'un fil de suspension à la manière d'un pendentif. Une guirlande est un cordon ornemental qui peut être obtenu par assemblage de pendeloques sur une certaine longueur.

1. Connaissances et compétences

Les élèves devront savoir situer Noël dans le temps de l'année, en s'aidant d'un calendrier.
Ils feront preuve de créativité pour rechercher des agencements possibles de formes géométriques carrées.
Ils observeront des photographies et rechercheront des modalités pour reproduire des modèles.
Ils seront amenés à comprendre, comparer et mettre en œuvre des techniques d'assemblage.
Pour mener à bien un projet collectif, ils devront s'organiser individuellement, ou en groupe.
Ils chercheront comment organiser les éléments fabriqués pour décorer un espace.

2. Avant d'étudier les documents

À l'occasion de la fête de Noël, les enfants parlent volontiers des décorations que l'on trouve dans le commerce, qui peuvent décorer leur maison... Vous situerez ainsi les différentes familles d'objets que l'on peut acheter ou fabriquer : le sapin, les pendeloques ou objets à suspendre, les guirlandes, les couronnes, les photophores, les bougies...

Des pendeloques de toutes sortes pour Noël

(a) Avec des carrés de papier de même dimension

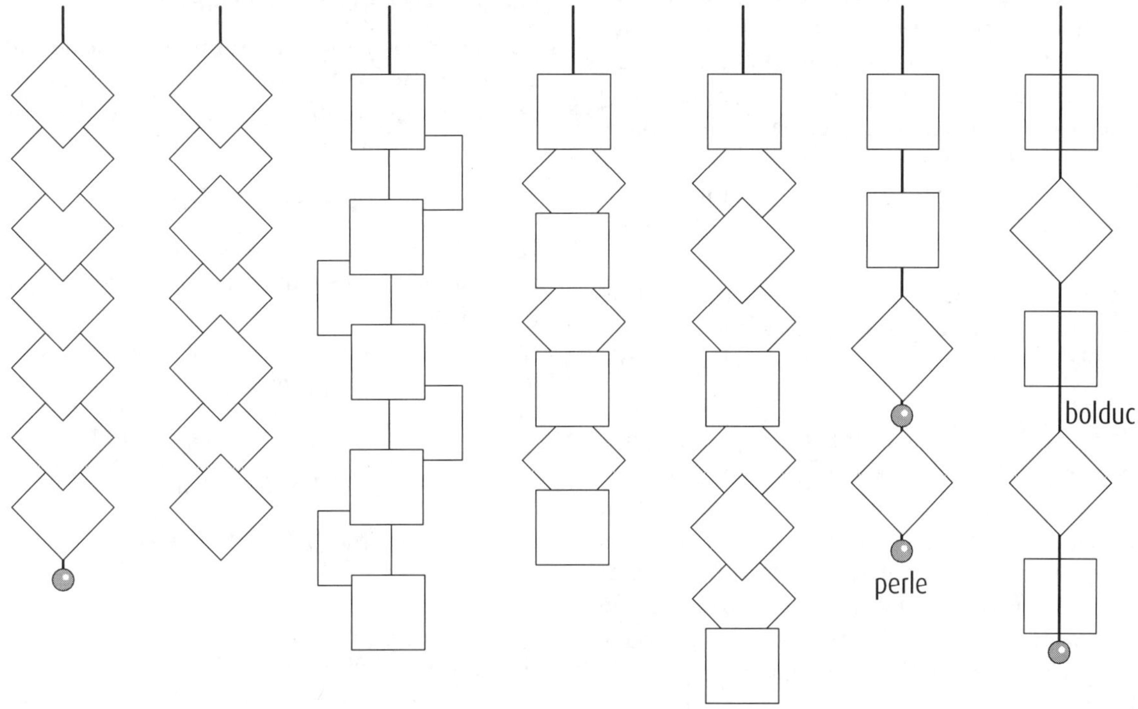

(b) Avec des carrés de papier de 2 tailles différentes

(c) Avec des carrés superposés de 3 tailles différentes

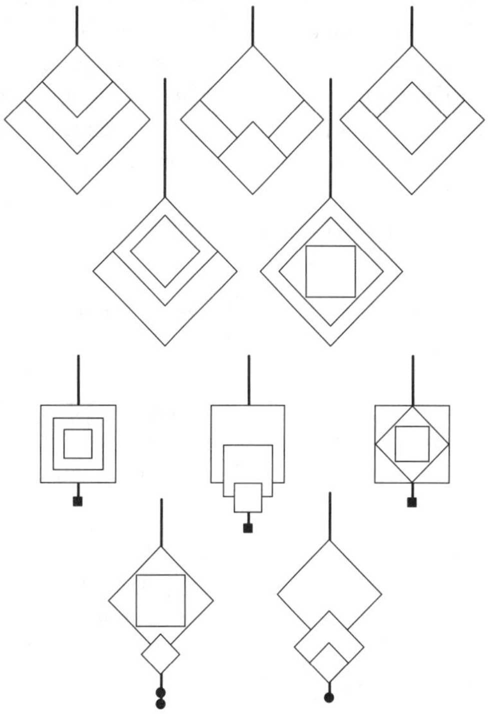

Fig. 39 Parmi ces pendeloques, quelle est la plus jolie ? « Je vais colorier celle qui me plaît beaucoup. »

3. Activités possibles sur l'album

a. Avec des carrés superposés

• **Les élèves pourront comparer** les guirlandes photographiées. Qu'ont-elles en commun ? Qu'ont-elles de différent ? Ils remarqueront que les éléments des pendeloques sont toujours de **forme carrée**, de différentes tailles, superposés avec des orientations différentes. Tous ces éléments sont suspendus à l'aide d'une ficelle, sur laquelle on a ajouté quelques perles. Toutes les ficelles sont dans la même direction : vous pouvez introduire le mot « vertical ». **Des solutions techniques** différentes ont été adoptées pour fixer les carrés sur la ficelle : collage, enfilage, agrafage. Il est probable que vos élèves ne le remarqueront pas tout de suite ; ils y reviendront au moment de la fabrication. La lecture de la liste du matériel vient confirmer une partie des remarques faites par les élèves.

• **Pour la fabrication d'une guirlande**, sont mis à disposition des carrés de tailles et couleurs différentes. Ils puiseront dans ce matériel pour créer un agencement de ces éléments. Ces propositions seront comparées entre elles, pour **repérer différentes solutions**, et peuvent aussi être comparées aux guirlandes de l'album. On peut jouer sur les rythmes, la juxtaposition, la superposition des éléments, leur espacement, la répétition, l'alternance, la quantité d'éléments… et créer ainsi des pendeloques qui peuvent être inattendues dans leurs effets, et des guirlandes si la quantité répétitive de formes leur donne une longueur importante.

• Il faut ensuite **assembler les éléments**. Comment ? Des carrés de papier ordinaire et du matériel (ficelle, colle, agrafeuse, grosse aiguille, passe lacet…) sont proposés à vos élèves pour qu'ils inventent des solutions techniques (par tâtonnement ou en utilisant des connaissances antérieures). Les solutions trouvées seront comparées et commentées. La photographie de l'album suggère aussi des solutions, qu'ils testeront en manipulant.

• Lors de l'assemblage définitif des éléments préparés, **plusieurs organisations sont possibles** : chaque élève réalise ses pendeloques, sa guirlande ; ou vous les engagez dans un travail de groupe pour assembler une guirlande commune à deux ou trois enfants. Ils choisiront alors de la réaliser avec des éléments identiques ou non.

• **Les résultats seront différents** selon la grosseur du fil employé, la largeur du bolduc, les perles utilisées pour lester et décorer l'extrémité de la guirlande…

b. Des pendeloques « grand luxe »

• **Les photographies 2 et 3 donnent les étapes** pour fabriquer un élément de base. Vous ferez reconnaître et nommer la forme de départ (un carré). Le pli n'est pas appuyé, mais le papier seulement courbé, les deux pointes étant maintenues par une gommette : quatre mains, donc une coopération entre deux enfants sera sans doute nécessaire ! On peut aussi fabriquer les modèles en marquant les plis : l'effet obtenu sera totalement différent.

• **Les élèves feront des essais d'assemblage de** deux éléments de base. Ils les mettront en relation avec les photographies **4** et **5** de l'album.

• Ils pourront ensuite passer à **la réalisation d'une guirlande**, en variant les couleurs, les orientations, et en réutilisant les solutions techniques de fixation sur la ficelle vues dans l'activité précédente.

4. Travaux complémentaires

Du matériel peut être laissé à disposition des élèves, pour qu'ils construisent de nouvelles pendeloques s'ils le souhaitent.
Ils rechercheront où et comment organiser ces éléments décoratifs fabriqués dans le sapin, la classe, l'école.

En janvier : la galette des rois

pages 28 et 29

Il s'agit ici de faire évoquer ou de faire connaître les rituels liés à la fête des rois, qui sont pratiqués dans notre société, indépendamment de son origine religieuse.

1. Connaissances et compétences

Les élèves apprendront à situer dans le temps de l'année la fête des rois.
Ils connaîtront le rituel du partage de la galette des rois (comment, par quoi le roi est-il désigné ?).
Ils pourront lire une recette de cuisine codée pour découvrir les ingrédients qui entrent dans la composition de la galette, réaliser la préparation culinaire ; ils mettront en relation les parfums différents utilisés pour la galette, et les saveurs souhaitées.
Ils affineront leurs gestes techniques pour manipuler des ustensiles de cuisine, découvriront des actions de transformations : mélanger, étaler, graver, cuire…
La réalisation en groupe les amènera à réfléchir pour se répartir les tâches.

2. Avant d'étudier les documents

Les enfants pourront évoquer les galettes qu'ils ont déjà consommées et les décrire. Il existe différents types de galettes des rois, selon les régions. Vous pouvez apporter en classe une galette en couronne de type briochée, par exemple, ce qui induira une activité de comparaison gustative avec la fabrication ultérieure de la galette à base de pâte feuilletée et frangipane.

3. Activités possibles sur l'album

a. Qu'est-ce qu'une galette des rois ?

• Qu'a de particulier la galette des rois, et **pourquoi une couronne** lui est-elle associée ? La présence d'**une fève**, qu'un convive trouvera dans sa part, permet de désigner le roi. À l'origine, les fèves étaient « de vraies fèves » comme celle de gauche sur la photographie. Les fèves actuelles évoquent des objets ou des sujets très variés.

• Les enfants savent en général que les galettes du commerce n'ont pas toutes le même goût. Les photographies des paquets de poudre donnent des pistes pour varier **les saveurs**.

b. La recette de la galette

• **La recette sera lue.** Vous ferez repérer et définir les ingrédients.

• **En suivant l'ordre des étapes**, les élèves pourront, avec votre aide, fabriquer une galette. À chaque étape, vous veillerez à leur faire formuler ce qu'ils font en nommant précisément les ustensiles de cuisine employés, les verbes d'action (étaler la pâte, mélanger, écraser, garnir, etc.), et la transformation de la matière que l'on peut observer (couleur, texture, consistance, etc.).

• Après cuisson, il faut manger la galette. Vive le roi ! Si plusieurs galettes aux saveurs différentes sont fabriquées, les élèves essaieront d'identifier ces goûts, et de les associer aux emballages des ingrédients employés.

4. Travaux complémentaires

• Vous pouvez **constituer une collection de fèves** avec vos élèves. Ce sera l'occasion de les décrire, d'observer les différents matériaux.

• Il est aussi intéressant de **constituer une source documentaire** avec photographies et albums du commerce.

Prépare ta couronne de roi

pages 30 et 31

La fabrication de couronnes à l'occasion de la fête des rois, certes, permet à l'enfant de se repérer dans le temps mais sera aussi un support pour des apprentissages technologiques. Ces productions pourraient être proposées lors du Carnaval ou de toute autre fête motivant un déguisement.

1. Connaissances et compétences

Les élèves devront connaître la fonction d'une couronne et ses caractéristiques.
Ils analyseront des documents photographiques pour découvrir la conception des couronnes proposées, les matériaux employés, les techniques de décoration…
Ils seront amenés à lire des dessins techniques pour apprendre à fabriquer et utiliser un gabarit, et apprendront qu'un gabarit sert à reproduire des formes par reports successifs (***fig. 40***).
Ils rechercheront, essaieront et découvriront dans l'album des systèmes pour fermer une couronne.
En réalisant ces couronnes, ils apprendront ou affineront leurs gestes techniques pour tracer, découper, percer, nouer, agrafer…

2. Activités possibles sur l'album

a. Des couronnes royales !

Trois modèles de couronnes sont présentés. En observant la photographie, les élèves retrouveront quel enfant porte les couronnes 2, 3 ou 4. Ils décriront les décors et essaieront de caractériser une couronne.

b. Des gabarits, c'est pratique !

• Vous proposerez à vos élèves de fabriquer leur couronne. Il est souhaitable de **leur faire faire des essais** avec du papier ordinaire. Vous leur fournirez des bandes de papier d'une longueur qui convient, ou au contraire de différentes tailles selon que vous voulez les confronter ou non au problème de la dimension de la couronne (hauteur, tour de tête). Les élèves essaieront sans doute de découper la bande, de façon à avoir des motifs, mais les découpes sont le plus souvent différentes d'un motif à l'autre.

• **Comment avoir des motifs qui se répètent à l'identique ?** La lecture de l'album va leur donner une solution : l'utilisation d'un **gabarit**. Les dessins donnent des informations sur la façon de l'utiliser. Ils devront faire des essais (toujours sur des bandes de papier ordinaire) avec des gabarits que vous leur fournirez.

• **Pour réaliser les couronnes photographiées, il faut :** une bande de cartoline, de carton ondulé ou de papier peint décorée avec des gommettes, des perles enfilées sur des piques à brochettes ou des cure-dents…

• **Comment fermer la couronne ?** Là encore, ils pourront faire des essais préalables avec leur bande de papier, en tâtonnant, en utilisant les idées fournies par l'album ou en faisant référence à des techniques pour « attacher » répertoriées lors d'activités préalables. Ils choisiront une des solutions pour fermer leur couronne.

• **Pour évaluer les acquis des élèves**, vous pouvez leur faire mettre en correspondance les gabarits photographiés dans l'album, avec les couronnes de la page 30. Vous pouvez aussi leur demander de dessiner des frises à motif répétitif, selon un modèle imposé, et en choisissant, dans un lot de plusieurs gabarits, celui qui convient.

3. Travaux complémentaires

C'est l'occasion de **créer un espace autour des frises**. Un affichage peut présenter **des objets du quotidien** où on observe des motifs qui se répètent (papier peint, galon brodé, carte ou papier imprimé, carrelage, etc.) **Des activités** seront induites par du matériel : des gabarits et des modèles de frises (analogues à celles évoquées pour l'évaluation), mais aussi tout ce qui permet d'engendrer des motifs tels que formes utilisables comme gabarits, pochoirs, perforeuses… Les élèves s'essaieront à reproduire ou inventer des suites de motifs, des frises.

En mars, prépare Carnaval

pages 32 et 33

Carnaval est une fête sociale souvent pratiquée et connue des enfants. Les différentes manifestations vécues localement sont souvent sujets d'exploitation en classe. Quelques éléments de déguisements sont proposés ici.

1. Connaissances et compétences

Les élèves situeront dans le temps de l'année la fête de Carnaval.
Ils prélèveront des indices sur des photographies pour découvrir la conception des lunettes et chapeaux proposés.
Ils devront connaître les caractéristiques d'une paire de lunettes, d'un chapeau pour en créer ultérieurement.
Ils seront amenés à s'interroger, faire des essais, rechercher des solutions pour mettre au point ces objets (dimensions, matériaux, etc.) et les fabriquer.
Ils pourront lire des dessins pour comprendre la fabrication des chapeaux, rechercher, essayer et découvrir dans l'album des systèmes pour fermer une couronne.
Lors des fabrications, ils apprendront ou affineront des gestes techniques pour tracer, découper, percer, nouer, agrafer…

2. Activités possibles sur l'album

a. De drôles de lunettes

• **Les photographies** présentent des lunettes que vos élèves auront envie de fabriquer. Vous les ferez **comparer**, ainsi qu'avec des lunettes du commerce, de façon à leur faire préciser leur fonction, leurs différences, leurs points communs. Ici il s'agit bien de **concevoir et fabriquer des lunettes fantaisie** répondant à un besoin décoratif, ludique et non pas à un besoin médical pour corriger la vue, ou à un besoin de protection comme pour les lunettes de soleil, de bain… **Des éléments structurels sont communs :** deux ouvertures pour les yeux, une encoche pour le nez, et deux branches pour les poser sur les oreilles.

• **Avec les plus grands**, vous pouvez proposer la fabrication de lunettes analogues, en passant par l'élaboration **d'une maquette en papier**. Il s'agit dans un premier temps de définir un mini-**cahier des charges** qui précisera les fonctions de ces lunettes, les éléments structurels évoqués ci-dessus à prendre en compte, les caractéristiques décoratives attendues. Quelle dimension choisir parmi le lot de feuilles à disposition ? Comment placer les ouvertures au bon endroit ? Quelle longueur et quelle forme donner aux branches ? Votre rôle sera de les questionner, de les guider vers une recherche, et de reformuler des solutions. Les élèves procéderont par essais, erreurs, s'observeront dans une glace, découvriront la symétrie de la structure ; le décor (qui prime pour eux) ne sera envisagé que dans un deuxième temps. Les élèves concrétiseront les recherches dans une **fabrication plus élaborée**, à partir de matériel à disposition : des feuilles de Canson et de carton de différentes couleurs, des caches pour diapositives, des éléments pouvant être ajoutés (cure-pipe, perles, feuilles de plastique coloré, etc.), mais aussi des gabarits pour le tracé du contour des branches, et de la face avant des lunettes (avec ouvertures rondes, ovales, rectangulaires) élaborés par le professeur à partir des recherches des enfants. Chacun pourra alors réaliser le modèle de son choix.

• **Cette démarche de conception et fabrication d'un prototype**, certes guidée par le maître, permet de familiariser les enfants avec des étapes d'une **démarche d'investigation** : un questionnement, des hypothèses, des recherches de solutions, des observations et des conclusions.
Une autre démarche consiste à proposer aux élèves des gabarits de base pour tracer leurs lunettes : l'apprentissage portera surtout sur **l'utilisation d'un gabarit**, le découpage puis la création d'un décor.

b. Des chapeaux qui ne passent pas inaperçus

• Ici aussi, il est intéressant de **s'interroger sur l'objet** « chapeau ». À quoi ça sert ? Quand en met-on ? Qui en porte ? En quoi sont-ils faits ? Pour mener cette réflexion, il est fondamental d'observer des chapeaux en classe, d'apporter des photos…

• **Deux modèles de chapeaux** décoratifs, à porter par exemple avec des déguisements, sont proposés ici en photographie. **Des dessins donnent des indications pour les fabriquer.** Les élèves mettront en relation le dessin et la photographie qui lui correspond ; ils auront alors à visualiser le passage du plan au volume ; ce qui nécessite souvent une étape de manipulation pour la mise en relief de formes planes. Ces modèles sont basés sur l'assemblage de formes géométriques simples.

• Pour la fabrication, **vous pouvez adapter le niveau de difficulté à l'âge de vos élèves**, selon qu'il leur reste seulement à assembler des éléments prédécoupés par vos soins, ou que vous voulez les faire entrer dans une réflexion sur l'adaptation des dimensions du chapeau à celle de leur tête. Dans ce cas, les élèves doivent découper eux-mêmes les pièces du chapeau, après avoir fait des essais avec du papier.

3. Travaux complémentaires

• Plus qu'un espace « sciences », ces activités sont plutôt l'occasion **d'enrichir l'espace « déguisement »** (s'il existe) en y ajoutant des lunettes (sans verre correcteur), des chapeaux…

• Vous pouvez aussi proposer la **fabrication de masques**. Une démarche analogue à la précédente peut être suivie, aboutissant à la fabrication d'un masque par les élèves. Définition d'un petit cahier des charges, analyse fonctionnelle et structurelle, choix du type de masque (facial, complet…), choix des techniques et des matériaux en fonction des résultats décoratifs escomptés restent toujours les étapes obligées par lesquelles passeront les questionnements et les essais des élèves avant de déboucher sur le produit fini.

Dans le monde des frises

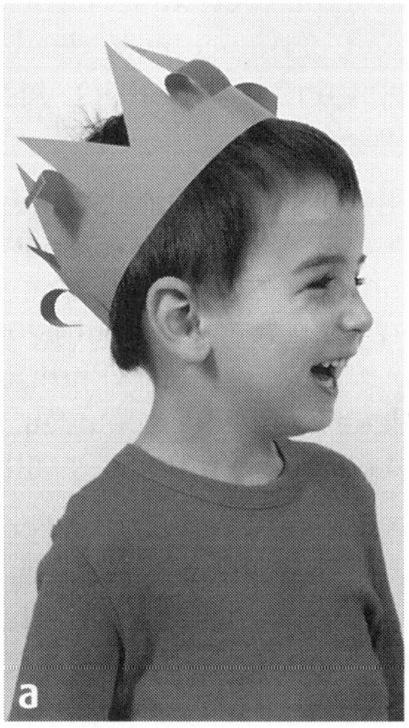

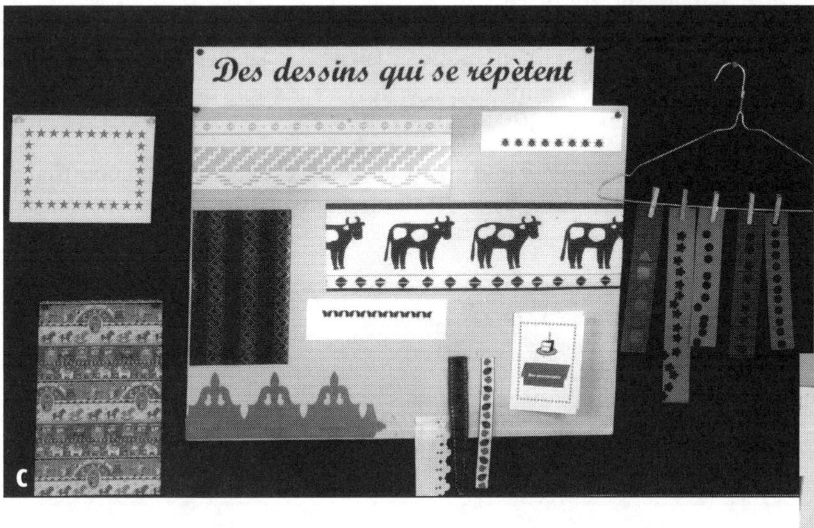

Fig. 40 En liaison avec la fabrication des couronnes peuvent être organisées des activités de réalisations de frises.
b. Un enfant utilise des blocs logiques comme gabarit ; un autre réalise une rangée de trous avec un emporte-pièces. Des gommettes et des tampons pourront aussi être proposés dans le cadre de cet atelier.
c. Au mur sont présentés des exemples de frises : frise papier peint, dentelle, galon, papier cadeau, carte décorée…
d. Sur le cahier collectif : la fiche de la couronne permet de mémoriser les étapes de fabrication.

Poisson d'avril !

pages 36 et 37

Là encore, c'est une tradition sociale qu'il s'agit de faire découvrir et vivre à vos élèves.
Le premier avril est le jour des farces, et une des plus courantes est d'accrocher, à leur insu, des poissons en papier sur le dos des amis !

1. Connaissances et compétences

Les élèves situeront dans l'année le premier avril.
Ils observeront des photographies pour retrouver des techniques de fabrication, et apprendront à savoir associer un objet et son patron.
Ils devront comprendre et savoir exprimer la chronologie d'une fabrication.
Ils devront rechercher et savoir utiliser des outils variés pour graver et estamper une pâte souple.
Ils auront à faire preuve de créativité pour découper des formes, graver et présenter un plat.

2. Activités possibles sur l'album

a. Des poissons d'avril en papier

Les photographies 2, 3 et 4 présentent différents modèles de poisson en papier. Les élèves pourront **mettre en correspondance** chacun d'eux **avec le patron dessiné**. Ils doivent bien repérer les formes pour y arriver et là aussi se représenter mentalement la mise à plat ou la mise en volume. Un questionnement adapté les guidera dans l'observation de détails et le prélèvement d'indices permettant de sérier les dessins.
Les patrons permettent de fabriquer le corps du poisson à partir de **trois formes géométriques différentes** : carré, rectangle, disque et d'opérer des gestes techniques comme plier et rouler pour passer du plan au volume. Les élèves y ajouteront par collage les accessoires (yeux, queue, nageoires) pour les finir.

b. Des poissons d'avril à manger

• Les poissons ont été fabriqués **à partir d'une pâte sablée**, étalée, découpée, gravée et cuite. Ici il s'agit d'une pâte sablée salée et parfumée avec des herbes aromatiques mais on pourrait aussi utiliser une pâte achetée dans le commerce.

• **Comment découper la pâte ?** Les élèves pourront proposer différentes solutions : utiliser un emporte-pièce (si vous en avez en forme de poisson), découper un contour à main levée, avec un couteau. Pour avoir des poissons de même forme, il est pratique d'utiliser des gabarits, et de suivre leur contour au couteau. Vous fournirez des gabarits en carton de différentes tailles.

• **Différents outils** peuvent être utilisés pour décorer les poissons, **par gravure et estampage** (pression d'un objet). La photographie **6** en propose plusieurs. Les élèves les utiliseront, et repéreront les formes obtenues. Ils pourront alors mettre en relation un outil et le résultat obtenu. Pour marquer l'œil, vous pouvez ajouter des raisins secs, des clous de girofle, des olives…

• Il semble original de **cuisiner ces bouchées salées**, ce qui change des fabrications culinaires sucrées très fréquemment faites. Néanmoins on peut imaginer la même production, **version biscuits sucrés**.
Bien sûr, il faudra manger ces poissons !

3. Travaux complémentaires

• Vous pouvez **laisser des feuilles de papier à disposition**, pour que les élèves puissent faire de nouveaux poissons, ou d'autres pliages.

• **Dans l'espace modelage et estampage**, ils pourront s'exercer avec des outils à graver et de la pâte à modeler.

Fabrique des enveloppes différentes

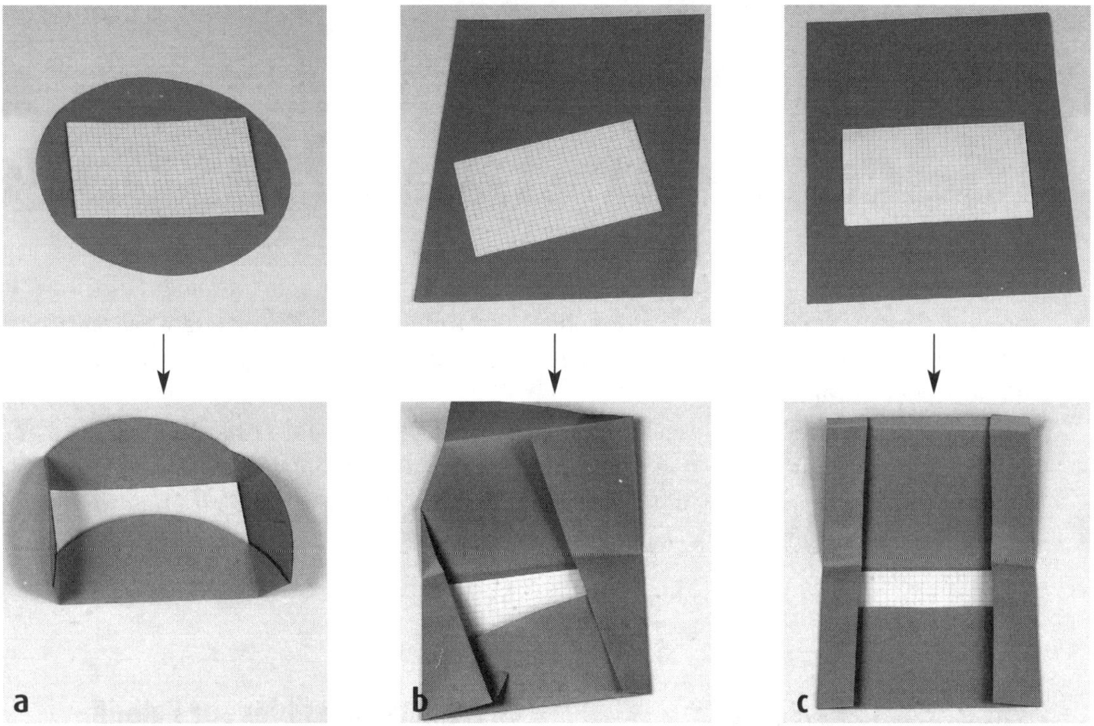

a. Avec une feuille ronde et une carte rectangulaire.
b. et **c.** Avec deux rectangles de papier. Les pliages différents selon la position de la carte.
d. Avec des papiers illustrés.

Fig. 41 On peut introduire des modifications pour obtenir des résultats différents.
a. Avec une feuille ronde pour l'enveloppe et une carte rectangulaire.
b. et **c.** En changeant la position de la carte sur la feuille utilisée pour l'enveloppe.
d. En utilisant des papiers différents (page de publicité, papier cadeau, papier de couleur…) en variant les décors (collage, gommettes…) et la taille.

Se décentrer dans l'espace

L'enfant de l'école maternelle a des difficultés à adopter le point de vue d'autrui, il considère presque toujours les événements et les objets par rapport à lui. Ce caractère égocentrique très fortement présent dans son esprit peut et doit être remis en question lors de certaines activités ; cela lui permet de grandir.
Les activités proposées dans ce chapitre concernent uniquement l'espace, et visent à faire adopter à l'enfant des points de vue autres que le sien. Bien évidemment, il mettra à l'épreuve ces points de vue en se mettant « pour de vrai » à la place de l'autre, mais il prendra ainsi peu à peu conscience de la multiplicité des points de vue possibles.

Où était le photographe ?

pages 46 et 47

Il s'agit, à partir de photographies, de s'interroger sur la proximité du photographe ou sa position par rapport au sujet pour prendre la photographie. L'approche des notions spatiales, portant sur la comparaison de distances et les orientations relatives, se fera à travers la lecture de ces photographies et la confrontation au vécu (***fig. 42***).

1. Connaissances et compétences

Les élèves vont découvrir que, selon la position du photographe par rapport au sujet, la photographie obtenue sera différente : c'est ce que l'on appelle le cadrage. Cadrer signifie donc choisir un point de vue, une position du photographe par rapport au sujet selon ce que l'on veut dire avec la photographie.
L'enfant devra être capable de se repérer dans l'espace, de trouver ou retrouver, à partir des photographies, la position du photographe :
– en fonction de la distance par rapport au sujet (loin, près) ;
– mais aussi en fonction de son orientation par rapport au même sujet : de côté, de face, de dos…

2. Avant d'utiliser les documents

Avant d'utiliser l'album, vous pourrez avoir proposé **en activité autonome du matériel de récupération** pour jouer à voir, à viser… se fabriquer une lunette, une longue vue… On y trouvera par exemple : boîtes d'allumettes, emballages en carton sans fond, tubes de carton, appareils jetables récupérés chez un photographe, cadres pour diapositive…

3. Activités possibles sur l'album

a. Le photographe est-il loin ou près ?

• **Si vous partez des photographies de l'album**, il s'agira de demander aux élèves ce qui a été photographié, comment on sait qu'il s'agit du même ours en peluche, et pourquoi, à leur avis, les photographies sont différentes. Ils feront **des suppositions**, qu'ils pourront **vérifier** en essayant de cadrer un sujet analogue, soit dans le viseur d'un appareil photographique, soit à l'aide d'une boîte d'allumettes (sans le tiroir). Vos élèves devront alors **mettre en correspondance le résultat obtenu et la distance entre le photographe et le sujet photographié**. Vous veillerez à leur faire verbaliser : « je m'approche, je m'éloigne », puis « le photographe est plus loin de l'ours, plus près de l'ours ». La mise en relation avec les positions indiquées sur le dessin dans l'album est aussi un moyen de faire se décentrer de leurs actions. « Plus je suis loin du sujet, plus je le vois en entier. Plus je m'approche de l'objet, plus je n'en vois qu'une partie ou qu'un détail ».

• **Pour évaluer leurs acquis**, vous pourrez leur proposer un lot de photographies d'un même objet (par exemple l'école, la poupée de la classe, le coin bibliothèque…), et leur demander de les ranger en fonction de la distance entre le photographe et l'objet. Pour la vérification des propositions, chaque enfant, muni d'une photo se placera à l'endroit de la prise de vue et déposera au sol sa photo ; ce qui favorisera une validation par le groupe. Pour permettre à l'enfant de réaliser la trace écrite de cette activité, vous pourrez imprimer les photos en taille réduite (du type planche contact) ; vous lui demanderez alors de dessiner l'objet et de reproduire l'alignement des photos selon la position du photographe.

• **Un cheminement inverse est possible :** c'est-à-dire partir d'un lot de photographies d'objets, de personnes, de

Où était le photographe ?

a

b

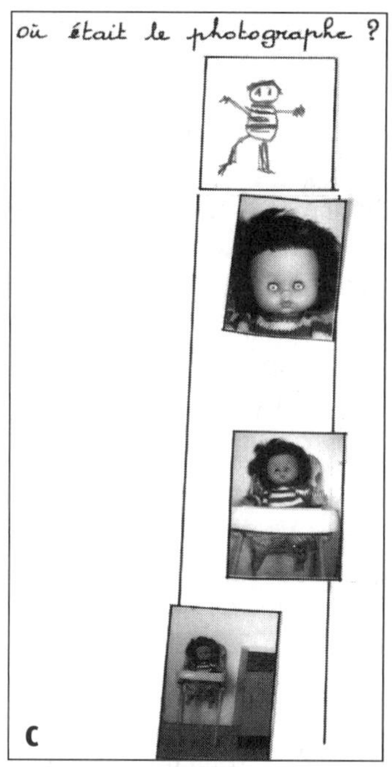

c

Fig. 42 **a.** En visant dans un appareil jetable, les enfants essaient de retrouver où était le photographe pour réaliser la photographie qu'ils ont en main.
b. Pour aider l'enfant à cadrer, on peut aussi lui donner une boite d'allumettes.
c. Sur son cahier, l'enfant doit repositionner les trois photos (imprimées au format réduit). (Pour les plus grands on pourra coller les étiquettes : « près », « très près », « loin ».)

bâtiments ou de paysages connus et proches des élèves, pour les leur faire comparer, puis utiliser alors les documents de l'album pour évaluer leurs acquis.

b. Où était le photographe ?

• Vous pouvez **adopter une démarche similaire** à la précédente. Il s'agit de faire comparer aux élèves des photographies, de leur faire dire pourquoi, à leur avis, elles sont différentes. **Ils vérifient ensuite** en visant un sujet à photographier (appareil photographique ou boîte d'allumettes). Si le moment de manipulation est essentiel pour que les élèves vérifient leurs propositions « en se mettant à la place » du photographe, le moment de **verbalisation**, de **traduction sur un dessin** l'est tout autant pour qu'ils puissent se décentrer et formuler les positions relatives du photographe par rapport à l'objet, mais aussi de l'objet par rapport au photographe. Vous veillerez à leur faire utiliser le lexique adéquat : en face de, sur le côté, derrière... Comme pour l'activité précédente, vous pouvez partir des photographies proposées dans l'album (p. 47), puis en fournir d'autres pour évaluer des acquis des élèves ; ou au contraire partir de photographies que vous aurez prises, et utiliser les documents de l'album pour une évaluation.

4. Travaux complémentaires

• **Où me placer pour prendre une photographie ?** Vous pouvez poursuivre l'activité en proposant à vos élèves de photographier leur copain, leur doudou, l'arbre de la cour, etc. Ils le feront (un appareil numérique s'avère très souple d'utilisation et peu onéreux à l'usage), puis commenteront le résultat obtenu. « Est-ce que j'étais bien placé ? Pourquoi ? On ne reconnaît pas bien mon doudou, etc. J'étais trop loin, pas assez de face... ». Ils pourront faire des suggestions pour améliorer leur photographie, et les mettre en œuvre. Il est alors souhaitable de renouveler les prises de vue et comparer les nouveaux résultats aux anciens, pour valider les progrès attendus. L'analyse de photographies prises par les enfants permet de déceler et de rectifier d'autres erreurs : mettre le doigt devant l'objectif, bouger en prenant la photographie, avoir le soleil en face...

• Quelle que soit votre stratégie, il semble pertinent **d'articuler quatre moments forts** dans la démarche d'apprentissage que vous choisirez :
– l'exploitation des photos et dessins de l'album ;
– la manipulation, l'observation et le tri de photos collectées ou prise dans l'environnement proche de l'enfant ;
– la prise de vue avec un appareil photographique ;
– l'élaboration d'un document de synthèse.

• **Après les travaux en atelier sur le cadrage des photographies**, vous pouvez laisser à disposition des élèves des lots de photographies, qu'ils examineront à leur temps. Cela leur permettra de retrouver ce qu'ils ont travaillé. Ces photographies peuvent être laissées en vrac, organisées dans une boîte, dans un classeur à pochettes, ou être consultables sur l'ordinateur de la classe.
Appareils jetables usagés, boîtes d'allumettes ou autre boîtes sans fond seront aussi disponibles.

À partir d'une seule photographie

pages 48 et 49

Les lectures d'images proposées amènent l'enfant à passer d'une vision globale à une vision partielle vice-versa. Par des jeux de cadrage il sera contraint de passer « du tout » à « la partie ».

1. Connaissances et compétences

Les élèves seront amenés à lire une image et à comparer des images entre elles au plan du cadrage. Ils devront être capables d'employer des repères spatiaux pour les décrire.

Utiliser des caches, des cadres, les conduiront à extraire plusieurs photographies à partir d'une seule, et ainsi à transmettre de nouveaux messages.

2. Avant d'utiliser les documents

Dans la période qui précède l'utilisation de l'album, il serait opportun de mettre en place des séances basées sur la lecture d'image : lecture d'affiche avec activité langagière, découpage et reconstitution d'images, puzzles..., activité dirigée sur des albums possédant des illustrations très riches...

3. Activités possibles sur l'album

a. Que nous disent ces photographies ?

• **Vous partirez des photographies de l'album**, que vos élèves décriront. Ils le feront en repérant et nommant des éléments visibles sur ces photographies. Dans un deuxième temps, vous leur ferez dire à quoi ces photographies leur font penser. Les vues 2 et 4 ne laissent pas penser qu'il y a un cours d'eau ou un lac à proximité ; sur la vue 3, les passagers des barques semblent loin de toute habitation, etc. **Selon le cadrage** de la photographie, **l'information** qu'elle transmet, **l'impression** qu'elle donne sont **très différentes**. Les élèves retrouveront les éléments des vues 2, 3 et 4 sur la photographie **1**.

• Vous pouvez **aussi fournir au départ des photographies extraites d'une photographie d'ensemble**, avant de présenter la représentation globale à vos élèves. Ils auront d'abord à décrire ces détails et confronteront ensuite leurs dires avec la photographie globale.

• **Une autre stratégie** consiste à fabriquer un cache à la dimension de la photographie et d'y aménager des « volets » à des endroits pertinents ; ces rabats seront faits par entaillage et pliage. Les enfants soulèveront l'un après l'autre ces volets décrivant, à chaque fois, le détail découvert et émettant des hypothèses sur l'ensemble de l'image. La découverte de l'image globale vient alors valider les indices prélevés au fur et à mesure.

b. À la recherche de cadrages différents

• **Vos élèves pourront s'essayer eux-mêmes** à partir de documents que vous leur fournirez : photographies, pages de magazine, images de catalogue, etc. Par exemple, vous leur demanderez d'isoler sur une image un voilier seul en mer, ou au contraire au milieu d'un trafic maritime important ; ou d'isoler sur un catalogue de jouets un personnage... **La photographie 5 de l'album *« Repère-toi dans le temps et dans l'espace »* donne des idées de moyens pratiques à utiliser :** cadres de diapositive, cadres de cartons de tailles différentes. Vous en mettrez à disposition des élèves, et ils devront choisir le cadre de dimension adaptée à l'élément qu'ils veulent sélectionner.

• Vous pourrez **évaluer leur compréhension** à partir de nouvelles photographies.

4. Travaux complémentaires

• Là encore, il est facile **de mettre à disposition** des élèves des photographies, des albums, des catalogues... et des cadres de tailles différentes pour qu'ils puissent s'essayer, en autonomie, à cadrer des images différemment. Des photocopies d'un personnage ou d'un jouet... auront été faites au préalable et affichées motivant ainsi une chasse dans les documents aboutissant à l'emprisonnement dans un cadre !

• Vous trouverez aussi dans le commerce des albums présentant des systèmes de cadres ou de fenêtres faisant apparaître seulement une partie de l'image puis l'ensemble.

• Vous pouvez aussi rapprocher ce travail sur la vision globale ou partielle des objets d'activités menées dans le cadre d'une approche sensorielle avec des outils, la loupe par exemple.

Sais-tu lire une maquette ?

pages 50 et 51

Les activités proposées s'appuient sur des constructions à partir de matériel modulaire. Elles sont essentiellement basées sur la manipulation, l'observation, la comparaison. Mais, pour les plus grands, la lecture des réalisations réelles sera peu à peu relayée par l'utilisation de représentations photographiques ; et ce en variant le plus possible les points de vue (***fig. 43***).

1. Connaissances et compétences

Les élèves seront amenés à lire des photographies pour réaliser une construction à l'aide de matériel modulaire. Leur sens de l'observation et de la comparaison sera fortement sollicité pour se repérer dans l'espace. Ils prendront conscience que selon la position du photographe, les points de vue révèlent des agencements de pièces différents.

Une seule vue ne suffit pas pour reproduire une maquette à l'identique. Plus on dispose de points de vue, plus on possède d'informations précises pour reconstruire un modèle de façon fidèle.

2. Avant d'utiliser les documents

Auparavant, les élèves auront pris connaissance et joué avec du matériel modulaire semblable ou approchant. Ils auront observé, décrit, comparé des réalisations.

3. Activités possibles sur l'album

a. Une maquette réalisée avec des blocs de bois

• **Si vous disposez du matériel modulaire utilisé** pour la construction photographiée dans l'album, vous pouvez partir des photographies (1, 2, 3, 4) et demander aux élèves de construire la maquette correspondante. Cette fabrication est individuelle, et **les élèves devront vérifier que leurs maquettes sont toutes les mêmes**. Si tel n'est pas le cas, elles seront confrontées aux photographies. **Ils observeront les différences** concernant le nombre, les couleurs, la position... des briques.

• Il s'agira ensuite de leur faire dire **quelle photographie ils ont surtout utilisée** pour réaliser leur construction. Il est probable que ce soit le plus souvent la photographie en perspective. Que représentent les autres photographies ? Les élèves feront des suppositions. En tournant autour de leur construction, ils mettront en correspondance la face de la maquette placée en face du photographe et la photographie. Ils arriveront à des formulations du type : « le photographe était au-dessus de la construction, etc. » ; « le photographe était devant » et ils en matérialiseront sa position par un petit personnage de jouet. Là encore, vous veillerez à la bonne utilisation du lexique, et à la validité de leurs propositions, qui seront confrontées à l'observation en cas de désaccord.

• **Vous pouvez préparer une construction avec un jeu présent dans votre école** ; vos élèves devront l'analyser pour la reproduire à l'identique. et vérifier l'identité des constructions faites. Dans un deuxième temps, vous leur proposerez des photographies que vous aurez prises (en vous inspirant de celles de l'album). Le travail est alors le même que celui décrit précédemment. Les documents de l'album peuvent être utilisés comme support d'évaluation.

b. Une seule vue suffit-elle ?

• Le matériel étant à leur disposition, les élèves doivent **faire une construction à partir de la photographie 5 de l'album**. En comparant leurs constructions, ils constateront qu'elles ne sont pas identiques. Ils vérifieront systématiquement qu'elles sont bien conformes à la photographie, et pourront proposer des explications : par exemple, « je ne voyais pas la brique qui est derrière », etc. On peut conclure : « ici, une seule photographie prise de face ne suffit pas pour être sûr de la construction ».

• Vous pouvez alors leur demander si **les deux constructions** de Luc et de Clarisse conviennent. C'est bien le cas. S'ils n'en sont pas sûrs, ils peuvent réaliser ces deux constructions (une partie des élèves celle de Luc et l'autre partie celle de Clarisse), et vérifier que, **quand on les regarde de face**, on obtient bien **la vue photographiée**.

• Vous pouvez prolonger cette séquence **en renouvelant l'activité à partir de productions des élèves**, et en instaurant une situation de communication. Un enfant réalise une maquette et avec votre aide la prend en photo. Ces photographies sont communiquées à un élève chargé de reproduire le modèle. Soit plusieurs photographies sont données en vrac et les informations seront prélevées sur plusieurs prises de vues. Soit elles sont rangées dans un petit album : l'élève effectue une construction à partir de la photographie **1** ; puis en découvrant la photographie **2** il continue ou réajuste sa réalisation ; la troisième photographie apporte de nouveaux indices ou vient simplement valider la production. Selon sa capacité d'abstraction, l'enfant procédera par essais-erreurs ou par anticipation ; auquel cas il se posera des questions et émettra des hypothèses après lecture de chaque photographie : « je ne vois pas ce qui est derrière les briques rouges », « il peut y avoir une brique plate ici… ». La validation sera renforcée en comparant la production au modèle de l'enfant concepteur.

• Il sera intéressant **avec les grands**, de **faire dessiner leur construction de face, de côté**… puis de confronter ces dessins aux photographies. Ceci permet de faire évoluer leurs représentations écrites mais ceci renforce aussi leur capacité à observer, à prélever des indices.

4. Travaux complémentaires

• Il est facile de proposer des vues différentes et du matériel pour réaliser les constructions correspondantes. Ces vues peuvent être disponibles sur papier, ou sur ordinateur.

• Les notices de jeux utilisent des représentations en perspective, mais on peut aussi trouver des dessins selon différents points de vue. Il est intéressant de placer dans des classeurs ces différents documents et d'encourager les enfants à les utiliser. On sera à l'affût de représentations variées.

Participe à la création d'un nouveau quartier

pages 54 et 55

Les propositions de cette double page participent aux apprentissages relatifs à l'espace, par le sujet qui est l'agencement de maisons, mais aussi par la réalisation d'un pliage.

1. Connaissances et compétences

Lire des dessins pour comprendre et respecter la chronologie d'une fabrication est la compétence essentielle visée ici. Néanmoins, on développera chez l'enfant des qualités de soin et de précision au cours du pliage, et l'esprit d'imagination pour décorer et agencer des éléments entre eux.
Les élèves prendront conscience des types de maisons et de bâtiments ainsi que de leurs positions relatives dans une rue.

2. Avant d'utiliser les documents

• **Avant d'utiliser l'album**, vous pouvez mener avec les enfants des activités autour de la maison, la rue, le village ou la ville. Lors d'une sortie autour de l'école, on peut observer le type de maisons (immeuble, maison individuelle d'un étage, de deux étages, avec terrasse, toit pointu…) leurs agencements (alignées, en mode dispersé…). On notera des détails sur les ouvertures (taille de la porte d'entrée, présence de balcon…) la présence de décors sur la façade etc. **Pour garder en mémoire ces observations** les élèves réaliseront des **dessins** qui seront complétés par des **photographies** puis consignés dans un cahier ; vous pouvez aussi les organiser sur un panneau faisant émerger une certaine organisation spatiale, ce qui sera source d'échanges et de questionnement.

• **L'activité de pliage** présuppose que les enfants ont acquis quelques rudiments lors de pliages antérieurs : savoir plier une feuille en deux, savoir marquer un pli.

3. Activités possibles sur l'album

a. Des rues différentes en plaçant les maisons de différentes façons

• **En comparant les deux photographies**, les élèves repéreront qu'il s'agit des mêmes maisons, placées différemment. Vous pouvez leur faire préciser **les positions d'une maison par rapport à une autre, les tailles relatives** des maisons, etc.Les maisons sont similaires car effectuées selon la même technique de pliage, seuls le format de la feuille de papier et les décors changent. Les deux photographies mettent en exergue deux organisations spatiales différentes : la première suggère un collage à plat des maisons sur un fond, l'autre une présentation en relief, vertical avec des supports. Pour « faire tenir debout » les pliages, vous pouvez vous inspirer des solutions indiquées pour les lutins et porte-noms.

• Vous pouvez ensuite leur proposer de **faire un panneau** soit identique, soit seulement analogue selon le degré de difficulté auquel vous souhaitez les confronter. Les élèves préciseront à mesure s'ils veulent placer leur maison à droite, devant… telle autre maison. C'est encore une fois l'occasion de **repérer et formuler des positions relatives**.

• Il est alors judicieux de **photographier différents agencements possibles** pour en garder trace.

b. Construis une maison par pliage d'une feuille de papier

• **La fiche de fabrication** fournit les informations nécessaires pour construire une maison. Les élèves feront des

La lecture d'une photographie pour faire une maquette

■ **Julie ne sait pas où placer les deux blocs qui lui restent.**

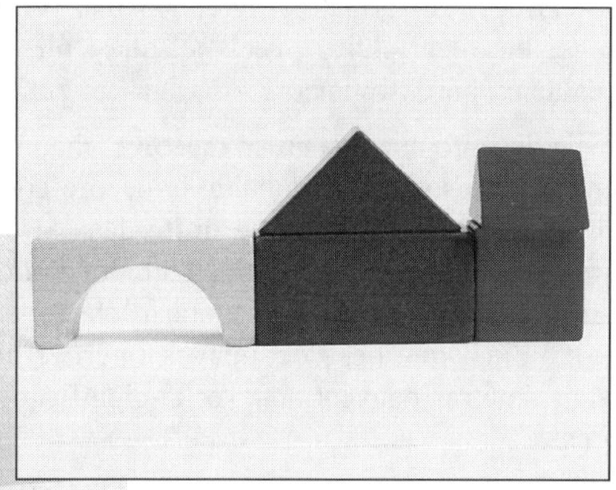

La solution au problème de Julie : lui donner une autre photographie, prise sous un autre angle.

■ **La grue d'Hector (construite en légo)**

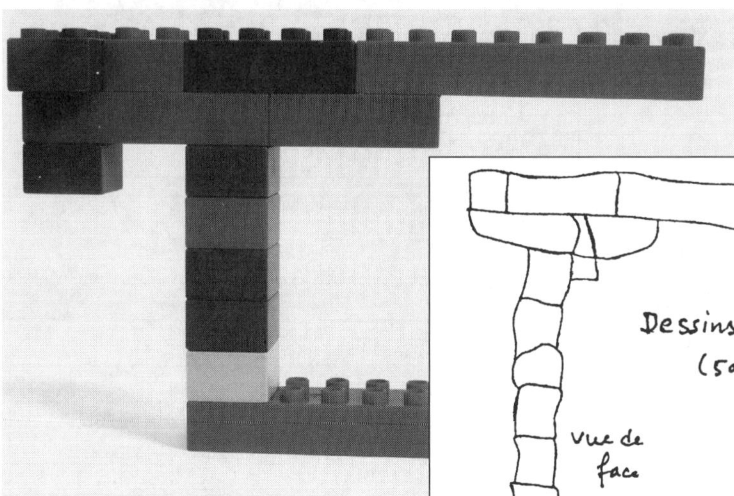

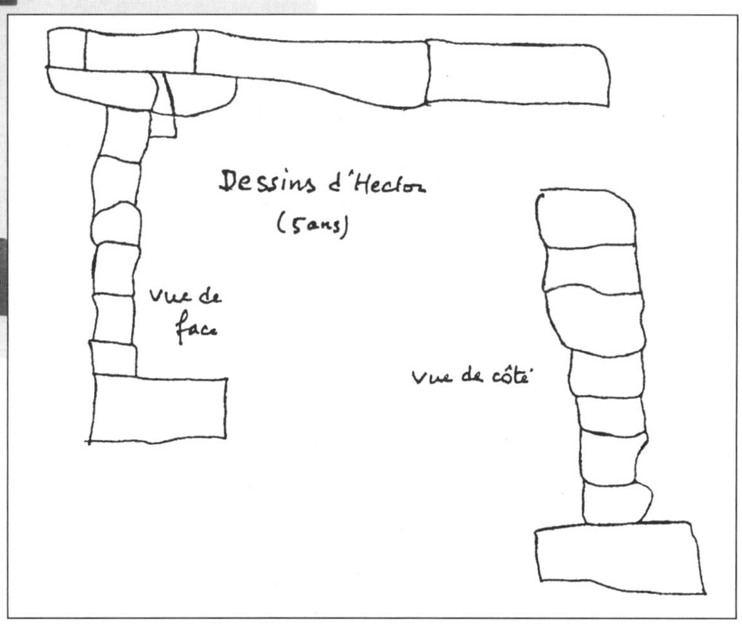

Fig. 43 Une seule photographie ne suffit pas pour construire une maquette. Certaines parties de la maquette peuvent ne pas être visibles sur la photographie.

essais, et chercheront comment obtenir une maison plus haute, ou plus large. Vous pouvez les aider en mettant à leur disposition des piles de feuilles (rectangulaires ou carrées) de formats différents. Vous veillerez à employer un **vocabulaire précis** tel que : pli, milieu, plier en deux, bord, sommet…

• En vue de faire une **production collective**, chaque élève construit la maison qu'il souhaite, la décore comme il le veut. **Si vous souhaitez une unité** dans la décoration, vous prendrez le parti d'une technique adoptée : gouache, feutre, collage… Des ajouts d'éléments (cheminée…) ainsi que des découpages internes comme portes et fenêtres peuvent achever la signification des maisons.

• **S'il s'agit de reproduire l'une des deux photographies** de l'album, les élèves pourront se répartir entre eux les différentes maisons à construire (qui prépare la plus petite ? la plus haute ? la plus large ?…) Ce qui sous-entend que les essais ont été analysés avec mise en correspondance de la feuille de papier initiale et du résultat obtenu après pliage. Un panneau mémoire aura été constitué par collage de différents échantillons, servant ainsi de référence lors du partage des tâches.

• Pour la composition collective, **les maisons** sont **collées sur un panneau**, ou **placées debout** sur une table ou un support en carton horizontal, organisées ainsi à la manière d'un diorama.

• Vous pouvez aussi proposer à vos élèves de reproduire une rue de leur quartier ou de leur village. À la suite de l'observation directe le passage par la photographie facilitera l'interprétation. Ils devront alors repérer le nombre de maisons et leurs fonctions (habitation, magasin, etc.), mais aussi leur forme (toutes n'ont pas un toit pointu). Une interprétation du pliage de base sera alors nécessaire. Ils auront aussi à comparer les tailles, en faisant une estimation approximative.

4. Travaux complémentaires

• Vous pouvez **laisser à disposition des élèves** des photographies (sur papier ou sur ordinateur) d'agencement de maisons, ainsi que du matériel pour les fabriquer, ou des maisons prêtes à être placées. Ils pourront alors retrouver des éléments du travail mené en atelier, et s'exercer.

• Vous pouvez aussi **mettre des figurines et jouets disponibles dans la classe** (personnages, animaux, éléments de corps de bâtiment de ferme, de gare, etc.) qui engendreront des jeux à partir des maisons fabriquées et motiveront la réalisation de nouvelles maisons adaptées au projet prenant forme dans le jeu.

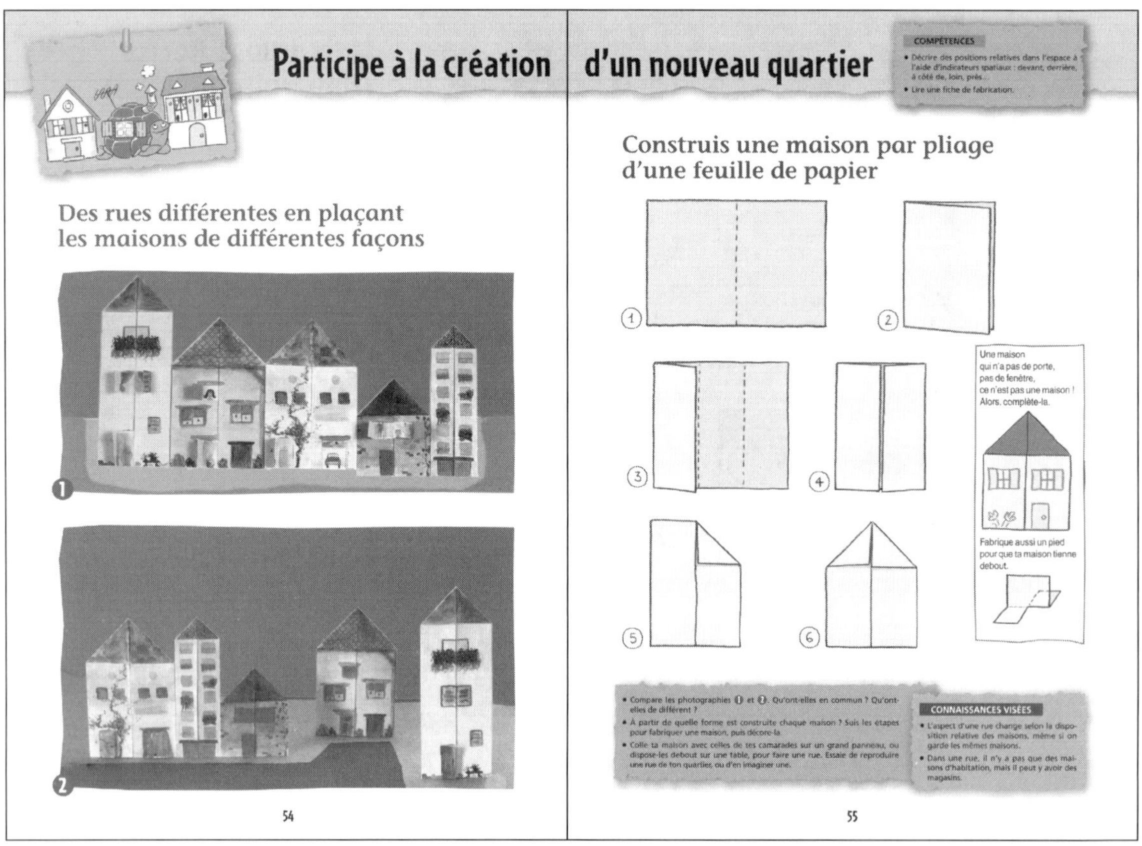

Extrait de l'album « *Repère-toi dans le temps et l'espace* » pages 54 et 55.

Travailler sur les formes et les tailles

Les élèves, à l'école maternelle, doivent découvrir et se familiariser avec certaines formes géométriques simples. Des activités mathématiques leur permettent ces apprentissages. Ces formes seront réellement connues des élèves s'ils savent les nommer, les reconnaître, les utiliser dans des contextes qui ne sont pas des situations mathématiques épurées, de tris d'objets de types « blocs logiques » par exemple. Les activités de fabrication que nous proposons sont autant de support pour découvrir, utiliser ces formes, vérifier la connaissance de ces formes géométriques. Les élèves doivent par ailleurs commencer à apprendre à comparer des objets selon leur taille. Les activités des albums offrent de multiples occasions pour de telles comparaisons.

Uniquement avec des ronds et des carrés

pages 52 et 53

Il s'agit d'approcher les formes à travers des activités de pliage ; les formes de base (rond et carré) sont connues des enfants de maternelle, mais par des jeux de pliages ils découvriront d'autres formes de tailles diverses ; ils seront aussi confrontés à prendre des repères spatiaux et à passer du plan au volume (***fig. 44***).

1. Connaissances et compétences

En suivant les étapes de fabrication, les élèves auront à **respecter une chronologie** ; ils devront **prélever des indices spatiaux** à chaque étape (endroit ou envers du papier, sens du pliage, mouvement effectué, forme obtenue, etc.).
La verbalisation guidera l'enfant dans cette observation lui permettant d'acquérir les repères spatiaux.
La réalisation du pliage développera chez les enfants des qualités de rigueur et de précision pour obtenir un travail soigné.
Si la réalisation part de la photographie, l'enfant devra être capable de repérer les différents éléments de l'objet, les dénombrer et savoir les reconnaître dans le matériel présenté.

2. Avant d'utiliser les documents

Pour réaliser les pliages proposés, il est préférable que les enfants aient **des acquis préalables**. Vous aurez mis en place une progression qui aura permis à l'enfant de faire des pliages spontanés, puis qui lui aura proposé des situations variées pour apprendre à plier bord à bord, plier en 2, en 4 suivant les médianes d'un carré, d'un rectangle… pour enfin aborder le pliage selon les diagonales d'un carré, pliage délicat qui demande plus d'expertise, réinvesti dans le pliage de l'oiseau.
Cet apprentissage se fera au travers de réalisations simples qui trouveront leur place dans la vie de la classe.

3. Activités possibles sur l'album

a. Fabrique un oiseau avec un carré de papier

• **Les photographies 1 et 2** présentent **des objets réalisés**, orientés et présentés de différentes façons. Elles donnent envie de fabriquer ces oiseaux par technique de pliage.

• Il faut d'abord **apprendre à fabriquer un oiseau**. La série des photographies **3** donne les étapes du pliage. Vous ferez préciser aux élèves **la forme de la feuille de départ**. L'utilisation de papier dont les faces ont des couleurs différentes facilite la fabrication. Les élèves essaieront de fabriquer un oiseau, à partir de ces photographies, et de feuilles que vous leur fournirez. La lecture image après image et la verbalisation des actions aideront les élèves à suivre les étapes dans l'ordre et à visualiser les gestes. Si les élèves ont des difficultés pour marquer les plis avec les ongles, ils peuvent utiliser des objets ; le plioir est un outil technique très fonctionnel mais peu répandu qui peut être remplacé par l'usage d'une règle pour écraser le pli. Deux orientations sont possibles en fin de fabrication visibles sur les photographies **1** et **2**. Chaque élève en choisira une, et placera l'œil (tracé au feutre, gommette ou œil mobile vendu dans le commerce).

• Vous pouvez ensuite engager vos élèves dans une **réalisation collective d'une « volière »**. Une discussion doit avoir lieu pour préciser le projet : déterminer les couleurs des oiseaux, leur taille (que faut-il changer pour avoir un oiseau plus grand ou plus petit ?), leur mode de fixation (suspendus, pincés dans un support ou posés). Si vous ne disposez pas de support du commerce, vous pouvez en réaliser facilement avec du gros fil électrique enroulé à une extrémité, et piqué dans un bloc de pâte à modeler, dans la terre d'un pot de fleur, etc.

• **L'évaluation** de la compréhension de la chronologie d'une fabrication se fera en situation, au cours d'autres fabrications. Vous en trouverez d'autres dans les albums. L'évaluation du bon choix de la forme de la feuille de départ pourra se faire en introduisant, dans la deuxième phase, des intrus : feuilles rectangulaires, triangulaires ou rondes.

b. Avec des ronds de papier

• **Les photographies 4 et 5** présentent des pingouins et des poules tous réalisés **à partir de disques** (des ronds). Les dessins présentés dans l'album engagent les élèves à lire ce document technique pour décoder le matériel nécessaire. Ils devront trouver comment plier les disques, mais aussi déterminer combien de disques sont nécessaires pour chaque animal. De plus, il faut **adapter la taille des disques à la partie du corps** que l'on veut préparer.

• **Les élèves feront des essais**, individuellement, à partir de disques de différentes dimensions que vous mettrez à leur disposition. Ils les colleront pour les assembler. Pour le pingouin, il faut quatre disques : le corps, la tête et deux disques pour les pattes répartis de part et d'autre du corps pour assurer une bonne stabilité de l'objet debout. Pour la poule, trois suffisent. **Les élèves compareront leurs fabrications**, entre elles et avec celles des photographies. Ils les rectifieront si besoin est, et ajouteront les yeux (tracé au feutre, gommettes, yeux mobiles du commerce).

• Vous pouvez, comme dans l'activité sur les oiseaux, engager vos élèves dans une **mise en scène collective de leurs animaux**. Le projet doit alors être précisé : combien d'animaux, de tailles différentes ou non, comment les disposer ? devant quel décor ?

• **L'évaluation** pourra se faire en demandant aux élèves de sélectionner, dans un lot de matériel à leur disposition, les pièces strictement nécessaires à la fabrication d'un animal, ou de deux animaux de même forme, mais de tailles différentes.

4. Travaux complémentaires

• Pourquoi ne pas **réserver un espace**, pour que les élèves fabriquent d'autres oiseaux ? Vous pouvez laisser du matériel à disposition sur une table et aménager le lieu pour faciliter l'exposition des productions : branchage pour les oiseaux, étagère, cagette transformée en poulailler, cage à oiseaux… Au mur, vous laisserez les guides de fabrication utilisés lors des activités dirigées (fiche, étapes réalisées, etc.), mais aussi photographies ou documents pouvant encourager à compléter la volière, le poulailler ou à inventer d'autres animaux à partir des mêmes éléments de départ (chat, ours, etc.)
Ces productions donneront lieu à des échanges et seront des supports de nouveaux apprentissages ancrés sur des projets d'enfants.

• **Vous trouverez d'autres pliages** à partir de carrés et ronds dans l'album : les poissons d'avril (album *« Repère-toi dans le temps et dans l'espace »* page 36), des marionnettes (album *« Explore le monde de la matière et des objets »*, pages 46 et 47).

Des constructions de hauteurs différentes

pages 58 et 59

Le matériel modulaire présent dans toute classe de maternelle est un support de prédilection pour faire évoluer les connaissances spatiales de l'enfant. Dans les activités libres, l'élève se confrontera à des contraintes de formes, de tailles, de configuration spatiales, d'équilibre. Une progression d'activités sur du matériel évolutif permettra de structurer ses découvertes.

1. Connaissances et compétences

La lecture des photographies amènera l'élève à affiner son observation, à prélever des indices pertinents pour répondre à la consigne.
Par la mise en œuvre avec du matériel modulaire, les élèves vont découvrir que, pour la consigne donnée, (limitant le nombre de pièces) **la hauteur de la construction** dépend :
– de la position des éléments (sur chant, à plat ou sur l'extrémité) ;
– de la base (plus ou moins consommatrice de pièces).
Dans la recherche de stabilité de la construction, ils approcheront des notions d'équilibre ; la diversité des consignes et donc des situations problèmes obligeront à reconsidérer les conclusions et donc à renforcer les connaissances.
Sur le plan des mathématiques, ces activités favoriseront **l'approche concrète des notions de mesure**, justifieront **des dénombrements**.

2. Avant d'utiliser les documents

Avant le travail en atelier, il est souhaitable d'avoir laissé le matériel à disposition des élèves, de façon à ce qu'ils jouent librement et découvrent différentes possibilités d'empilement, de superposition, de mise en quinconce…

3. Activités possibles sur l'album

a. Avec 20 planchettes, fais la construction la plus haute possible

• L'album propose une fabrication qui doit **respecter un cahier des charges** : faire la construction la plus haute

Des oiseaux de toutes sortes et de toutes les couleurs

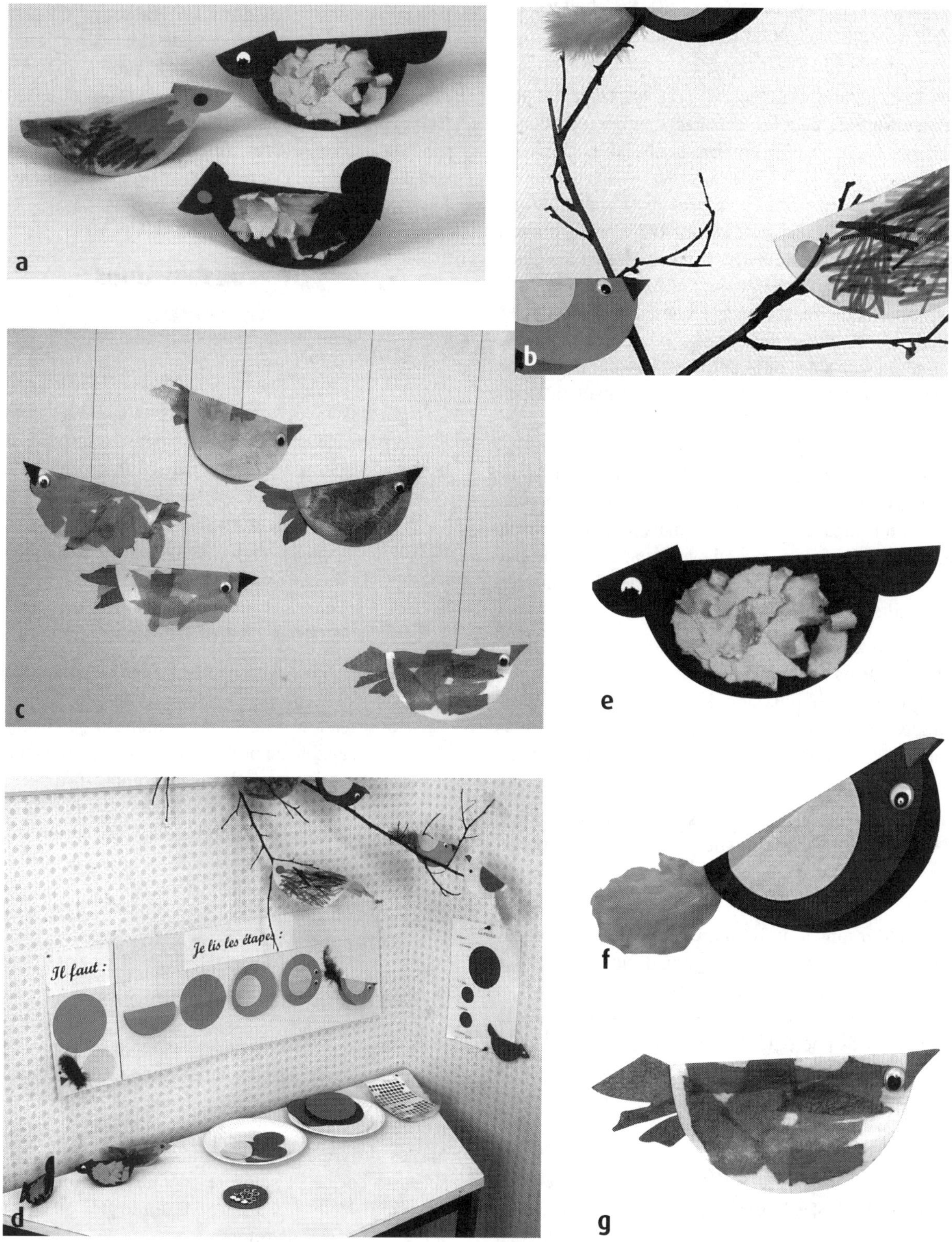

Fig. 44 Ces réalisations variées partent toutes de disques pliés en deux mais avec des décors différents (papiers déchirés et collés, dessins au crayon feutre…). L'affichage permet de garder une mémoire des activités menées en ateliers dirigés et d'exposer les productions. Le matériel est laissé à la disposition des enfants. Ils peuvent réaliser d'autres oiseaux.

possible avec 20 planchettes. Les planchettes Kapla utilisées dans les constructions photographiées conviennent bien, mais vous pouvez utiliser n'importe quel matériel modulaire, à condition que tous les éléments aient même forme et mêmes dimensions. **Plusieurs solutions sont possibles** pour construire avec ces 20 planchettes ; les résultats ne sont pas identiques, ni dans leur hauteur, ni dans la forme de leur base.

• Vous serez certainement amenés à **faire observer les premières constructions pour les comparer**, mettre en évidence leurs différences et clarifier le vocabulaire. Dans un deuxième temps vous pouvez demander à vos élèves de réaliser des constructions en respectant la consigne que vous leur donnez. Ils devront ensuite **trouver un moyen pour comparer leur hauteur**. Ce peut être en les comparant directement, si elles sont côte à côte ; ou en utilisant un intermédiaire, par exemple une bande de papier découpée « à la hauteur de la tour » (Il faut quatre mains, donc une coopération entre deux enfants pour préparer cette bande). On peut aussi matérialiser la hauteur de la tour par une gommette collée sur la bande de papier, chaque construction étant repérée par une couleur différente. Les bandes sont ensuite juxtaposées pour être comparées, et pouvoir repérer la réalisation la plus haute. Il vaut mieux les juxtaposer dans un plan vertical, de façon à garder une comparaison de hauteur, et ne pas introduire un changement d'orientation de plan qui crée une difficulté supplémentaire.

• Vous pouvez ensuite demander à vos élèves **pourquoi telle tour est plus haute que telle autre**. Ils seront alors amenés à examiner plus attentivement celles de leurs camarades, de façon à repérer l'influence de l'orientation des pièces, de la forme de la base et du nombre de pièces qu'elle nécessite.

• Outre la hauteur des tours, leur **stabilité** sera sans doute l'objet de remarques de la part des élèves. Par exemple, la construction est plus stable si les éléments sont posés « à plat », etc. mais la tour est alors moins haute !

• Les photographies de l'album peuvent être utilisées **pour évaluer** vos élèves. Quel argument vont-ils utiliser pour vérifier qu'elles respectent les éléments du cahier des charges (20 planchettes utilisées), et pour trouver la plus haute ? Ces photographies peuvent éventuellement donner une nouvelle idée d'agencement possible pour les planchettes, plus performant que ceux mis en œuvre dans la classe.

4. Travaux complémentaires

• **Avec des enfants plus jeunes**, une activité de fabrication analogue, sur cahier des charges, mais plus simple, est possible. Il peut s'agir par exemple de **construire un enclos** pour un animal (figurine), puis pour un plus gros, avec des éléments de matériel modulaire tous identiques. La comparaison portera sur la taille des enclos, qu'ils mettront en relation avec le nombre d'éléments utilisés.

• Vous pouvez aussi mettre à disposition des éléments de jeux différents, donc de différentes tailles : il faudra **choisir la taille des « briques » la plus adaptée** à la taille de l'objet ou personnage que l'on veut encercler (***Fig. 45***). Là aussi imposer le nombre de pièces à utiliser engendrera d'autres échanges et apprentissages.

• **Les réalisations** de vos élèves peuvent être **photographiées** et consignées **dans un classeur** ; un petit personnage de jouet placé à côté de la construction sert de repère pour évaluer la taille de la production. Ainsi ils conserveront en mémoire les productions et les enrichiront au fil des projets conduits avec un même matériel modulaire. Vos élèves aimeront regarder, refaire des constructions dans des moments de travail autonome et jouer… !

Tu peux fabriquer des puzzles

pages 60 et 61

Les puzzles favorisent des allers et retours entre une vision partielle et une globale ; pour ce faire, ils entraînent à l'observation et plus particulièrement à une perception fine. L'orientation spatiale est aussi fortement sollicitée. La fabrication des puzzles par les enfants eux-mêmes leur permettra d'approcher leurs enjeux et mécanismes.

1. Connaissances et compétences

La lecture des photographies de l'album amènera l'élève à comparer des puzzles et à en déduire leurs caractéristiques. Par l'observation d'une photographie d'objet réalisé, il devra être capable de prélever des indices qui détermineront sa fabrication (type d'image, nombre d'images, nombre et forme des morceaux, contenant pour rangement…). Dans cette fabrication qui va de sa conception à la production, vous guiderez les élèves vers l'acquisition de compétences propres à la démarche technologique : concevoir un objet, faire des essais, évaluer les résultats, choisir des matériaux, exécuter avec soin…

2. Avant d'utiliser les documents

• Avant d'utiliser l'album, vous ferez utiliser à vos élèves **des puzzles du commerce**, que vous essaierez de diversifier le plus possible. Vous les guiderez dans la reconstitution de l'image : pour réaliser le puzzle, les élèves doivent choisir le morceau à poser, à la fois selon sa forme et selon les détails de l'image qui s'y trouvent. Vous les aiderez à s'adapter aux types de modèles servant de référence.

• Après cette période, vous regrouperez les puzzles pour les observer et les comparer.
Les élèves devront **repérer les caractéristiques d'un puzzle** : une image en morceaux, les morceaux reconstituant l'image quand on les assemble. L'activité d'observation permettra aussi de dégager les points communs et les différences de ces derniers : matériaux employés (bois, carton rigide, etc.), nombre de pièces découpées, formes

Des constructions de toutes sortes

Fig. 45 **a.** Quelle est la construction la plus haute ? Les enfants repèrent la hauteur avec une gommette collée sur une bande de carton ; les bandes alignées au sol pourront être comparées.

b. et **c.** Quelles briques faut-il choisir pour construire un enclos pour des personnages de taille différente (enfant, peluche, etc.) ?

des pièces, taille et position de l'image modèle (sur un fond, sur l'emballage…), rangement des pièces (à plat dans un cadre, dans une boîte en vrac)…

3. Activités possibles sur l'album

a. Des puzzles dans des boîtes à fromages

• **Pour la fabrication d'un puzzle**, vous proposerez à vos élèves de choisir une image (photographie faite en classe, ou bien découpée dans un catalogue ou un magazine, dessin réalisé par l'élève lui-même, par exemple) ; vous les laisserez fabriquer un puzzle à partir de cette image. Les élèves vont sans doute la découper, et, au vu des résultats, **plusieurs questions vont se poser** : les morceaux sont-ils trop gros, ou trop petits ? les bords sont-ils rectilignes (droits) ou non ? le modèle de l'image n'est plus là car on l'a découpée, comment faire pour la reconstituer, pour garder un modèle de cette image en mémoire ?...

• Les élèves pourront **faire des suggestions** pour répondre à ces questions. Une analyse de la page 60 de **l'album** *« Repère-toi dans le temps et dans l'espace »* **permet de conforter des réponses**, et de faire **d'autres suggestions** telles l'existence d'une boîte de rangement, l'adaptation de la taille de l'image à celle de la boîte… Cette analyse des photographies confirmera qu'il faut bien avoir l'image en double ou triple : une, que l'on découpe, une (qui peut être en noir et blanc) pour le fond de la boîte, qui aide à la reconstitution du puzzle, et une, (qui peut être plus petite) que l'on colle sur le couvercle, pour connaître le sujet du puzzle rangé dans la boîte.

• **Suivant l'âge de vos élèves**, la taille du puzzle à fabriquer, vous les guiderez dans le choix du nombre de pièces, dans la prévision de découpes plus ou moins sinueuses, faciles à découper, dans la manière de conserver l'image modèle…

• **Chacun pourra alors définir son projet de puzzle**, choisir une boîte (à fromage, à chocolats… une boîte avec couvercle et parois peu élevées) de forme carrée, ronde, rectangulaire et une image (photographie, dessin, etc.) de dimension adaptée. Le modèle du puzzle des voitures (photographie **3**) suggère ici deux puzzles dans la même boîte. L'image en couleur sera photocopiée, (à l'échelle 1 ou à échelle réduite pour être gardée en mémoire) avant d'être collée sur un support rigide (cartoline, papier Canson). Les morceaux sont ensuite découpés et rangés dans la boîte. Pour une durée de vie plus longue du puzzle, un adulte pourra réaliser une plastification de celui-ci avec un revêtement adhésif transparent.

b. Fabrique une carte puzzle

• **Les photographies de l'album** sont source de questionnement : « Que sont ces dessins découpés ? pourquoi y a-t-il une enveloppe ? qui a réalisé les dessins ? »… Le titre aussi devra être clarifié : qu'est ce qu'« une carte puzzle » ? On peut aussi faire émerger la différence entre un produit du commerce et une fabrication domestique.

• L'occasion d'envoyer un message puzzle étant trouvée, les élèves seront motivés pour sa fabrication. Une **démarche analogue** à celle décrite plus haut peut être suivie pour la confection de la carte puzzle, avec toutefois **deux différences** : il peut ne **pas** y avoir **de modèle** aidant à reconstituer l'image (limiter alors le nombre de pièces), et il faut penser à **écrire sa carte**, à la signer **avant le découpage** ! Le format de la carte (avant découpage ou reconstituée) est le plus souvent adapté à celui de l'enveloppe, ce qui donne une idée des dimensions de la carte reconstituée pour celui qui la reçoit.

Représenter des déplacements

À l'école maternelle, l'espace se construit aussi en repérant, décrivant, dessinant des déplacements, qui peuvent être ceux des enfants eux-mêmes, et les activités de motricité sont alors le point de départ d'échanges intéressants et d'efforts de verbalisation et de représentation fructueux.
Il peut aussi s'agir du déplacement d'objets. Des activités autour de billes ou d'objets en mouvement apprendront ainsi aux élèves à repérer des déplacements et, dans certains cas, à les représenter ou à les coder.

Des jeux amusants avec des billes

pages 56 et 57

De nombreux jeux mettent en œuvre le déplacement d'un mobile (le plus souvent bille ou balle) : jeux d'adresse, de labyrinthe où la bille se déplace dans un plan et qui demandent dextérité manuelle, vitesse de réajustement et capacité d'anticipation ; mais aussi jeux où la bille chute dans un espace en trois dimensions qui permettent de passer du fortuit à l'anticipation.
Tous ces jeux appartiennent à la grande famille des labyrinthes ; ils proposent une grande variété dans les tailles, formes, complexité… engendrant des approches multiples de l'espace par une vision d'ensemble, partielle ou très localisée (***fig. 46***).

1. Connaissances et compétences

Les élèves, ayant au préalable manipulé des labyrinthes et jeux de bille, devront être capables :
– de **décrire** les jeux photographiés ;
– de visualiser et **matérialiser le déplacement** de la bille ;
– de comprendre le fonctionnement du jeu et d'énoncer une règle possible ;
– **d'utiliser un vocabulaire adapté**.
Dans la perspective d'une fabrication, ils devront décrire les différents éléments du jeu et reconnaître les matériaux nécessaires. Vous pourrez aussi leur demander de formuler les actions à mettre en œuvre.
Pour la fabrication, la démarche que vous initierez déterminera les compétences que vous choisirez de développer.

2. Avant d'utiliser les documents

L'approche des déplacements dans l'espace passe par la manipulation de jeux mais aussi par le vécu corporel lors d'activités motrices, l'ensemble étant sous-tendu par la verbalisation et la mise en mots de ces déplacements. La complémentarité de ces vécus permettra à l'enfant de se bâtir les premiers repères et lui donnera les bases nécessaires à la lecture des photographies de l'album et la conception d'un jeu.

3. Activités possibles sur l'album

a. Peux-tu prévoir le trajet d'une bille ?

• **Les photographies** présentent un jeu, avec des informations pour fabriquer les éléments faisant obstacle, déviant le trajet de la bille. Les élèves utiliseront ces photographies pour **faire l'inventaire du matériel nécessaire** à la fabrication : une planchette (barquette alimentaire en polystyrène, ou carton d'emballage), des rectangles de carton ondulé, des pointes et une bille. Vous mettrez alors le matériel à disposition (ici : dimensions des rectangles de carton ondulé 2×4 cm et taille des clous 2,5 cm), et chacun pourra préparer un parcours, en plaçant des obstacles, puis utiliser son jeu. Pour qu'il fonctionne correctement, il faut **incliner** le support ; les élèves le feront à la main ou, de façon plus confortable, en plaçant une cale (style bouchon de liège) comme sur la photographie. Ils devront probablement **ajuster les positions des obstacles** pour que la bille vienne les heurter tous, et puisse malgré tout poursuivre sa course. Le matériau du fond permet un déplacement aisé des obstacles et un réajustement rapide. Après une phase de jeu et de corrections aléatoires, vous pouvez guider l'observation et **faire verbaliser des constats** sur l'écartement des barrières, leur inclinaison… : « les deux cartons sont trop rapprochés, la bille ne peut pas passer » ; « il y a un trop grand passage, la bille tombe directement en bas ». L'enfant est amené à faire un constat, à lier une cause à un effet.

• Au-delà de la fabrication et de l'utilisation des jeux, vous pouvez, avec les plus grands, **travailler sur l'anticipation du trajet de la bille**. D'abord vous placez une feuille sur le fond du support, et vous demandez aux élèves de tracer le trajet qu'a suivi la bille dans sa chute ; puis de tracer le trajet sur la feuille avant qu'ils essaient avec la bille. Leur prévision sera vérifiée en testant avec la bille.

• Vous pouvez également, toujours avec les plus grands, proposer un travail de **mise en relation** de feuilles avec des trajets tracés, avec les positions des obstacles qui leur correspondent. Les essais avec les barrières placées selon les propositions des élèves et une bille valideront ou non les associations.

• Vous pouvez aussi imposer un point de départ et un point d'arrivée, pour la bille, ainsi qu'un nombre d'obstacles à placer. À charge pour vos élèves de trouver où placer les obstacles, quelle orientation leur donner. Là encore, la validation sera expérimentale.

b. Le voyage d'une coccinelle

• Un labyrinthe a une entrée, une sortie, et un trajet sinueux avec des impasses. **Sur la photographie**, les élèves peuvent **suivre du doigt le trajet** que doit faire la coccinelle. Cela leur permet de repérer les caractéristiques d'un labyrinthe, assez simple ici car on en a une vue extérieure et d'ensemble, ce qui, bien sûr, n'est pas le cas dans les vrais labyrinthes de loisirs qui se développent de plus en plus.

• **Fabriquer ce labyrinthe** est accessible aux grands, qui peuvent le construire pour qu'il soit utilisé par les plus petits de l'école. Les élèves feront, à partir de la photographie, **l'inventaire du matériel nécessaire** : grande boîte, bouchons de liège, choix décor et d'un objet à déplacer. Ce décor et cet objet peuvent, bien évidemment, être différents de ceux de la photographie. Ici sont employés des bouchons de liège entiers, ou des bouchons peints ou décorés avant le collage. Il faut penser pour les couloirs à **laisser des largeurs suffisantes** pour faire circuler la coccinelle. Ces largeurs ne doivent être ni trop amples, ni trop étroites pour éviter des frottements avec l'élément mobile. On peut aussi effectuer un trou à l'arrivée et coller dessous un réceptacle pour voir tomber l'animal à son arrivée. La complexité du circuit sera liée aux capacités d'exécution des enfants et à leurs possibilités motrices.

• **Selon les objectifs que vous visez** (analyse du parcours photographié ou non), les élèves construiront un labyrinthe présentant les mêmes caractéristiques spatiales que celui de l'album, ou inventeront une autre disposition pour un labyrinthe de leur choix. Une fabrication individuelle serait sans doute fastidieuse. Ce peut être l'occasion d'engager les élèves à **coopérer dans un travail de groupe**, conduisant à une fabrication pour plusieurs élèves. Une répartition des tâches s'impose alors.

• Vous pouvez **renforcer les acquis** par rapports aux déplacements, en leur demandant de mettre en relation des feuilles de même format que le fond des labyrinthes, sur lesquelles seront tracés des déplacements, avec le ou les labyrinthes correspondant. Si ces feuilles sont transparentes, la mise en correspondance pourra être validée en les plaçant sur le labyrinthe.

c. La bille doit passer sous les ponts

• **Comment jouer avec ce jeu ?** les élèves s'interrogeront, et pourront **établir une règle du jeu** : faire passer la bille sous les trois ponts, dans un ordre imposé ou non, ou, pour les petits, tout simplement faire passer la bille sous un pont. Et **comment faire déplacer la bille ?** Ils pourront, selon leur âge, **faire des suppositions** : il faut incliner la boîte « dans le bon sens »...

• Pour jouer et **pour vérifier ces suppositions**, il faut **fabriquer le jeu**. L'analyse de la photographie permet de faire **l'inventaire du matériel** : un couvercle rigide (par exemple de boîte à chaussures ou à gâteaux), des bandes de carton léger pour les ponts, des attaches parisiennes pour les assembler au support et une bille. La fabrication elle-même est simple, et chaque élève pourra construire son jeu soit en collant les bandes de carton léger à leurs extrémités, soit en les fixant avec une attache parisienne pour constituer un pont, la difficulté résidant dans l'ouverture des pattes de l'attache sous le carton. **Attention !** La bille doit pouvoir passer sans frotter sous le pont. Vous choisirez, selon l'âge de vos élèves, de mettre ou non des bandes de tailles différentes à leur disposition.

• Pour utiliser ce jeu, il faut bien **incliner** dans un sens, ou dans l'autre… et c'est plus ou moins facile selon la disposition des ponts et le revêtement du fond de la boite ; une moquette ou un tissu ralentissent la course de la bille ! C'est d'ailleurs pour les petits un bon exercice (difficile) de **motricité**, et en même temps de **mise en relation** (en action) **entre le sens de la pente et le déplacement de la bille**.

• **L'évaluation** se fera par l'observation des élèves en train de manipuler le jeu.

4. Travaux complémentaires

a. Des toboggans à billes

• Il existe dans le commerce des toboggans à billes pouvant être le support d'activités intéressantes avec les élèves. On peut en repérer deux types : un modèle en plastique, dans lequel la pente des éléments est imposé, et un modèle avec des pièces en bois, avec lequel on peut faire varier cette pente.

• **Avec des petits**, vous pouvez proposer des assemblages (pas trop volumineux) que vous aurez vous-mêmes installés, et les **leur faire utiliser**. Dans une première activité, vous pouvez mettre à leur disposition non

Jeux de billes

a

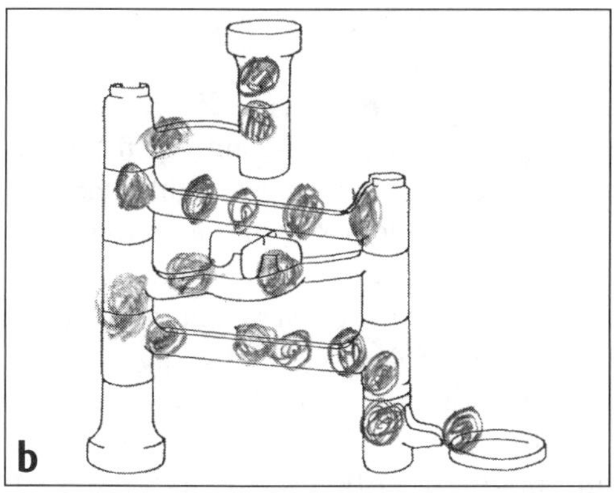

b

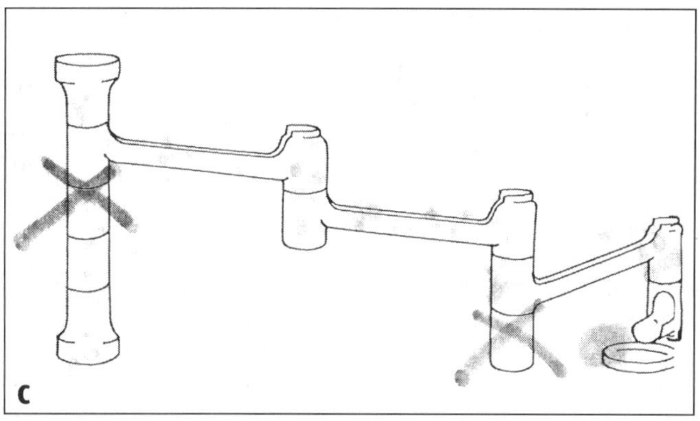

c

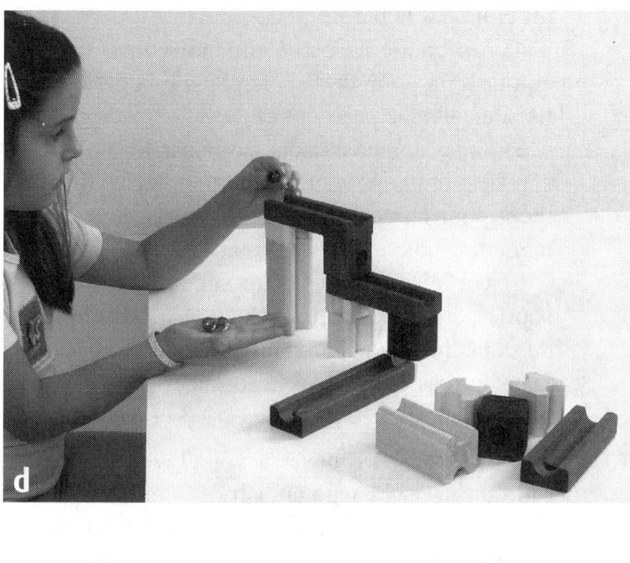

d

Fig. 46 Les enfants observent le trajet d'une bille. L'enseignant peut les amener peu à peu à anticiper et à construire en fonction de leur projet. Dessiner le trajet d'une bille permet de renforcer l'observation et d'aborder, avec les grands, des conventions de représentation graphique.

seulement des billes, mais aussi d'autres objets tels que : balle de ping-pong, boutons, petits cubes, perles de différentes tailles et formes. Vous verrez les élèves les essayer, et parfois insister, même quand ils ne conviennent pas. Certains objets sont inadaptés, soit en raison de leur forme, soit en raison de leur taille, et un tri peut être effectué, pour ne retenir que ceux qui sont appropriés.

• **Toujours avec des petits,** après qu'ils aient utilisé librement le jeu, vous pouvez leur demander d'**anticiper des trajets** (il faut que vous ayez prévu d'éventuelles bifurcations). Par exemple, si je place la bille ici, où va-t-elle arriver ? Ou bien (plus difficile), où dois-je la mettre pour qu'elle arrive ici ? **La manipulation permet de valider les propositions** des élèves.

• **Avec des plus grands,** vous pouvez avoir les mêmes activités, mais aussi des activités d'**assemblage pour construire des parcours**. Plusieurs variantes sont possibles : pas de contraintes, ou vous limitez le nombre de pièces, ou vous demandez à ce qu'il y ait deux départs possibles, un certain nombre d'allers et retours, etc. Dans tous les cas, les élèves doivent repérer que, sur chaque élément utilisable pour une portion de pente, une extrémité laisse passer la bille, et pas l'autre. À eux de les placer judicieusement pour ne pas « perdre » la bille dans un pied ! Cela se fera, dans un premier temps, par tâtonnement. La remarque pourra ensuite être verbalisée. C'est par tâtonnement aussi que seront adaptées les hauteurs des pieds, en ajoutant ou retirant un élément tubulaire.

• Vous pouvez demander aux plus grands de **schématiser leur construction**, de façon à tracer le trajet de la bille. Attention, cela n'est possible que si la construction n'est pas trop complexe. Vous constaterez que selon les élèves (ou selon leur position par rapport à la construction), ils feront plutôt une vue de côté ou une vue de dessus. Une discussion permettra de différencier les deux points de vue, et de retenir le plus pertinent. **Des photographies ou dessins de leur construction** peuvent aussi être un bon support, sur lequel ils peuvent **tracer les déplacements** de la bille. Là encore, il faut choisir le bon point de vue !

b. Activités en autonomie

Les jeux fabriqués pourront être laissés à disposition des élèves, pour qu'ils les utilisent.
Les toboggans à billes peuvent être installés et utilisés par les élèves, aussi bien avant qu'après le travail en atelier.

Des cartes animées pour envoyer à tes amis

pages 62 et 63

Livres et cartes animées font partie de l'environnement de l'enfant et ne cessent d'étonner. Au delà de l'amusement ce sont des supports riches de questionnement sur les procédés d'animation. On y rencontre une approche spatiale diverse : passage du plan au volume, déplacement dans le plan ou dans l'espace (***fig. 47***)...

1. Connaissances et compétences

Si vous partez des photographies de l'album, les élèves auront à décrire les éléments constitutifs mais aussi à imaginer la mise en mouvement de la souris ou de la « cachette ».
Ils devront être capables de mettre en œuvre une fabrication représentée.
Si vous proposez une phase de conception, ils devront imaginer des solutions en réponse à un problème. Vous les aiderez à analyser les résultats et à sélectionner les réponses conformes à la consigne.
À travers la lecture de l'album et la verbalisation vous permettrez à l'élève de se construire des représentations spatiales.

2. Activités possibles sur l'album

a. Coucou la souris !

• Les propositions d'activités suggérées dans cette double page offrent la possibilité de construire des cartes animées ayant pour objectif de créer des effets de surprise en faisant **disparaître et apparaître des éléments** décoratifs au cours de manipulations diverses.

• Sur chacune des six cartes photographiées, une souris peut être cachée ou montrée. Les élèves analyseront les photographies pour **décrire le procédé utilisé** pour chaque carte. On déplace à chaque fois, soit l'élément décoratif, soit le cache, mais son mouvement est différent :
– **1)** et **2)** Un volet, collé par un onglet ou obtenu par pliage en deux d'un rectangle dont une face est collée, effectue un mouvement de rotation autour d'un pli pour montrer ou cacher la souris ;
– **3)** La souris se montre ou disparaît peu à peu. La petite souris effectue un déplacement en se glissant dans une pochette collée sur trois côtés. Elle est suspendue à une ficelle fixée à la pochette, pour la retenir et ne pas la perdre ;
– **4)** Un cache effectue un mouvement de rotation autour d'un point et dans le plan de la carte (ici, on utilise une attache parisienne) ;
– **5)** Un système de cache collé sur le support sur trois côtés est fendu permettant de plier deux volets obliquement pour laisser percevoir la souris. Les volets effectuent des mouvements de rotation autour d'un pli ;
– **6)** Un système de tirette sur laquelle est collée la souris permet à l'utilisateur de la faire rentrer et sortir de sa pochette dans un mouvement de translation.
Dans les cas **1**, **2**, **4** et **5** la souris est fixe et l'utilisateur manipule les volets, dans les cas **3** et **6** c'est l'inverse.

• Vous pouvez proposer à vos élèves de **fabriquer une carte analogue**. Chacun choisira son motif à cacher (dessin amusant, bon anniversaire, etc.), et un procédé d'animation pour sa carte. Il pourra **faire un essai** avec du papier ordinaire avant de passer à une **réalisation plus soignée**.

Des cartes animées

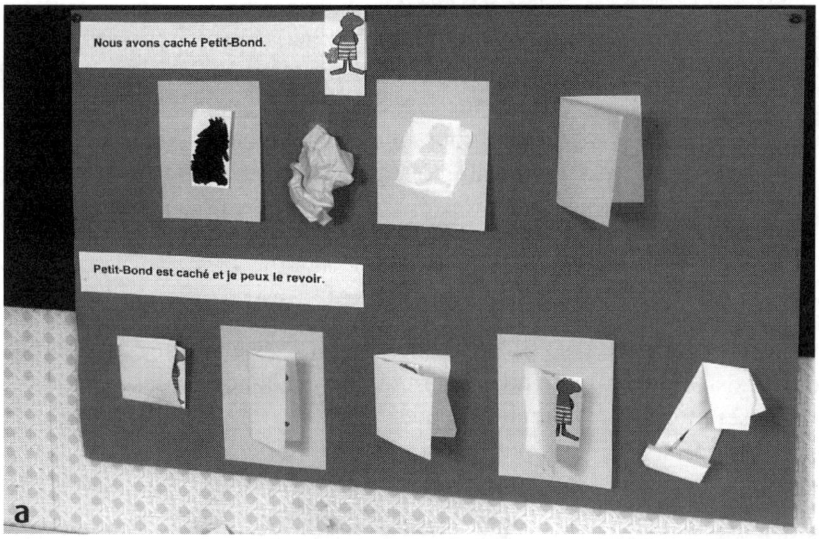

Petit-Bond est un petit personnage qu'il faut cacher. Comment faire ?

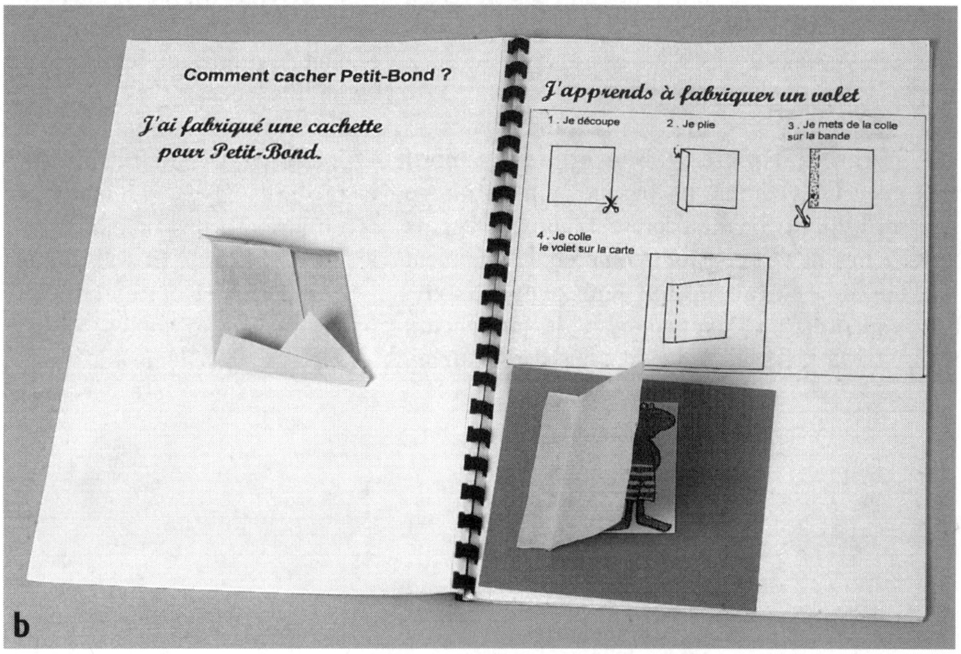

Fig. 47
a. Comment cacher un petit personnage ? Une deuxième consigne suscite de nouvelles réponses (« cacher puis retrouver »). Les affichages permettent de valider les propositions et de les enrichir au fur et à mesure.
b Le cahier de l'enfant rend compte d'une recherche personnelle et de l'apprentissage guidé d'une nouvelle technique.
c. Une carte en relief fabriquée par un enfant (album *« Repère-toi dans le temps et dans l'espace »* page 63).

La comparaison des différentes productions permettra de retrouver, en les faisant fonctionner, **les déplacements** repérés sur les photographies de l'album, et donc de valider les remarques faites.

• **Une autre démarche** consisterait à proposer aux élèves la manipulation de livres animés où des éléments peuvent être, de différentes manières, montrés et cachés, puis du matériel tel que des petites souris en papier (ou autre personnage), des rectangles de papier pour les caches et des feuilles supports et bien sûr, colle, ciseaux, scotch... Les élèves ont maintenant un **problème à résoudre**. « Comment faire pour montrer ou cacher la petite souris ? ». Vous pouvez décomposer la consigne en deux temps : « cacher... » engendrera aisément des solutions avec papier collé, froissé, plié et permettra à tous les enfants de rentrer dans la recherche ; puis, « cacher et montrer... » permettra d'éliminer certaines solutions et de motiver une recherche plus complexe.

• Vous pourrez évaluer la compréhension des élèves en leur faisant expliquer des procédés analogues utilisés dans des livres animés.

b. Des cartes en relief

Fermée, la carte est **plate**. À l'ouverture, un motif apparaît **en relief**, comme un parallélépipède qui se déplie assorti d'un animal qui présente un message de bonne fête. Les élèves pourront comprendre comment cela est possible en **fabriquant leur propre carte**. Bien sûr **vous aurez à l'avance débité les matériaux nécessaires** à la fabrication. Les dessins dans l'album leur fournissent des indications pour les aider dans leur fabrication. Le travail consiste à lire méthodiquement les dessins pour comprendre les pliages, les zones d'encollage, et l'organisation des pièces dans l'espace pour l'assemblage final. Toute fabrication définitive nécessite préalablement des **essais**. Des variantes peuvent être envisagées pour avoir des volumes en relief plus étroits, plus proéminents... mais attention, pour une carte destinée à rentrer dans une enveloppe pour être offerte, le motif décoratif en relief ne doit pas dépasser quand la carte est pliée en deux !

3. Travaux complémentaires

• Il est évident qu'il existe bien des solutions techniques pour créer des animations. Les occasions seront multiples pour appliquer les procédés appris à de nouvelles situations pour écrire à des amis, créer une page animée, produire des livres animés...

• Vous pouvez constituer une collection que vous initierez en y plaçant quelques cartes et albums animés. Les élèves pourront enrichir cette collection en apportant des cartes ou livres de chez eux. Ils la consulteront en libre accès.
Les élèves prendront plaisir à manipuler des livres animés pour découvrir des effets spéciaux suscitant la surprise, la frayeur, l'humour grâce à des pliages spectaculaires, à des mécanismes créant toutes sortes de mouvements... Et vous, vous pourrez choisir d'utiliser ces livres et cartes comme support d'activités de découverte, d'analyse ou d'évaluation comme il est suggéré précédemment.

Documents à photocopier

Les documents des pages suivantes sont, à titre d'exemples, extraits des trois pochettes « *Pour découvrir le monde à l'école maternelle* » :

- **40 documents à photocopier niveau 1**
- **40 documents à photocopier niveau 2**
- **40 documents à photocopier niveau 3**

Quelques réflexions

sur les « documents à photocopier »

Les Instructions Officielles concernant la « Découverte du monde à l'école maternelle » incitent les enseignants à proposer à leurs élèves une grande variété de documents.
Les « albums pour les enfants » en constituent un premier type, avec des photographies et des dessins en couleurs pouvant être utilisés de différentes manières, en grand groupe ou en petit groupe, collectivement ou individuellement.

Les « documents à photocopier » sont d'une autre nature. Comme leur nom l'indique, l'enseignant peut les photocopier en plusieurs exemplaires ; chaque enfant peut ainsi en avoir à sa disposition. De plus, l'absence de couleurs permet l'emploi de diverses techniques de coloration (crayons de couleurs, feutres, gommettes colorées de différentes formes…) qui constituent autant de manières codées pour répondre aux questions. Enfin, un temps suffisant peut être laissé aux enfants pour mettre en couleurs certains dessins et développer ainsi leur créativité.

• Une grande souplesse d'utilisation

Les « documents à photocopier » peuvent être utilisés à différents moments de la démarche pédagogique. Certains documents fournissent un gabarit (fabrication d'une couronne, construction d'un animal ou d'un petit personnage…) ou donnent une technique (réalisation d'un pliage…). D'autres retracent une « histoire » dans le désordre permettant un exercice de chronologie. D'autres fournissent des compléments aux activités réalisées. Ils permettent alors d'exprimer clairement les acquisitions ou de les consolider par un travail personnel. D'autres pourront être utilisés en évaluation pour contrôler le niveau d'acquisition des enfants, identifier les lacunes et envisager des exercices complémentaires pour certains.

• Les thèmes abordés

Les thèmes abordés dans les « documents à photocopier » sont conformes à l'ensemble du programme de l'école maternelle. D'une part, ils s'appuient sur les connaissances scientifiques visées, d'autre part, ils permettent le développement de compétences : tirer des informations d'un dessin ou d'un schéma, apprendre à raisonner, s'entraîner à la comparaison, apprendre à argumenter, développer l'esprit critique, retrouver une chronologie, développer la curiosité, la créativité…

• Des regroupements par niveau

Les auteurs ont fait le choix de regrouper les documents par niveau plutôt que par classe de petite, de moyenne ou de grande section. Si, bien sûr, les documents du niveau 1 sont accessibles aux enfants de la petite section, ils peuvent également être utilisés dans les autres classes. Ainsi, si un enseignant a besoin, pour sa grande section, d'un document dont le sujet est abordé dans le lot du niveau 2, il peut l'utiliser sans que les enfants se sentent en état d'infériorité.

• Une aide pour les enseignants

Nous souhaitons que ces documents apportent une aide efficace aux enseignants et soient pour les enfants des supports sur lesquels ils aimeront exercer leur réflexion et leur habileté manuelle (découper, coller, colorier…), et qu'ils pourront conserver dans leur « cahier » ou leur « dossier » personnel de « la découverte du monde ».

NIVEAU 1

Je m'appelle Toufou

Je suis un chien
très gentil...
et très malin.
Je suis très beau
avec mes grandes oreilles
et mes yeux ronds.

• Tu peux me construire avec ces 4 ronds. Comment vas-tu faire ?

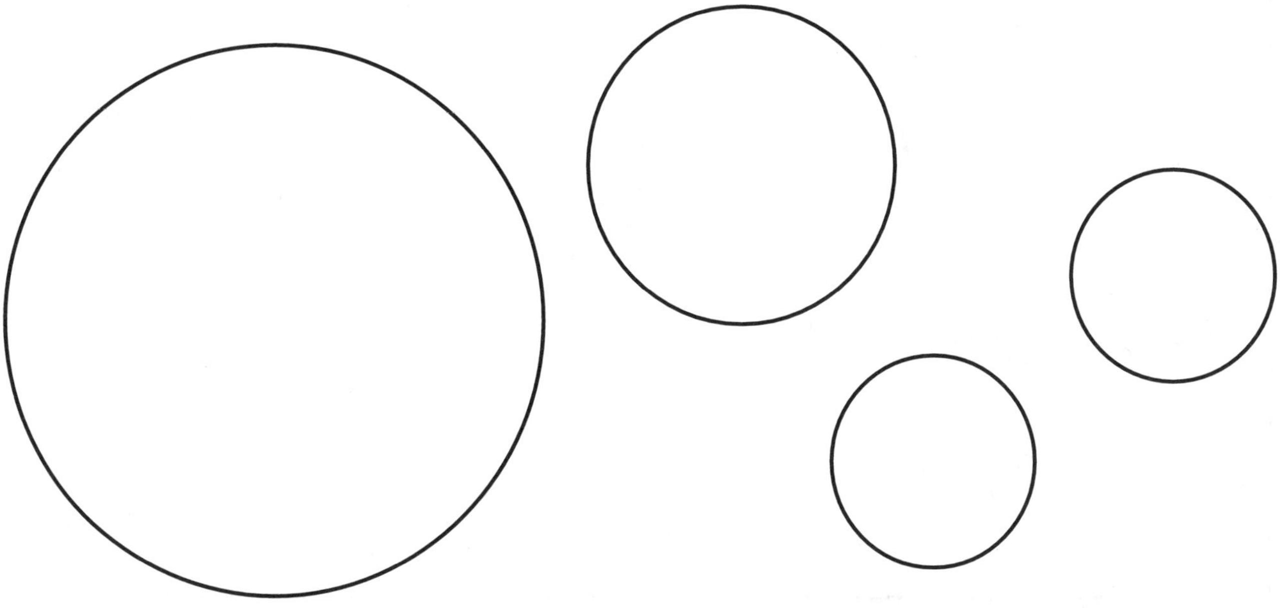

NIVEAU 1

Que faut-il placer en premier : la tête de Toufou ? ses oreilles ?…

• Découpe et mets dans l'ordre les images de la fabrication de Toufou, le chien malin.

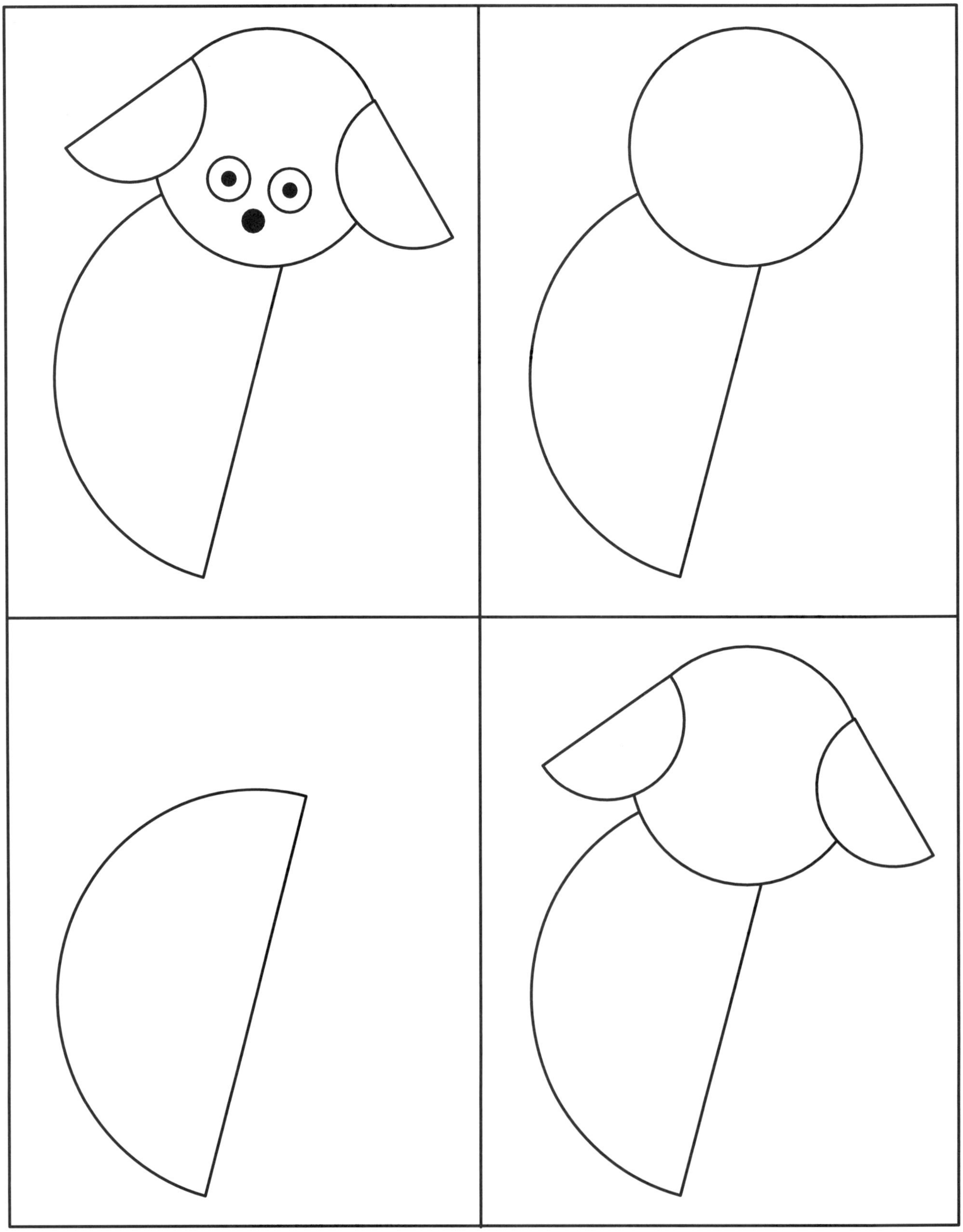

NIVEAU 1

Dessine une joile carte À qui vas-tu la donner ?

- Dessine une jolie carte.
- Fabrique une enveloppe avec un carré de papier.

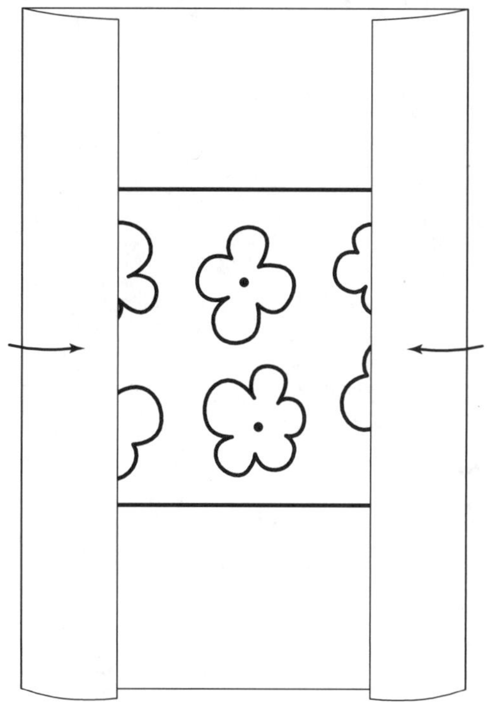

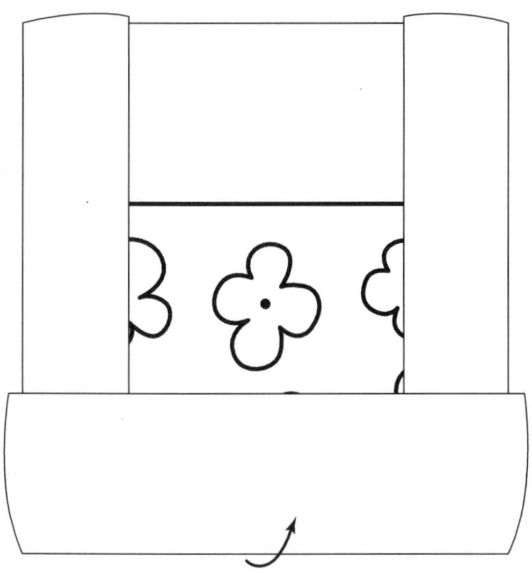

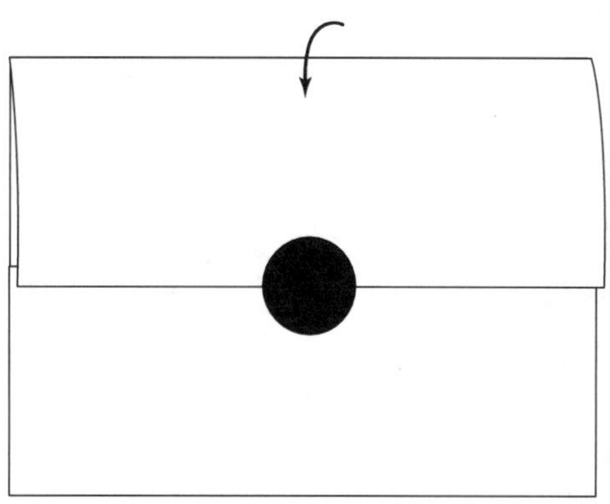

- Ferme avec une gommette.

NIVEAU 1

J'ai semé des grains de blé et ça pousse !

Clarisse a semé du blé dans un pot rempli de terre.
- Que représente les trois photographies de ce pot ?
- Colle-les dans l'ordre dans les cases 1, 2 et 3.
- En 4, fais un dessin pour remplacer la photographie qui aurait pu être prise trois jours plus tard.

1

2

3

4

NIVEAU 2

Comment le petit lutin coquin peut-il tenir debout ?

• Un petit coup de ciseaux et hop, voilà deux pieds comme tout le monde !

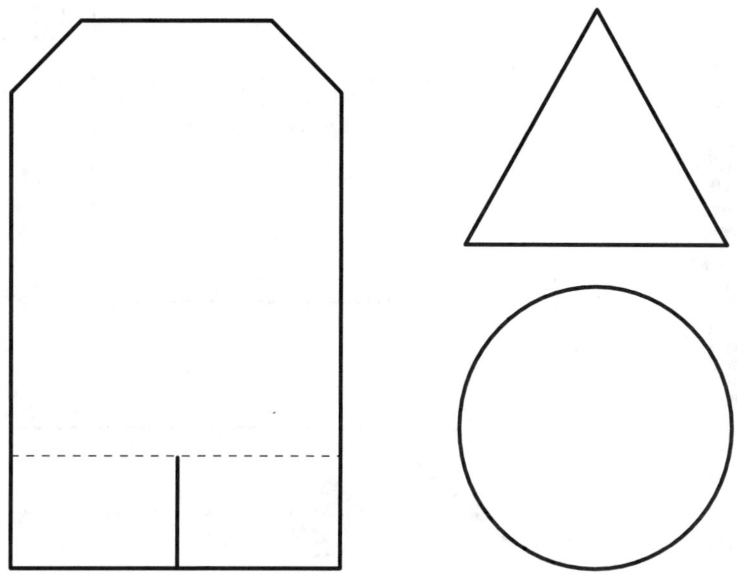

• Autre solution : le lutin n'a pas de pieds, mais il a une béquille.

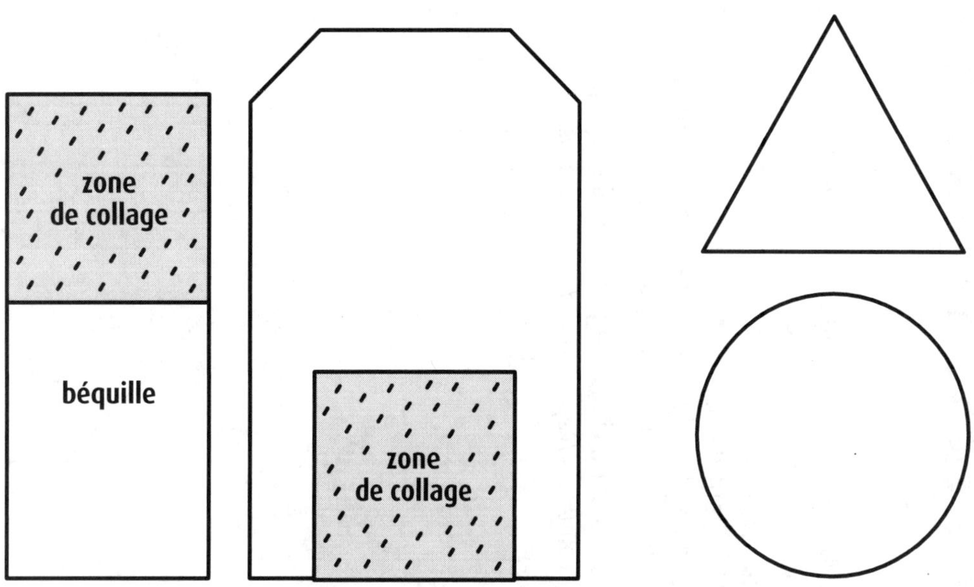

NIVEAU 2

Tu seras peut-être le roi ou la reine. Pense à faire ta couronne

• Choisis parmi les quatre propositions le modèle qui te convient.

Il te faut :
- le gabarit découpé
- une bande de cartoline de 8 cm de largeur
- des ciseaux, un crayon, de la colle.

Pour t'aider à choisir regarde les photographies de l'album « *Repère-toi dans le temps et dans l'espace* », p. 32.

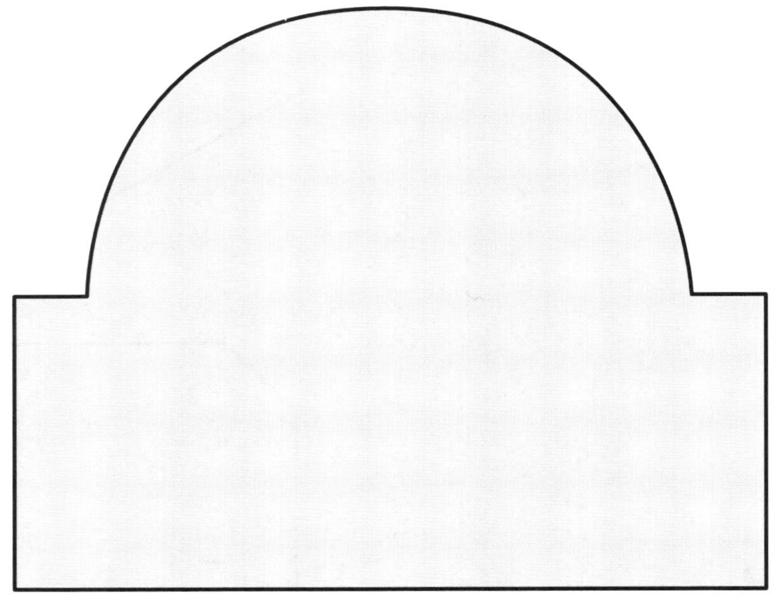

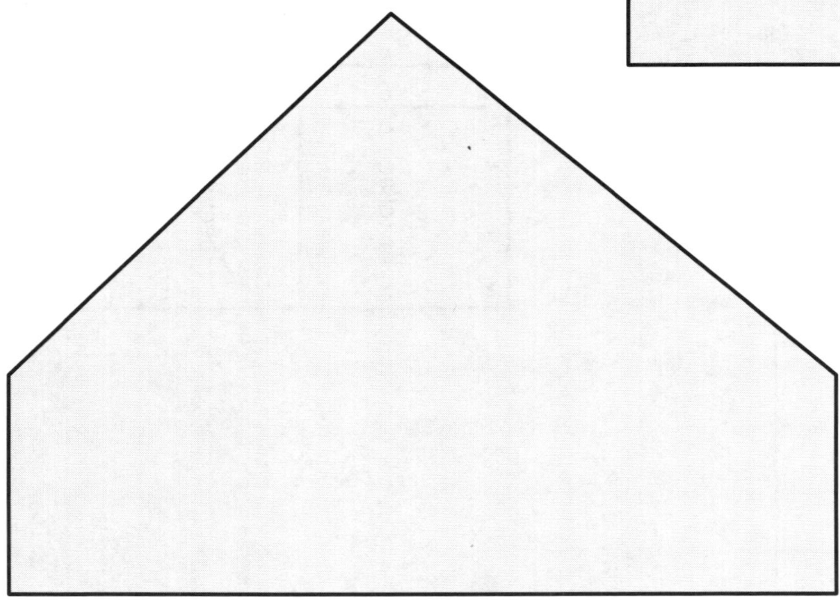

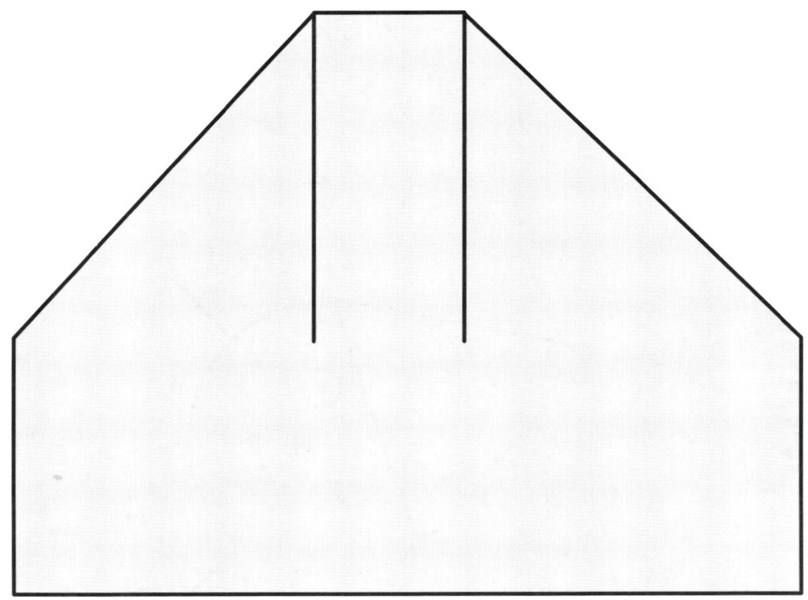

NIVEAU 2 **Ils ont laissé des traces…**

• Colorie de la même couleur l'objet et ses empreintes dans la pâte à modeler.

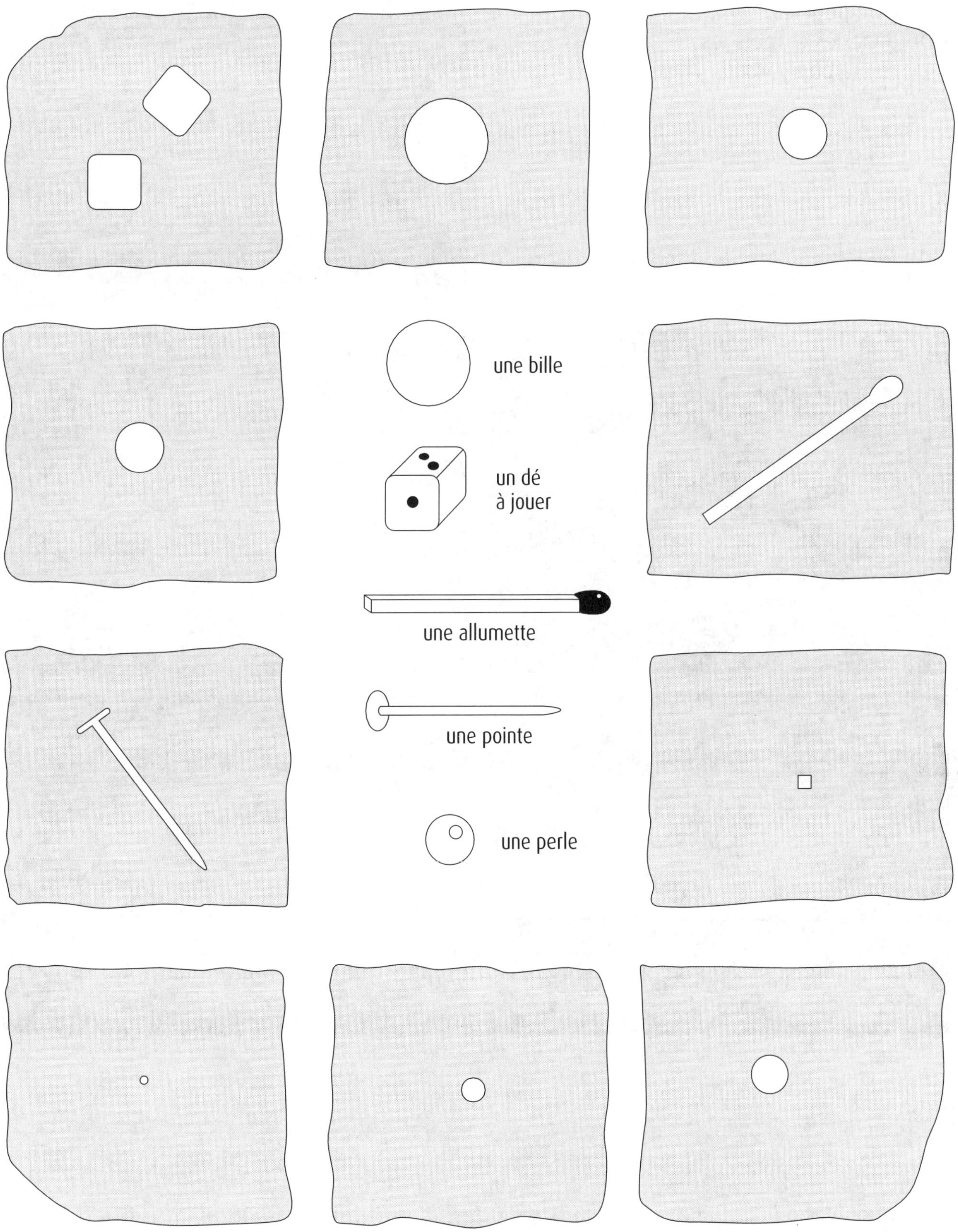

NIVEAU 2

Les transformations d'un morceau de sucre

• Que représentent ces photographies ?
• Découpe-les et mets-les dans l'ordre pour raconter l'histoire.

NIVEAU 2 **Est-il en train de marcher ou de courir ?**

NIVEAU 3

Fabrique des « ronds » de serviette amusants

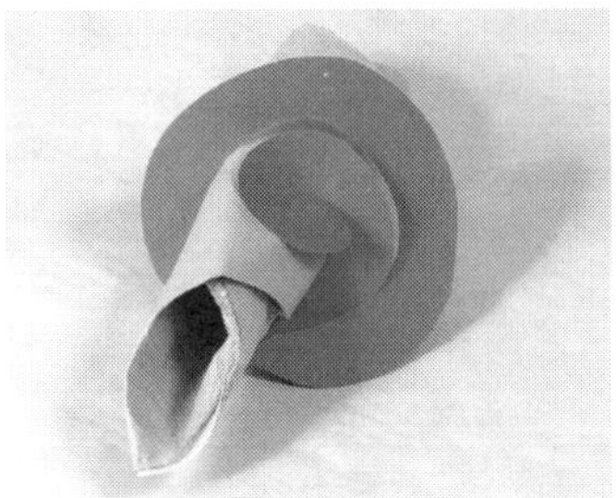

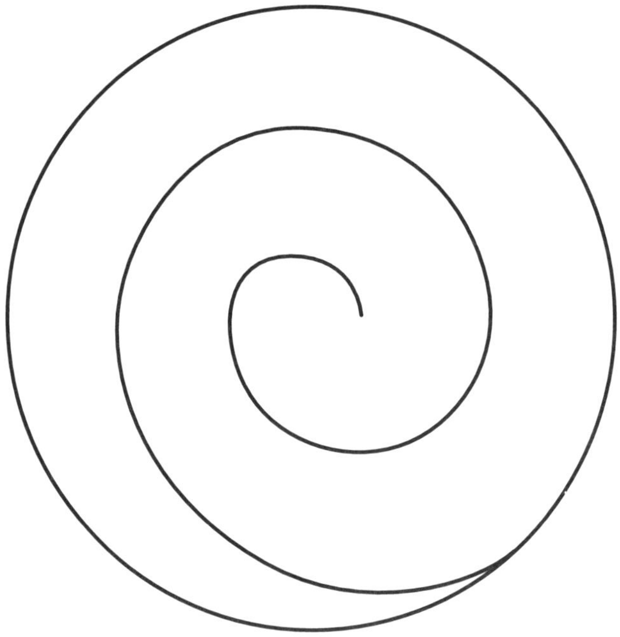

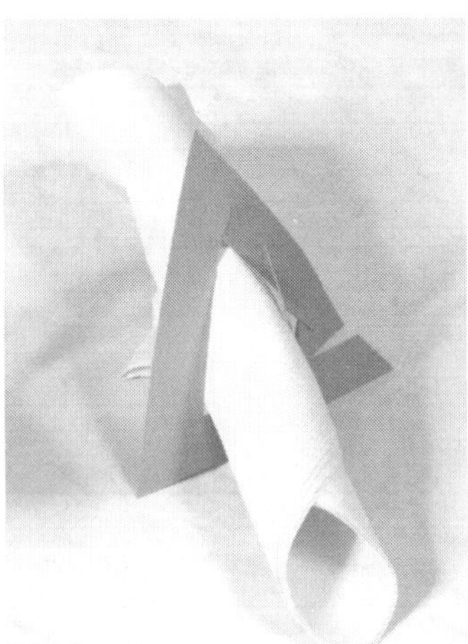

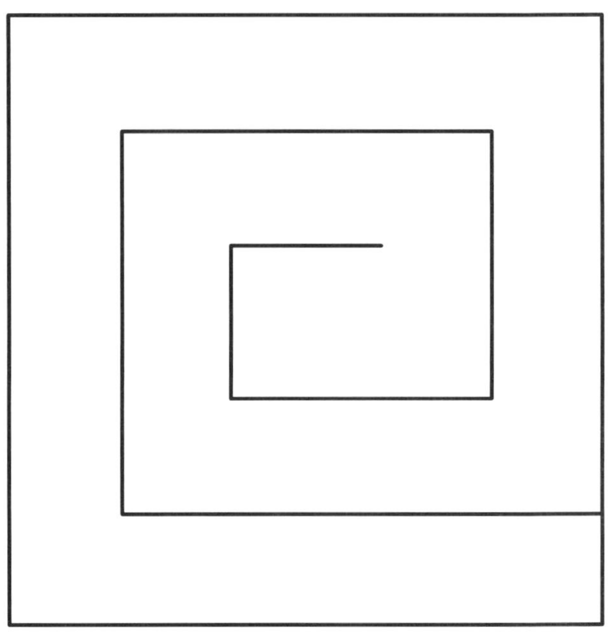

NIVEAU 3

Aimerais-tu faire des lunettes fantaisie ?

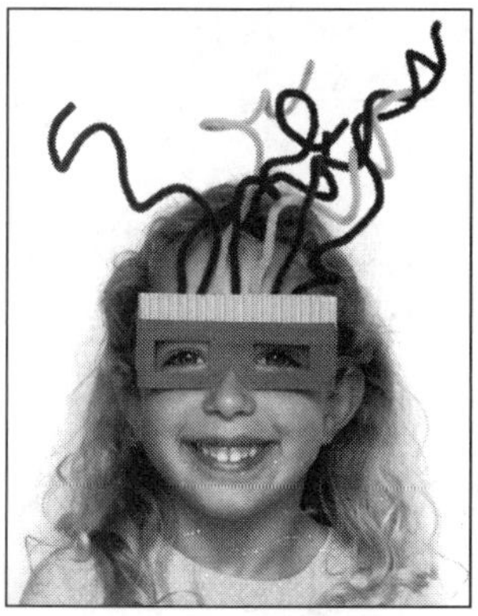

• Les 2 modèles proposés :

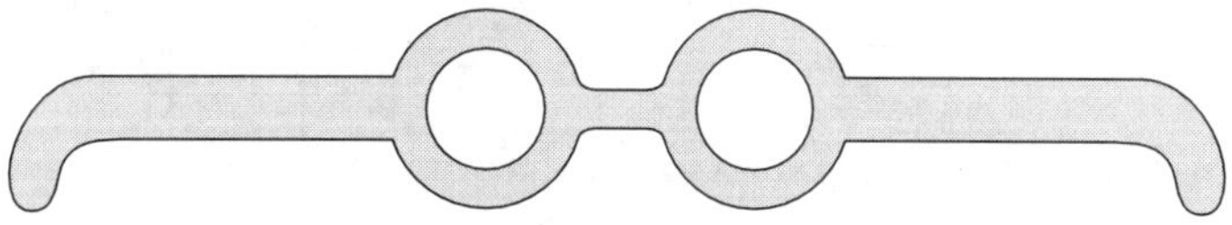

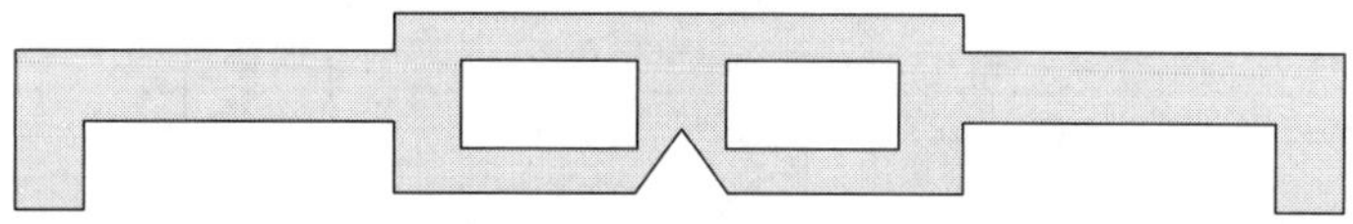

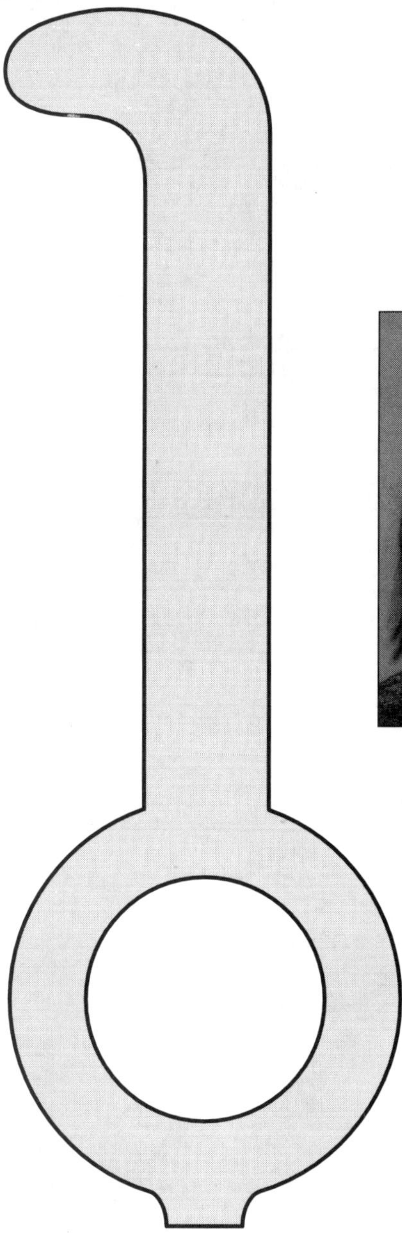

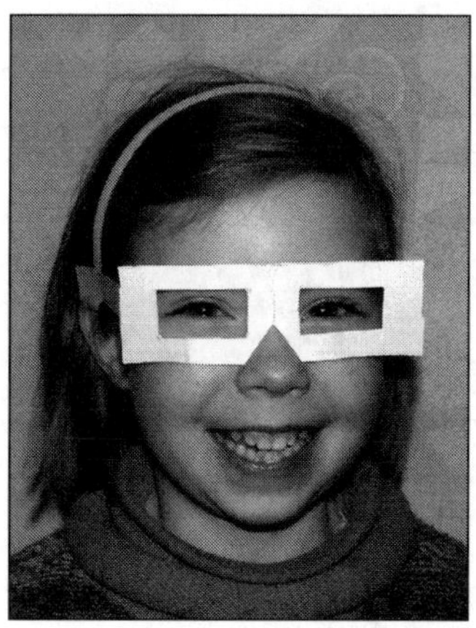

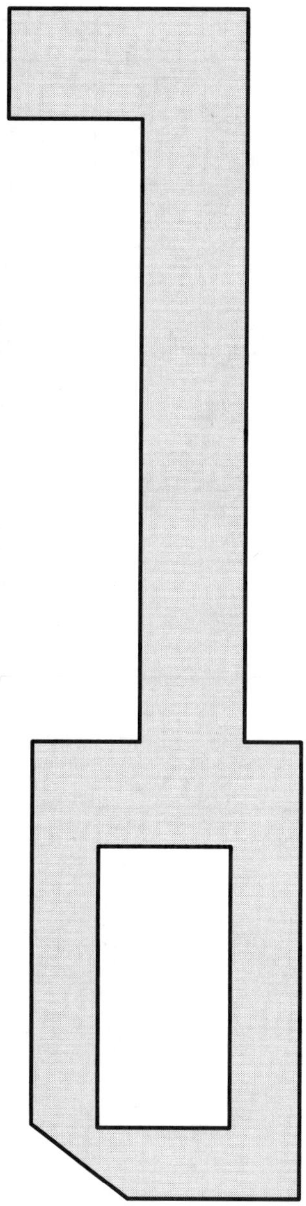

NIVEAU 3

Des ombres au soleil…

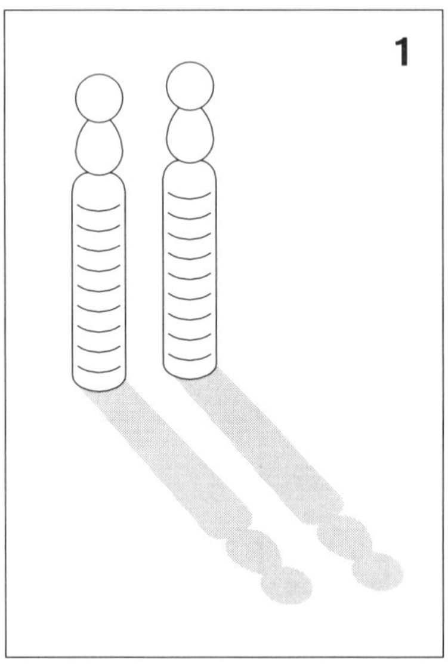

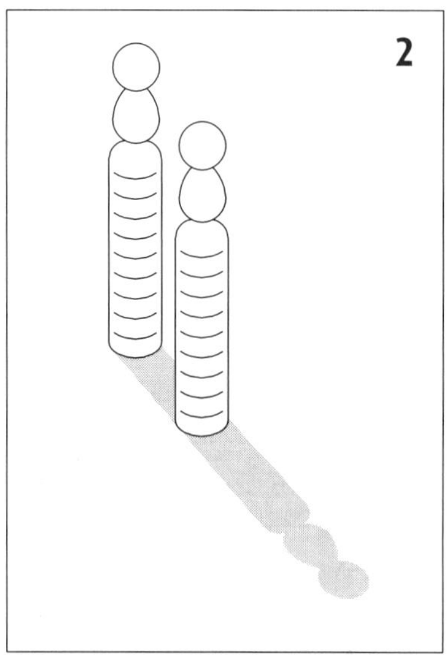

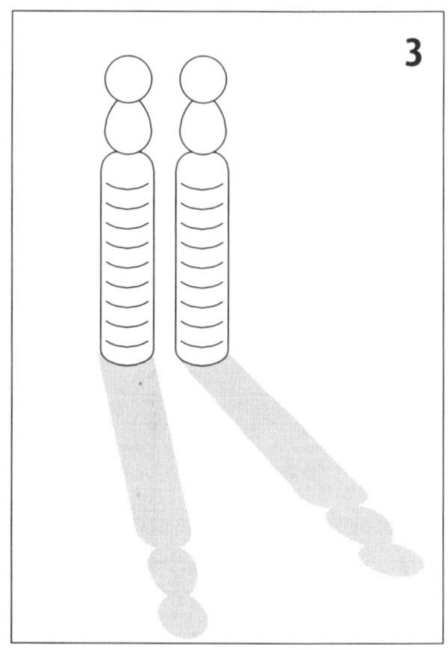

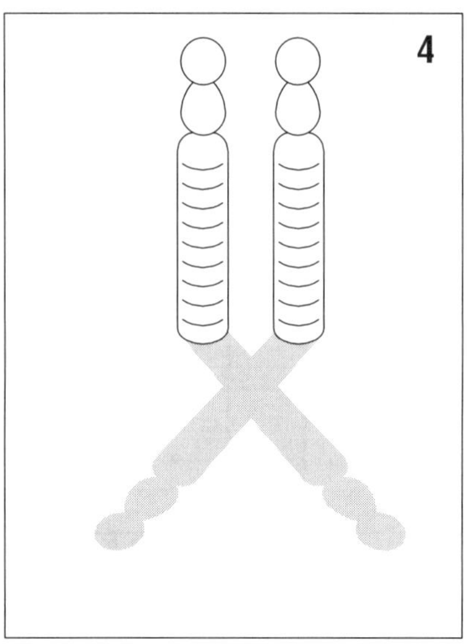

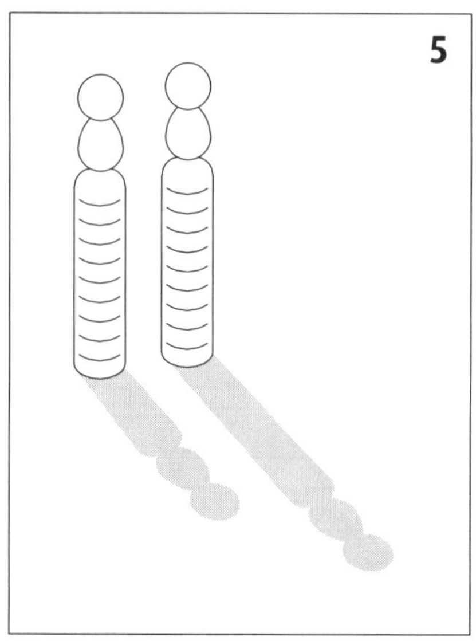

NIVEAU 3

Un poisson qui vit dans un arbre, ça n'existe pas

Indications pédagogiques pour l'enseignant

Niveau 1

p. 257 Je m'appelle Toufou

A. Compétences et connaissances visées

– Reconnaître et nommer une forme : le rond.
– Comparer des disques (des ronds) selon leur taille.
– Mettre en relation les pièces rondes dessinées en bas de la fiche et les parties du chien.

B. Activités possibles

Ce petit chien peut être fabriqué à partir des pièces dessinées en bas de la feuille. Vous pouvez faire nommer par les élèves les parties du chien : un corps, une tête et deux oreilles, et les leur faire mettre en correspondance avec les pièces dessinées. Vous pouvez leur demander de les colorier, en choisissant des couleurs différentes selon les parties du chien.

Pour les aider dans l'identification des pièces, ils peuvent les découper, ou vous leur fournirez des pièces de la même dimension déjà découpées, qu'ils superposeront aux différentes parties du chien.

Ils peuvent alors fabriquer le chien à partir des ronds découpés, directement, ou après que vous leur ayez donné des informations sur la façon d'obtenir le corps et les oreilles.

p. 258 Que faut-il placer en premier : la tête de Toufou ? ses oreilles ?

A. Connaissances et compétences visées

– Prendre des indices sur des images pour retrouver la chronologie d'une fabrication.

B. Activités possibles

Pour fabriquer le chien Toufou, les élèves peuvent procéder dans des ordres différents : placer les oreilles sur la tête, puis la tête sur le corps, ou commencer par le corps, coller la tête, puis les oreilles, et dessiner les yeux et la truffe. Vous pouvez avoir photographié vos élèves en cours de fabrication, pour leur faire retrouver l'ordre d'assemblage adopté, et leur faire éventuellement repérer et comparer.

Les dessins de cette fiche proposent un ordre d'assemblage que les élèves doivent retrouver. Le nombre de parties assemblées présentes sur chaque dessin donne des indices sur l'ordre dans lequel la fabrication a été faite : le corps, puis la tête, puis les deux oreilles, et les dessins des yeux et de la truffe.

p. 259 Dessine une jolie carte. À qui vas-tu la donner ?

A. Connaissances et compétences visées

– Lire des dessins pour repérer les actions à mener pour fabriquer une enveloppe pour la carte.
– Repérer et suivre la chronologie de la fabrication.
– Affiner un geste technique : plier le long d'un objet rigide.

B. Activités possibles

Vos élèves dessineront une carte sur un rectangle de cartoline que vous leur fournirez. Ils doivent ensuite fabriquer une enveloppe pour cette carte. Vous pouvez, si vous le souhaitez, leur fournir un carré de papier et leur laisser trouver une solution de leur choix.

Vous pouvez aussi leur faire fabriquer l'enveloppe en mettant tout de suite la fiche à leur disposition. Ils doivent alors lire les dessins dans l'ordre, et repérer les plis successifs à réaliser. La feuille carrée pour l'enveloppe doit avoir un côté de longueur supérieure à deux fois la largeur de la carte.

La fiche suggère l'utilisation d'une gommette pour fermer l'enveloppe. Vous pouvez demander à vos élèves d'autres modes de fermeture : coller, fixer avec du ruban adhésif…

p. 260 J'ai semé des grains de blé et ça pousse !

Semer des graines, observer régulièrement la croissance progressive des jeunes plantes sont des activités indispensables, qui doivent être réalisées avant d'utiliser un tel document. De plus, les enfants doivent avoir été familiarisés avec des exercices de chronologie.

A. Connaissances et compétences visées

– Une graine mise en terre et arrosée convenablement donne naissance à une nouvelle plante.
– La jeune plante grandit progressivement.
– Retrouver une chronologie.
– Mettre en ordre des images correspondant à la croissance des plantes.

B. Activités possibles

Les enfants s'expriment d'abord à partir des trois dessins. Ils font référence à leurs propres semis. Même s'ils n'ont pas semé du blé, ils ont vu que la graine est d'abord cachée dans la terre, puis de petites pousses apparaissent et grandissent.

Après avoir découpé les trois images, il s'agit de les placer dans l'ordre puis de les coller dans les trois premières cases. Un contrôle peut-être réalisé par l'enseignant avant collage.

Dans le cadre n° 4, les enfants doivent dessiner la suite de l'histoire. On peut les laisser dessiner en toute liberté et organiser ensuite par petits groupes une confrontation et une explicitation des dessins. Quels critères va-t-on retenir pour analyser les travaux obtenus ? Vous insisterez sur le critère de croissance qui est, parmi les caractéristiques des êtres vivants, celui que vous souhaitez évaluer ici.

Certains enfants font parfois des fleurs avec des pétales. S'ils n'ont pas réalisé de plantations de blé, ils ignorent en effet comment fleurit le blé (formation d'un épi, fleurs sans pétales, etc.). Tout ceci n'est pas à envisager dans un tel exercice.

Niveau 2

p. 261 Comment le petit lutin coquin peut-il se tenir debout ?

A. Connaissances et compétences visées

– Prendre des indices sur des dessins pour repérer les pièces permettant de fabriquer le lutin.
– Prendre des indices sur des dessins pour repérer et utiliser des solutions techniques pour faire tenir le lutin debout.
– Deux procédés peuvent être utilisés pour faire tenir le lutin debout : par entaillage et pliage, ou par ajout d'un élément collé.

B. Activités possibles

Vos élèves s'aideront des indications fournies par la fiche pour réaliser un lutin. Ils pourront découper les pièces fournies, après les avoir colorées. Ils peuvent aussi les utiliser comme gabarit pour découper les pièces dans du papier Canson de couleur, de la cartoline…

L'analyse du dessin de l'objet fini leur fournira des indications pour l'assemblage.
Vous pouvez ensuite les laisser chercher une solution technique pour que le lutin tienne debout. Ils compareront les deux solutions proposées : entailler et plier, ou ajout d'un élément plié et collé. Dans ce deuxième cas, la béquille doit bien sûr être collée à l'arrière du lutin pour ne pas être visible.

p. 262 Tu seras peut-être le roi ou la reine. Pense à faire ta couronne

A. Connaissances et compétences visées

– Prendre des indices sur des dessins pour comparer les formes de gabarits.
– Savoir utiliser un gabarit.
– Un gabarit permet de reproduire des formes à l'identique par reports successifs.

B. Activités possibles

Quand ils fabriquent une couronne des rois, les élèves essaient de reproduire des découpes à l'identique sur le pourtour de la couronne. Mais bien souvent, ces découpes ne sont pas identiques. Utiliser un gabarit permet de résoudre ce problème.
Vous laisserez des bandes de papier à disposition des élèves, pour qu'ils fassent des essais avant de fabriquer leur couronne à partir de bandes de cartoline ou de papier Canson. Ils choisiront un motif à découper parmi les gabarits proposés sur la fiche, et apprendront à l'utiliser. Ils découvriront ainsi qu'il faut poser le gabarit, réaliser le tracé de son contour, puis le déplacer en le posant juste à la fin du tracé précédent, et ainsi de suite. Ayant réalisé tous les tracés, ils pourront découper.
Ils peuvent ensuite décorer leur couronne en coloriant, en collant des gommettes… Vous pouvez leur imposer une décoration reproduisant un algorithme de leur choix, ou vous inspirer des propositions de l'album.
Ils doivent ensuite trouver un moyen de la fermer, en l'ajustant à la taille de leur tête : coller, utiliser une attache parisienne, agrafer…

p. 263 Ils ont laissé des traces

A. Connaissances et compétences visées

– Comparer et caractériser des formes : carré, rond, allongé, pointu…
– Comparer des objets selon leur taille et leur forme.
– Mettre en relation la forme de la trace laissée par un objet et des caractéristiques de cet objet : forme, taille, orientation.
– La pâte à modeler est un matériau plastique qui garde la forme des objets qu'on y encastre.

B. Activités possibles

Avant d'utiliser la fiche, vous proposerez à vos élèves des activités d'estampage (dans un atelier encadré ou en autonomie dans un espace-sciences) avec différents objets et de la pâte à modeler. Ils auront alors observé des traces laissées par des objets, et vous les aurez fait verbaliser pour mettre en évidence les relations entre les traces et la forme de l'objet, son orientation, sa taille.
La fiche peut alors être utilisée pour évaluer les acquis des élèves. La validation des réponses se fera par manipulation des objets et réalisation de leurs empreintes.
Vous pouvez aussi choisir d'utiliser la fiche sans activité préalable d'estampage avec de la pâte à modeler. Les élèves feront alors des essais avec les objets suggérés par la fiche, et mettront en relation ces objets et le dessin de leur empreinte à partir des observations qu'ils feront.
La perle plus petite que la bille laisse une empreinte qui a aussi la forme d'un disque, mais plus petit. La pointe peut aussi laisser une empreinte sous la forme d'un disque (deux empreintes différentes selon le côté enfoncé dans la pâte à modeler), de même que l'allumette. Ce sont alors les dimensions des empreintes qui permettent de déterminer de quel objet il s'agit.
Le dé laissera une empreinte de forme carrée ; pointe et allumette peuvent conduire à une empreinte allongée, mais reconnaissable à l'extrémité.

p. 264 Les transformations d'un morceau de sucre

A. Connaissances et compétences visées

– Prendre des indices sur des photographies pour retrouver la chronologie d'une transformation.
– En écrasant un morceau de sucre, on obtient du sucre en poudre.
– Le sucre en poudre, comme le sucre en morceau, est un solide : c'est un solide en grains.

B. Activités possibles

Les élèves pourront essayer de reproduire le passage du sucre en morceaux au sucre en poudre en l'écrasant avec un pilon et son mortier, ou au marteau, le morceau de sucre étant enfermé dans un sachet en plastique ou un chiffon pour éviter les projections.
Ils reconstitueront la chronologie du passage du solide compact à un solide en grains fins grâce aux photographies du morceau de sucre écrasé. Ils découperont les photographies et les colleront en les remettant dans l'ordre chronologique. La fiche sert alors de support pour l'évaluation de la compréhension par les élèves de la chronologie de la transformation.

p. 265 Est-il en train de marcher ou de courir ?

Pour un enfant, le mouvement est la première et la principale manifestation de la vie. Au cycle 1, on en reste à une étude globale du déplacement. Ces silhouettes permettent d'une part d'identifier si l'animal est immobile ou en déplacement, d'autre part de reconnaître s'il marche ou s'il court.

A. Connaissances et compétences visées

– Les êtres vivants se déplacent dans leur milieu.
– Un même animal peut avoir plusieurs modes de déplacement (marche, course, etc.).
– Observer attentivement des images, les comparer et en dégager des critères pertinents.
– Identifier sur une image le mode de déplacement d'un animal.

B. Activités possibles

Les enfants identifient d'abord les différents animaux. Pourquoi y a-t-il plusieurs images de chat, de cheval… ? Que peut-on faire avec ces images ?
La discussion sur le document ne manque pas d'intérêt car elle permet de bien identifier si les enfants reconnaissent que certains animaux sont en train de marcher, d'autres en train de courir, d'autre immobiles. Le travail à faire peut varier d'une classe à l'autre. Par exemple :
– Entourer en rouge les animaux qui courent, en vert ceux qui marchent, et en bleu ceux qui sont immobiles.
– Coller une gommette rouge près des animaux qui courent…
– Découper les animaux et coller ensemble ceux qui marchent…

Niveau 2

p. 266 Fabrique des « ronds » de serviette amusants

A. Connaissances et compétences visées

– La fonction d'un rond de serviette est de maintenir la serviette. Il peut aussi servir à la reconnaître.
– Prendre des indices sur des photographies et des dessins pour mettre en relation une forme de départ (carré, triangle ou rond), et la forme de l'objet fini.
– Comparer la rigidité de différents matériaux : papier, papier Canson, cartoline.
– Affiner un geste technique : découper.

B. Activités possibles

Les dessins donnent des indications pour fabriquer les ronds de serviette. Les élèves repéreront les formes de départ possibles, et les mettront en relation avec les photographies des objets finis. La fabrication validera ou non leurs propositions.

Les élèves découperont les gabarits pour réaliser les ronds de serviette. S'ils découpent le gabarit en papier, ils constateront que les ronds sont trop souples : le papier n'est pas assez rigide. Vous pouvez avoir photocopié les gabarits sur du papier Canson ou de la cartoline. Les élèves constateront alors que le rond de serviette « se tient mieux ».

p. 267 Aimerais-tu faire des lunettes fantaisie ?

A. Connaissances et compétences visées

– Prélever des indices pour découvrir les caractéristiques de lunettes : tenir sur les oreilles, permettre de voir avec les deux yeux.
– Savoir utiliser un gabarit.
– Affiner des gestes techniques : tracer, découper.

B. Activités possibles

Vous profiterez d'un moment de fête où l'on cherche à se déguiser pour proposer la fabrication de lunettes fantaisie. Avant d'utiliser cette fiche, vos élèves pourront avoir cherché à fabriquer un prototype de lunettes en papier, pour repérer les problèmes à résoudre ; dimensions, positions des ouvertures pour les yeux, réalisation des branches, ...
La fiche peut alors être utilisée pour les aider dans la résolution de ces problèmes, en leur fournissant un gabarit, qu'ils apprendront à utiliser. Ils choisiront un gabarit, qu'ils découperont, selon la forme qu'ils souhaitent donner à leurs lunettes. Le gabarit ne correspond pas aux lunettes complètes, mais seulement à la moitié. Les élèves devront trouver comment l'utiliser pour réaliser le tracé des lunettes entières sur du carton léger (papier Canson, cartoline, carton ondulé...) : ils doivent suivre le contour du gabarit pour un premier tracé, puis retourner le gabarit, en le plaçant à côté sur tracé précédent, pour le finir. Ils découperont, avant de poursuivre la décoration selon leur choix.
Vous pouvez aussi fournir la fiche dès le début de la fabrication. Ils utiliseront alors tout de suite un des gabarits pour fabriquer leurs lunettes, avant de réaliser la décoration.

p. 268 Des ombres au soleil

A. Connaissances et compétences visées

– Mettre en relation la forme d'un objet et de son ombre au soleil.
– Lire des dessins pour repérer et comparer les directions et les longueurs d'ombres.
– Les ombres de quilles au soleil sont parallèles, et de même longueurs si les quilles ont la même hauteur.

B. Activités possibles

Cette fiche sera utilisée après des activités sur les ombres au soleil avec les élèves. Elle permet ainsi de faire le point, d'évaluer les acquis des élèves relatifs à ce phénomène.
Les élèves feront des propositions de réponses, qui seront validées par l'observation.
L'ombre d'un poteau carré ne peut pas être ronde.
Au soleil, les ombres, à un moment donné, sont parallèles. En cas de désaccord, les élèves pourront le vérifier en plaçant des quilles au soleil et en observant leurs ombres.
Si les quilles sont de même hauteur, leurs ombres, à un moment donnée, ont la même longueur. L'observation validera cette proposition.

p. 269 Un poisson qui vit dans un arbre, ça n'existe pas

A. Connaissances et compétences visées

On ne trouve pas un poisson dans un arbre, ou une étoile de mer dans une mare. Ces constatations, qui paraissent évidentes, expriment en réalité des notions scientifiques importantes qu'il est intéressant d'approcher, le plus tôt possible, avec les enfants.
Ce document sera généralement utilisé après des activités réelles : une recherche d'animaux dans la cour de l'école ou dans un jardin, une sortie en forêt ou au bord de la mer, une réflexion sur les différents milieux de vie...

B. Activités

Une analyse du paysage proposé est d'abord nécessaire avant d'entreprendre le travail. Les enfants identifient les différents éléments : arbre, maison, ciel, prairie, mare, plantes aquatiques dans la mare...
A titre d'exemple, on peut choisir un animal, le poisson, et se demander où on pourrait le trouver dans le paysage. Les enfants travaillent ensuite en autonomie, découpent les vignettes et les collent au « bon endroit ».Seule l'étoile de mer ne trouve pas sa place dans les milieux présentés ici.
L'analyse collective des travaux est ensuite indispensable. En effet, je peux trouver l'escargot dans la prairie, sur le tronc de l'arbre, sur le mur... Chaque enfant doit justifier ses choix.

Références photographiques

Christophe Gillet : *pages* 26, 45, 51 *(a, b et c)*, 55, 61, 65, 69, 83, 89, 103, 114, 133, 143, 267.
Vincent Calduch : *pages* 27, 41, 51 (d), 163, 165, 171, 175, 181, 192, 195, 197, 199, 201, 217, 219, 221, 225, 227, 233, 235, 237, 241, 245, 247, 251, 253, 266, 267 *(haut)*.

Édition : Karine Routier
Illustrations : Stéphanie Charpiot
Coordination artistique : Alexandre Millot
Mise en pages : CGI
Fabrication : Josiane Nicole

Achevé d'imprimer en France sur les presses de JOUVE. Paris - N° 363585N
N° d'éditeur : 10115069 - Dépôt légal : janvier 2005